메톤 행성 방문기

엘리자베스 클래러 지음 / 한기로, 송몽채 옮김 / 光率 감수

은하문명

헌사(獻詞)

이 책을 험한 세상의 역경 속에서 살다 간 나의 언니, 메이
플라워 (May Flower)의 영전에, 그리고 이 책이 출판될 수 있도록
도와준 아콘(Akon)에게 바칩니다.

우주에서의 시간

이 책은 과학적 도구로는 아직 관측되지 않은 새로운 데이터에 의거한 우주적 레벨에서의 시간에 관한 이야기이다. 독자들이 이 책에 내포된 커다란 함의(含意)를 이해하기 위해서는 내 글의 우주적인 구성을 매우 엄밀하게 따를 필요가 있다. 그렇지 않으면 우리의 우주적 관계들에 대해 의식적 자각을 하는 수준까지 지성을 확장하지 못한 사람들에게는 이 책의 우주적 스케일이 잘못 전달될 수 있다.

－ 엘리자베스 클래러(A.T.C.L Dipl. Met. 캠브리지) －

우리가 경험하는 가장 아름답고 심오한 감정은 불가사의함이 주는 감동이다. 그것은 모든 진실된 과학이 추구하는 바이다. 이러한 감정이 낯설게 느껴지거나 호기심 또는 경외심에 사로잡히지 않는 사람은 마치 죽은 것과 같다. 우리가 도저히 알기 어려운 그 무언가가 분명 존재함을 알고, 설사 우리가 그것을 원초적인 형태로 밖에 이해하지 못하더라도 그것을 최고의 지혜이자 가장 눈부신 아름다움으로 자리매김하는 것이야 말로 진정한 종교성의 중심이다.

－앨버트 아인슈타인 －

이크하냐 엘리카냐 엠냐메니(Ikhanya elikhanya emnyameni)
('어둠을 밝히는 빛'이라는 의미)

－ 줄루족의 찬양문구 －

감사의 말

지난 21년간 나는 수많은 남아공 사람들, 외국인들, 그리고 정부 관료로부터 도움을 받았으며, 이들에게 감사의 마음을 전하고자 합니다.

특히 매치슨 & 홀리지(Mathison & Holllidge)의 홀리지씨와 터커(Tucker)씨가 베풀어 주신 친절과 관용, 그리고 나의 생활에 대한 관심은 내가 이 아름다운 책을 출간할 수 있게 해주었습니다. 이에 진심으로 감사드립니다. 나는 또한 이 책의 출판에 물심양면 도움을 준 칼(Karl)과 애니 비엣(Anny Viet)에게 깊은 사의를 표하며, 맨프레드 랜덱(Manfred Landeck)씨의 나의 글을 잘 살린 귀중한 번역에 대해 감사합니다.

그리고 공군대장인 로드 다우딩(Lord Dowding)씨, 국무총리 과학자문역의 메이딩 노우드(Meiding Naude)박사, 투시니우스(Tusinius)교수, 국제담당 변호사이자 영국협회의 법무자문인 윌슨(Wilson)교수, 남아공 공군, 남아공 비밀경찰, 조크 플라워(Jock Flower) 소령부부, 영국 첩보기관 MI-10의 오브리 필딩(Aubrey Fielding)씨에게도 격려와 도움에 깊은 감사드립니다.

SABC(남아공방송국), SABC-TV, 남아공 신문사를 비롯하여 나를 지원하고 이 책을 홍보해 준 모든 방송사와 신문사에도 감사의 뜻을 전합니다. 특히 조이 앤더슨 (Joy Anderson) 부인, 도린 레빈 (Doreen Levin) 부인, 크리스 버마크(Chris Vermaak), 리차드 깁스(Richard Gibbs), 얀 데왈(Jan deWaal), 힐러리 프렌디니(Hilary Prendini), 페트라 피터스 (Petra Piterse), BBC의 스테판 그렌펠 (Stephan Grenfell) 대령, 신문감시단인 시민과 숙녀(Citizen and Fair Lady), 홉스태드(Hoofstad), 대크브리 크(Dagbreek) 등 많은 다른 매체에도 감사합니다.

마지막으로 나의 딸인 매릴린 필립스 (Marilyn Philips), 아들인 데이비드 클래러 (David Klarer), 나의 동생 바바라 맥킨지 (Babara Mckenzie), 절친한 벗이자 나를 이해하고 지원해 준 넥슬리 슈무츠 (Nexlie Schmutz), 스테파니 멜리스 (Stephanie Mellis)에게 감사합니다. 그리고 나를 돌봐준 아구스타 셀 (Agusta Sell)과 나의 거처를 마련해 준 제프/리넷 월슨(Geoff/Lynette Wilson) 부부에게도 감사드립니다.

머리말: 인류가 달에 착륙한 의미

"… 그는 또한 하나의 상징이었고 … 달과 별에 도달하는 인류의 상징이었으며, 끝없는 모험 속에서 우주로 사라진 인간이었다 … "

인류가 지구에 살게 된 이래, 동굴에서 살던 시절부터 인류는 지식을 갈구해 왔다. 그리고 현재 인류는 에베레스트와 깊은 바다까지 정복했다. 이제 인류의 수없이 많은 항공기들이 점점 더 높은 고도에서 더 빠른 속력으로 지구를 둘러싸듯 왕래하고 있기 때문에 그것들이 광대하고 무한한 저 우주의 미지의 공간으로 뻗어나가는 것은 전혀 놀랄 일이 아니다.

인류는 다른 문명세계로 가는 첫 단계로 달에 도착했으며, 이는 우리가 혼자가 아니라는 것을 실수 없이 입증하기 위한 것이다. 이것은 이제 많은 고고학자들, 과학자들, 천문학자들에 의해 밝혀진 부분이다. 우주탐험의 진척속도가 점점 빨라지고 있고, 그런 단서들이 이미 확보되었다. 그리고 거의 매일 놀랍고 흥분되는 발견들에 대한 소식이 들려오고 있다. 우리 인류가 원래 생겨난 다른 어떤 문명들이 저 바깥에 있으며, 바로 거기에 인류의 미래가 달려있다.

몇 년 전, 말레이반도에 있는 영국정보기관에서 광활한 정글에 숨은 공산주의 저항군과 싸울 때 매우 당황스런 느낌을 받은 적이 있다. 세상 어느 곳에서도 평화를 찾아볼 수 없었다. 지구전체가 갈등과 냉전, 열전에 의해서 갈가리 찢겨져 있었다. 이런 일을 겪으면서 수많은 사람들은 '인간들이 이렇게 삶을 망치고 있고 세상이 혼란에 빠져 있다. 과연 살아갈 가치가 있는 걸까?'라고 생각했다.

그 때 옥스포드 대학의 한 교수가 강연에 나와서 우리에게 이렇게 말했다. "수많은 마더 그룬디(아프리카 지명) 사람들이 '이 얼마나 살기 어려운 시대인가'라고 말하는데, 이 사람들이 지금이 얼마나 살기 좋은 시대인지 알까요? 지금 우리는 이 지구를 떠나 광활한 우주를 탐험하는 시대의 바로 그 입구에 있습니다. 이것은 시작입니다"

그는 램젯(엔진의 일종)이나 연통 모양의 비행체에 대해 설명하기를, 인간을 엄청난 가속력으로 우주로 발사할 장치라고 묘사했다. 정말 놀라운 시대이다! 우리가 이렇게 살아있다는 것이 얼마나 행운이며, 대단한 것인가. 그리고 멋지고도 매혹적인 성과들을 우리가 우리 생애 안에 목격할 수도 있다는 것은 얼마나 멋진 일인가!

이 책에서는 개인의 경험을 통해 우주여행이 가능할 정도로 발달된 외계의 문명을 이야기하고 있다. 그 중 한 가지는 하늘에 떠있거나 이 지구에 착륙한 그들의 고요하게 움직이는 우주선의 아름다움과 경이로움에 대한 것이다.

누군가 이 책의 저자가 설명한 엄청난 양의 과학적 기술적 설명을 읽기 전이라면, 이런 것들이 순전히 상상에 불과하다고 생각할 것이다. 소위 중력이라는 힘을 극복하는 것은 오랫동안 일종의 꿈이었다. 하지만 이 책에서는 그것이 전기장 안에서는 충분히 가능한 일이라는 것을 과학자들과 보통사람들에게 자세하게 설명해 주고 있다. 사실 누군가 그 해답을 먼저 제시해주는 것만으로도 이 지구에서는 완전한 대가이자 스승으로 인정받을 수도 있을 것이다.

하지만 우주에서 온 이 사람들은 단지 과학기술에서만 뛰어난 것이 아니다. 즉 그들은 신체적, 정신적, 영적으로도 진화했으며, 이 지구에다 좋은 것만 전해 주려고 한다. 인류가 이런 비밀을 알기 전에, 우리 역시 그들에게 우리가 직면한 그 모든 갈등과 사악함이 아닌 평화와 선의(善意)를 보여주고자 했으면 좋겠다. 왜 항상 사람들은 UFO 착륙 소식만 들으면 중무장을 하고 미친 듯이 달려가 총알을 퍼부을 준비를 하는 것일까? 그것은 바로 인류에게 자기보호와 파괴의 본능이 있기 때문이다.

우리가 언젠가는 미지의 세계로 평화롭게 비행할 수 있기를, 그리고 우리가 스스로와 세상을 파괴하기 전에 우주인들이 나타나 보다 나은 삶의 방식을 우리에게 보여줄 수 있기를 희망한다.

마지막으로 독자들이 이 책을 통해 단순히 기술적 내용보다는 우주적 사랑의 아름다움을 느낄 수 있기를 바라며, 절대로 잊혀지지 않을, 그리고 매우 비범한 삶을 살아온 작가에게도 경의를 표한다.

안토니 필딩,
퇴역소령(영국정보부)

TABLE OF CONTENTS

나는 죽음의 손길을 느꼈고 그 모든 것은 준비의 일부였음을 알았다 62/ 나는 우주선 안에서 나를 바라보며 서 있는 한 남성을 볼 수 있었다. 나는 주저 없이 그를 마주 보았다 63/ 그는 나의 생각에 즉각 응답했다 67/ 사랑하는 이여, 나는 무엇이 당신에게 최선인지를 알고 있으며, 늘 당신에게 관심을 기울일 것입니다 73/ 모든 생명과 우주에 대한 열쇠는 빛의 조화로운 상호작용에 있다 77/ 지구 상의 인간들은 우주 에너지나 빛을 파괴적인 목적을 위해 이용한다 88/

제4장 별들로 향한 탈출 루트

우리가 생각하고 사는 방식대로, 그렇게 우주는 우리에게 반응한다 97/ 우리의 고향 세계인 알파 켄타우리의 삶의 여건들은 지구 태양계 안에 있는 것보다 더욱 이상적이다 105/ 나는 내가 병원에 홀로 누워있던 동안에 경험했던 그런 마법 같은 비전 속에서 다시 살았다 113/ 이곳에는 내가 오직 나의 지구와의 매듭을 푼 후에만 인식할 수 있었던 현실 차원이 있었다 117/ 우리의 차원은 결코 행성들의 내부가 아니라 행성의 표면과 공간 속에 있다 120/

제5장 캐스킨의 고지(高地)

나는 이른 아침 차를 가져오는 줄루인 하녀에 의해 지구 시간에 대한 실제적 감각이 회복되었다 144/ 우리는 공군 참모장과 회견하기 위해 프리토리아로 우리의 최상급 보도 기자들을 파견했습니다 150/ 나의 자각의 영광이 내 영혼을 통해 그 온기가 퍼져 나갔고, 나는 균형 잡힌 조화를 느꼈다 161/ 2명의 공군 장교들이 경사면 언저리에서 우리를 쌍안경으로 매우 면밀하게 관찰하고 있습니다 166/ 내가 당신의 아이를 낳으면 어떨까요? 185/ 생명은 전기(電氣)이다. 우리가 생명으로 인식하는 이 마법의 무늬를 깨인 의식으로 알고 태어난 사람이 얼마나 되는가? 191/ 태양계는 50억년이 넘었으며, 인류의 진정한 요람이다 196/ 당신들은 결코 우주선이나 그 승무원들을 붙잡을 수 없다 201/ 산위에 거대한 적운(積雲)이 머물고 있었다 205/ 호스텔의 피난처에 다른 말들을 남겨 놓은 것은 현명한 일이었다 216/

제6장 시간의 장벽을 넘어서: 알파 켄타우리로

아무것도 두려워하지 말자. 아론이 나를 위해서 올 것이다 225/ 당신은 그 모든 것을 지금 마음속에서 그릴 수 있나요? 229/ 그리고 그때 나는 또 하나의 빛나는 천체, 또 다른 생명의 고향, 광활한 우주 공간 속에서 움직이는 또 다른 섬, 또 다른 금성을 보았다 232/ 지구 위의 사람들은 혼돈과 파괴의 세상에서 살고 있다 243/ 나는 일정한 기간 동안 당신 심장의 전기적인 리듬을 조종할 수 있으며, 그 기간은 당신 지구의 시간으로는 4개월 정도가 될 것입니다 249/ 인류는 그들의 두뇌세포가 모든 생명의 중심에서 나오는 활기 있는 에너지의 진정한 균형에 의해 재생되는 한은 살 수 있다 254/ 우리는 금성에서 위대하고 영광스런 문명을 발전시켰던 선조들의 잔존자들이자 후손들이다 266/ 인간이 무엇인가에 관해 깨닫고 알고자 할 때에는, 마음으로 전체 우주를 포용할 수 있어야 한다 269/ 나는 우리가 지구에서 유지하는 것 같은 시간관념이 없었다 278/ 내가 메톤에서 살은 이후에 나의 심장 리듬은 지구에서 결코 다시는 이전과 같지 않을 것이다 282/ 심장은 태어난 환경 안에서 각 개인의 전기적인 진동율에 대한 정밀 계시기이다 291/

제7장 우주의 본성

하지만 우리들 중 몇몇은 여전히 은하집행위원회와 접촉하고 있고, 이 지구문명의 부패를 중단시켜 달라는 도움을 요청할 수 있다 308/ 마음이 시공간 연속체의 4차원을 이해함에 따라, 인간은 모든 것들에 대한 깨달음 및 사랑과 더불어 진화된 인간이 될 수 있다 311/ 죽음이란 없다. 다만 그것은 생명장이 생명의 주기 속에서 에너지로 전환했다가 다시 물질로 돌아오는 것이다 331/

제1장
우리 하늘의 낯선 방문자들

제1장
우리 하늘의 낯선 방문자들

우리가 그것을 목격했을 때, 우리는 마구간에서 털북숭이 강아지들에게 먹이를 주고 있었다. 태양은 막 드라켄즈버그 (Drakensberg)[1] 쪽으로 지고 있었고, 나탈(Natal)[2]의 초여름의 하늘은 폭풍우로 씻겨 깨끗한 생태였다. 뿔닭들은 서로를 부르며 집근처의 횟대에 자리를 잡으려고 준비하고 있었다. 그런데 갑자기 닭 울음소리가 멈추었고, 내 언니와 나는 동시에 그것을 보았다.

원반 모양을 한 은빛 비행체 - 진주만큼이나 밝은 둥근 빛 덩

---

[1]남아프리카 공화국의 동부에 위치한 산맥이다. '용(龍)의 산'이라는 의미이며, 줄루족 언어로는 '창의 장벽'이라고 불린다. 최고봉인 타바나누토레냐나는 3,482m에 이르고, 산맥의 길이가 1,000km에 이를 정도로 장대한 규모를 자랑한다. (역주)
[2]남아프리카 공화국, 동부의 인도양 연안에 있는 주(州). 원래 이름은 크와줄루 나탈(KwaZulu Natal))이다.(역주)

어리(光球) - 가 번쩍거리며 움직이는 가운데 우리 앞에서 하강하기 시작했다. 그러자 강아지들은 밥을 먹다 말고 멍멍거리며 집으로 숨어들어갔고, 우리는 그 장면에 정신을 놓은 채 다가오는 그 비행체를 쳐다보았다.

그때 갑자기 다른 커다란 공 모양의 물체가 하늘에서 주황색 빛을 내며 회전하면서 우리를 향해 내려오고 있었다. 그 표면은 마치 달처럼 곰보 자국이 있는 것처럼 보였다. 무섭게 불타오르는 듯한 공 모양의 물체는 고요하고 우아하게 대기권의 상층부까지 쓸고 올라가는 듯 하다가 천천히 회전하며 우리에게 다가왔다. 그리고는 다시 은색 원반은 빛을 반짝거리면서 이동했고 하늘을 가로질러 연기 같은 긴 꼬리를 남기며 석양 저편으로 사라졌다.

우리는 집 안의 베란다까지 도망치듯 뛰어 들어왔고, 넓은 베란다에 이르렀을 때는 내 심장이 요동쳐서 거의 숨을 쉴 수 없을 정도였다. 부모님은 당시 거기에 앉아서 적막한 저녁 공기를 즐기고 계셨다. 언니는 흥분에 사로잡혀 숨을 헐떡거리며 방금 전 우리가 본 것을 부모님에게 말했다. 창백하고 흥분된 얼굴을 한 우리 두 아이는 하늘에 나타난 모종의 환상적인 것에 관해 설명하려고 열심히 시도했다. 아버지는 일어나셔서 베란다 끝으로 가시더니 하늘을 유심히 바라보았다. 그리고는 이렇게 말씀하셨다.

"아마 별똥별 같은 것이겠지."

남아공의 농가치고는 좀 넓고 특이한 계단식 베란다에서는 지붕 때문에 하늘을 볼 수 없었다. 그 대신 커다란 참나무와 파인애플 나무가 있는 넓은 잔디밭을 볼 수 있었다. 정원에는 진달래꽃과 철쭉들이 나무사이로 만발했고 꽃들은 드래곤 산의 언덕까지 이어져 있었다.

18

"아니에요, 아니에요" 나는 숨을 가다듬고 다시 말했다.

"저 너머의 무엇인가가 사납고 황량한 소행성에 충돌되어 파괴될 운명으로부터 우리의 아름다운 지구를 구한 거예요."

잠시 멈춘 뒤, 나는 말을 이어갔다.

"그리고 어딘가 다른 곳에서 아름다운 우주선이 우리의 처지를 살펴보기 위해 시간에 맞게 찾아왔어요."

"시간에 맞게라고?"

아버지께서 내게 캐물었다.

"네가 그걸 어떻게 아니?"

"예, … 난 알아요."

나는 이렇게 말하며 엄마 손을 잡고 저녁식사를 하기 위해 집 안으로 들어갔다. 어머니의 따뜻한 이해심은 언제나 나에게 큰 즐거움이 되었는데, 그 시간들은 흐릿한 영원 속으로 빨려 들어가는 것 같았으며, 그것이 미래의 나에게는 탐구정신으로 발현되었다.

어른들의 저녁식사는 훨씬 나중에 있었다. 그리고 어머니가 나에게 밤의 작별 키스를 해 주었을 때, 어머니는 금빛으로 반짝이는 가운을 입고 있었다. 멀리 떨어진 아프리카 초원에서 조차 어머니는 고풍스러운 영어를 구사하셨는데, 그녀는 외가 쪽의 귀족적인 생활양식이 몸에 배어 있었다.

그날 밤은 너무 흥분되어 잠을 이룰 수가 없었다. 그래서 나는 누운 채로 어머니가 침실 너머에서 독일제 벡스타인(Bechstein) 피아노로 모짜르트의 곡을 연주하는 것을 계속 듣고 있었다. 그녀의 마법 같은 건반 터치는 내 영혼을 천국의 높이까지 해방시켜 주는 듯 했다. 그리고 그때 우리는 열린 창문 너머로 하늘을 올려다보며 다시 그 우주선을 볼 수 있다면 얼마나 좋을까하고 생각했다.

헬리 혜성의 해

나는 헬리 혜성이 지구로 접근한 그 해에 태어났다. 내가 태어난 곳은 가시덤불이 무성한 기복 있는 전원지역 안에 자리 잡은 농장으로 방대한 면적의 로벨드(lowveld)[3] 저지대가 내려다보이는 곳이었다. 그 곳은 인근의 무이리버(Mooi river)[4]가 장엄한 투겔라(Tugela)[5]강(江)과 만나는 곳으로서 매우 아름다운 경치를 자랑한다. 보름달이 뜬 그곳의 밤은 고요했고 줄루족 (Zulu)[6]의 리드미컬한 노래 소리와 북소리로 가득 차 있었다. 높아졌다 낮아지는 그 북소리의 리듬은 달빛어린 가시나무 초원 지역을 뚫고 마치 심장박동처럼 둥둥 울려 퍼졌다.

우리가 드라켄즈버그 언덕의 새로운 농장으로 이사를 갔을 때 라담(Ladam)이라는 일꾼 감독도 함께 왔다. 중년 나이의 그는

---

[3]남아프리카 공화국 Transvaal 주(州)에서 Swaziland까지의 낮은 지대.

[4]작은 시골마을이며, 중앙 드라켄즈 산맥과 나탈의 내륙지방으로 들어가는 입구이다.

[5]남아프리카공화국 나탈 주(州)를 흐르는 강이다. 길이 502km. 유역면적 2만 8,000㎢. 레소토 국경의 몽토수르스 고원의 동쪽 비탈면에서 발원한다. 상류는 로열나탈 국립공원을 통과하며 거의 동쪽으로 흐르다가 버펄로강과 합류한다. 남아프리카 공화국 동부를 흘러 인도양으로 흘러든다. 상류에 투겔라 폭포(948m)가 있다. (이상 역주)

[6]줄루족은 아프리카의 반투어족(語族) 응구니 종족군에 속하며, 남아프리카공화국의 나탈 주(州)를 중심으로 분포해 살고 있는 원주민 종족이다. 남아프리카에서는 가장 용맹했던 종족으로 알려져 있으며 인구는 약 350만 명이 살고 있다. 원래 15세기경에는 한 씨족 단위로 출발했으나 18세기말에서 19세기초에 걸쳐 강대한 왕국을 세웠다. 줄루 왕국의 샤카(Shaka)왕은 '검은 나폴레옹'이라는 별명을 가진 인물로서 독자의 전술과 군사조직을 가지고 주변의 타부족을 정벌하여 일대 군사왕국을 건설했다. 그의 천부적으로 타고난 군사전략의 자질은 난세에 편승하여 대성공을 거두었고, 당대의 영웅으로 군림하게 되었다.

그러나 샤카왕은 그 이후 형제들의 세력다툼에서 암살당하고 왕국의 세력은 약해졌다. 1880년대에는 당시 남아프리카로 진출해 있던 네덜란드계 그리고 영국군과 차례로 싸워 패하였다. 그 결과 오늘날까지 그 용감무쌍했던 줄루족의 후예들은 백인의 지배하에 들어가게 되었다.(역주)

훨씬 따듯한 가시나무 초원지역에 남아있기를 거부했는데, 우리 모두는 그의 말과 그의 지혜에 항상 귀를 기울였다. 그는 우리가 어디에 가든지 함께 가 주었고, 아버지가 준 회색 암말에 타고 먼 거리를 함께 이동했다. 그가 탄 말은 마치 드래곤(Dragon) 산으로부터 휘몰아친 눈보라 소리처럼 마구간의 망령처럼 보이기도 했었다.

나탈, 로제타 인근의 무이 리버(Mooi River) 지역의 전경.

아름다운 드라켄즈버그 언덕에서 나는 보다 자유로울 수 있었고, 수업이 끝나면 조랑말에 타고 홀로 언덕에 올라가곤 했다. 그리고 내가 제일 좋아하는 언덕 꼭대기에 올라 골짜기 안에 자리 잡은 농장을 내려다보고는 했었다. 조랑말이 언덕 꼭대기에 있는 풀을 뜯는 동안 나는 잔디에 누워 하늘을 보면서 나와 내 언니가 보았던 그 잊을 수 없는 우주선을 다시 볼 수 있기를 희망했다. 그 때까지도 나는 그 언덕 꼭대기가

소녀 시절에 말을 타고 언덕에 올라가 농장을 내려다보는 엘리자베스

다가올 미래에 나에게 무엇을 의미할 것인지를 전혀 깨닫지 못했다.

하늘과 땅이 만나는 지평선

라담은 수세기에 걸친 듯한 그의 지혜로운 눈으로 나를 지켜봐 주었다. 그리고 한 소년을 보내어 내가 위험에 빠지지 않게끔 돌봐주도록 하였다. 비록 목자(牧者) 소년들과 꼬마들이기는 했지만, 긴 풀 속에 생쥐들처럼 조용히 누워있거나 흔들리는 나무 가지들과 바위들의 노두에 웅크린 채로 항상 나를 지켜보는 눈들이 있었다. 그 어떤 것도 결코 감추어지지 않는다. 모든 것이 알려지기 마련인 것이다. 아프리카 초원에서 태어나고 자라난 이 아이들은 백인 아이들에게 많은 영향을 주고 있었다.

라담은 늘 나에게 경례를 붙이며 나를 줄루식 이름인 "흘랑가 베자(Hlangabeza:만남)", "인코사자나(Inkosazana:어린 여자 추장)"로 불러 주었다. 어머니는 이것을 의아한 눈으로 바라보곤 했었다.

그는 그 이름이 '누군가를 함께 만나게 해준다'라는 의미라고 어머니에게 설명해 주었다.

"그녀의 금발머리는 하늘에서 하얀 사람을 데려올 것입니다. 그리고 같이 만나게 될 거에요." 라담이 말했다.

"그들은 언젠가 이 세상에서 살았던 하늘의 신(神)들이지만, 나중에 천둥과 번개 구름 속의 거미줄에 의해 하늘로 올라갔지요."

그리고는 내가 정원 벽에 앉아있는 동안 줄루어로 그들의 민속 설화를 설명해 주었다. 나는 줄루어를 알고 있었고, 어디서도 들어보지 못한 매혹적이고 환상적인 그들 종족의 전승이야기에 귀를 기울였다. 나는 그의 설명에서 믿음과 진실을 느낄 수 있었으며, 점차 그의 이상하고도 신기한 이야기 속으로 빠져들었다.

"아주 오랜 옛날 옛적에 구름 위 하늘에서 한 남자와 한 여자가 언덕꼭대기로 내려왔어요. 그들은 하얗고 반짝였으며, 그들의 머리칼은 황금색이었죠. 그들이 살고 있는 곳은 장엄한 빛에 의해 이 세상의 그 어느 곳보다도 밝았다고 말해졌어요. 그곳의 사람들은 반짝이는 옷을 입고 있고 그들의 집은 번쩍이는 풀밭 위에 지어졌다고 했어요. 그리고 그들은 번쩍이는 섬광에 의해 들어올려져 다시 하늘로 사라져 버렸어요."

"그들은 아름답고 환하게 빛이 났으며, 키가 크고 하얀 피부색의 모습으로 우리들과는 모습이 완전히 달라요. 이 천상의 거주자들은 많은 색의 화려한 날개를 가진 번쩍이는 새를 타고 다시 올 겁니다. 그것은 파란색, 금색, 빨간색, 또는 금속성의 무지갯빛 같은 녹색이에요. 당신이 나중에 커서 성인 여성이 되면 당신은 산꼭대기에 올라 그 하늘의 사람들을 기다릴 것이고, 그들과 만나게 되어 나중에는 맺어지게 될 거에요. 우리는 그걸 알아요. 우리 줄루족 무당이 말해 주었는걸요."

"바로 저기에요."그가 길게 숨을 내쉬면서 손가락으로 한 곳을 가리킨 채 말했다.

"그 무지개 색의 번쩍이는 새가 저기 산꼭대기로 당신을 만나러 와 줄 거예요. 하늘의 주민들은 원래 저 남쪽에 살던 사람들인데, 그 거미줄 같은 선을 타고 하늘로 날아갔어요. 우리들 중 몇몇 사람은 산을 넘어 구름까지 연결된 기다란 줄을 타고 그 하늘 사람들이 사는 곳을 가 본 사람도 있대요. 로프를 만들 수 있는 사람은 천국까지도 갈 수 있어요. 줄루(Zulu)는 '하늘'이라는 뜻이에요. 우리는 하늘 사람들처럼 키가 크다는 자부심이 있고, 그래서 다른 부족들과는 어울리지 않아요. 우리들의 운명은 하늘 신(神)의 강림을 기다리는 줄루족 전사들의 성스러운 전쟁에 달려 있어요."

"소나 말은 줄루족의 생계를 위해 그 천국에서 내려왔어요. 오직 흰색 소나 말만 내려왔죠. 그러나 말들은 역병으로 죽고 나머지는 폭풍이 오기 전날 모두 도망가 버렸으며, 반면에 소들은 흰 새들처럼 번성했어요. 그러다 큰 가뭄이 들고 우리가 살기 위해 그 하얀 소들을 잡아먹자, 사람들이 호전적이고 난폭하게 변했지요."

"우리 조상들의 영혼은 마을 한 가운데에 모셔져 있고, 지하세계로 연결된 산속 호수 옆의 큰 나무 덩굴에 있어요. 이 나무들은 잘 보살펴지고 숭배되는데, 영혼세계는 땅 위의 구멍이나 동굴을 통해서만 갈 수 있고, 하늘나라 사람들이 땅과 하늘이

만나는 그 지점에서 지하세계 사람들과 만나는 것은 흔치 않아
요"

"거기에는 토콜쉬(Tokolshe: 털복숭이 난쟁이)도 있는데 여자
들을 겁탈하기 위해 땅으로 나오죠. 그들은 물 속에서 살 수 있
고, 피터마리츠버그(Pietermaritzburg) 넘어 움캄바티(Umkam
-bati) 근처 움진두지(Umzinduzi) 강 근처에 산다는 말도 있어
요."

그곳에는 아무런 소리도 없이 완전한 적막만이 있었다

라담이 이런 이야기를 하는 동안, 날이 갑자기 어둑해졌고,
구름은 빠르게 둥근 원모양으로 움직였다. 검은 먹구름이 동쪽
으로 모이더니 갑자기 번개가 치기 시작했다. 그러더니 커다란
은색 우주선이 하얀 빛을 내며 적란운(積亂雲) 속에서 모습을
드러냈고, 우리는 이 광경을 목격했다. 그리고 넓은 깔때기 모
양의 맹렬한 회오리바람이 구름 속에서 생겨나더니 소용돌이치
며 농장 쪽으로 움직였다.

점점 커진 그 바람의 굉음 소리에 어머니가 정신을 빼앗긴 나
머지 불안한 얼굴로 응접실 창문으로 향했다. 우주선은 회오리
바람을 가로질러 움직이고 있었고, 나는 놀란 눈으로 거대한 회
오리의 내부를 쳐다보았다.

엷은 파란색 전기 빛을 띤 깔때기 모양이 조용히 급선회하며
천천히 동쪽으로 향했다. 그것은 천천히 아래위로 움직이면서
그대로 멈추어 선 듯 했다. 회오리의 윗부분은 형광등처럼 희미
하게 빛났다. 그리고 밝은 빛의 구름은 그 부드럽게 회전하는
선체의 벽과 간격을 두고 마치 반지들로 연결된 모양을 하며
파도치듯 움직였다. 그것은 마치 살아있는 생물처럼 보였고, 둥

근 테두리가 위로 올라가면 다시 또 떨어져서 아래로부터 올라
가는 식이었다.

　나도 모르는 사이 그 물결치는 듯한 움직임의 리듬에 맞추어
내 머리도 움직이는 듯 했다. 그때까지는 아무런 소리도 전혀
나지 않았고 적막만이 있었다. 이어서 그 파동이 둥근 원의 아
래까지 갔을 때 깔때기의 바깥 쪽 원이 갑자기 내려오면서 집
지붕까지 긴 푸른 선으로 연결되는 듯이 보였다. 그리고는 두껍
고 불투명한 고리 모양이 집 주변의 나무를 건드리지 않고 통
과했다.

　몇 피트 위에서 깔때기 내부의 잔물결 같은 움직임이 급격히

내려오더니 큰 파인애플 나무를 광선처럼 때리며 스쳐갔다! 그것이 나무를 건드리자 나무는 바로 해체되었는데, 그 나무 파편들이 마치 불꽃처럼 위로 쏘아지며 솟구쳤다. 또 다시 그 깔때기가 지상에 내려와 빈 창고를 비추자 요란한 굉음을 내며 파괴되었다.

라담의 얼굴은 그런 갑작스런 위험한 순간에 나이가 들어 보였으며, 두려움에 머리를 떨고 있었다. 그리고 그는 하늘나라의

엘리자베스가 태어나 성장한 남아공 나탈 주, 로제타 무이리버의 평화로운 전경

거주자들과 그들의 반짝이는 은빛 날개를 가진 새가 지난 몇 달 전에 그랬던 것처럼 우리를 구원하기 위해 다시 나타났다고 설명했다. 그러므로 줄루족의 무당이 말한 것은 진실이었다.

인류는 유일한 존재가 아니다

그 성난 구름은 멈추지 않았다. 내가 집안으로 달려 들어가자, 빨갛게 타오르는 푸른 안개에 에워싸인 번쩍이는 광구(光球)가 전화선을 따라 집안으로 들어왔다. 그러더니 그것은 마치 스스로 마음을 지니기라도 한 듯이 내 곁을 가까스로 통과해 출입구를 통해 정원으로 나갔다. 그 빛나는 구체(球體)는 전기장에서 방전된 코로나(corona)처럼 지면을 따라 재빨리 움직였고, 그런 다음 오크나무 줄기 쪽으로 치솟더니 번뜩이는 하늘의 톱니모양의 구름기지로 되돌아갔다. 열려진 출입문에서 약간의 소음이 울려 퍼졌다. 그리고 그 빛나는 방향에서의 폭발적인 충격파가 광택 있는 마루에 서 있던 나를 불규칙적으로 두드렸다.

나의 샴고양이가 문 너머의 정체불명의 요소에 저항하듯 야옹거리는 소리를 내며 뛰어올랐다. 고양이과 특유의 민감성이 갑작스런 자력선(磁力線)의 접근에 의해 자극받은 것이었다. 감정적으로 혼란된 그녀는 홀 주변을 어슬렁어슬렁 걸어 다녔고, 내가 팔로 안아 올릴 때까지는 안도하기를 거부했다. 그리고는 집 내부의 좀 더 자극이 덜한 지점으로 달려갔다.

라담은 우리의 가정이 편안히 누워있던 아름다운 잔디로 덮힌 대지를 '므포퍼나(Mpofana)'라는 음악적인 이름으로 불렀는데, 그곳은 남풍 속에서 긴 풀들이 노래하는 둥근 언덕에 적절히 위치해 있었다. 나의 아버지께서 '좋은 목장지역'이라고 말씀하셨던 거기서 그는 자신이 애지중지하던 흰말들을 양육할 수 있었다. 나는 다가오는 폭풍우에 앞서 불어오는 바람을 들이키며 모하메드의 신성한 암말, 또는 페가수스(그리스 신화의 날개달린 말)처럼 질주하는 그 말들을 지켜보곤 했었다. 페가수스의 실제 고향은 저 높은 하늘이며, 그것을 보기위해서는 누구나 날개를 사용하기 시작해야만 한다.

셀레네(그리스 신화에서 달의 여신)가 태어난 곳은 이곳이었고 (그 특성이) 진정한 바람의 딸인 내게 주어졌다. 바람이 그녀의 우아한 머리를 뒤흔들었기에 온화한 애정으로 나를 형성시켰다. 그리고 그녀의 고대 혈통은 시간의 안개 속에서 상실되었는데, 과거 역사 속에서 그녀의 백인 선조들을 나타내는 흔적은 그 어디에도 없다. 그들이 처음으로 지구에 발을 디뎠던 육지의 돌 많은 대지가 그 흔적일까? 아니면 흰 말들이 태양의 오라를 가로질러 껑충거리며 달릴 때 차갑고 공허한 구름이 그려내는 헬리오스의 황금수레가 혹시 그 흔적인 것일까? 지구로 다가오는 태양광선이 최고조에서 발산하는 오라 속의 흰색은 소용돌이 모양의 가장 큰 은하계로부터 원자 속의 가장 작은 소립자에 이르기까지 (똑같은) 위대한 빛의 원리이다.

하늘의 요람인 바람 속에서 양육된 눈처럼 하얀 말들은 눈송이들이 우아한 리듬으로 춤추는 지구로 데려와 졌다. 그들은 오직 모차르트(오스트리아의 작곡가 1756-1791)만이 그려낼 수 있었던 치솟는 상상력처럼, 조합의 완전함 속에서 시간의 진동과 더불어 이동했다. 탁월한 삶을 통해 천국의 장엄함과 평화를 지구로 가져왔던 모차르트의 삶은 어둡고 사악한 의도를 지닌 한 시샘자에 의해 짧게 중단되고 파괴되었다. 그리고 그런 본성은 유한한 인간이 선천적으로 타고난 것이다. 어떻게 그가 살아남아 인간을 위한 불멸의 음악적 유산을 남길 수 있었겠는가? 그는 그 시대의 검은 연금술에 의해 독살되지 않았을까?

이 세상의 것이라고는 생각되지 않는 백마(白馬)들은 인류를 위한 유산이다. 이런 기계화와 놀라운 기술의 시대에 개개의 백마들이 – 종족 자체의 비범한 재능으로 – 독특한 반면에, 지구의 사람들은 우리 시대의 덧없이 공허한 꿈처럼 그저 인간들일 뿐이다. 그 말들이 므포퍼나의 기복 있고 높은 초원지역 내의 대지를 걸을 때, 어쩌면 지구가 더 젊고 그녀의 별과 그 말들의 기원 행성에 더 가까웠던 때인 옛날의 돌 많은 산지(山地)들의 공기와 유사점이 있다. 라담은 본래 백마들이 하늘나라에서 왔다고 말했다. 그리고 이들은 그들의 자손들인 것이다.

나는 결코 말이 없고 신비로운 먼 하늘을 올려다보았다. 그리고 지구의 인간에 대한 자연의 계획에 관해 의아하게 생각했다. 인간들은 대자연이 그들에게 세워놓은 진화계획을 언젠가 파악하고 이해할 것인가? 그들이 어느 날인가는 자신들의 존재가 전체 우주 속의 한 생명이고, 그것이 에너지와 물질로 구성되어 있다는 것, 그리고 자기들이 단지 그 응축된 에너지의 일부에 불과하다는 것을 깨달을까? 인간은 유일한 존재가 아니다. 그리고 인간은 자신의 기원, 즉 은하적 기원에 관한 심오한 진리를 이해하기에는 여전히 너무도 미성숙한 우주의 한 생명체일 뿐이다. 어쩌면 지구시간으로 여러 세기들을 통해 인간의 잠재의식 속에 조성되고 보관된 종족기억은 그들이 별들로 가는 길을 걸어 자신의 생명이 잉태된 우주의 우리 속으로 귀환할 때, 비로소 그 진실의 광채가 갑자기 나타날지도 모른다.

자력(磁力)의 마법은 모든 생명의 기초이다

내가 성장하여 공부를 위해 해외로 나가 살게 되었다고 해서 신비로운 하늘에 떠 있는 거대한 은빛 우주선에 관한 기억이 흐릿해질 수는 없었다. 나는 내 눈이 억제할 수 없는 눈물로 가려지기를 바라고 바라며 무의식적으로 깊고 푸른 하늘을 올려다보고는 했었는데, 음악 한 소절, 또는 하늘의 일몰이 갑작스럽게 내 기억을 일깨웠기 때문이다.

결혼과 나의 첫 아이의 탄생조차도 나의 갈망을 완화시킬 수 없었다. 나의 남편은 타이거 모스(Tiger Moth) 복엽비행기에 나를 태워 하늘로 비행시켰고, 어떻게 나는지를 가르쳐 주면서 그렇게 들떠 있는 나를 꾸짖었다. 그의 이해에 의해 격려 받더라면, 나는 우주선을 찾아 깊고 푸른 하늘로 날아갔을 것이다.

하늘에서 위험들은 별로 없었고 그 즐거운 날은 무한한 비전과 더불어 청명했다. 나는 둥근 녹색의 언덕이 아래에 펼쳐져 있는 드라켄즈버그로 향했다. 단지 격리된 뇌운(雷雲)만이 서쪽으로 배회하고 있었다. 갑자기, 나는 햇빛비추는 하늘에서 떨어지는 우박들에 의해 공격을 받았다. 하늘에서 순결하게 급상승하고 있던 아름다운 흰색의 모루구름은 그것의 스카프 같은 술장식으로부터 푸른색을 가로질러 연속적인 얼음 사격을 토해냈다.

나는 즉시 그 공격을 피하기 위해 좌우로 경사하며 선회비행을 했지만, 그 화난 구름은 내게 멈추어지지 않았다. 그 푸른 하늘로부터 번개가 방출되었다. 번갯불이 나의 머리 꼭대기를 두드렸고 나의 손들을 통해 조종간으로 내달렸다. 투덜거리는 뇌운(雷雲)이 배회하면서 자신의 울화를 배출할 무엇인가를 찾는 동안, 엷은 녹색 불꽃들이 나의 눈앞에서 날뛰었고, 부드러운 푸른색을 띤 빛의 혀들이 공기를 통해 잠수하는 작은 우주선 주변에 섬뜩한 코로나(Corona)를 형성하며 날개끝과 프로펠러로 돌아다니며 놀았다.

번개는 오직 지면과 접속해 있을 때만 위험하다. 그리고 만약 뇌우(雷雨) 방식으로 나타나거나 위대한 존재 속에 있을 때는 두려워할 필요가 전혀 없다. 비록 내가 늘 거리를 두었지만, 나는 곧 선회하는 소나기구름을 사랑하고 그것과 하나가 되는 것을 배웠다. 소용돌이치는 거대한 구름들 - 그것들의 세포는 폭발하는 뭉게구름의 연쇄반응으로 성장하고 융합하고 증폭된다 - 은 아메바(amoeba)들처럼 대대로 생겨날 것이고 지구의 얼굴을 가로질러 이동할 것이다. 그리고 나는 나의 작은 비행기와 함께 소나기구름이 위를 향해 솟아오르는 동안, 그 냉랭한 고도가 점차 평평하게 낮아질 때까지 순조롭게 비행할 수 있는 안전한 구름 협곡을 찾거나 맞바람을 피하기 위해 좌측으로 통과할 것이다.

나는 하늘에서 행복을 발견했다. 또한 비행기가 공기의 바다를 통해 날아오를 때 하늘 높은 곳의 바람을 느끼는 것을 좋아했다. 이는 내가 하늘 깊은 곳이 내가 보고 이해하고 신뢰할 수 있던 유체 질량이 되었을 때 그 바람의 리듬을 감지하기 위한 것이었다. 또한 바람과 함께 가거나 그것과 맞서고, 산맥 또는 언덕의 바람이 불어가는 쪽을 알기 위한 것이었다. 왜냐하면 바람과 함께 비행할 때는 바람이 불어가는 쪽에 위험성이 있기 때문이다.

우리의 얼굴로 스쳐가는 맑고 신선한 바람과 함께 하늘의 원거리에서 (사물을) 보는 우리에게 진리는 기쁨의 메신저이며, 창공 너머를 향한 영혼의 깨달음이다. 진동과 어떤 고조파들의 조합에 의거한 파동에 조율하는 것, 우주적인 첼레스타(종소리 같은 음을 내는 작은 건반 악기)에 귀를 기울이는 것은 알기 어려운 진리의 마법을 공개하는 것이다.

미지의 하늘을 통해, 하늘 깊은 곳을 통과해 길을 헤쳐 나가는 것은 영광스러운 것이었다. 하늘의 본질인 그 깊은 곳에는 모든 영광 속에서 구름들이 떠다니고, 바람은 하늘의 3차원 영혼이다. 그곳의 자기(磁氣)의 힘들은 모든 물질과 모든 생명 속에 스며들고 그 자기와 마음 간의 연결은 하나의 실체이다. 한편 우주와 유사성이 있는 지자기장(地磁氣場)은 모든 텔레파시 사념의 원천인 것이다.

자력(磁力)의 마법은 모든 생명의 기초이다. 그것이 별들과 행성들을 공간 속에 유지시키고 있고 그것들의 탄생과 진화를 책임지고 있다. 또한 그것은 은하계와 인척관계인 우리의 전체 세계 속에 스며들어 있다.

나는 일반적인 인간 생각을 넘어서서 (외계인에 대한) 친근성을 느낄 수 있었다

하늘 높은 곳에서는 지구를 에워싼 공기의 엷은 덮개 저편의 전체 – 산과 바다– 를 볼 수 있다. 해가 질 때, 지구의 그림자는 동쪽에서 푸른 어둠처럼, 또는 우주적인 스펙트럼의 다채로운 별들에 대한 일종의 전조(前兆)처럼 꾸준히 하늘로 오른다. 높은 하늘에서 비행하는 중에 나는 외계인에 관한 모종의 친밀함을 감지했다. 그리고 나는 불가사의한 하늘 저편에서 오는 텔레파시의 힘에 대해 응답했다. 내가 바람의 플루트 음조(音調)를 뚫고 집으로 향해 비행하고 있을 때, 나의 생각은 확신이 되었고 나의 마음은 하나의 지표처럼 이 신비로운 힘에 대해 응답했다.

그 후 어느 날 저녁, 우리의 하늘 속의 신비한 이방인이 되돌아왔다. 그리고 나는 우리가 드라켄즈버그 상공을 날고 있을 때 나의 마음이 영향을 받고 있음을 알았다. 당시 나는 나의 남편과 함께 DH 레오파드 모스(Leopard Moth) 기종(機種)으로 더반(Durban)에서 바라그와나스(Baragwanath)까지 비행하고 있었다. 날씨는 청명했다. 드라켄즈버그 산맥은 앞쪽에 누워 지평선을 가로질러 뻗어있었고, 태양의 황금빛 긴 파장들을 배경

남아프리카 공화국, 드라켄즈버그 산맥의 장엄한 경치들

으로 검고 울퉁불퉁한 성벽처럼 솟아 있었다. 우리들은 곧 에스카프먼트 위를 날고 있었으며, 우리 비행기의 엔진이 갑작스러운 혼란의 압력 속에서 요란한 소리를 내고 있었다. 우리들 위에 남쪽 하늘은 동쪽에서 밀려오는 지구의 어두운 담청색 그림자에 의해 분홍빛 대일조(對日照)를 잃어버렸다. 그것은 하늘 전체를 어두운 우주의 헤아릴 수 없는 벨벳(velvet)으로 채우기 위해 거대한 아치(arch)처럼 증대되었고, 봉화처럼 타오르는 별들과 행성들로 점점이 박혀 있었다.

스피카(처녀자리의 1등성 별)를 바라보았더니, 그 별이 순결한 광채로 지평선 위로 떠오르고 있었다. 그때 나는 지구의 어두운 남빛 그림자에서 나온 둥근 형태의 다른 섬광에 의해 넋을 잃어버렸다. 그것은 푸른 흰색이었고 맥동하고 있었다. 그리고 그것은 곧장 우리들의 자그마하고 보잘 것 없는 비행기를 향해 엄청난 속도로 움직였다.

나는 내 남편의 목 뒤를 가볍게 두드려 그를 깨웠다. 그는 주변을 둘러보았고 거대한 우주선(UFO)이 자체의 속도를 떨어뜨리며 우리의 비행기에 맞추어 수평을 유지하게 되었을 때 그 색채가 놋쇠 빛깔의 황색으로 변하는 것을 목격했다. 매혹적이게도 나는 우측 창을 통해 세부적인 모든 것을 관찰했으며, 커다란 원형 우주선이 우리와 나란히 맞춰 비행할 때 그 발광체의 흐릿한 윤곽을 보고 있었다. 보다 부드럽게 빛을 발산하는 3개의 현창(舷窓)들이 보였고, 또한 나는 거대한 선체에서 위로 경사가 진 반구형 덮개 쪽을 비행기에서 내다보았다. 그 우주선 선체의 하부에서는 강렬한 푸른 백색광이 가장 깊은 보랏빛과 번갈아 가며 나타났다. 그리고 깜짝 놀랄 정도로 으르렁거리는 소음을 내는 DH 모스(Moth)기 위의 나의 귀에는 그 우주선의 어떠한 비행음도 들리지 않았다.

갑자기 그 커다란 우주선은 측면으로 홱 움직이더니, 거대한 바퀴처럼 앞으로 회전했다. 그리고는 증대된 강렬한 빛을 발산하고는 사라져 버렸다!

"정말 멋져요!" 나는 마이크가 달린 헤드폰에 외쳤다.

"그것은 무시무시해서 기분 나빠." 나의 남편이 투덜거렸다.

"내가 그 비행체로부터 경사하며 선회했기 때문에 그것은 여전히 같은 거리를 유지했던 거라구."

비록 나는 자기력(magnetic force)이 내 마음에 영향을 미치고 있었던 것처럼 느꼈지만, 두렵지는 않았다. 나는 우리가 철저한 시험을 받았다고 확신했다. 그 우주선은 내가 어린 아이였을 때 보았던 우주선과 같은 형태였다. 그리고 다시 무엇인가가 내 마음 속에 번뜩이며 스쳐지나갔다. 나는 내가 그 우주선이 다시 돌아오기를 갈망하고 있음을 알았다. 그리고 그 우주선이 하늘의 어둠 속으로 사라졌을 때 깊은 외로움의 느낌이 수수께끼처럼 나의 영혼에게 밀려들어왔다.

아래를 내려다보자, 나는 단지 드라켄즈버그의 방대한 지형을 분별할 수 있었다. 쿠아슬람바(Quathlamba)[7]는 여전히 우주의 비밀들을 숨긴 채 거인처럼 - 거칠고 신비로운 - 바다에 아주 인접해 누워있는 이 아름다운 산맥에 대해 줄루족이 부르는 이름이다. 서쪽의 붉은 일몰과 마주한 칼날같이 날카롭고 험준한 절벽들이 - 기복이 있는 구릉들로서 바다까지 뻗쳐 있는 - 녹색의 긴 초목으로 뒤덮인 부드럽고도 가파른 경사면과 이어져 있었다. 그리고 산봉우리들은 어둠이 드리워진 푸르고 울창한 지역을 수호하고 있었는데, 그곳은 내가 태어난 므포퍼나의 초원지역이다.

---

7)드라켄즈버그 산맥을 부르는 줄루족 언어로서 '창의 장벽'이라는 의미이고, 거대한 방패에 창이 부딪히는 소리를 본 딴 이름이라고 한다.(역주)

드라켄즈버그 산맥의 뛰어난 경치들

위험한 옆바람이 우리의 가벼운 비행기를 흔들리게 하였다. 그리고 나는 남편이 우주선을 피하기 위해 경사선회하며 급강하했을 때 우리가 산 위에서 급히 회전할 수 없도록 성 크리스토퍼(Saint Christopher)[8]가 끈을 잡아당겼다고 생각했다. 스피카(처녀자리의 1등성 별)가 동쪽 하늘에서 내게 눈짓하듯 반짝였다. 그녀의 빛나는 영광은 청백색과 녹색빛을 발하며 맥동했고, 우리에게 기상변화를 경고하면서 적절한 코스를 신호하고 있었다. 그리고 나의 마음은 멍한 상태에서 엄청난 놀라움으로 가득 차

군 장교였던 엘리자베스의 남편

있었다. 그때 다시, 그 환상적인 우주선이 동일한 지역 상공에 나타났다. 그렇기에 나는 일반적인 인간 생각을 넘어서 친밀감을 감지할 수 있었다.

바라그와나스(Baragwanath)로의 우리 비행계획이 완료됨과 더불어 우리는 남동풍이 부는 가운데 착륙했다. 시계(視界)는 쓰레기더미로부터 부는 혼탁한 먼지처럼 거의 '제로(0)'였다.

"스피카는 나에게 주의를 주었어요." 내가 말했다.

"우리가 순조롭게 단 번에 착륙한 것은 매우 운이 좋았던 거예요."

하지만 내 남편이 생각할 수 있던 전부는 하늘에서 목격한 그 비행체(UFO)에 관한 것이었다. 그는 프리토리아(Pretoria)[9]에다 본부를 두고 있는 공군에다 제출할 상세한 보고서를 즉시 작성했다.

---

8)AD. 250년 경의 소아시아의 기독교 순교자.
9) 남아프리카 공화국의 행정 수도

전문가들은 하늘에 관해서 무엇을 알고 있는가?

나는 공군에서 조사를 받는 동안 침묵한 채로 있었는데, 왜냐하면 그들이 그 문제에 있어서의 내 느낌들을 이해하지 못할 거라는 점을 알고 있기 때문이었다. 군인들은 내가 가진 것과 같은 그러한 생각에 대처할 수 없었다. 그러나 나는 그 비행체가 모든 물리법칙을 깨뜨릴 새로운 어떤 것이고 보통의 지구 사람들의 세계가 아닌 외계의 것임을 추호도 의심 없이 알고 있었다. 즉 그 물체는 진보된 추진력의 방법과 혁명적 디자인을 가진 우주선인 것이다. 과거에도 이와 똑같은 우주선이 나의 언니와 내 위로 급강하하는 것을 내가 보지 않았던가? - 그리고 다시 그 물체는 사나운 폭풍구름을 향해 이동하고 있었다 - 오래 전에 지구상의 어떠한 국가가 그런 우주선을 완성할 수 있었겠는가?

전문가들은 하늘에 관해서 무엇을 알고 있을까? 비밀스러운 높은 하늘은 여전히 인간의 탐색하는 마음을 교묘히 피하고 있다. 나의 여성으로서의 직관은 나에게 이것이 아주 먼 외부 우주에서 온 외계인의 우주선이라고 말했다. 그 후에 나의 자유로운 날들은 제한을 받게 되었는데, 내 남편이 서둘러 우리를 영국행 배에 태워 보냈기 때문이다. 영국에서 우리는 〈드 하빌랜드 시험 비행센터〉의 일원이 되었다.

제2장

다른 세계의 인간과의 연결

제2장
다른 세계의 인간과의 연결

　비행기가 지옥에서 벗어난 박쥐처럼 비행장을 가로질러 낮고 빠르게 질주하고 있었다. 나는 피하려고 했지만 후들후들 떨릴 정도로 얼음 같이 차가운 바람은 나를 안개 낀 비행장의 가장자리로 밀어붙였다. 흠뻑 젖은 긴 풀의 습기가 걸을 때마다 나의 신발로 스며들었다.

　"어떻게 그런 속도로 착륙할 수 있지? 그는 추락할 수도 있었어." 그 작은 비행기가 사라졌을 때 나는 바람에게 말하듯 중얼거렸다.

　살을 에는 북풍(北風)이 나를 스치며 지나갔다. 그리고 푸른 구름이 하늘 저편에다 그들의 어두운 옷자락들을 펼쳐놓았고 진눈깨비들이 소리를 내며 휘날렸다. 나는 항공기 형태의 그림자가 멀리 비행장에 나타났을 때 안도감으로 지켜보았다. 항공기는 격납고의 안식처를 향해 이동했고, 바람이 일시적으로 잠잠해지는 가운데 엔진은 율동적으로 정확히 고동쳤다. 조종사가 격납고 입구로 얼굴을 돌리고 지상의 정비원들이 항공기를 에워쌌을 때, 눈을 동반한 돌풍이 휘몰아치며 지나갔다. 비행기 엔진이 으르렁거리며 목청껏 애처로운 소리로 내다가 그 조종사처럼 곧 멈추더니 조용히 침묵했다. 부담스러운 모피로 안감을 댄 부츠와 양가죽 자켓을 착용한 조종사는 비행기 조종실에서 천천히 기어내려 왔다. 그는 피곤한 모습으로 잠시 동안 그 항공기 옆에 서 있다가 비밀연구소 연구원들에게 인사했다. 그들의 흥분은 자극적이었지만 그는 참을성 없는 곰처럼 그들을 거절하고 나를 향해 큰 걸음으로 걸어왔다. 그리고는 자신의 큰 보폭에 따라 바이스(Vise) 같은 강한 손아귀의 힘으로 나의 팔을 꽉 잡으며 끌어당겼다.

"그것은 기적입니다." 그는 중얼거렸다.

항공기 조종사로 활동하던 시절의 엘리자베스 클래러.

"그것은 구름 위를 새 같이 비행했어요. 그리고 그 착륙속도는 전에 테스트했던 어떤 것보다 더 빨랐죠. 나는 내 자신이 비행계획을 해냈다는 것을 신께 감사드려요! 그건 정말 멋진 비행기입니다."

자신의 기술에 내맡겼던 그 조종사의 항공기에 대한 열의는 그의 피로를 이겨냈다. 나는 내 남편을 너무 잘 알고 있었다. 그는 침묵한 채로 비행 헬멧과 보호안경을 성급하게 벗겨내며 주머니에서 담배를 찾고는 했다. 그는 우리가 그 혼란에서 자유로운 곳에 이르렀을 때 담배에 불을 붙였고, 성냥불의 흔들거리는 불빛 속에서 그의 얼굴에는 긴장과 피로의 주름살이 역력히 드러났다.

만약 내가 3차원에서 공기의 요소가 다르게 작용하는 구름 위 상공에서의 급선회나 급강하를 하는 동안 그의 안전에 대한 두려움을 말로 표현했다면, 그는 웃거나 내가 다시 우주선을 상상한다고 말했을 것이다. 공기의 바다이자 우리를 보호하는 막인 거대한 하늘은 그 비밀스러운 높은 고도에 이르러서는 다른 질료로 이루어져 있다. 그것은 하늘에 오르는 사람들을 위해 운송속도를 가속하지만, 인간의 파괴적인 습성으로 인한 매연과 스모그는 하늘의 높은 영역에서는 인간의 뇌와 감각의 고등기능을 저하시킬 수 있다. 그리고 거기서는 더 느린 속도로 분자의 더 조밀한 압력을 견디며 호흡해야 한다.

우리가 휴게실에 들어갔을 때, 달아오른 공기는 나를 숨 막히게 하고 주춤하게 만들었다. 담배연기가 공기와 어우러져 실내 전역에 자욱하게 끼여 있었다. 항공기 기술자들과 요원들은 배경 음악의 시끄러운 소리 속에서 단조로운 대화로 와글거렸다. 마음에서 느껴지는 자포자기의 심정으로, 나는 재빨리 창 옆에 있는 우리들이 늘 앉던 테이블에 자리를 잡았다. 나는 밀실공포

증의 느낌이 나에게 영향을 줄 때마다 바깥 공기가 얼마나 차가운가에 관계없이, 다른 사람의 눈치를 보지 않고 창문을 열어 약간의 맑은 공기를 얻을 수 있었다.

결코 이륙할 날로 생각되지 않는 사방을 온통 뒤덮은 자욱한 매연과 더불어 영국에 있는 것은 너무나 해로웠다. 나는 남쪽 멀리 떨어진 내 고향의 활짝 열린 공간을 동경했다. 내가 사랑하는 대지인 그곳은 완만한 초원이 방대하게 펼쳐져 있고 신선하고 맑은 바다 냄새와 함께 동풍이 부는 곳이었다. 그리고 그곳은 하늘의 영광이 천국을 향해 열려 있었다. 남십자성(南十字星)이 자오선과 하늘의 깊은 사발을 가로질러 빛나고 있는 대지 위에는 수백만 개의 별세계들이 하늘에 박힌 보석처럼 반짝이며 장관을 이룬다. 나는 소나기의 향기와 함께 활짝 열린 공간의 공기를 호흡하기를, 그리고 내 얼굴에 와 닿는 그곳의 바람을 느껴보기를 애타게 갈망했다. 나는 하늘의 순수한 대기를 들이키고 산맥을 넘고 구름을 통과해 비행하는 그곳에 있어야 마땅했다. 그리고 늘 벨벳 하늘 높은 창공에서 별들이 반짝이는 그곳에 속해 있었다. 나는 공기의 바다 속에서 바람이 들려주는 천상의 편지를 듣기를 동경했고, 알 수 없는 우주구역을 통과해 우주선의 속도로 움직이는 우리의 행성(지구)의 진동과 자유를 느끼기를 원했다. 그리고 민달팽이들처럼 지표면에서 떼를 지어 움직이는 사람들의 거주지로부터 멀리 벗어나기를 열망했다.

나는 창문을 통해 낮은 조각구름이 걷혀졌음을 알아차렸다. 드 하빌랜드 비행센터의 거대한 건물더미들은 연무가 자욱한 기지 위에서 런던의 불빛들을 반사하며 어둡고 쓸쓸하게 서 있었다. 화려한 불빛들이 군 과학자들이 멋진 비행기를 연구했던 격납고를 여전히 비추었다. 암호명을 TK4라고 붙인 프로젝트는 아마도 영국이 하늘에서 무자비하고 적대적인 침략자들을 방어

하는 데 있어서 혁명적인 항공술을 보유할 수 있게 했을 것이다.

인간이 동료 피조물과 행성(지구)을 파괴하는 것은 집단적 광기(狂氣)의 반영이다. 폭

우주선이 나타났던 언덕 쪽을 응시하고 있는 소녀시절의 엘리자베스

력과 파괴는 - 간신히 육(肉)을 먹는 야만적인 살인자의 단계를 넘어 진화한 대부분의 - 지구상의 인간종족에게 가해지는 힘을 상징하는 것에 불과하다. 그들은 야만인들인데, 그들이 가진 한 가지 야심은 그저 파괴하는 것이다. 대자연이 지닌 관용과 공존의 방법은 아직도 인간에게 이해되지 않고 있다. 대신에, 지구인들에 의해 세워진 모든 사회제도 속에는 여러 세기에 걸친 잘못된 사고(思考)와 생활방식에 의해 야기된 뒤틀린 마음의 상태가 존재한다, 그러므로 행성 지구의 인류는 바로 그런 환경의 산물인 것이다.

나는 그 모든 것으로부터 벗어나기를 갈망했지만, 내 자신이 한 국가의 최전선에서 그 나라 자체를 방어하는데 열중하고 있음을 발견했다. 나는 세상 속에서 살기가 더욱 위험해지는 가운데 내 남편의 태연한 태도에서 놀랐고, 그가 위험에 관련된 것에 대해 아무것도 생각하지 않는다는 것을 깨달았다. 그의 유일한 걱정거리는 그것들로부터 나를 보호하는 것이었다. 그는 어

떻게 어린 시절 이후 심어진 나의 관찰의 힘이 인간 행동의 경향을 예견할 수 있었는지를 전혀 깨닫지 못했다. 인류는 실패를 토대로 성장한다, 그리고 나의 마음은 다가올 재난과 두려운 모험들 앞에서 항상 그것들을 미리 알아차리고 있었다.

우리의 지구는 외계로부터 온 매우 진보된 문명의 우주인에 의해 매우 면밀한 감시 하에 있다

과거에 나에게 다가왔던 예감들은 적당한 시기에 구체화되었지만, 이제 시간은 빠르게 내달리고 있었다. 어쩌면 그것은 어느 날 밤에 갑자기 다가올 것이며, 세계대전이 밤의 침묵 속에서 촉발될 것이었다. 아마도 그것은 나의 남편이 자신의 혼란한 생각들을 조종하기 위해 평화로운 하늘을 지나며 덧없는 항적(航跡)을 남기는 동안 일어날 것이다. 아름다운 여름 하늘에서 취약한 항공기로 (적에게) 완패하여 격추당하는 것은 무엇과 같을 것인가? 오직 인간의 인간에 대한 참혹한 잔인성을 목격할 별들과 함께 말이다.

나의 남편은 위스키 한 잔을 걸친 후 갑자기 자신의 공상에서 벗어나 일어났다. 그가 입을 열었다.

"우리는 오늘 저녁에 참모장과 약속이 잡혀 있어."

우리가 눈발이 온통 휘날리는 밖으로 나갔을 때, 그날 저녁은 몹시도 추웠다. 그리고 나는 바람이 잠잠해진 것에 대해서 감사했다.

우리는 곧 자연스럽고 예의바른 태도로 따뜻이 우리를 맞이한 오랜 친구인 참모장과 만나 함께 동석했다. 그의 눈은 우리들의 형세에 관한 모든 세부 내용을 포착했는데, 이런 냉정한 관찰습관은 다년간에 걸쳐 주입받은 그의 국가에 대한 무거운 책임과

의무로 인한 것이었다. 나는 그와 다시 만나게 된 것이 기뻤고, 그에게 할 말이 아주 많았다. 내가 특히 말하려 했던 것은 경이롭고 흥분되는 어떤 것, 즉 스릴 있는 현상에 관한 것이었으며, 나는 그가 내 말을 이해하고 경청할 것이라고 확실히 느꼈다. 경험이 많고 직책을 가진 사람은 우리의 하늘에 나타나는 우주선들에 대해 알고 있을 것이기 때문이다.

"그래요." 그가 말했다.

"나는 당신이 말해야 하는 것에 대해 듣는 것이 매우 우려스럽네요. 그리고 당신이 생각하는 것도 말이죠. 보고서 하나가 막 나에게 올라왔는데, 그것은 오늘 저녁 전국적인 기동훈련이 실시되는 동안 미확인 비행물체(UFO)가 당신 남편의 비행경로와 근접한 지점에서 우리의 두 조종사들에 의해 목격되었다는 것이었습니다. 이전에 언젠가 남아프리카로부터 당신이 미확인 비행물체를 목격했다고 보고한 공문서를 받은 적이 있었죠. 그런데 그것은 당신이 드라켄즈버그 상공을 나는 동안 당신의 DH 항공기에 접근해 일정한 속도로 비행했었지요."

내가 그의 눈을 똑바로 바라보았을 때 그 눈은 부드러워졌고 나는 우리의 경험에 관한 모든 세부 내용을 그에게 말했다. 그리고 나의 어린 시절의 경험까지도 말해주었다.

"내가 어렴풋이 알아채고 있는 대로군요." 내 이야기를 듣고 난 후 참모장이 답변했다.

"우리의 행성은 외계인에 의해 면밀한 감시상태 하에 있지만, 나는 그것이 외계로부터 온 고도로 진보된 문명이 아닌가합니다."

그는 잠시 말을 멈추더니 나를 응시했다.

"그리고 당신은 이 문제에 대해 몰입해계신 것 같네요. 당신은 찾는 것이 무엇인지 알고 있고, 두려워하지 않고 있어요. 나는 아무도 당신보다 더 나은 적임자는 없다고 생각합니다. 당신은 직관력과 상상력이 있는데, 그런 능력은 이런 앞선 연구를 하는 데 중요합니다."

"물론 저는 그것을 연구할 것입니다." 나는 주저 없이 응답했다.

"고맙습니다. 여사님." 참모장이 말했다.

"저는 이것에 관련된 무엇인가가 구체화될 거라고 확실히 느끼고 있습니다. 도움과 인도가 이 행성의 심하게 고통 받는 사람들, 다시 말해 평화와 조화 속에서 살 수 없는 이들에게 주어질 것입니다. 그리고 알다시피 당신은 철저히 조사받았습니다. 우리는 당신과 당신의 오랜 혈통에 관한 모든 내력을 알고 있습니다."

"이런 연구는 많은 세월이 걸릴지도 모릅니다." 그가 말을 이었다.

"따라서 모든 정보의 세부내용이 얼마나 환상적이냐에 관계없이 우리에게 주어져야 합니다. 우리는 기상천외한 사실들을 다루고 있습니다. 저는 당신이 자신의 초감각적인 지각의 힘을 이용하여 어떤 육감이나 예감들을 끝까지 따랐으면 합니다. 당신이 천부적으로 타고난 이런 특별한 능력은 우리에게 엄청난 가치가 있을 수도 있는 것이죠."

우리가 그를 뒤에 남기고 일어섰을 때는 매우 늦은 시간이었다. 그리고 떠나는 그 순간에 나는 그가 다시 의자에 털썩 주저 앉았다는 것을 알고 있었다. 얼마나 두려운 책임들이 그의 허약한 어깨 위에 얹혀 있는 것일까? 나도 모르게 나의 가슴이 그에게로 향했다. 그리고 그의 눈 속에 드리워진 깊은 슬픔의 기억이 나로 하여금 언젠가 거대한 우주선을 찾기 위한 노력을, 즉 하늘 저 너머에서 온 진보된 존재들을 통해 지구의 사람들을 돕고자 하는 - 어쩌면 구조하는 - 노력을 배가하도록 자극했다. 하지만 나는 한 동안 덫에 걸린 듯이 스스로도 어떻게 할 수 없는 상태에 빠져 있었다. 나의 자연스런 독립정신은 과거의 먼지 속으로 사라졌고 절대적인 책임감의 무게가 내 영혼을 뭉갤 것처럼 위협했다.

다음날 이른 아침에 나는 집에서 탈출하여 나의 아버지 쪽 조상의 고향인 아스톤 마을로 가는 넓은 북쪽 도로를 따라 차를 몰았다. 친족들의 소재지인 아스톤버리(Astonbury)는 영국의 오래된 나무들 사이에 자리 잡고 있었는데, 그 울창한 나뭇잎의 그림자가 선녹색 초지를 얼룩지게 했다. 자동차에서 내린 나는 축축한 땅과 감미로운 식물의 향기를 흡입하며 공원을 가로질러 계속 걸었다. 나무들 사이로 아스톤버리의 대저택들이 장미 벽돌과 많은 튜더 양식의 굴뚝들로 자체의 부(富)를 빛내고 있는 동안 내 곁에는 담황갈색 사슴 한마리가 온순한 끈기로 천천히 따라 걷고 있었다. 자유와 여가의 평화로운 날들은 지나갔다. 소수인들만의 소유였던 세상의 안락함과 품위 속에서 나는 태어나고 양육되었지만, 그것들은 시간의 혼미 속으로 사라졌다. 하지만 나는 향기로운 공원의 조용한 아름다움과 평화 속에서 즐거움을 발견했다.

나는 전쟁의 파괴와 사악한 의도들로부터 아름다운 대저택을 보호하기 위해 그것들이 사용되지 않을 때 나의 할머니가 오래 전에 폭탄 분화구에다 조성했던 백합 연못 쪽을 바라보았다. 나는 나의 조상집의 오래되고 담쟁이로 덮인 벽의 옆을 계속 걷는 가운데, 오직 섬 국가만이 여러 세기를 통해 알 수 있는 유산들을 지키는 것을 돕기로 결심했다. 그것은 바다의 자유, 하늘의 자유, 공간의 자유이다. 자유는 바로 삶의 원료이다. 그리고 그것이 없이는 사람은 더 이상 삶을 지속할 수가 없다.

그럼에도 나는 대부분의 사람들이 먼 장소들에 관한 더 커다란 그림을 알지 못한다는 것을 깨달았다. 그들은 전체를 연결할 수 없거나, 어떻게 그것이 앞으로 몇 년 내에 압도적인 충격으로 그들 모두에게 영향을 미칠지를 이해할 수 없었다. 그들은 히틀러라는 약탈집단의 유입을 저지하기 위해 당황한 상태로 집결했지만, 지금 불기 시작한 영국의 자부심에 대한 강한 바람을 측정할 어떤 비전(vision)도 없었다. 침묵의 베일이 인간의 인식을 너무나 교묘하게 꾀어 들이고 있었다. 그렇기에 사람들은 전 세계를 접수하기 위한 시도로서 전쟁과 여전히 다가올 더 많은 전쟁들 – 흑백 간의 인종투쟁으로서의 전쟁 – 에 관한 소문들로 자기들을 속박하려는 계획을 알 수는 없었다.

매년마다 지구는 전년(前年)보다 약간 더 빨리 지나간다.

드넓은 하늘을 응시하며 나는 갑자기 한 가지 갈망을 느꼈는데, 그 갈망은 그것이 나를 물질적인 것들로부터 아주 멀리 옮겨갔다고 생각될 만큼 매우 강렬했다. 그것은 바로 거대한 우주선을 다시 보고 싶다는 갈망이었다. 그 우주선은 이 적대적인 행성으로부터 멀리 떨어진 도달하기 어렵고도 신비한 창공 깊은 곳에 마치 영혼처럼 떠 있었다. 그것은 지금 어디에 있고, 어디로부터 온 것일까? 그리고 나는 왜 그 우주선에 관한 생각에 의해 그렇게 깊이 영향을 받는 것인가? 과연 그것이 나의 전체 삶을 변화시킬 어떤 소중한 존재를 양육했던 것일까? 그리고 이미 나와 텔레파시 교신을 가졌던 이는 누구였던가?

이 행성의 위험한 한계들로부터 탈출하고자 갈망하는 가운데 불안정한 낯선 기분이 나의 영혼을 가득 채웠다. 그리고 나는 예민한 분별력으로 이런 긴급성을 감지했다. 고향으로 돌아가는 것, 그것이 바로 내가 긴급히 해야 할 행동이었다. 나는 드라켄즈버그 산기슭의 작은 언덕에 있는 집으로 가야만 한다고 생각했다. 그곳은 바다 냄새를 품고 불어오는 남쪽 바람의 어루만짐에 긴 풀잎들이 살랑거리며 노래하는 곳이었다. 아마도 나의 자유는 내가 기대했던 것보다 더 빨리 올 것이다. 어쩌면 나는 내가 좋아했던 산의 자유, 안개 속에 은신하고 있는 드래곤(Dragon)의 산이 있는 고향으로 갈 수 있었다.

나는 인간의 표피적이고 경박한 방식들로부터 전환하기를 애타게 바랐다. 나의 유년기 교육의 명예와 도덕은 깊은 뿌리가 있었고, 나는 하늘에서 나의 유일한 행복을 발견했다. 하지만 전투기와 폭격기들이 하늘을 물들였을 때 이제 그런 행복은 나에게 부정되었다. 나는 상사(上司)로서 일정한 거리를 두고 나를 자신의 보호 동아리 안에다 그물로 가두었던 한 개인에 의해 지상에 좌초돼 있었고, 항상 그늘져 있었다. 어쩌면 나는 너무 많이 알고 있었다, 그리고 나는 나의 가슴에 가해진 두려움이라는 최초의 아픔을 생각했다.

유일한 탈출과 피난처는 나의 사랑하는 할머니의 집이 있는

아스톤버리였으며, 그분의 온화한 현존을 여전히 대저택 곳곳에서 느낄 수가 있었다. 그녀가 공작(公爵)이셨던 부모님들로부터 물려받은 말들에 대한 그녀의 사랑은 참된 예술가의 마법으로 예기치 않은 장소들에

아스톤버리의 대저택

표현되어 있다. 그리고 나는 내가 그곳의 정원을 거닐 때 내 어깨 위에서 그녀의 인도의 손길을 느낄 수 있었다. 나의 미래가 이곳에서 정해질 것처럼 생각되었는데, 그곳에는 난폭한 세상의 한 가운데서 온화한 기운이 아주 많이 서려 있는 곳이었다. 여기서는 은퇴한 늙은 말들이 안전한 방목장에서 그들의 세상 하직하는 날까지 돌아다니며 풀을 먹을 수 있었다, 또한 고양이들은 그녀의 선조들의 집에서 항상 나의 사랑스러운 할머니의 존재를 느끼며 화덕 곁에서 평온하게 잠들 수 있었다.

  탐구심 많은 나의 마음은 여러 해에 걸쳐 하늘과 해양, 육지, 그리고 이 세상에 속하지 않은 듯한 바다풍경을 유심히 살펴왔다. 하지만 생명의 다른 고향, 다른 섬이 하늘의 광대한 공간 속에서 이동하고 있고 그곳은 녹색 초원으로 둘러싸인 완만한 산들이 바다로까지 뻗쳐있었다. 방대한 차원의 고요한 바다가 진화의 열쇠 속에서 울려 퍼지는 선율처럼 나의 기억 속에 있는 악기의 현(絃)을 건드렸고, 그 주파수대의 음계로 영원히 진동하고 있었다.

  나는 빛의 장벽 너머 우주의 깊은 곳에서 백열광을 발하고 있는 사랑스러운 행성에 대해 알고 있었다. 나의 영혼은 그 행성의 영원한 진동에 주파수가 맞춰져 있다. 그리고 나의 운명은 천연자석의 마법이 마음에 스며들기 위해 가하는 텔레파시 사념의 친화력 같이 영원히 그 행성의 자기장 안에 얽혀있다. 나는 내가 이 신비롭고도 이국적인 땅을 언젠가는 발견하리라는 것을 확실하게 느꼈으며, 그 존재를 결코 의심하지 않았다. 그것은 점진적으로 시간에 의해 드러난 종족 기억이었다. 왜냐하면 시간이 이 세상의 본질이고, 우리들의 의식(意識)을 동시성과 무한을 향해 꾸준히 가속하고 있기 때문이다. 지구에서는 매년마다 시간이 전년(前年)보다 약간 더 빨리 지나간다.

진보된 문명이 우리가 성간여행에 대한 비밀을 발견하도록 도울 것인가?

나의 온화한 양친들은 내가 태어난 아주 먼 고향에서 나에게 시간과 그것이 어떻게 속도를 높이게 되는지에 관해 편지를 쓰셨다. 지구 시계가 일정한 상태로 있는 반면에 인간의 내부 시계는 나이를 먹으면서 점차 느려진다. 이 행성은 동시에 세 방

향에서 움직이는데, 즉 지구는 과거 현재 미래라는 우리의 3가지 속도 내지는 시간의 흐름을 우리들에게 부여해주고 있다. 인간이 더 나이를 먹어 성장할 때 일을 할 시간이 점점 더 적어진다. 그리고 시간은 속도가 빨라지는데, 왜냐하면 살아 있는 신체의 작용이나 대사과정들의 속도가 느려지고 있기 때문이다.
태양계가 은하계의 중심 주변의 궤도로 움직이는 동안 행성 지구는 태양을 둘러싼 태양계 자체의 별의 궤도로 돌면서 속도

를 내며, 우리는 시계에 의해 시간의 간격을 표시한다. 우리는 시간에 예속되고, 시간간격의 지속적이고도 냉혹한 짤깍짤깍 하는 소리에 의해 시달림을 받으므로 우리의 영혼은 그것으로부터의 평화와 자유를 필요로 한다. 만약 우리가 방법을 알고 있다면, 시간의 변화무쌍한 속성을 통제할 수 있는데, 시간은 빛과 중력과 더불어 3요소가 통일된 상태에서의 파동운동이기 때문이다. 어쩌면 우리는 시간 속에서 번갈아 일어나는 파동운동과 별들로 가는 탈출구를 발견할 수도 있었다.

나는 이것이 저 너머의 진보된 문명에게는 하나의 현실임을 확실하게 느꼈으며, 그들의 우주선들은 우리의 시간을 뒤엎고 시간의 흐름 속으로 이동할 수 있다. 만약 우리가 그들과 연결되어 점차 관계를 구축해나간다면, 아마도 그들은 우리가 이런 성간여행에 대한 비밀을 발견하도록 도울 것이다. 그리고 그런 연결은 참으로 사랑을 통해서 이루어질 것임을 나는 알고 있었다.

제3장

빛의 비밀들

제3장
빛의 비밀들

우리는 남아프리카의 본국으로 돌아가라는 전출명령을 받았다. 그리고 영국을 떠나기 전에 참모장이 나에게 했던 다음과 같은 지시들은 여전히 내 마음 속에서 울리고 있었다.

"어떻게 해서라도 꼭 우주선을 찾아보세요. 그것은 곧 우리의 행성과 우리 인간종족의 구원을 의미할 수도 있습니다."

그가 이런 말을 했을 때 놀람과 걱정으로 인한 떨림은 나로 하여금 숨죽이게 만들었다. 우리의 아름다운 행성은 인간과 같은 그런 파괴적인 약탈자에게는 주인(어머니)이다! 그리고 우리가 하늘을 향해 우리의 눈을 들어 올리는 것은 어떤 놀라운 일도 아니다.

나는 그것이 저기 지구 밖 어딘가의 다른 행성으로부터 온 우주선이었음을 알고 있었다. 그리고 여러 해 동안, 나는 우주선이 다시 돌아올 것이라는 사실을 나의 가슴 속에서 알고 있는 상태로 살았다. 나는 영적으로, 정신적으로, 그리고 지성적으로 우주와의 일체성에 도달하고 그 무한에다 파장을 맞추기 위해 내 자신을 준비시켰다. 또한 나는 모든 자연과 살아있는 창조물들과의 텔레파시 교신 감각을 계발하기 위해 노력했다. 그리고 그렇게 하는 가운데 영혼, 마음, 몸으로 완전하게 되기 위해 애를 썼다. 지구의 사람들보다 수 천 년을 앞선, 매우 진보된 문명의 사람들과 만나기 위해서는 단지 내가 그들을 발견하는 중도(中道)까지 나갈 준비가 되었을 때만 오직 나는 그들과의 접촉을 희망할 수 있었다.

우리의 하늘에서 그들의 존재를 인식하고 있었기에 나는 말들과 개들, 고양이들, 그리고 심지어는 식물들과 기계들, 또는 생명의 전기불꽃을 가진 그 어떤 것과도 텔레파시로 교신하는 연습을 했다. 나는 이것이 여러 해 동안의 나의 경험들 가운데 대단한 가치가 있다는 것을 알게 되었다. 그리고 마침내 나는 우리 태양계 너머에서 온 우주선으로 지구에 왔던 존재와 통신할 수 있었다. 여러 해에 걸쳐 준비의 시간을 보낸 만큼, 그 텔레파시적인 연결은 점점 더 강해졌다. 우주적인 조화에 관해 이해하는 가운데 나는 나의 영혼 속에서 그의 이름을 알고 있었고, 또한 나는 그가 거기 그 우주선 내에 있었다는 것을 알고 있었다.

케이프타운(Cape Town: 남아프리카 공화국의 입법부 소재지)에 우리가 도착했을 때, 창을 통해 보이는 모습은 음산하게 바람이 날리며 젖어 있었다. 남동풍의 빠른 하향기류에 의해 몰려온 빗줄기가 창문을 억수같이 때렸다. 나의 사랑하는 고국의 열린 하늘, 푸른색의 헤아릴 수 없이 깊은 하늘은 어디로 갔다는 말인가? 세계에서 가장 맑은 희망봉(the Cape of Good Hope: 남아

60

프리카 공화국 남단의 곳)이 냉혹한 극전선(極前線)의 날씨에 맞서서 버티고 서 있었다. 사나운 폭풍우가 남극대륙으로부터 빈 남쪽 바다를 가로질러 휩쓸었다. 장엄한 에러버스 산봉우리로부터 계곡 안에 포도원들이 번성하는 케이프의 엎드린 산들에 이르기까지 그곳의 해저 속에는 화산 고리가 놓여 있었다.

나는 테이블 산 정상에 구름모자가 예쁘게 걸쳐 있고 더불어 하늘의 높은 상공에는 다른 구름이 떠있음을 보았다. 그것은 낯설고도 아름답게 매끄러웠으며, 마치 화가에 의해 채색된 것처럼 그 원주 주변이 진주빛 색채의 렌즈 모양이었다. 이 세상의 것이라고는 생각되지 않는 그것의 아름다움은 땅의 어떤 불규칙한 변화로 인해 바람이 불어오는 쪽으로 소용돌이 쳤던 하늘의 정재파(standing wave)에 의해 고정돼 있었다. 그것은 악천후와 차가운 돌풍의 징조였다. 따라서 우리는 비를 동반한 돌풍에 대비하고 아울러 모든 항공기를 지상에 착륙시켰다.

요란하고도 시끄럽게 울리는 전화벨 소리가 나를 몽상에서 벗어나 화들짝 놀라게 했다. 그리고 격리된 내 사무실의 평화는 비명을 지른 괴물에 의해 소란한 장소로 바뀌었다. 전화선의 다른 쪽 끝에서 들려오는 흥분된 음성은 내 귀에 거슬렸다.

"불입니다! 11번 격납고에 불이 났어요!"

나의 마음은 앞서 달려 나갔고, 전화선을 따라 흘러나오는 말들의 흐름은 기억나지 않았다.

모든 비행기들은 지상에 놓여 있었다. 그리고 파괴공작은 공격이 알려져 있지 않고 준비가 없었던 국가에서는 매우 쉬웠다. 나의 남편은 지금 비행기들 주변에서 안달하며 돌아다닐 것이다. 수화기를 책상에 내려놓자마자 나는 레인코트를 움켜잡았고, 비가 동반된 차가운 돌풍 속으로 달려 나갔다. 불길이 비행기 2대를 포위하고 있었다. 그리고 나의 남편은 용감하게 다른 하나를 멀리 밀어내고 있었다. 내가 그를 돕기 위해 달려갔을 때, 가솔린 탱크가 폭발했다. 우리는 둘 다 지상으로 몸을 던졌고, 뿜어 나오는 검은 구름이 나를 숨 막히게 하였다.

나는 죽음의 손길을 느꼈고 그 모든 것은 준비의 일부였음을 알았다

아주 서서히 나는 내 주변에서 빛과 모종의 움직임이 있다는 것을 인식하게 되었다. 나는 몹시도 몸이 뜨거웠고 내 발을 매트리스쪽에 있는 차가운 시트 속으로 밀어 넣었다. 나는 침구들을 밀어제치고 몸을 뒤집으려고 시도했다. 흰색의 아마포로 싸인 친절한 얼굴이 내 위에서 맴돌았다. 그리고 손들이 다시 내 주위를 뜨거운 침구로 감쌌다.

나는 안정되지 못했고 차가움을 열망했다. 나의 마음이 구조의 도움을 얻으려고 손을 뻗쳤을 때 갑자기 열기는 사라졌다. 상쾌한 산들바람이 나의 뺨을 스쳐가며 불어주었다. 그리고 밝은 장면이 명확한 전망으로 나의 주위에서 펼쳐졌다. 나는 검푸른 망망대해를 바라보면서 언덕 꼭대기의 무성하고 차가운 녹색 잔디 위에 앉아 있었다. 냄새 좋은 산들바람이 사파이어 빛의 바다로부터 불어왔다. 그리고 멀리 아래에서는 만(灣)의 아름다운 곡선이 아침 햇살 속에 반짝였다. 나의 뒤에는 환상적인 산들이 펼쳐져 있었고, 그 경사면들은 거대한 황금빛 나무들로 점점이 찍혀 있었다. 그리고 산꼭대기의 짙은 장밋빛 바위들은 푸른 하늘을 배경으로 햇빛 속에서 새빨갛게 달아올랐다. 그때 바다 저쪽에서 아름다운 둥근 우주선이 갑자기 나타나 언덕을 향해 다가오며 햇볕이 내리쬐는 대기 속에서 번쩍였다. 그 멋진 광경은 그것이 다가왔던 것만큼이나 빠르게 사라졌다. 그리고 나는 나의 주위에서 사람들의 목소리들을 들었다.

"그녀는 이제 위험에서 벗어났어요." 한 남자가 조심스럽게 말했다.

"아주 놀랄만한 일이죠. 나는 그녀가 심한 부상을 이겨내리라고는 기대하지 않았습니다."

분주한 병원의 친숙한 공기, 반쯤 열린 문 저편의 웅성거리는 불명확한 소리가 제정신이 돌아옴과 더불어 다시 흘러들어 왔다. 나는 머리를 돌려 창문을 통해 밖을 내다보았다. 나무가 우거진 데빌 봉우리의 산중턱이 내 눈에 들어왔다. 산의 수목한계선 위에서는 마치 깃발처럼 구름깃발이 나부끼며 계속 흘러갔다. 내가 점차 기력을 회복함에 따라 내가 경험했던 멋진 환상은 생생한 현실처럼 남아 있었고 비밀스러운 행복의 온기로 나를 채우고 있었다. 이곳에는 내가 꿈꾸는 신비롭고도 이국적인 땅이 있었는데, 그것은 빛의 장벽과 태양계의 시간 장벽 너머 먼 저편 어딘가에 있는 행성이었다.

나는 우주선 안에서 나를 바라보며 서 있는 한 남성을 볼 수 있었다. 나는 주저 없이 그를 마주 보았다

곧 나는 그룻 슈어(Groote Schuur) 병원을 떠나 드라켄즈버그 산기슭의 작은 언덕에 있는 집으로 가도록 허락을 받았다. 나는 죽음의 감촉을 느꼈고 그것이 준비의 모든 부분임을 알고 있었다. 인간이 별과 별사이를 왕래하는 우주선들을 운용하는 존재들과 만나기를 희망하고, 또 그들이 우리의 영토 안으로 다가오기를 바랄 수 있는 것은 오직 우리가 사랑과 친절, 이해, 그리고 현명함으로 응답할 수 있는 때이다. 또한 그 어떤 두려움이나 증오의 흔적도 없이 그들을 대면할 수 있는 때이다. 나는 우주선의 그 남성이 물리적인 접촉을 해오기를 기다렸지만, 그 열쇠는 내가 완전한 조화 속에서 마음과 영혼으로 그를 찾아내는 것이 먼저였다. 그리고 그것은 폭풍우가 몰아치던 어느 날 밤. 내가 조용히 명상하고 있는 동안에 일어났다.

강풍에 의해 몰아친 비가 농장 내 주택의 철제 지붕을 두드리며 억수같이 쏟아졌다. 때때로 거센 바람이 긴 불꽃을 부채질하기 위해 포효하듯 아래의 굴뚝으로 휘몰아쳤다. 나의 언니가 차(茶)를 마련하기 위해 부엌으로 갔을 때였다. 비록 나의 몸은 침상 위에 그대로 있었지만 갑자기 나는 천장을 통과해 위로 원격 이동되었다. 내가 구름을 뚫고 위로 올라갔을 때 나는 실제로 내 얼굴과 뺨에 정면으로 불고 있는 바람을 느낄 수 있었다.[10]

구름 위의 상공에는 두 대의 우주선이 맑은 하늘 속에 정지해 있었다. 아콘(Akon)의 우주선이 약간 고도를 낮추었고 나는 우리가 서로를 찾았다는 것을 알고 있었다. 이로 인해 아콘과 나는 가까운 교신을 하게 되었는데, 그는 나에게 자신의 물리적 현존을 확신시켰고 또한 많은 정보를 보냈다는 것을 확실하게 해주었다. 그가 내게 전송한 정보들은 그의 생활방식 및 그가 어디서 왔는가와 그의 주민들의 위대한 문명에 관한 것 등이었다. 시기가 적절할 때, 나는 그를 찾기 위해 도시와 지구 사람들의 오염에서 멀리 벗어나 산으로 나갔다. 그것은 핼리 혜성의 해에 내가 태어났던 곳인 아름답고 신비로운 나탈의 먼 드라켄즈버그 산맥을 향해서였다.

아마줄루(Amazulu)[11]는 산꼭대기에서 나를 호출했으며, 계곡을 통해 메아리치는 그들의 음성은 그들 고유의 비밀스러운 통

---

10)이것은 물리적으로 육신이 이동했다는 이야기라기보다는 순간적으로 일어난 일종의 유체이탈(幽體離脫) 현상으로 추측된다.(감수자 주)
11)줄루족 영매 또는 무당을 지칭하는 이름.

신방법에 파장을 맞추고 있었다. 그들은 하늘의 거대한 수레와 하늘나라에서 오는, 번쩍이는 방문자들에 관해 언급했는데, 그 존재들이 다채로운 색채로 빛나는 번개 새에 나를 태워 멀리 데려가기 위해서 올 거라는 것이었다. 그리고 그것은 구름의 모습으로 언덕에 착륙할 것이고 거기서 함께 만나게 될 것이라는 것이다. 폭풍우 주술사와 무당은 이것을 예언했고 이런 전설은 내가 아이였던 이래 나의 주변에서 자라났다.

"인코사자나(어린 여자추장이여)! 당신 머리의 금발 머리카락이 하늘에서 백인을 데려올 것입니다." 내가 그들이 묘사하는 언어를 듣고 스스로 이해했을 때, 그들은 계곡을 가로질러 나를 불렀다.

"당신은 왕자를 함께 데려오는 사람입니다! 하늘의 거주자들이 올 것이고 당신을 우리들로부터 데려갈 것입니다." 그리고 이런 노래 같은 예언들은 언덕 멀리 퍼져나갔다.

우주선이 왔던 것은 이 때였다. 그리고 나는 그 비행체가 가까이 왔다는 것을 거대한 흰 뭉게구름이 하늘을 가로질러 동풍과 함께 날아왔을 때 감지했다. 그것은 푸른 하늘을 배경으로 윤곽이 뚜렷했고 구름을 위장으로 사용했다. 그 우주선은 나의 인내와 신념을 테스트했으며, 내 영혼 안의 비밀을 알고 있었다.

푸른 하늘 깊은 곳을 응시했을 때, 나는 하늘을 배경으로 빛이 번쩍 발하는 것을 보았고 그 섬광은 구름의 테두리 근처에서 다시 번쩍였다. 바로 그 때 거대한 우주선이 모습을 드러냈고 구름 아래에서 맴돌았다. 이어서 그것은 우아하고도 아무런 소리 없이 공기를 통해 미끄러지듯 언덕 꼭대기 쪽으로 재빨리 이동했다. 그 위치는 언덕 꼭대기의 남쪽 몇 백 미터 상공으로서 그곳에서 그 물체는 다시 정지했다. 그런 다음에 그것은 천

이 사진은 엘리자베스 클래러가 1955년 7월17일에 드라켄즈버그 산맥의 산기슭에서 촬영한 총 7장의 아콘의 UFO 사진들 가운데 하나이다.

천히 하강하더니 땅으로부터 대략 1m 높이에서 그대로 머물렀다.

거대한 우주선에 의해 야기된 공기의 갑작스러운 환치현상으로 내 고막에 강한 자극을 일으켰던 윙윙하는 소리가 대기를 가득 채웠다. 가운데에 둥근 돔형 덮개를 지닌 그것의 원형 선체(船體)는 직경이 적어도 18m는 되었다. 그리고 나를 향해 3개의 큰 현창(舷窓)이 나 있었고, 그 창문을 통해 나는 한 남성이 우주선 안에서 나를 바라보며 서 있는 것을 볼 수 있었다.

나는 주저 없이 그를 마주보았다. 그는 가슴에 팔짱을 낀 채 강력하고도 최면술적인 매력을 가진 눈길로 나를 응시하며 거기에 서 있었다. 그 시선은 그 떨어진 거리에서도 내게 영향력을 미치고 나를 통제하는 듯이 생각되었다. 그 충격으로, 나는 내가 완전히 나의 훈련과 주시의 힘을 망각하고 있었다는 것을 깨달았다. 그리고 내가 그의 눈으로부터 눈길을 돌린 것은 위대한 의지력이었다. 나는 그의 얼굴을 유심히 생각해 보았고 – 그것은 내가 이전에 보았던 가장 멋진 얼굴이었다 – 그 모습에 친밀함과 사랑을 느꼈다.

엷은 미소가 그의 수도자 같은 얼굴의 선들을 부드럽게 하였다. 그것은 온화한 미소였고, 그 미소가 나의 가슴이 계속해서 두근거리게 만들었다. 나는 그 미소가 또한 그의 눈을 편안하게 하고 있다는 것을 알고 있었다. 그리고 나는 대담하게 다시 그 눈을 응시할 용기가 나지 않았다. 나의 가슴은 숨 막힐 듯한 세기로 마구 뛰었고 나는 기절할 것 같은 느낌이었다. 다른 행성, 다른 세계로부터 온 사람이 나의 삶에 영향을 미치고 있는 중이었다! 시간은 그 순간 고요히 정지해 있는 것처럼 보였다. 거기에 어떤 두려움은 없었다. 오직 깊고도 흥분되는 행복만이 있었다.

그는 나의 생각에 즉각 응답했다

나는 그의 우주선을 주의 깊게 관찰했다. 비록 내가 창문을 통해 볼 수 있기는 했지만, 우주선에서 나타나는 전체적인 효과는 태양빛이 아닌 우주선 자체의 유리같이 매끄러운 표면에서 방사되는 눈부신 광도였다. 그 선체를 주시함에 따라 나는 돔 형태의 덮개 부분이 정지한 채로 있었던 반면에 선체가 우측 방향으로 급속히 회전하고 있다는 것을 깨달았다. 그것은 지면을 향해 약간씩 고도를 낮추었다. 그리고 지나치게 밝은 눈부심이 나의 눈을 다치게 하기 시작했다. 나의 머리 꼭대기 부분이 대기 속에 유발된 진동으로 인해 아파왔다. 그리고 나는 얼마나 내가 오랫동안 떠나거나 달아나지 않고 이런 진동에서 오는 두통을 견딜 수 있었는지가 궁금했다.

우주선이 천천히 수직으로 상승하기 시작했다. 그리고 그것의 아담한 디자인과 매끄러운 완전함은 선체를 에워싸고 있는 흰색의 엷은 안개에도 불구하고 푸른 하늘을 배경으로 선명하게 보였다. 그 때, 갑자기 그것은 번개처럼 빛을 번쩍이며 푸른 하늘 깊은 곳으로 쏜살같이 사라져 버렸다. 그리고 단지 열파(熱波) 효과만이 잠시 동안 대기 속에 남아서 희미하게 가물거렸다. 나의 모자가 살아 있는 것처럼 멀리 날려가 버렸고 후끈한 열기가 나를 덮쳐왔다. 그리고 아무런 중력도 없는 듯한 이상한 느낌 때문에 나는 갑자기 잔디 위에 펄썩 주저 앉고 말았다.

나는 한동안 앉은 채로 있었다. 다시 일어나기에는 내 신경이 너무나 예민했다. 서쪽을 향해 구름들이 거대한 성곽 같은 모습으로 움직였고 그 잠자는 얼굴은 푸른 하늘에 아로새겨져 있었다. 자고 있는 그 거인(성곽)의 거대한 크기는 구름들이 소용돌이치며 오르는 저 너머 근원들에까지 뻗쳐 있었다.

산의 순수한 공기를 들이키자 미지의 조화로운 기운이 몸에 가득 채워졌다. 나는 냉정을 되찾았고 조용히 앉아 그 모든 것에 대해서 생각했다. 처음의 실패에 대해 내 자신을 자책하는 것은 별로 바람직하지 않았다. 나는 다른 기회가 있을 것임을 알고 있었다. 나는 그 때 비로소 그를 만날 준비가 되어있을 것이다. 나는 빛보다 빠른 그 우주선의 긴장을 이완시키고 이해함으로써 그와 함께 가기 위해서는 텔레파시를 통해 그로부터 더 많은 지식과 가르침을 얻는 것이 필요하다는 사실을 알고 있었다.

나는 눈을 감고 완전한 행복 속에서 깊게 한숨을 쉬었다. 내가 그렇게 했을 때, 나는 항상 자신의 존재를 나에게 알아차리게 하기 위해 기꺼이 나의 생각과 행동을 조종하고 있는 그의 강력한 눈동자를 다시 볼 수 있었다. 내 가슴 속은 성취감과 우주선 안의 그 남성에 대한 깊고도 영구적인 사랑으로 충만해졌다. 그리고 나는 그가 머지않아 다시 돌아올 것이라는 점을 추호도 의심하지 않았다.

몇 달이 지나갔고, 우주선과 그것을 타고 왔던 그 존재에 관한 추가적인 신호는 없었다. 거대하고도 웅장한 드래곤 산 위에서는 아마줄루(Amazulu)가 조용한 침묵 속에서 기다리고 기다리며 자신의 일을 열심히 하고 있었다.

그 후 어느 날 아침, 나는 일찍 깨어 일어났고 그가 돌아오고 있다는 것을 알았다. 나는 창문을 통해 푸른 하늘 높은 곳을 바라보았다. 그리고 지구의 하늘 너머에서 오는 미지의 끌림 – 모종의 깊고도 강한 신호 – 을 다시 감지했다. 나의 가슴은 내 마음을 두드리는 그 자기적인 끌림에 응답했다. 그 진동은 바닷바람 특유의 냄새가 실린 남풍과 더불어 불가사의한 하늘로부터 조용히 내게 왔다. 차가운 바닷바람은 산 너머에서 밀려오는 순도 높고 미세한 습기세포들인 안개의 향기를 품고 있었다. 내가 오랫동안 알고 있고 좋아했던 이런 향기가 이제 간절히 원했던 그 존재의 갑작스런 귀환과 함께 나를 가득 채워주었다.

나는 서둘러서 옷을 입고 언덕 꼭대기를 향해 출발했다. 그것은 농장의 주택으로부터 오래 계속된 산책이었다. 그리고 상쾌한 산바람이 내 무릎에 부딪치는 치마의 주름들을 펄럭이게 했다. 그때 저 멀리 더 높은 곳에서 비행접시의 윗부분이 어렴풋이 보였다. 산길을 오르기가 더욱 힘들어졌을 때 나는 춥게 느꼈고 꼭대기를 향해 가파른 산비탈을 계속 올라갔다. 거기서 나는 은빛 우주선이 언덕 꼭대기에 접시처럼 지면에 앉아 휴식하고 있는 것을 보았다.

그 옆에는 키가 큰 사람 하나가 서 있었다. 나는 경외감을 가지고 그를 바라보았고, 내 심장이 두근거리는 것을 느낄 수 있었다. 그 놀랄만한 순간에 나는 주저하지 않았다. 나는 우주선 옆에 있는 그 사람을 향해 거친 경사면을 곧바로 내달렸다. 몇 초 만에 나는 그의 옆에 서 있었다. 그때 그가 유쾌하게 웃으며 나의 허리둘레를 붙잡았고 나의 몸을 빙그르르 회전시켰다. 우리들 양쪽은 마치 그것이 세상에서 가장 자연스러운 것이었던 것처럼 웃음을 터뜨렸다. 그런 다음 그는 정확한 영어로 나에게 말했다. 그리고 그의 목소리는 애무와도 같았다.

"지금 두렵지 않은가요?"

그의 팔이 가까이 나를 잡고 있었고, 내가 그의 다정한 회색 눈을 올려다보았을 때 그는 온화하게 미소를 지었다.

"나는 인생 내내 당신 얼굴을 내 마음 속에서 알고 있었어요." 내가 대답했다.

"나는 지구라고 부르는 이 행성의 어느 곳에서 온 것이 아닙니다." 그가 나의 머리에다 대고 입으로 속삭였다.

그는 나를 우주선 내의 선실로 데려갔고, 부드럽고 둥근 의자에 앉게 했다. 다른 존재가 조종 계기반 옆에 앉아 있었다. 내가 그를 올려다보자, 환영한다는 미소로 그의 잘생긴 얼굴이 환해졌다. 나는 이중 벽 사이의 문이 닫히는 것을 보았다. 그것은 아무런 소리도 없이 자동으로 닫혔다. 빛나는 벽과 문은 하나로 융합돼 있는 것으로 보였고 어떤 구멍이나 틈은 남아있지 않았다.

나는 세게 숨을 들이마셨다. 선실의 빛나고 둥근 벽은 밀폐돼 있었다. 덮개들이 갑작스럽게 움직이며 창문들 위를 덮어 차단했다. 그러자 거기에는 아무런 흔적이 없었고, 단지 대낮의 햇빛만큼이나 자연스럽게 부드러운 빛을 발하는 매끈한 벽만이 남아 있었다. 선실 전체가 이렇게 부드럽게 반사하는 빛으로 환했다. 그것은 그림자가 없는 빛의 작용이었으며, 나는 그 어떤 배선이나 케이블도 찾아볼 수 없었다. 신선하고 기운을 돋구어 주는 공기가 선실을 가득 채우고 있었고 나는 상쾌함을 느끼며 즉시 그 고농도의 산소 속에서 호흡했다. 우주선에서는 약간의 진동이 수반된 낮게 윙윙거리는 소리가 들렸다. 아무런 움직임의 감각이 없었지만, 나는 우리가 서서히 하늘로 상승하고 있다는 것을 알고 있었다. 그런 놀라운 순간에 나는 조종사를 흘긋 보았는데, 그는 누름버튼들로 구성된 단순한 조종계기반 앞에 앉아 있었다.

광택 있는 우주선의 단순함은 나를 놀라게 만들었다. 바닥은 부드럽고 탄력성이 있으면서도 아주 단단하고 아름다운 장미색 융단으로 덮여 있었다. 선실 바닥 전체가 그렇게 되어 있었고, 선실의 중심에는 거품 같은 렌즈들이 에워싸고 있었다. 내가 앉아 있던 의자는 매우 안락했고 바닥에 낮게 놓여 있었다. 반달 모양의 다른 의자는 다른 쪽에 있는 렌즈들을 향해 있었다. 렌즈들 자체는 수정 거품과 유사했으며, 바닥 위로 보이는 것은 그 절반에 불과했는데, 그 기저 부분 주변의 진주 속에는 빛나는 황금의 장식 고리가 박혀있는 것이 보였다.

그 키 큰 남성이 내 옆에 앉더니 자신의 양손으로 내손을 잡았다. 그의 촉감이 주는 변치 않는 따스함과 확신은 나를 완전히 편안하게 만들었다. 그리고 나는 그 부드러운 의자에 등을 기대었다.

"내 이름은 아콘(Akon)입니다." 그가 입을 열었다.

"나는 과학자입니다. 내가 연구를 하다 보니 우리의 태양계 너머의 수많은 행성들을 방문하게 되었지요. 당신이 선실로 들어왔을 때 당신에게 눈인사를 했던 세론(Sheron)이 내 조종사입니다. 그리고 그 역시 과학자입니다. 우리의 고향별은 행성 가족들을 거느린 당신들의 이 작은 태양계 너머 아주 멀리에 있습니다. 우리는 이중 항성계(double star system)에서 왔습니다."

놀라움으로 나는 그의 매혹적이고도 감탄하지 않을 수 없는 눈동자를 바라보았다. 그는 온화하게 내게 미소를 보냈다. 그리고 그의 얼굴이 잠시 동안 밝아졌다. 나는 그의 강하고도 멋진 외모, 큰 키, 그리고 나에게는 미지의 특성의 힘인 두드러진 당당함에 의해 마음을 빼앗겼다. 그의 금욕주의자와 같은 얼굴은 근엄하면서도 부드러웠다. 그가 렌즈에 비치는 장면을 보기 위해 힐끗 머리를 돌렸을 때 그의 금발 머리카락은 관자노리에서 밝게 빛이 났다. 그것은 독수리 같은 용모, 높은 광대뼈, 그리고 관자노리까지 경사진 회색의 반짝이는 눈동자를 가진 매우 인상적인 얼굴이었다. 또한 그의 이마는 높았고, 그의 피부는 볕에 그을린 흔적 없이 금빛 나는 흰색이었다. 그의 눈 주위에는 주름살들이 있었으며 그의 뺨 아래에도 깊은 선들이 나 있었다. 즉 그는 족히 중년을 넘어선 나이가 든 사람이었고, 신장은 2m에 약간 미달하는 강하고 유연한 몸을 가지고 있었다.

그의 머리카락은 가지런하고 길었으며 그의 귀 뒤와 목의 목덜미까지 이어져 있었다. 그리고 그는 은빛 광택으로 반짝이는 간소하면서도 몸에 꼭 맞는 의상을 입고 있었다. 그것은 전체가 하나로 이어져 있었고 윤이 나는 나일론처럼 밝고 편한 옷이었는데, 매우 부드러웠다. 바지는 아래 발목 쪽이 폭이 좁았으며, 착용하는 연한 장갑처럼 그의 발들을 덮고 있었다. 긴 소매는 그의 손목 주위에 빈틈없이 밀착돼 있었고, 높고 둥근 목둘레는 자라목 깃의 스웨터처럼 그에게 꼭 맞았다. 단지 그의 손, 얼

72

굴, 머리만은 노출되어 있었다. 그리고 나는 빛이 나는 똑같은 재질로 된 장갑과 머리 덮개가 다른 의자 위에 놓여 있다는 것을 알아차렸다. 머리 덮개는 딱 맞게 보였고 위쪽으로 경사진 눈과 입과 코를 위해 째진 틈새가 나 있었다.

나는 어렸을 때 교육받은 영국식의 딱딱한 격식을 벗어던지기를 갈망했으므로 기존의 습성을 억제하기 위해 노력했다. 이곳에 인간관계에 대한 어떤 인위적이거나 가장된 접근에 면역돼 있는 한 남성이 있었다.

그는 내 마음 속의 생각에 대해 즉시 답변했다.

"나는 당신을 (우리와) 다르게 보지 않을 것입니다. 나는 있는 그대로 당신을 사랑합니다. 당신은 우리의 일원입니다."

깊은 감정과 커다란 행복감이 내 마음과 몸을 통해 퍼져나갔다. 내 앞에 펼쳐진 경이로운 현실이 나에게는 너무나 벅찼다. 그리고 나는 다른 행성에서 온 이 남성에 대해 내 가슴 속에 충만한 사랑을 말로 형언할 수가 없었다.

사랑하는 이여, 나는 무엇이 당신에게 최선인지를 알고 있으며, 늘 당신에게 관심을 기울일 것입니다

"나의 사랑하는 이여" 그가 작은 소리로 이야기를 이어갔다.

"당신이 어떤 것을 말할 필요는 없습니다. 나는 전부터 당신을 관찰했고 모든 것을 알고 있습니다. 우리가 나누는 것은 지식과 이해입니다. 그리고 당신은 이제 우리에게 속해 있습니다. 내게 필요했던 것은 당신이 이런 지식과 이해로 성장할 때까지 기다리는 것이었지요. 우리의 일원이 되기 위해서는 당신도 우리가 하는 식으로 생각해야 합니다. 나는 당신이 아이였을 때 처음 당신을 관찰했고, 그때 당신은 언덕 부근 계곡 안에 있는 집의 정원에서 당신 누이와 함께 놀고 있었죠. 다른 때에는 당신이 자라나서 지구의 하늘을 항공기로 비행하며 나를 주시하는 모습을 지켜보았습니다. 또한 나는 하늘 높은 곳에서 번개가 그 순수한 불꽃으로 당신을 에워싸는 동안 그대에게 관심을 갖고 지켜보기도 했었지요."

"그것이 나의 삶이었어요." 나는 나지막이 대답했다.

"당신의 고운 얼굴은 여전히 놀라움과 경외감으로 가득 차 있군요."

그가 자신의 팔로 나를 껴안더니, 나의 입술에다 입을 맞추었다. 마법 같은 전류(電流)가 내 몸을 관통하여 우리를 함께 영원한 황홀경의 상태로 융합시키는 것처럼 느껴졌다. 그 순간에 나는 사랑의 기술이 단지 몸뿐만이 아니라 마음과 영혼으로 이루어진다는 것을 알았다.

나의 생각을 알아차린 그가 미소를 지으며 자신의 손을 나의 턱의 아래에다 부드럽게 가져다 댔고. 나의 머리를 뒤로 기울인 채 내 눈을 깊게 들여다보았다.

"우리가 지구 여성과 한 쌍으로 맺어지는 경우는 좀처럼 없습니다." 그가 말했다.

"만약 우리가 그렇게 할 때는 그 자손이 계속해서 우리의 종족을 강화시키고 새로운 혈통을 불어넣게 됩니다."

나는 흥분으로 몸을 떨면서 그의 아름다운 사랑에 응답했다. 나의 영혼은 그의 친밀함에 도취되었고, 그의 온화하지만 강력한 눈에 의해 넋을 잃었다. 마침 외부 전망 렌즈가 갑자기 빛을 번쩍였다. 따라서 마법적인 주문(呪文)같은 그의 말은 중단되었다.

아콘이 전망 렌즈를 다시 흩어보기 위해 머리를 움직였을 때 그의 금발 머리가 관자노리에서 하얗게 빛났고, 주름은 여전히 그 뺨을 따라 더욱 깊은 선을 드러내 보였다. 머리를 숙이며 그가 렌즈 기저부의 황금색 작은 원 안에 달린 버튼을 눌렀다. 우주선 내의 빛나는 벽들과 천장이 내 꿈속의 하늘과 같은 사파이어 빛의 푸른색으로 바뀌었다. 그리고 나는 마치 내가 우주선 밖에 있고 사방팔방에서 펼쳐지는 파노라마(panorama)를 보는 것 같은 인상을 받았다. 연달아 바뀌는 놀랄만한 광경은 주변의 모든 방향에서 전개되었는데, 그것은 지구의 지평선 주변의 모든 방향과 그 너머의 하늘 저편으로 멀리 펼쳐졌다.

나의 손은 아콘의 손 가까이서 꼭 쥔 채로 있었다. 그리고 그가 나의 다른 손을 잡더니 나를 더 가까이 끌어당겼다. 나는 서쪽에 속한 드라켄즈버그 지역과 남동쪽의 푸른 해안선을 보았다. 나의 눈은 놀라움으로 커졌다. 나는 지표면의 모습이 평평해지고 갈색, 녹색의 균등한 색채의 지도가 푸른빛을 띤 아지랑이와 뒤섞여 합치되는 것을 지켜보았다. 멀리 북쪽까지 구름이 지표면을 덮고 있었고, 그 윗부분은 바로 아래의 어두운 그림자들과 함께 햇빛 속에서 하얗게 빛났다. 광활하고 해맑은 국토가 지구 그녀 자신의 실제적인 마법의 융단을 펼쳐서 고대의 지식을 넘어선 그녀의 마법을 드러냈다. 누가보아도 지구가 구형(球形)이라는 것이 명백해 졌고, 그녀의 신비가 여지없이 벗겨졌다.

바다는 비교적 밝은 땅 덩어리들과는 대조적으로 어두운 광활한 공간으로 나타났는데, 그것은 하늘의 어둠을 배경으로 둥글게 휘어졌다. 화려한 청색 띠가 무지개의 깊고 푸른 파장처럼 지평선을 따라 지구를 감싸 안고 있었다. 그리고 하늘의 가장 바깥쪽 가장자리에서, 즉 지구행성을 양파의 층들처럼 에워싼 대기의 덮개로부터 나온 희미한 반사광이 바다에 접한 아프리카의 해안들을 선명하게 그려냈다.

지구는 우주공간에 떠 있는 가운데 베일에 싸인 얼굴을 우리에게 보여주었고, 그녀의 우아한 푸르름은 바람의 패턴에 따라 소용돌이치는 흰 구름들로 가볍게 몸을 감쌌다. 그녀는 자신의 둥근 면들을 스스로 움직여 조용히 회전했다. 극지의 빙관(氷冠)들이 하얗게 반짝였다. 남극지역은 그 면적이 넓고 두드러져 보였고, 북극의 극관은 더 작았지만 우주로 내걸린 현수막같이 변화하며 고동치는 색채를 갖고 있었다. 지구의 부푼 허리는 무거운 밑 부분을 가진 불룩한 사과처럼 자신의 평평한 극지를 중심으로 돌았다. 지구 자체의 엄청난 힘과 에너지가 전망렌즈를 가득 채웠고, 그녀의 어두운 밤의 측면이 서서히 부드럽게 회전하며 태양이 비치는 쪽으로 옮겨가고 있었다.

전리층에서 멋지게 변화하며 나타나는 색채들이 극광대(極光帶)로부터 방사되었다. 그리고 그것은 자성(磁性)을 띤 극 지역 위에다 무지개 효과를 만들었다. 이런 현상이 다시 지구를 둘러싼 공기층의 잔재들과 혼합되었는데. 이로 인해 태양 주위의 그녀의 궤도에는 태양풍에 의해 가늘어진 희미한 꼬리가 바람이 불어 가는 쪽에 형성되어 남겨졌다.

우리는 지구의 그림자와 같은 선내의 어두운 곳으로 옮겨갔다. 우주선의 벽과 천장의 색이 변화되었다. 그리고 밖에서 보이는 다채로운 별들은 휘황찬란한 빛으로 반짝였다. 내가 멀리 있는 - 푸르고 흰 천체, 생명의 고향, 방대한 하늘의 공간 속을 이동해가는 섬 같은 - 지구의 둥근 모습을 바라보았을 때, 나는 압도적인 거리감을 느꼈다.

나는 머나먼 지구상에 있는 나의 가족에게로 돌아갈 수 있을 것인가? 그곳에 있는 나의 아이들은 아직 어렸기에 내 마음은 난처하고 걱정스러웠다.

"겁을 먹거나 신경과민이 될 어떤 필요도 없습니다." 아콘이 나를 더 가까이 끌어당기며 안심시켰다.

"우리는 지금 우리의 모선(母船)으로 가고 있습니다. 거기서 당신은 단기간 동안 우리의 초대받은 손님이 될 것입니다. 우리가 당신을 호위하여 처음 당신을 발견했던 그 작은 산으로 다시 데려다줄 때까지 말이죠. 사랑하는 이여, 나는 무엇이 당신에게 최선인지를 알고 있으며, 늘 당신을 보살필 것입니다."

나는 그 자신의 입술에서 그런 말을 듣기 오래전에 이미 나의 가슴 속에서 그것의 진실을 알고 있었다. 그때는 내가 정확히 파악할 수 없던 갈망을 가지고 푸른 하늘 깊은 곳을 응시하며 여러 해를 보냈을 때였다. 이제야 나는 나의 오랜 갈망의 이유를 알았다. 그리고 나는 왜 나의 존재 전체가 영혼의 동족에 속한 누군가를 알고 있었고 왜 불가사의한 기대와 경외로운 경험으로 충족되고 싶은지를 알고 있다. 또한 나는 여러 해 동안 그가 남성과 여성의 이 영원한 사랑을 위해 내 마음을 준비시켜 왔다는 것을 알고 있었다.

모든 생명과 우주에 대한 열쇠는 빛의 조화로운 상호작용에 있다

지구로부터의 그 먼 거리에서, 나의 마음은 새로운 차원을 알게 되었다. 인간은 모든 그들의 속 좁은 불화와 잔인함, 그리고 악의적인 영토 점유로 그곳에서 공존하기를 포기했다. 절망적인 것은 지구상 인간들의 편협하고 이기적인 사고방식, 그리고 지구 표면에 서식하는 기생충 무리들처럼 자기들의 행성을 파괴하는 그들의 생식력이다. 어머니인 지구행성은 그녀의 표면과 내부의 생명들에게 서식처를 제공했다. 또한 그녀는 우주의 방사선들에 대해 생명들을 보호했고 그들에게 풍요로움을 가져다

주었다. 그렇지만 그녀는 결국 자신의 가슴 속에다 독사 같은 무리들을 품어서 보호한 꼴이 되고 말았다.

나의 마음은 질문으로 가득 차 있었지만, 나는 그런 욕구를 억제했다. 대신에 나는 원형의 선실을 둘러보았고, 그곳이 편안하고 안전하며 단순하고도 아름다운 디자인으로 이루어져 있음을 알아차렸다. 그곳에는 우리가 알고 있는 어떤 것보다 훨씬 진보된 영상장치와 망원경뿐만 아니라 비행조종과 자동통제용 누름버튼들이 계기판 위에 나열돼 있었다. 그리고 엄청난 출력을 지닌 탐조등과 레인지, 원격 컨트롤 주사판들, 원거리 수상렌즈 등 있었다.

우리 은하인 은하수(Milky Way) 은하계의 천체도(天體圖)가 둥근 형태의 천장을 가득 채우고 있는 상태였다. 우리는 그것을 천체의 극지적 조망을 통해 보았는데, 우리 은하계는 장엄한 운동을 통해 자체의 속도로 먼 거리를 천천히 돌고 있었다. 고체 미립자 줄무늬가 그어진 소용돌이 모양의 7개의 팔은 젊고 무거운 별들의 빛으로 인해 푸르게 타오르는 듯 했다. 수백만 개의 별들이 중심 또는 핵 주변에 밀집되어 반짝였고, 수소 가스의 구름들이 가시파장대의 신성한 색채들과 장미처럼 붉은 별들과 함께 빛났다. 번쩍이는 광선이 은하계의 한 팔 위의 먼 외곽에 자리 잡은 우리 태양계 내의 지구의 위치를 정확히 지적해 주었다. 내가 이 – 먼 허공 속에서 타오르는 수레바퀴처럼 회전하고 있는 소우주인 – 거대한 렌즈 모양의 우리 은하계를 올려다보았을 때 나는 놀라움으로 숨이 막힐 정도였다. 그곳은 앞서 돔형의 천장이 사파이어 빛의 하늘처럼 나타났던 곳이었다.

모선의 그림자가 드리워진 쪽이 잿빛으로 빛나는 동안에 태양의 복사에너지가 그 우주선의 다른 측면에다 밝은 빛을 방사했다. 그리하여 태양의 방사 에너지 추진력이 푸른색과 보랏빛의

아콘의 UFO 내부 구조도

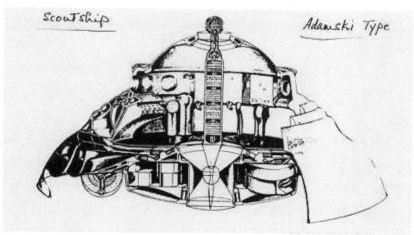

아콘의 우주선 구조를 직접 그린 모습. 가운데 외부 전망렌즈가 있고 그 앞에 앉는
의자가 배치돼 있다.

가시파장들로 모선의 주위에서 반짝이며 빛을 발했다.

다시 나의 마음은 의문들로 가득 찼고, 이때 나는 더 이상 그것을 억누를 수 없었다.

"당신은 은하계 사이의 우주 공간으로 나가 본적이 있습니까?"

"그런 우주여행을 하기 위해서는 우리의 우주선을 아직 좀 더 개선할 필요가 있습니다." 아콘이 대답했다.

"우리는 이것과 같은 과학 탐사선을 대형화함으로써 현재 그런 준비를 하고 있습니다. 당신이 눈치 챘다시피, 이 우주선은 은하계와 같은 형상을 하고 있지요. 그리고 우리가 일단 직경이 다양한 대형 우주선들을 개량하게 되면 은하간의 우주공간으로 이동할 수 있게 될 것입니다. 은하계 사이를 항행하는 우리의 우주선은 그 직경이 정확히 이것의 2배입니다. 그리고 우리는 항성간 또는 은하간의 통일장(unified field) 내 진동변화를 위해서 아직도 더 큰 우주선들을 건조하고 있습니다. 이런 형태의 둥근 우주선들은 대자연을 그대로 복제한 것인데, 즉 그것들은 일종의 자연적인 천체처럼 자연과 더불어 자연환경을 그대로 따릅니다."

"이 우주선들은 어떻게 만들어지죠?" 내가 질문했다 .

"그것들은 단지 만들 당시 건조장에서 제작된 것이 아닌가요?"

"아닙니다. 행성의 지표면에서 제작한 것이 아닙니다. 우리의 우주선들은 순수한 에너지를 물질적인 물체로 변형시킴으로써 만들어집니다. 그리고 우리는 이런 과정을 우주공간에서 합니다. 우주선 외피의 재료는 완전히 부드럽고 리벳(rivet) 같은 것들이 없으며, 전체가 하나의 조각을 연속해서 원형의 매끄러운 모양으로 만들어진 것입니다. 우주선 외피의 원자 창조가 잇달아 일어나는 파동의 에너지를 일으키는 데 이바지하므로 그 곡선의 반지름이 우주선 외피의 전체 질량을 물질과 반물질의 조합으로 변형시킵니다. 이것은 계기반 위의 붉은 버튼을 누름으로써 전체 시스템이 작동되었을 때 이루어집니다. 이때 선체의 원자들을 내포하고 있는 빛의 통일장, 즉 동시에 모든 부분에 작용하는 전자중력장(electro-gravitic field)이 즉시 우주선을 에워싸는 것이죠."

"이런 장(場)의 특이 요소들이 우주선을 에워싸는 진공을 만들기 위해 상호작용합니다. 그리고 그것은 속도의 제한이나 소리 없이 행성의 대기 속에서 이동합니다. 우주선으로부터 방사되는 빛은 짧아졌다 늘어났다 하는 식으로 다양한 시간과 중력파의 영향을 받습니다. 모든 방사선과 분자들은 빛을 방출하기 위해 갖가지 속도와 양으로 옆으로 밀고나갑니다. 그리고 속도에서의 차이가 인간의 눈에 의해서 여러 색채들로 감지되는 것이지요."

"이런 극히 작은 빛의 원자들이 이 빛의 우주선인 항성간 탐사선의 주위에다 정전기 보호막(자기차폐)을 형성하게 됩니다. 그리고 3개의 광선으로 이루어진 빛의 추력(推力)이 조화로운 상호작용으로 우주선 자체의 기동성을 조종하고 관리하지요. 그 전체는 우주적인 힘, 다시 말해 전기와 자기, 균형력, 공진(共振) 현상 등이 결합된 것입니다. 그것은 통일장인 4가지 우주력이 조화된 상호작용입니다. 자연의 천체와 마찬가지로 이 우주선은 헤아릴 수 없는 우주공간에서 행성이 그것과 함께 하는 자체의 환경을 받아들이듯이 자신의 승무원을 보호합니다."

"균형장, 또는 시간장(time field)이 조종하는 장(場)입니다. 그것이 우주선을 선체의 3중 외피에서 방사되는 고등한 주파수의 진동 내의 하나의 시간장으로부터 다른 시간장으로 기동시킵니다. 그 장이 강화될 때, 우주선은 지구상의 어떤 목격자의 눈에는 보이지 않게 됩니다. 그것은 완전히 사라지거나 또는 갑자기 다시 나타납니다. 말하자면 우주선이 착륙할 때 그 특정장소에서 모습을 감추거나 다시 물질화되어 나타날 수 있는 것이죠. 지구상에서 이런 현상의 첫 징후는 대낮 동안 대기 속에서의 열파(heat -wave) 작용이 될 것입니다. 다른 경우에는, 대기 조건들에 따라서 우주선이 대기 속으로 진입할 때 우주선에 근접한 지역을 둘러싼 대기의 분자들이 구름으로 응축됩니다. 그 우주선이 구름으로 보이든, 또는 보이지 않는 상태에 있든, 이런 현상은 우주선이 하늘에 정지해 있거나 이동할 때 일어날 수 있습니다. 그러나 당신들이 대개 볼 수 있는 대부분은 때때로 높은 기압에서 단순하게 형성되거나 일어나는 무기물적인 구름입니다."

아콘은 잠시 생각을 하더니 말을 계속 이어갔다.

아콘의 우주선이 착륙했던 지점에 서 있는 저자

"우주선 주위의 최저온도는 대기 압력의 힘이나 긴장, 가열 영향이 없이 완전한 기동성과 무제한의 속도를 가능케 합니다. 이로 인해 우리가 어떤 행성의 표면에서 무중력 상태로 깃털처럼 가볍게 착륙할 수 있는 것이죠. 그리고 우주선의 가까이에서 느껴지는 열풍(熱風)은 갑작스러운 공기의 전이에 의해 야기된 것입니다. 빛의 미립자들은 멈춰지고, 그에 따라 가열됩니다. 이 미립자들은 우주선을 둘러싼 장의 특수성에 의해 옆으로 밀쳐진 것인데, 그것은 소음이 없다는 것이 설명하듯이, 음속보다 더 빨리 돕니다."

"이 보호막은 우주선에 너무 가까이 접근하는 모든 움직이는 물체들을 미리 막습니다. 그리고 우주선이 공기 속에서 간단히 붕괴되거나 악영향을 받는 보텍스 가장자리로 이동하는 것을 예방하지요. 그런 일은 과거에 때때로 발생했었습니다. 우리들은 수학적인 동기화(synchronization)로 이 우주선의 디자인을 해결했습니다. 이런 설계는 통일장 내의 빛의 주파수 상호작용을 증가시키는데, 그것이 모든 존재에게 스며들어 우주선의 시공 내에서의 전환을 가능하게 하는 것이지요."

"별들로 가는 방법은 우주선의 아름다움과 단순성에서 드러납니다. 그것은 전혀 지체 없이 영원한 우주의 플라스마(plasma)로부터 자체의 빛을 생성하지요. 우주선은 항상 살아있고 맥동하며, 주변을 둘러싼 후광을 갖고 있고 충격파가 작열하는 은하계와 같은 형태를 하고 있습니다. 창조물의 모든 것이 빛이며, 그것이 우주에 대한 열쇠입니다. 존재 전체, 즉 행성계들 전역, 별들과 성간 우주 공간의 깊은 곳이 모두 가시적이고 비가시적인 빛의 파동으로 이루어져 있습니다. 보이는 것과 보이지 않는 것에 이르는 모든 에너지, 물질, 액체들, 가스, 그리고 모든 생명은 산소로부터 나온 빛의 미립자의 방출이 그 원천입니다. 더 거대한 통일체 내에서는 빛의 미립자들이 원자들과 같기 때문에 전자기 파형 또는 빛이 우리가 살고 있는 우주의 건축 자재를 형성합니다."

"정신력들, 영적인 힘, 영혼 성취, 그리고 사념들은 모두 빛의 파장에 있어서 다른 속도를 가진 미립자들로 이루어져 있습니다. 전기는 빛의 미립자들로 구성돼 있고, 반면에 소리와 색채는 그 미립자들이 다른 속도를 지닐 때 생겨납니다. 미립자들이 멈춰질 때, 그것은 열을 만듭니다. 빛은 존재와 물질로 생각될 수 있는 지적인 에너지입니다. 빛의 미립자들의 패턴은 사람이 빛의 조화로운 진동에 대한 방식을 성취할 때 변화하는 생각과 함께 바뀝니다. 모든 생명과 우주에 대한 열쇠는 빛의 조화로운 상호작용에 있는 것입니다."

"모든 운송에 대한 수학적인 공식은 반중력파(antigravity wave)와 시간파(time wave)와 더불어 조화로운 빛의 진동 주파수에 달려 있는데, 그것은 단순히 빛의 나선의 각 펄스 간의 주파수 비율입니다. 이런 주파수율을 조종함으로써 시간의 흐름이 변화될 수 있습니다. 그리고 인간이 우주선의 보호 하에 자신의 환경 속에서 즉각 한 행성으로부터 다른 행성으로, 또는 한 태양계로부터 다른 태양계로 이동할 수 있는 것이죠. 일종의 기하학적인 것으로서의 시간은 통제되거나 제거됩니다."

"그럼 빛의 속도 또한 기하학적인 것인가요?" 내가 질문했다.

"우리는 빛의 속도가 아니라 빛의 수단에 관해 이야기합니다. 사실 그것이 시간과 중력의 주파수 속에서 공명하는 일종의 펄스일 때 빛은 속도에 관한 환영을 낳습니다. 그러므로 우리 은하계는 빛의 보편적이고 기하학적인 고조파(高調波)들에 맞추어 창조된 것입니다. 즉 빛은 우주의 기하학적 도형입니다. 시간과 중력, 또는 시간과 중력의 흐름에 있어서의 역전은 공간이나 행성들의 대기를 통과하는 빛의 파동 에너지를 바꿈으로써 달성할 수 있습니다. 모든 창조계 전역에서 빛의 미립자들이 모든 가스, 액체들, 그리고 고체들의 원자를 형성하기 때문이지요."

"내가 앞서 언급했듯이, 통일된 빛의 특이요소들은 우주선을 에워싸고 있는 진공을 창조하기 위해 상호작용합니다. 그리고 우주선은 비행시에 대기의 분자들이 부딪치는 대신에 옆으로 밀려날 때 소리 또는 속도의 제한 없이 이동하지요. 공간에서 빛의 통일장은 공간과 시간 속의 변화를 만들어 냅니다. 속도는 관계가 없습니다. 거기에는 오직 우주선이 은하계 전역에서 고동치는 빛의 파동에너지와 상호작용할 수 있는 조화로운 공명으로 진동할 때의 주파수 전환만이 존재합니다. 그것은 단순히 우주 그 자체를 구성하는 직물을 사용하는데, 그것은 빛이며, 물질과 반물질의 교류 펄스 속에서 파형(波形) 주파수로 진동하고 있지요. 그것에 의해 우리는 빛의 장벽을 뛰어넘어 우주여행의 문제를 극복한답니다."

"지구의 과학자들은 여전히 대기 속 비행에 있어서 소리의 장애라는 한계를 갖고 있습니다. 만약 그들이 공기의 분자들이 항공기에 충돌케 하는 대신에 그 분자들이 옆으로 밀려나게 하는 항공기를 완성할 수 있다면, 소닉 붐(sonic boom)[12]을 유발하는 한계를 넘어설 수 있음을 발견할 것입니다."

"번개가 공기를 통해 구름으로부터 대지에 이르기까지 일종의 도관처럼 만들어 이용하는 터널 또는 이온화된 통로처럼 말입니까?" 내가 질문했다. 나는 매우 흥미를 갖고 있었기에 아콘이 말하는 정보를 단 한 마디도 놓칠 수 없었다.

---

12) 초음속 비행기가 내는 큰 소음. 이것은 제트기 등이 비행 중에 음속(音速)을 돌파하거나 음속에서 감속했을 때 또는 초음속 비행을 할 때 생기는 충격파가 지상에 도달하여 일으키는 큰 충격음이다. 7,500m 이하로 비행할 경우, 소닉 붐은 유리창을 깨뜨리고 심할 때엔 건축물에도 손상을 가한다. (역주)

"나의 사랑하는 이여!" 그가 미소 지으면서 대답했다.

"그것은 자연에 대한 복제일 수 있습니다. 우리가 자연의 단순함 속에서 대기 속 여행 및 우주여행에 관한 모든 해결책을 찾을 수 있다면, 그렇게 지구상의 인류도 이런 해답들을 발견할 수 있었을 겁니다. 그들이 대자연을 파괴하려 하는 대신에 자연과 협력했다면 말이지요. 이 모든 것에 대한 열쇠는 조화 속에, 즉 만물 및 우리 은하계 전역의 대자연과의 조화로운 상호작용에 있는 것입니다. 그리고 그것이 인류가 이 모든 것을 처음으로 성취하는 방법인 것이죠. 우리는 우리의 우주선으로 간단히 이 행성의 시간장(time field)에서 사라져 이웃 태양계 내에 있는 우리 고향 행성의 기하학적 시간장에 나타납니다. 사랑하는 이여! 당신은 미래의 시간 사이클 속에서 쉽게 우리에게 오게 될 것입니다."

"내가 우주선이 지구로부터 천천히 이동하고 있다고 느낀 것은 이런 이유에서인가요?" 내가 질문했다.

"내가 하나의 시간차원에서 다른 시간차원으로 서서히 원활하게 바뀌기 위해서는 먼저 적응하는 것이 나에게 필요하기 때문입니까?"

"그것은 필요하지 않습니다. 왜냐하면 당신은 우주선의 공기 속에서 움직이고 있기 때문이죠." 아콘이 설명했다.

"당신은 자신의 환경 속에서 보호를 받습니다. 하지만 사랑하는 이여, 우리는 당신을 놀라게 하고 싶지 않았습니다. 미래의 시기에 당신은 우주선이 갑자기 진동하는 것을 느끼게 될 것인데, 그 진동은 밀폐된 선실의 외부에서, 즉 우주선 자체로부터 어느 정도 떨어진 곳에서 오는 진동입니다. 이것은 시공 속에서 전환이 발생할 때, 다시 말해 우주선이 빛의 주파수 상호작용이 증대하면서 즉각적인 반광(anti-light)의 고조파 속에서 이동할 때 일어납니다. 나는 우주선과 함께 이 시간차원으로 이동하면서도 당신의 마음을 간직했는데, 그것이 당신이 완전한 조화 속에서 전환되는 것을 가능케 했습니다. 그렇지 않았다면 빛의 아주 높은 진동주파수 때문에 당신이 빛의 장벽을 넘어 시공 속에서의 순조로운 전환이 가능하지 않았을 것입니다. 우리는 반중력적인 반광장(anti-light field)을 얻기 위해 빛의 고조파를 두 배로 강화하며, 이러한 통일장 균형상태가 우주여행 또는 시공 속 이동의 열쇠인 것입니다."

나는 미소로 응답했다.

"당신이 나를 육체적으로 만나기 전에는 그것이 거의 평생의 과업이었다는 사실은 이상하지가 않군요."

나는 어린 시절 이후, 가르침을 받은 나의 훈련과 자기수양의 오랜 세월동안에 대해 갑자기 감사하고 매우 겸손해졌다. 그것이 지금 나로 하여금 빛의 난해한 비밀들과 어떻게 우주선이 이런 우주 에너지를 생성하여 자체의 무한동력의 공급원으로 사용하는지를 마음으로 완전히 이해할 수 있게 해주었다.

"사랑하는 이여, 잘못된 이해는 결국 사고력(思考力)에 있어서의 부조화의 원인이 됩니다. 그리고 (그런 부조화상태에서는) 내가 당신을 지구로부터 나와 함께 데려갈 수가 없었을 겁니다." 아콘이 내 생각을 읽고 답하며 말했다.

"조화가 모든 존재와 물질, 그리고 사고의 원천인 이런 우주 에너지를 다루는 비결입니다. 행성 지구의 인간들은 진리를 연구하는 가운데 현실이 정신적 생각에 부응한다는 것을 발견할 것입니다. 게다가 우주선 추진력의 수단으로서 빛 또는 중력을 이용한다는 개념은 가능할 뿐만 아니라 정신적 과정을 통해 지각할 수 있는 것입니다."

"그럼에도 현실의 참된 본성은 여전히 그들의 이해를 훨씬 넘어서 있습니다. 영혼이 그 실체 또는 진리를 마음속으로 전송할 때인 짧은 변형의 순간에 있을 때를 제외하고는 말이죠. 영혼의 불멸에 관한 증거는 이성(理性)에 관계없이 이런 방식으로 발견되었는데, 거기서 우리는 우리가 생명 – 삼라만상은 우주진(宇宙塵)으로 만들어졌음 – 으로 인식하는 마법적인 무늬를 발견합니다. 그리고 거기에 사랑의 조화로운 상호작용이 있음을 알게 되지요."

지구상의 인간들은 우주 에너지나 빛을 파괴적인 목적을 위해 이용한다

나는 상황이 인간들이 하는 식대로 발생하는 데는 이유가 있다고 생각했다. 만약 사람이 두려움이 없이 지식, 이해, 조화, 사랑, 그리고 훈련이라는 필요조건들을 갖추고 있지 않으면, 모든 것이 손쉽게 다루어지리라고 기대할 수가 없다. 아콘의 진보된 문명은 언제나 지구상의 국가들의 무자비한 정치판과는 동떨어져 있다. 조화로운 빛의 주파수 속에 있는 그들의 흠 없는 문명과 에너지원은 보편적인 조화에 전적으로 의존해 있다. 그렇지 않았다면 그들이 달성했던 모든 것은 격정적인 폭력과 파괴 속에서 추락할 수 있었다. 자연의 신성한 비밀들은 오용될 수 없으며, 아콘의 문명은 이런 비밀들의 수호자이다. 그들은 자신들의 우주적 기원에 관한 완전한 인식과 더불어 자연과 함께 하는 친환경성을 갖고 있다.

인간의 인간에 대한 잔학한 행위는 이런 자연의 놀라운 비밀들이 지구상의 모든 인류와 동물, 식물의 이익을 위해 밝혀질 수 있기 이전에 종식되어야 한다. 오직 그때만이 인류는 모든 국가와 국민들이 우주와의 일체와 조화에 도달하는 운명을 성취할 것이고, 더 나아가 별과 별사이의 외계 인간 가족과 하나가 될 수 있을 것이다. 그러나 생각의 확장은 오직 인간들의 통찰력이 더 깊고 더 나은 영적인 수준에 이르렀을 때만이 시간의 파장 속에서 이루어질 것이다.

"얼마나 훌륭한 생각들이 한 행성의 이익을 위해 창안될 수 있을까요!" 내가 입을 열었다.

"그렇습니다. 친애하는 이여, 그것은 오직 올바른 사람들에 의해서만 이뤄질 수 있습니다. 그릇된 사람들과 왜곡된 정치, 생각, 말들은 다른 이들의 마음 속에다 단지 낮은 수준의 극초단파 방사선의 부정적 효과만을 주입할 수가 있지요. 이것은 우리에게는 완전히 맞지 않는 것입니다."

아콘이 단호하게 말했다. "사실상, 그것은 우리가 하는 것과는 정반대의 것입니다. 우리는 우리들 자신의 마음을 다른 이들과 소통하기 위한 효과적인 복사에너지의 원천으로 이용합니다. 바꾸어 말하면, 그것은 당신이 이미 경험했던 텔레파시(정신감응)인 것입니다."

"지구에서 사람들은 파괴적인 목적을 위해 우주 에너지나 빛을 이용합니다. 전자파의 확대, 핵폭탄, 그리고 원자력 발전 – 이 모든 것들이 잘못된 방식으로 이용되고 있습니다. 사람들은 우주에너지를 이해할만한 지성 또는 상식을 갖고 있지 않습니다. 그리고 이런 이유 때문에 우리가 지구의 사람들로부터 멀리 떨어진 상태로 있는 것인데, 왜냐하면 우리는 결코 빛의 비밀들을 그들과 함께 공유하지 않을 것이기 때문이죠."

"전자기 파형 또는 빛이 우주 전역에서 물질과 반물질의 통일장입니다."

우리가 거대한 모선에 가까이로 다가감에 따라 아콘이 전망 렌즈를 주시하려고 몸을 돌리며 설명했다.

"우리는 우주선이 한 지점에서 다른 장소로 이동하고자 공간과 시간 속에 변화를 만들기 위해 빛의 파장을 변경할 때 우리 우주선의 보호 하에 움직입니다."

제4장

별들로 가는 탈출 루트

제4장
별들로 가는 탈출 루트

"지금, 우리는 모선으로 접근하고 있습니다." 아콘이 말을 계속 이어갔다.

"당신은 어떻게 우주선이 통일장을 생성하는지를 이해할 것입니다. 나는 방금 당신에게 우리가 이용하는 방법에 관한 개요를 알려주기 위해 전체적인 특징만을 말하고 있었는데, 그 방법은 자연을 그대로 복제한 것이며, 그러므로 안전합니다. 물론 당신은 우리가 우주여행을 위해 통일장을 생성하는 방식에 관해서는 훨씬 나중에야 알게 될 것입니다. 또한 어떻게 우리가 전기와 중력을 우리의 문명에 이롭게 조종하는지에 대해서도 알게 될 겁니다."

"인간이 비록 매우 적응을 잘 할 수 있을지라도 그들이 진화한 시간 사이클과 기압이 없이는 우주공간에서 존재할 수가 없습니다. 자연의 속성을 가진 이 우주선은 우리의 고향행성과 유사한 방식으로 우리를 위해 이 모든 것들을 생성합니다. 모선은 은하간의 공간을 통해 여행하는 데는 전혀 적합하지 않지만, - 형태가 부적당하다 - 그것은 결코 소모되지 않기 때문에 우리는 모선을 우리의 고향 은하계 여행용으로는 계속 이용할 것입니다.”

“어떻게 이처럼 커다란 우주선이 모선으로 들어갈 수 있지요?” 내가 물었다.

“이런 형태의 우주선은 운반설비가 필요 없습니다. 우리는 그것을 더 거대한 우주선에다 배속시킵니다. 그것은 즉시 설계된 입구로 진입하여 접안되고 우리는 통로로 걸어갑니다. 오직 행성탐사에만 이용되는 소형 우주선은 일련의 에어록(air lock)[13]을 통해 모선으로 옮겨지며, 거기서 그것은 거대한 격납고 안으로 운반되어 보관되지요.”

“그렇다면 당신은 완전히 독자적으로 움직입니까?”

“예, 이것은 나의 우주선입니다. 내가 원한다면, 나는 한 행성에서 다른 행성으로, 또는 다른 태양계로 이동할 수 있습니다. 나의 이 우주선은 과학탐사선으로서 필요한 것들을 모두 갖추고 있으며, 어떤 대형 우주선으로부터도 독립적입니다. 나는 과학자이고, 업무상 나는 수많은 행성과 태양계들을 왕래하지요.”

“알고 있습니다. 나 역시 과학적으로 조사되었나요?”

“친애하는 이여, 충분히 그렇게 했습니다.” 아콘이 상냥하게 대답했다. 그리고 자신의 팔로 나의 어깨를 감싸 안았다. 그는 둥근 벽 쪽으로 돌아서더니 그곳으로 다가갔다. 그러자 문이 미

---

13)우주선의 기밀식(氣密式) 출입구

끄러지듯이 열렸다. 그곳을 통해 나는 모선 내부가 휘황찬란하게 빛나는 것을 보았다. 그는 나를 입구로 데려갔고, 우주선에서 내리게 하였다. 여전히 내가 마치 포획한 전리품이라도 되는 듯이 나의 허리를 자신의 팔로 에워싼 채로였다. 그때 사람들이 내 주변에 모여들었다. 그리고 한 젊은 여성이 완벽한 영어로 말했다.

"눈꼬리가 올라간 눈과 금발 머리를 갖고 있군요." 그 여성이 계속 말을 이어갔다.

"그녀는 지구에 남겨진 우리의 원래 혈통의 자손이에요. 그러므로 그녀가 이제 우리와 함께 이곳에 있는 것은 어찌 보면 당연한 것이죠."

그들 가운데 한 사람이 라틴어와 별로 다르게 들리지 않는 언어로 아콘에게 말을 건넬 때까지 그들은 잠시 동안 우리를 앞에 두고 서로 이야기를 나눴다. 그때 아콘은 다시 나의 어깨를 감싸 안더니 소란스러운 군중들로부터 떨어진 곳으로 데려갔고, 우리는 계단으로 올라섰다. 나는 낮은 갑판으로부터 위로 오르고 있다고 알아차렸지만, 경사진 그 계단은 오르기 위한 아무런 노력이 필요 없이 안락하기만 했다. 우리는 함께 웃으며 꼭대기에 도착했다. 그때 모선의 지휘자인 사령관이 우리를 만나기 위해 다가오는 모습이 보였다. 그는 미소 지으며 우리에게 가볍게 고개를 숙였다. 아콘이 나를 계단에서 내려서게 하자, 그가 다가와 나의 양 볼에 입을 맞추었다.

"환영합니다. 부인" 그가 말했다.

"나는 아콘 형의 동생입니다."

옆으로 비켜서더니, 그가 몸짓으로 우리를 넓은 선실로 안내했다. 그곳은 내가 다시 놀라서 숨을 죽일 정도로 아름답고 편안하게 꾸며져 있었다.

실내는 전과 똑같이 부드럽게 빛나는 조명과 맑은 공기를 갖고 있었고 아름다운 날의 야외인 것 같은 감각과 느낌을 주었다. 사파이어 빛의 벽과 천장은 마치 깊은 하늘 아래에 있는 듯이 느껴졌다. 그리고 화려한 꽃들과 녹색의 식물들이 흰색의 상자들에서 자라고 있었다. 외래 수종(樹種)들은 희미하게 반짝이는 담홍색 실크로 덮인 호화로운 고급 소파 위로 부드러운 그림자를 투영했다. 그리고 바닥 전체는 촉감 좋은 푸른 잔디가 풍부하게 덮여 있었다.

"이거 진짜인가요?" 내가 놀라서 물었다.

"물론이죠." 아콘은 나를 깃털처럼 안아 올리며 웃음을 터뜨렸고 소파들 가운데 하나에 앉혔다. 나는 그 소파의 안정된 편안함에 빠져들 때 내가 얼마나 감정적인 온갖 흥분으로 지치게 되었는지를 깨달았다.

"우리는 이제 어느 정도 원기회복을 하게 될 것입니다. 사랑하는 이여, 당신은 매우 피로해져 있고 생기보충이 필요합니다." 아콘이 나를 살피며 말했다.

나는 아콘과 사령관을 바라보았다. 키가 큰 형제들은 아주 닮아 있었다. 두 사람은 고대 종족의 수도자와 같은 외모에다 품위 있는 위엄과 밝은 표정, 훌륭한 예의범절, 그리고 올바른 사상과 활기를 지니고 있었다. 둘 다 모두 똑같은 형태의 단순한 유니폼을 입고 있었는데, 그것은 편안하고 공기순환이 잘되는 디자인과 제2의 피부처럼 꼭 맞는 매우 얇은 재질로 만들어져 있었다.

질문들을 하고 싶은 충동이 다시 나의 입술이 떨리게 했지만, 나는 그 시기를 놓쳤다는 것을 알고서 순간적으로 그 충동을 자제했다. 그러나 아콘은 나의 생각을 알고 있었다. 그리고 비스듬하고 다정한 눈길로 나를 흘긋 내려다보았다. 요란한 목소리로 떠드는 대화와 끊임없는 수다는 그들의 방식이 아니었다. 정신적 텔레파시로 이루어지는 조용한 이완이 그들의 소통방식이었다.

한숨과 함께, 나는 기분 좋은 안락감의 기쁨 속에서 나의 사지를 뻗으면서 부드럽지만 튼튼한 소파 뒤로 기대어 긴장을 풀었다. 그곳에는 완전한 평화와 고요함이 있었고, 그 거대한 우주선에서는 잡음 하나조차 들리지 않았다! 하지만 나는 나의 무거운 지구인 형태의 옷이 그 장소에 어울리지 않는다고 느꼈다. 나는 재빨리 몸을 일으켜 앉았고, 신발을 벗어 신선한 잔디 위에다 놓았다. 소파는 바닥에서 낮았다. 그리고 나는 서늘하고 축축한 푸른 잔디밭에다 나의 손을 넣어볼 수 있었다. 그것의 향기가 나의 얼굴로 풍겨왔다. 나는 나의 옷을 벗고 무엇인가 좀 더 적당한 어떤 것으로 바꿀 수 있기를 바랐다.

우리가 생각하고 사는 방식대로, 그렇게 우주는 우리에게 반응한다

그때 갑자기 맛있는 샐러드와 과일이 담긴 황금빛 쟁반이 나타났다. 말 그대로 그 쟁반은 금색 과일주스가 안에서 반짝이는 수정(水晶) 용기와 함께 소파 옆에 있는 흰색의 테이블 위에서 물질화되고 있었다.

"광선이 당신을 위해 거기에 그것을 가져다 놓았습니다." 아콘이 미소 지으며 말했다.

"내가 당신의 질문에 대답하기 전에 그 음식을 좀 드시는 것이 좋을 겁니다."

나는 그 놀라운 광선에 대해 경탄했다. 그 음식 쟁반이 나타났을 때 나는 그것의 스쳐가는 온기를 느꼈다.

과일 주스는 익은 석류의 향미와 함께 아름다웠다. 샐러드는 아몬드와 향신료로 맛을 내고 크림색 드레싱을 뿌린 곱게 빛나는 녹색의 잎들과 파삭파삭한 견과류, 그리고 수분 많은 과일들과 혼합된 다양한 야채들로 이루어져 있었다. 덧붙여 큰 살구같은 신선하고 즙이 많은 과일들과 얇게 썬 귀리 빵 조각이 내가 일찍이 먹어보았던 가장 맛있는 식사를 완벽하게 구성했다.

"우리는 필요한 모든 단백질과 비타민들을 이런 식품으로부터 흡수합니다." 아콘의 동생이 나에게 말했다.

"지구의 사람들이 하는 것처럼 동물의 고기를 통해 그것을 얻을 필요가 없습니다. 그것은 모두 이 우주선 안에서 자라난 것들이지요. 그러므로 그것들은 늘 신선합니다. 그 식재료들은 당신이 이런 형태의 음식을 즐길 수 있을 만큼 자연적인 것입니다. 당신의 몸은 느끼한 것들을 먹은 후 그런 것을 필요로 하며, 지구상에서 마련하는 구워진 고기들은 다시 입에 대서는 안됩니다."

"당신의 이름을 말해 주시겠어요?" 내가 그에게 말했다.

"그리고 어떻게 지구인들의 습관과 풍습, 언어 등을 그렇게 잘 알고 계신 거죠?"

"내 이름은 하벤(Haben)입니다." 그가 답변했다.

"그것은 아주 간단합니다. 우리는 영겁의 세월 동안 지구를 관찰해 왔습니다. 우리의 전자 신기루(입체영상)를 들여다보세요. 그럼 이해가 되실 겁니다."

황금접시의 옆에는 자개의 무지개 빛깔로 희미하게 반짝이는 작은 상자가 있었다. 그것을 열어서 하벤은 어렴풋하게 빛나는 같은 재료의 자그마한 원통형의 것을 선택했다. 그는 벽으로 갔고, 그곳에서 그는 홈에다 그것에 끼워 넣었다. 그러자 그 즉시 지구상의 도시에서의 일상적인 일부를 보여주는 천연색 장면이 넓은 선실을 가로질러 휘장 속에 나타났다.

"아니!" 나는 외쳤다.

"저곳은 더반(Durban)[13]이군요! 아주 상세한 해변가의 모습이네요. 바다와 그곳의 사람들, 인력거 끄는 소년들의 모든 장식까지 세부적으로 보이는군요. 그리고 그들이 서로 말하는 것도 들을 수 있고요. 결국 당신들이 지구의 사람들에 관해 모든 것을 알고 있는 것은 전혀 놀랄 일이 아니군요."

그 장면은 우리들 앞에 거대한 영사막이라도 있는 것처럼 움직임과 소리와 함께 총천연색으로 구현되었다. 공기의 분자들이 충전되고 활성화되어 우리가 공간적으로 엄청난 거리에 떨어져 있는 것이 아니라 마치 바로 그 장소에 서 있었던 것처럼 그 장면이 우리들 앞에서 투영되고 표현되었다. 나는 가장 가까이 있는 인력거 소년을 만져보기 위해 나의 손을 내밀었다. 키가 큰 줄루족(Zulu) 사람들은 다리 주변의 구슬 모양의 밴드에 매달려 있는 쇠꼬리들과 함께 밝게 채색된 화려한 옷을 입는다. 그가 자신의 인력거 손잡이 안에서 의기양양하게 뛰어 다니며 돌아다닐 때 그것은 덜컥덜컥 소리를 냈다.

"내가 최고야!" 그가 자신의 동료들을 소리쳐 부르며 말했다.

"손님이 나에게 첫 번째로 올 거라구! 내가 너희들 중에 그 누구보다 더 체력이 좋지 않니?"

인력거가 영상을 통과해 지나갔을 때 따끔거리는 감각이 나의 팔을 둘러쌌다. 그리고 두 명의 사람들이 그의 인력거를 타기 위해 키가 큰 줄루 소년과 내 사이를 걸어갔을 때 그 장면의 마법은 완전한 채로 남아있었다. 나는 홀린 듯이 거기에 매혹되었다.

---

13)남아프리카 공화국 동부 나탈(Natal) 주(州)의 인도양에 면한 항구도시 (역주)

하벤이 일어서서 홈에 끼워 넣었던 그 원통형의 것을 제거하자 그 장면은 사라져갔다, 그리고 호화로운 선실의 영역은 다시 한 번 내가 놀라서 응시하기 이전의 상태 그대로 남아 있었다.

"나는 처음에는 당신을 이른바 이 전자 신기루[14])에 의해서 보았습니다." 하벤이 입을 열었다.

"그때 당신은 산꼭대기에 앉아있었죠. 당시에 나는 아프리카 남쪽지역을 관찰하고 있었는데, 아콘 형이 나와 함께 있었습니다. 형은 나에게 어떻게 그가 당신이 아이였을 때 주시하게 되었는지를 말했고, 또 당신이 그의 우주선이 하늘을 서서히 가로질러 비행하는 것을 목격했을 때 당신의 우아한 얼굴이 놀라움과 경이감 속에 있는 것은 일종의 연구사항이라고 언급했지요. 우리는 당신이 성장하고 있던 다른 시기에도 당신을 관찰했었습니다. 따라서 당신은 더 이상 우리에게 낯선 사람이 아닙니다."

"이런 이유로 당신들이 지금 자신들의 생활방식에 대해 내게 가르쳐주고 있는 것인가요?"

"그렇습니다. 부인!" 하벤이 부드럽게 대답했다

"당신은 지금 우리들의 일원입니다. 그리고 우리는 당신을 아콘 형과 짝을 지어주기로 선택했습니다. 고결한 우리 종족은 은하계 전역에다 자체의 세력을 영속시키기 위해 새로운 혈통을 필요로 하고 있습니다."

아콘이 나를 바라보고 있었다. 내가 그의 눈동자 – 나를 사로잡았던 멋지고 온화한 회색 눈동자 – 를 쳐다보았을 때 나는 그

---

14)이 장치는 허공에서 입체영상을 보여주는 홀로그래피(holography) 또는 오늘날 지구에서의 3D 홀로그램 같은 것으로 이해하면 될 것이다. 다만 현재 지구에서 개발된 것보다는 훨씬 더 발전된 장치일 것이다. 이 홀로그래피에 물성(物性)을 첨가하여 실제의 사물과 거의 똑같이 나타내는 것을 몰그래피(molography)라 한다고 한다. 저자인 엘리자베스가 이 책을 집필할 당시만 해도 지구에서 아직 이런 3D 홀로그램은 제대로 개발되지 않았었다. (역주)

가 내 생각을 읽고 있음을 알고 있었다.

나는 그에게 다가갔다. 그러자 그가 자신의 팔로 나를 안았고 나를 아주 가까이 끌어당겼다. 지구에서의 나의 오랜 세월과 여행에서 과연 나는 그와 같은 남성을 본 적이 있었던가?

나는 그의 가슴에다 나의 얼굴을 기대며 그에게 물었다.

"당신 고향행성의 표면이 짙게 푸른 하늘이 반사된 사파이어 빛깔의 푸른 바다에 의해 주로 덮여 있다는 것은 사실인가요? 더불어 선녹색의 섬들이 산재해 있고, 그곳의 산꼭대기들은 햇빛 속에서 장미처럼 붉게 작열하는 가운데 연한 녹색의 언덕들이 바다에까지 펼쳐져 있다면서요?"

"우리는 곧 전자 신기루를 통해 당신에게 우리의 고향행성을 보여줄 것입니다. 그리고 사랑하는 이여, 당신은 자신이 알고 있는 것이 얼마나 정확한지를 알게 될 겁니다. 원래 이런 지식은 당신 내면 속에 있는 것이지요. 당신은 그것을 시간 속에 보관된 종족기억으로 갖고 태어난 것입니다. 그리고 그 지식은 우리를 우주의 자기(磁氣) 우리 안에다 함께 데려다 주기 위한 것이죠. 우리가 생각하고 활기에 차 있는 만큼, 그렇게 우주는 마치 우리가 우리 자신 속에 있는 것처럼 우리에게 반응합니다. 그것이 우리가 선천적으로 타고난 마음의 자세이자 생활방식, 즉 고결한 삶의 방식인 것입니다."

이 불가사의한 진실은 기분 좋은 평온함으로 나의 마음을 가라앉혀주었다. 나는 이방인이 아니라 그들에게 속해 있었다. 아콘이 나를 더 가까이 끌어당겼다.

"사랑은 일종의 힘이며, 이해가 필요한 것입니다." 그가 속삭였다.

"사랑은 생명의 전기적인 힘이고, 바로 생명의 숨이자 본질입니다. 또한 사랑은 영원한 아름다움의 불꽃입니다. 사랑은 경이로운 것이며, 인간은 사랑에 의해 최고의 행복을 성취합니다. 사랑을 할 수 없는 사람들은 정신적으로 육체적으로 병들게 됩니다. 영혼의 부(富)는 그런 사람들에게 있지 않습니다. 그들은 사랑의 법칙과는 반대로 살며, 때문에 사랑의 진정한 의미와 어떻게 사랑이 영혼에게 식량과 생명이 되는지를 잘못 이해하고 있습니다."

"사랑은 내면에서 발현되어 외부로 방사되는 것이 필요하며, 또한 그 방사되는 장(場) 안의 모든 것을 에워쌀 수 있어야 합니다. 우리 태양계의 태양이 자체의 그 거대한 코로나(光環)[15] 범위 내의 행성들을 에워싸듯이 말이죠. 만물을 사랑하는 것은 이 긍정적인 실재의 자기장 안에서 자기 자신을 포용하는 것이고, 자연과 친밀하게 소통하고 하나가 되어 우주와 조화롭게 사는 것입니다. 인간은 그 대생명의 맥박 내지는 율동에 경계태세가 갖춰져 있고 해답들이 뇌로 흘러들어 오는데, 우리가 무엇을 해야 하고 어떻게 살아야 하는지를 말해주고 있습니다. 일단 우리가 빛 또는 대생명의 율동에 조율되면, 우리는 우리 은하와 우주와 함께 조화로운 리듬으로 움직입니다. 그리고 미움과 불화의 어떤 소지도 없습니다. 지구의 사람들은 이것을 이해하지 못하지요. 그렇기에 지구라는 아름다운 땅덩어리는 그곳 주민들의 대규모 광기(狂氣)에 의해 휩쓸려버리는 것입니다."

"물리학자로서, 나는 어떻게 자연이 움직이는지를 탐구합니다. 그리고 이렇게 하여 우리는 우리의 환경에 대한 해결책을 발견하고 우리의 우주선들 안에다 그런 환경을 그대로 모사(模寫)할 수 있습니다. 우리는 대자연이 우리를 위해 일하게 하고,

---

15) 코로나(Corona)는 태양이나 다른 천구체의 빛나는 플라스마 대기이다. 우주공간으로 수백만 킬로미터 뻗어나가며, 개기일식 때 쉽게 관측할 수 있으며, 또한 코로나그래프로도 관측할 수 있다. (역주)

그녀가 환경의 균형과 조화를 뒤집어엎지 않고 제공하는 아름다움과 안락을 즐깁니다. 우리의 고향 행성은 바로 이런 방식으로 유지되지요. 그리고 그곳의 환경과 전반적인 기후는 온화하며 우리의 건강에 유익합니다."

"지구의 사람들은 앞으로 나갈 필요가 있고, 뒤로 돌아다보거나 그들의 과거 속에서 살지 말아야 합니다. 그렇지 않다면, 그들은 생존하지 못할 것입니다. 우리는 자연과 우리의 환경을 이해합니다. 그리고 자연의 무자비한 폭력과 파괴를 피해가지요. 행성들의 기후를 통제하고 영향을 주는 것은 태양계 내의 별들이기 때문에 우리는 자연의 노여움을 중화시키거나 예방하고 매우 면밀하게 별들과 행성들의 움직임을 관찰합니다. 우리는 우리 모두가 그 안에서 삶을 영위하고 있는 우주를 이해하고 잘 알고 있습니다."

"지구에서 보통 인간은 위대한 깨달음과 지혜에 도달할 만큼 오래 살지 못합니다. 그들은 무지와 두려움의 상태에 여전히 머물러 있는데, 이런 두려움은 어떤 증오와 전쟁과 같은 것에서 생겨납니다. 그리고 인간의 본성 자체에서 나타나는 무감각한 잔인함을 낳는 것은 여러분의 환경입니다. 인류의 자아는 항상 은하계 내에서 오직 진보되고 문명화된 종족이 되어야 한다는 생각으로 강화되었습니다. 하지만 영겁 이전에 우주여행에 숙달한 아주 먼 우주로부터 온 종족이 있다는 깨달음은 커다란 충격으로 다가오며, 편협하기 짝이 없는 인류의 전통적 가르침의 뿌리와 토대를 뒤흔들고 있지요."

"인간은 우주의 한 피조물입니다. 인류는 우주의 한 종족이며, 다른 행성들이 그러하듯이 별 주변을 도는 궤도 내의 한 행성에서 살고 있습니다. 인류는 스스로 맹신적으로 그렇게 상상하는 것처럼 우주에서 유일한 존재가 아닙니다. 그들은 매우 환상적인 믿음을 가지고 자기들이 유일한 창조물이라고 믿습니다. 하지만 그들은 단지 은하계 도처 다른 태양계들 내의 행성들에서 영겁의 시간을 통해 우리에 의해 파종되고 양육된 별과 별 사이의 방대한 인간가족의 일부분일 뿐입니다. 그리고 종족들과 사람들의 문명수준은 오직 그들이 가진 자비심의 정도에 의해서만 측정될 수가 있습니다."

"지구인들은 더 이상 자기들 영역 주변을 어슬렁거리며 네발로 기어 다니는 2차원의 동물들처럼 지구 행성의 표면에만 묶여있을 수 없습니다. 그들은 이제 높이인 3번째 차원으로 날아오를 것입니다. 자기들의 환경에 대한 이해와 관리가 행해질 수 있기 전에 그들의 사고방식과 삶에 대한 조절이 먼저 이루어져야만 할 것이기에, 그들은 정말로 있는 그대로 자신들을 볼 것입니다. 이것은 그들의 진보와 영속적인 생존을 위해 대단히 중대한 일입니다."

"만약 그들이 더 낮게 변화하지 않는다면, 그들은 자신들을 파괴할 것입니다. 그리고 우리는 태양계 내의 조화로운 균형을 유지하기 위해서 인류가 그들의 행성을 파괴하는 것 외에는 별다른 대안을 얻지 못할 것입니다. 과거시대에 인류에 의해 태양계 내의 아름다운 땅덩어리들이 파괴되었습니다. 전체 행성이 그들의 파괴적인 방식에 의해 발가벗겨지고 황폐화되었던 것입니다."

"그런 일이 화성에서 일어났었나요?" 내가 이야기 중간에 끼어들며 물었다.

"예, 그렇습니다. 태양계 내에 남아 있던 우리의 선조들은 우리가 할 수 있었던 것처럼 진보할 수가 없었습니다. 이것은 순전히 환경적인 문제입니다. 태양은 변화무쌍한 별이고, 행성들은 변화의 시대의 영향 하에 놓여 있었지요. 그에 따라 문명들이 진보하는 데 막대한 차질이 빚어지고 있는 것입니다. 우리는 이제 당신에게 태양계의 역사에 관해 말할 것입니다."

우리의 고향 세계인 알파 켄타우리의 삶의 여건들은 지구 태양계 안에 있는 것보다 더욱 이상적이다

"나는 거문고(Lyra) 별자리로 가는 임무를 끝마치기 위해 별 사이의 우주공간으로 막 이동하려 합니다." 아콘이 말했다.

"나는 거기에 가서 초신성(超新星)을 관찰할 것입니다. 우리는 지금 이 거대한 모선에서 나의 우주선에다 여러 물자를 다시 보급하고 있습니다. 그리고 우리는 당신이 현재 살고 있는 태양계의 역사를 당신에게 이해시키기 위해 어느 정도 시간을 함께 가질 것입니다."

"아!" 내가 외마디 소리를 질렀고, 말을 하려다 멈추었다. 나는 더 이상 말을 할 수가 없었다. 나는 갑자기 그 순간, 가슴을 저미며 항상 나의 자제심을 위협했던 특유의 깊은 감정으로 충전되었다는 것을 느꼈다. 감정이 복받쳐 목이 메자, 나는 아콘의 사랑스러운 얼굴을 바라보았다. 그때 그가 부드럽게 말했다.

"당신의 의문스러운 마음을 진정시키고 지금의 행복 속에서 긴장을 풀어 보세요. 조만간 무슨 일이 일어나든, 거기에는 늘 그럴만한 이유가 있습니다."

"어떻게 내가 영원한 밤의 어둠처럼 우리를 분리시키는 우주공간의 자취 없는 길을 따라 시간 내내 살 수가 있을까요?"

"사랑하는 이여, 나는 늘 당신과 함께 있을 것입니다." 아콘이 부드럽게 응답했다.

"우리들의 운명은 함께 묶여 있습니다. 텔레파시적인 연결이 우리의 영혼을 영원한 사랑으로 묶고 있지요. 황금의 실이 하늘에다 하나의 모형을 엮듯이, 우리 두 사람의 삶은 얽혀 있습니다."

서서히 그가 손을 내 턱 아래에다 가져다 대더니 나의 머리를 위로 들어 기울였다. 그리고 나의 눈을 깊게 들여다보았다.

"나의 사랑, 나의 생명, 나의 선택된 동반자여!"그가 감정이 담긴 부드러운 음성으로 속삭였다.

"나는 당신을 소유하기 위해 돌아갈 것이고, 당신의 우아한 몸속에다 나의 사랑의 씨를 뿌릴 것입니다. 그렇게 내 사랑의 흔적이 당신의 영혼 속에 영원히 남아 있게 될 것입니다."

이어서 그가 자신의 팔로 나를 끌어안았다. 그는 그 호화로운 선실 밖으로 나를 데리고 나가 넓고 아름다운 계단을 따라 오르기 전까지 잠시 동안 나를 그렇게 가까이 껴안고 있었다.

우리는 화려하고 두꺼운 융단이 깔린 곳을 지나 넓은 통로로 조용히 내려 왔다. 나는 그곳을 스쳐 지나면서 환상적인 방들을 흘끗 들여다보았는데, 찬연한 색채로 근사한 그 실내에는 많은 사람들이 편안하게 휴식을 취하고 있었다. 그리고 다른 사람들 — 남성과 여성들, 그리고 아이들 — 이 우리들 주변을 수시로 돌아다녔다. 그들은 그 거대한 우주선 내에서 자기들의 다양한 맡은 바 직무를 수행하면서 미소로 우리에게 인사했다. 그들 모두는 살갗이 희고 금발이었으며, 키가 크고 아름다웠다. 말씨는 상냥하고 온화했으며, 자연스러운 우아함과 리듬으로 움직이고 있었다.

여성들은 단순하고도 투명한 의복을 입었다. 목둘레가 깊이 파여지고 허리 주위는 묶여 있으며 우아한 주름이 발목까지 드리워져 있었다. 이 의복들은 색다른 이국적인 색채로 전통적인 아름다움을 풍겼다. 그것은 적나라한 몸의 곡선 아래쪽을 감싼 채 비단 같은 광채로 희미하게 반짝였고 보드라운 촉감으로 피부를 애무하는 듯 했다. 모든 여성들은 그대로 드러난 사랑스러운 발들을 가지고 있었다. 그리고 그들은 완벽한 건강의 편안함으로 자유롭게 움직였다.

남성들은 몸에 꼭 맞는 짧은 바지 형태의 매우 단순한 실크 의복들을 입었는데, 그들 역시 맨발의 자연스러운 힘과 아름다움을 그대로 노출시키고 있었다. 반면에 아이들은 전체가 하나로 된 같은 실크 형태의 옷을 입고 있었다.

"내가 소파 아래에다 내 신발을 벗어놓기를 잘했군요." 내가 말했다.

"나는 이 무거운 내 옷이 매우 부적당하게 느껴지네요. 나도 인간의 몸이 호흡할 수 있게 해주는 저런 아름다운 실크 옷 중에 하나를 입을 수 있었으면 좋겠어요. 저 사람들은 매우 편안해 보이는군요. 다른 행성의 표면으로 내려서지 않는 한 극단적인 기후는 없는 것으로 생각합니다. 그런 이유로 당신이 지금과 같은 유니폼 형태의 옷을 입고 있는 것이지요. 당신은 신발도 착용하고 있는데, 왜냐하면 당신이 나를 위해 지구에 착륙했을 때 우주선 밖으로 나와야 했기 때문이죠."

"첫 번째 시도에서 당신의 마음에 맞춰서 조화롭게 움직였던 것이 매우 성공적이었습니다."

아콘이 웃으며 재빨리 아름다운 한 방으로 다시 나를 들어서게 하면서 말했다.

"나는 우주선과 함께 이동하면서 옷과 같은 무관한 것들이 아니라 당신의 마음에다 초점을 맞추었습니다."

"이곳은 정말 아름다워요!" 내가 외쳤다.

"주변의 환경이 아름답고 편안할 뿐만 아니라 사람간의 소통과 말도 완벽하게 아름답네요. 태양계의 인간들은 말과 소통의 기술을 잃어버렸죠. 그들에게는 글쓰기와 말의 아름다움이 없어요. 결국 그들은 이제는 단지 수많은 원시인들이 웅얼거리는 것처럼 음절을 반음정도 올릴 수 있을 뿐이에요. 그들은 게으름과 계속적인 TV 시청을 통해, 그리고 결코 그들 스스로 어떤 노력을 하지 않음으로써 그들의 모국어의 기술을 잃어버린 것이죠."

"그것은 제공된 프로그램에 달려있습니다. 사랑하는 이여, 이제 보세요." 아콘이 말했다.

어디에나 다채로운 색들이 있었다! 장미처럼 빨간색은 카펫과 벽에서 두드러졌다. 낮고 편안한 좌석들은 에메랄드빛 녹색과 스펙트럼의 색채 같은 보랏빛 섬유로 된 연한 황금색 재료로 만들어져 있었다. 키가 큰 남성 한 사람이 방의 저쪽 끝에서 팔짱을 낀 채로 즉석에서 가물거리며 재현되는 전자 신기루 속의 장면을 지켜보며 서 있었다.

그가 돌아서더니 우리를 향해 다가왔고, 나의 양 어깨에 그의 손을 얹은 후 나의 양쪽 뺨에다 가볍게 입을 맞추었다.

"나는 아콘이 당신을 찾아내서 기쁩니다." 그가 말했다.

"소중한 이여, 우리의 문명에 오신 것을 환영합니다. 과학자로서의 아콘의 과업은 때때로 위험하기까지 합니다. 당신은 이것을 결코 잊지 말고 용기를 가져야만 합니다."

나는 매우 이해심이 많고 염려가 담긴 그의 황금색 눈동자를 들여다보았다. 그가 나의 긴 응시에 응답했을 때, 나는 미래가 어떻게 될지에 대해 얼마나 무지한지를 이해했다.

"나는 알파 켄타우리(Alpha Centauri)의 태양계 내에 있는 우리의 고향 행성의 진동에다 채널을 맞추고 있습니다." 그가 온화하고 점잖은 목소리로 말을 이어갔다.

"우리들 같은 생명 조건들이 있는 우리의 고향세계는 지구 태양계 내의 생명의 여건보다 더욱 이상적입니다. 그곳의 광대한 생물 생존권(生存圈) - 우리가 아는 것 같은 생명의 발달과 생존을 가능케 하는 조건들을 가진 별을 에워싼 구역 - 은 두 개의 별로 이루어진 쌍성계(雙星界)라는 점에 의해 강화되었지요. 이런 생명의 부양과 우리의 별 주변의 궤도를 도는 행성들에서의 앞선 발전은 그곳의 산소 대기를 생성하는 방사선과 자외선의 방사물에 의해 유발된 것입니다. 우리의 고향 행성은 이렇게 엄청나게 확산되는 생물권 내에서 건강하게 번영하고 있으며, 이런 여건이 지구의 태양과 유사한 3번 째 별에 의해 더욱 증대되었습니다. 게다가 그곳은 진동율이 높고 우리 문명의 앞선 발전을 위해서도 이상적이지요. 사실 우리의 고향 세계는 지구의 태양과 비슷한 3개의 별들로부터 복사에너지를 받고 있는 3중의 성계(星界)이지만, 지구로부터 불과 4광년 또는 38조Km 떨어진 거리에 있습니다. 만약 인간 우주비행사가 지구 과학자들이 이해하는 것과 같은 빛의 속도로 여행할 수 있다면, 알파 켄타우리에 도달하는 데 4년이 걸릴 것입니다. 하지만 우리들의 우주선들로 이동한다면, 이 정도 거리는 즉시 도착이 가능합니다."

"우리의 문명은 우리가 어머니 행성인 금성에서 이주한 후, 아주 오랜 전에 지구에서 존재했었습니다. 태양계의 역사로 볼 때 우리는 그 때 당시 우리의 과학자들에 의해 그렇게 하라고 권고를 받았던 것인데, 왜냐하면 태양이 팽창하는 우주 사이클 속에서 자체적인 생명의 호흡을 내쉬고 있었기 때문이죠. 과거에 태양은 식물군과 동물군을 파괴하면서 행성들을 삼켜버리기 위해 코로나가 팽창하며 치명적인 방사선을 내뿜는 변화무쌍한 속성을 나타냈습니다. 이런 일은 시간의 주기 속에서 일어납니다. 그것은 자연적인 현상입니다. 그리고 이런 속성을 가진 별들은 우리에 의해서 매우 면밀하게 관찰되지요."

"그렇다면 당신들의 문명은 원래 이 태양계에서 유래된 것이로군요." 내가 기쁨으로 소리쳤다.

"참으로 놀랄만합니다! 우리들 사이에는 연결고리가 있네요. 지구의 사람들이 당신들에게 이방인들도 아니고요."

"그것은 정말로 그렇습니다. 우리의 위대한 문명은 우리가 인접해 있는 태양계로 옮겨가기 전 지구에서 수천 년 동안 번영했습니다. 그곳에는 우리들의 생활방식에 적당한 안정된 태양이 있었죠. 우리는 지구와 화성에다 우리의 사람들 중 일부를 남겨놓고 떠났습니다, 그러나 오랜 세월 동안 변화무쌍한 별인 태양의 환경이 그들의 생각과 생활방식에 부정적인 영향을 끼쳤습니다. 그들은 무분별하고 파괴적인 인간들이 되었고, 여러 번에 걸쳐 지구에 파멸적인 결과를 가져왔지요. 그리고 화성을 황폐화시켜 사막으로 바꿔놓고 말았습니다."

"금성은 별의 치명적인 방사선에 의해 모든 동물군과 식물군이 파괴되었을 때인 태양팽창의 마지막 주기에 죽은 별이 되었습니다.16) 금성이 태양에 가까이 위치해 있었기 때문에 우리의 과학자들이 태양을 매우 면밀하게 연구했습니다. 그 결과 그들은 태양의 대기가 그 행성계를 삼켜버렸다는 것과 태양에서 일어나고 있는 어떤 변화가 다른 행성들과 그것들의 대기권에도 영향을 미칠 것이라는 사실을 발견했지요."

"이런 구조의 별은 중년의 나이이고, 짧은 파장의 방사선으로 불안정하며 어느 정도 불규칙적입니다. 우리 모두는 우리별의 생물권 안에서 삽니다. 그리고 태양계 내의 각 행성의 안정성은 별들에 의해 방출된 방사선에 달려있습니다."

"태양은 가스체 내의 불안정한 상태 쪽으로 향하는 경향이 있

---

16)여기서 금성이 죽은 별이 되었다는 것은 어디까지나 금성표면의 물질계가 황폐화되었다는 의미로 해석된다. 현재 알려져 있다시피 금성의 지표면에는 생명체가 살 수 없는 환경이다. 그러나 〈나는 금성에서 왔다〉의 저자인 옴넥 오넥의 증언에 따르자면, 금성의 아스트랄 차원에는 엄연히 고등한 생명체들이 생존하고 있는 것이다.

(감수자 주)

습니다. 그 회전속도가 느려지고 있을 때, 자기적(磁氣的)인 돌변이 7년과 17년 사이, 대략 11년 정도의 변화하는 사이클로 일어납니다. 즉 자기적 극성(極性)이 각각의 사이클에서 거꾸로 뒤집히게 되는 것입니다. 그리고 자기(磁氣)에 의해 촉발된 태양의 흑점이 화려하지만 표면에서는 치명적인 폭발화염을 내뿜지요. 이 너울거리는 화염들은 행성들을 향해 태양풍들의 형태로 이온화된 수소 – 고속 양성자와 전자들의 흐름 – 를 토해내기 위해 그 광구(光球)를 통해서 분출됩니다."

"지구의 전리층 내에서의 전자 밀도는 11년 사이클과 보조를 맞춰 커졌다가 작아집니다. 마찬가지로, 행성 지구가 자신의 별의 대기 내에서 호흡할 때 극광(極光)의 나타남은 위로 커졌다가 작아집니다."

"지구의 오존층은 금성의 오존층이 파괴되었기 때문에 태양이 팽창하는 주기 동안에 파괴될 수 있습니다. 이렇게 되면 지표면에다 방사선을 노출시키게 되며, 그에 따라 모든 초목이 파괴됩니다. 그러나 비록 그것이 아열대 기후에서 엄청나게 번성했던 끔찍한 공룡들의 방대한 수를 전멸시켰지만 지구는 태양이 팽창하던 지난 주기에 살아남았습니다. 수백만 년 동안 지구를 지배했던 이 공룡들은 태양이 더 젊고 지구의 기후가 상당히 온화할 때인 폭발적인 진화기 동안의 방사선 폭격에 대해 철갑 갑옷과 같은 그들의 두꺼운 가죽이 일종의 보호막 역할을 했었지요."

"하지만 격렬함과 파괴가 점점 증대하는 가운데 공룡들의 작고 약한 두뇌는 그들의 한정된 감각이 받았던 그런 희미한 인상을 걸러냈습니다. 결국 그것들은 자기들의 변화하는 환경에 적응하지 못했습니다. 그리고 태양이 갑자기 팽창하며 폭발함에 따라 여러분의 태양계를 치명적인 방사선으로 삼켜버릴 때, 공룡들은 지구 행성의 전체 지표면과 늪지대, 얕은 바다에서 전멸했던 것이죠."

"태양에 대해 일종의 척도처럼 반응하는 지구는 지표면 전역에서의 대격변적인 용암분출로 극(極)이 역전되었고 그녀의 가슴 속에서 번창하는 생명을 매장하는 결과가 초래되었습니다. 태양이라는 별이 반대로 더 작고 밝게 수축하는 동안, 팽창의 각 사이클이 자체의 진화의 규모로 피해를 입힌 만큼 각각의 정기적인 죽음의 청소기 사이의 기간은 짧아집니다. 나이를 먹고 있는 태양은 확대되는 방사선으로 인해 죽음의 산고(産苦)에 이르는 이런 중요한 사건 속으로 다시 움직이고 있습니다."

"지구는 태양에서 방사되는 거대한 대기 안에 잘 놓여있습니다. 그 엷은 코로나(corona)는 눈에 보이는 태양의 표면으로부터 아주 멀리까지 확장돼 있어서 수성, 금성, 지구와 달 그리고 화성까지도 그 안에 싸여져 있습니다. 확실히, 태양으로부터 지금 방출된 이 격렬한 방사선들은 지구의 전리층을 교란할 것이고, 외부 대기의 이온화를 증가시키고 있습니다. 이것이 번갈아 세계 전역에 불안정한 기상 패턴들을 촉발할 것이며, 지구 전역에 걸쳐서 공기순환과 강우패턴에 영향을 미칠 것입니다. 낮은 밀도의 태양흑점 활동 주기 동안에 가뭄들이 발생합니다. 그리고 높은 밀도의 태양흑점 활동 주기 동안에는 맹렬한 강풍들과 홍수가 일어납니다. 태양은 바람의 패턴들을 변화시킴으로써 항상 날씨에 영향을 줍니다. 이것이 차례로 지구의 표면에 영향을 끼쳐 많은 지진들의 원인이 됩니다. 그리고 이것은 태양계의 행성들이 정렬되는 상태로 움직일 때, 지구에다 당기는 힘을 가하여 많은 심각한 지진들이 일어날 것입니다. 인류의 미래에 대해 전망해 볼 때 점차 냉랭한 주기로 들어가고 있습니다. 그들은 간빙기(間氷期)에 살고 있고, 현재 거대한 기상변화의 또 다른 주기로 움직이고 있는데, 그것은 또 다른 빙하시대에 전주곡입니다."

"지구 행성에 관한 물리학은 먼저 그녀의 별인 태양을 언급하지 않고는 연구될 수가 없습니다."

나는 내가 병원에 홀로 누워있던 동안에 경험했던 그런 마법 같은 비전 속에서 다시 살았다. 그때 나는 우리가 생명으로 인식하는 그 마법적인 임차권을 부여받았었다

그 키가 큰 과학자가 전자 신기루의 스위치를 켰고, 자신의 이름이 쎄톤(Theton)이라고 소개하며 계속 말을 이어갔다. 그는 이 태양계의 과학적인 감시업무를 함에 있어서 아콘과 밀접하게 협력해서 일하고 있었다.

"전자 신기루 속의 태양을 보십시오." 내가 나지막이 말했다.

내가 몸부림치는 그 거대한 천체를 지켜봤을 때 나의 목소리는 잘 나오지 않았다. 그것은 상승하고 하강하는 흐름과 함께 거친 운동으로 격렬하게 움직였고 살아 있는 생물 – 우주심연 속의 어떤 무시무시한 생물 – 처럼 즉시 다시 솟구쳤지만, 결국 갑자기 내려앉으며 거대한 홍염(紅焰)[17]을 분출했다. 벌집 모양의 그것들을 닮은 수백만 개의 세포들로 이루어진 표면이 오톨도톨한 모습은 전기 저항의 끓어오르는 동요 속에서 맥동했다. 빨갛게 타오르는 수소들이 분출되었고 우리들을 삼키려는 듯이 무한한 촉수들을 내뻗었다.

"정말 격렬하고 무시무시하군요! 당신의 과학탐사선은 광구(태양) 가까이서 일어나는 그런 자기적인 대변동에 정말 보호

---

17)태양의 채층(彩層)에서 분출하는 붉은 불꽃 모양의 가스체. 주성분은 수소가스로 추정되며, 개기 일식 때에 볼 수 있음.(역주)

조치가 되어 있나요?"

갑자기 떠오른 우려감이 나의 마음을 채웠을 때 나는 아콘에게 더 가까이 다가가며 물어봤다.

"지금 행복하십시오. 우리의 사랑은 현재 있는 것이고, 일종의 영원한 불꽃입니다. 그것은 우리의 영혼들을 결속하는 것이며, 영혼은 결코 죽지 않는 화염입니다. 사랑하는 이여, 당신은 이것을 압니다. 그러니 계속 초조해하지 마세요."

힐책하는 듯한 온화한 미소로 나를 내려다보며, 그는 나의 뺨에서 머리카락을 쓸어 올리더니 내게 키스하였다.

"우리들은 결코 그러한 것들을 생각하지 않습니다." 하벤이 조용히 끼어들며 자신의 신중한 생각을 말했다.

"아콘의 우주선은 우리의 최신의 기술적 성취로 인해 고도로 효율적인 성능을 보유하고 있습니다."

그러나 내가 놀란 눈으로 숨죽이며 그 대류(對流) 지역의 뜨겁고 팽창하는 가스들을 지켜봤을 때 나는 그의 안심시키는 말에서 거의 안도감을 느끼지 못했다. 그것은 계속 굽이치며 밝게 요동쳤다. 그리고 빛의 줄기들이 조밀한 방사선에 싸인 그 광구(光球)로부터 외부로 방출되었다. 엄청난 에너지와 밀도가 계속적으로 생성되었다. 복사에너지는 태양 내부의 깊은 곳을 변화시키는 과정인데, 즉 푸른빛을 띤 방사선들로 인한 광전자(光電子)의 과정이다.

갑자기, 태양 적도 지역에서 거대한 소용돌이가 그 자체의 자기장의 강도로 회전하며 그 부분이 어두워지기 시작했다. 경외롭고도 두려운 태양풍 또는 태양의 흑점이 우주선을 삼켜버릴 듯한 너울거리는 환상적인 화염 속에서 이온화된 입자들의 폭풍을 내뿜고 토해냈다.

"나는 그 너울거리는 불길의 플라즈마 샘플을 채집하기 위해

114

실험실 디스크(자기(磁氣) 디스크 기억장치)를 풀어 놓고 나의 우주선에다 자동제어 장치를 설치했지요."아콘이 말했다.

"그렇습니다."쎄톤이 맞장구를 쳤다.

"나는 그 화염의 유형을 분석하는 것이 긴급하다고 생각합니다."

"아콘은 변광성(變光星) 연구를 책임지고 있는 우리의 과학자입니다."하벤이 나에게 말했다.

"당신은 정말로 별에 아주 가까이 있었던 적이 있나요?" 나는 그에게 물어보았다.

아콘이 미소를 지으며 이렇게 말했을 때 나의 가슴은 두근거렸다.

"내가 과학적 관찰을 위해 가까이 가고 싶었던 만큼은 아닙니다. 항성 같은 광구(光球)를 연구하기 위해 좀 더 가깝게 접근하는 것은 이제 필요합니다. 우리는 그 다음의 최대주기에 앞서 자기적(磁氣的)인 소용돌이나 태양의 흑점 내에서의 위험한 반작용을 중화시키기 위해 격렬한 가스들의 샘플을 채집해야만 합니다."

"오 … " 나도 모르게 내가 말했다. 그리고 다시 갑작스러운 근심이 나의 행복감을 흐리게 하였다. 어떤 운명이 나를 기다리고 있을까? 내가 경외감을 가지고 태양의 그 무서운 격렬함을 지켜봤을 때 나는 왜 내가 불안한 그런 깊은 감정을 느꼈는지 의아했다.

나는 우려감을 가지고 하벤을 바라보았다. 나의 눈과 마주치자, 그는 아콘의 안전에 대한 나의 생각과 두려움을 알고 있었다. 나는 태양의 지옥을 여과하여 보여주는 전자 신기루를 다시 돌아보았다. 아콘이 폭발 조건들을 무효화하기 위해 충분히 가까이 갈 수 있지 않는 한, 우리 별의 격렬한 변동은 그렇게 긴

박하고도 끔찍한 재난의 징조들을 갖고 있었다. 비록 그 별의 존재가 전체 태양계에게 생명을 주는 빛의 공급원이었을지라도, 나는 어떤 영혼의 형태에게 가해지는 그것의 위험한 적대행위를 알아챘다. 일종의 살아 있는 것으로서, 그것은 (우리에게) 반응할 것이다.

아콘은 서 있었고, 태양의 격렬한 활동의 모든 면을 주의 깊게 지켜보고 있었다. 그의 키 크고 유연한 풍채가 더욱 더 강하게 된 것처럼 보였고, 그의 멋진 얼굴이 그의 집중의 강도와 더불어 마치 더욱 신처럼 보였다. 나는 지구상에 넘쳐나는 생명을 생각했다. 그리고 어떻게 그들이 거대하고 강력한 세력들이 그들의 별과 흔들리는 행성을 안정시키기 위한 활동에 착수하는지에 관해 거의 이해할 수 없는가를 알고 있었다. 어떻게 그들이 지구의 생명과 그들의 계속적인 생존에 대한 열쇠를 아콘이 쥐고 있다는 것을 알 수 있겠는가? 명확히, 나는 그 신성한 존재가 우주의 칠판에다 쓰고 있는 것을 보고 이해할 수 있었다. 이곳에 있는 것이 나에게는 현실이었다.

천천히, 태양의 근접 촬영된 환상적인 장면이 사라졌고 결국 길고 호화로운 실내에는 아무 것도 남아있지 않았다.

"우리는 이제 나의 우주선으로 돌아가야 합니다." 아콘이 부드럽게 말했다.

"그 말뜻은 … " 나의 목소리는 머뭇거렸다. 그리고 나는 더 이상의 말을 할 수 없었다.

아콘은 키가 훤칠하고 사랑스러운 한 여성이 조용히 그 방으로 들어오는 동안 자신의 팔로 내 어깨 주변을 감싸며 나를 끌어당겼고, 그녀의 맨발은 소리 없이 두껍고 화려한 융단을 밟고 있었다.

그녀는 나에게 다가와 나의 양쪽 뺨에 입을 맞추었고 나에게 작별인사를 원했다. 그녀의 금빛 눈동자는 부드럽고 사려 깊어 보였으며 그녀의 아름다운 얼굴은 근심으로 가득 차 있었다.

"나는 당신이 어떻게 느끼는지 압니다." 그녀가 입을 열었다.

"나는 하벤의 배우자인 플레이아(Pleia)입니다. 그것은 영원하며, 따라서 그 관계는 당신과 아콘에게도 해당될 것입니다. 그는 멀지 않아 당신에게 돌아올 것입니다."

그녀의 어깨 뒤로는 빛나는 금발이 드리워져 있었다. 그녀는 쎄톤의 손을 잡았다.

"쎄톤은 나의 동생입니다. 우리가 거대한 모선을 지구의 대기권 속으로 진입시킬 때, 당신은 아콘이 무사히 돌아온다는 것을 알 것입니다."

"이리 오십시오." 하벤이 나를 불렀다.

"우리들은 도중에 정원실로 돌아갈 것이고, 거기서 나는 약속했듯이 우리의 고향 행성을 당신에게 보여줄 것입니다."

"감사합니다." 나는 응답했다.

"그곳에 얼마나 멋진 것이 있을까요."

온화하게 미소 지으며 하벤은 우리에게 자신을 따라오라는 몸짓을 했다. 그리고 우리는 모두 정원실로 돌아갔고 그가 벽의 홈에다 작은 원통형의 것을 부착하는 동안 깊고 낮은 화려한 소파에 앉아 있었다. 멀리 한 행성이 나타났다. 그리고 밝은 아주 작은 빛이 빠르게 확대되며 다른 생명의 고향이자 섬이 하늘의 거대한 공간 속에서 움직이고 있었다.

이곳에는 내가 오직 나의 지구와의 매듭을 푼 후에만 인식할 수 있었던 현실 차원이 있었다

두근거리는 가슴으로, 나는 찬란하게 빛나는 푸르고 흰 구체

(球體)가 마치 우리가 그곳으로 날아가고 있는 것처럼 점점 더 가까이 다가오는 것을 보았다. 그 때 아콘이 이렇게 말하고 있었다.

"알파 켄타우리(Alpha Centauri) 별자리에 있는 우리의 고향 태양계는 7개의 행성으로 이루어져 있으며, 모두 우리의 문명에 의해 사람들이 거주하고 있습니다. 7개의 행성들은 여러분에게 프록시마 켄타우리로 알려져 있는 이 아름다운 항성계의 3번째 별 주위를 돕니다. 가장 큰 별은 태양의 밝기의 삼분의 일 정도만큼의 불그레한 빛을 발합니다. 반면에 2번 째 별의 빛은 태양빛과 유사합니다. 3번 째 별인 프록시마 켄타우리는 오직 태양처럼 불그레한 갈색을 띤 빛을 갖고 있습니다. 그리고 물론 그것은 매우 안정된 별입니다. 우리가 지금 보는 행성은 삼중성계(三重星界) 내에 있는 우리의 원래 고향 행성이고, 우리의 거

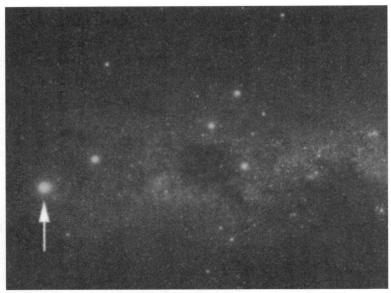

화살표가 가리키는 별이 지구에서 4.3광년 거리의 알파 켄타우리이다.

대한 문명이 과거에 체류할 수 있던 때의 금성과 비슷합니다. 우리가 이 행성으로 옮겨온 이후, 우리는 이 태양계 내의 모든 다른 행성들로 (거주지를) 확대해 나갔습니다. 우리의 전체 태양계는 3개의 별의 엄청난 코로나(光環) 안에 있습니다."

구름들 속의 갈라진 틈을 통과하여 아름답게 채색된 그 행성의 표면이 나타났고, 우리는 그 대기권 내의 높은 곳에 체공해 있는 것처럼 보였다. 반짝이는 커다란 구름이 아래에 머금은 비의 커튼으로 바다 위에다 큰 파도를 일으켰다. 그것은 장대한 뭉게구름이었고 깨끗하고 우아했다. 화려하게 채색된 무지개의 거대한 이중 원주가 공중에 떠 있었다. 무지개는 하늘 높은 곳에서 완전한 원으로 보였고, 그 색채는 오직 비가 씻어낸 대기 속에서만 가능한 깊은 아름다움으로 밝고 깨끗했다. 장미 같은 붉은색은 그 무지개 전체의 맨 바깥원에서 아주 희미하게 반짝였다. 별들로부터 방사되는 광선들은 구름에 부딪쳐 황금빛 광휘를 주조해냈다. 그리고 하늘 전체는 그 세계의 거룩한 의식(意識)과 더불어 색채의 성약(聖約)을 반영했다.

진실의 신성한 본질이 나의 존재를 에워쌌다. 그리고 이런 삶의 일부가 된다는 것에 대한 일시적 기쁨을 아는 데는 어떤 슬픔 또는 감정도 없었다. 나는 그것이 영원히 계속될 수 없다는 것을 알고 있었다. 그래도 지금은 어느 곳이냐에 관계없이 나의 여생을 그것과 함께 살 수 있기 위해서 내가 삶의 본질에다 파장을 맞추고 그것의 일부분이 될 시간이었다.

검푸른 바다의 광막한 망망대해가 아래에 펼쳐졌다. 그리고 보다 밝은 색채의 작은 육지의 무리들이 바다물의 어둠 위로 뿔뿔이 흩어져 나타났다. 깊고 푸른 하늘이 깊은 바다에 비쳐졌다. 거대한 대양의 광활한 공간은 아지랑이가 낀 수평선 너머로 휘어졌고, 별들로부터 방사되는 부드럽고 청명한 빛 속에서 조용하고도 고요히 반짝였다.

좀 더 가까이 이동함에 따라, 우리는 커다란 섬이 아래에 펼쳐져 있고 선녹색의 언덕들과 산의 경사면이 안개 낀 먼 산꼭대기들까지 굽이치며 이어져 있음을 보았다. 햇빛의 온화한 광휘 속에서 산정상의 붉은 바위들과 절벽들이 달아오르고 있었다. 목가적인 국토 전역에 걸쳐, 산으로부터 바다로 흘러가는 꼬불꼬불한 강과 개울들과 함께 키가 큰 짙은 녹색 나무들이 공원 같은 아름다움 속에 산재해 있음을 볼 수 있었다. 사파이어 빛의 푸른색과 산뜻한 녹색 산의 경사면에 서 있는 히말라야 삼목(杉木)과 같은 거대한 황금색 나무들이 햇빛이 비추는 대기의 영광 속에서 마주쳤다. 내 시각 속의 섬 장면, 그리고 사랑스러운 시골의 향기조차도 밀려드는 기억처럼 나의 느낌들을 충만케 했다. 나는 내가 병원에 홀로 누워있던 동안에 가졌었던 마법 같은 비전속에서 다시 살았다. 그때 나는 우리가 생명, 혹은 기쁨의 메신저라고 느끼는 마법적인 임차권을 부여받았었다. 나는 내면의 영혼이 우리의 유한한 세계 너머의 더 거대한 창공을 향해 들어 올려지는 것을 느꼈다. 이곳에는 내가 오직 나의 지구와의 매듭을 푼 후에만 인식할 수 있던 현실 차원이 있었다.

우리의 차원은 결코 행성들의 내부가 아니라 행성의 표면과 공간 속에 있다

우리는 마치 우리 자신이 그 멋진 전원지역의 공중에 떠 있는 것처럼, 환상적이고도 완전히 자유롭게 무제한의 시야로 그 전자 신기루와 함께 움직였다.

"이런 장면은 우리의 작은 감시 원반들 중의 하나를 통해 오고 있는 것이며, 우리에게 직접 전송되고 있습니다." 아콘이 설명했다.

"어떤 시간 지연도 없습니다. 장면은 즉시 발신되고 있는데, 그 원반이 자동적으로 통제되기 때문이지요."

원반은 더 낮은 높이로 이동했다. 그리고 나는 흰색의 동물들(백마들)이 아래에서 선녹색의 초지(草地)를 가로질러 질주하는 것을 보았다. 다른 말들은 망아지들이 그들 사이에서 뛰놀고 있을 때 조용히 풀을 뜯어먹었다. 거기에는 그 멋진 지역을 훼손하는 도로나 고속도로가 없었고 그 동물들을 둘러싸는 울타리도 없었다. 또한 하늘 깊은 곳의 괴물들처럼 그 아름다운 대지에 교차하여 늘어선 철도 궤도들이나 어떤 고압선 철탑들, 끔찍한 건조물도 존재하지 않았다.

이곳은 기계시대의 문명이 아니라 어떤 인공적인 개간이나 운송수단에 의해서도 전혀 손대지 않은 지구였다. 이곳에는 풍요로운 대지에 에워싸인 가운데 자유와 기쁨이 있었고, 평화롭고 목가적인 아름다움이 있는 멋진 지역이었다. 나무와 꽃들 속에 뿔뿔이 산재해 있는 주택들을 볼 수 있었는데, 그것은 둥근 계단을 둘러싸고 있는 단(壇)들에다 자개 세트를 붙인 것 같이 반짝이는 재료로 만들어진 원형 건물들이었다.

우리가 이 찬연한 전원지역 위를 통과해 서서히 상승함에 따라 우리는 높은 산들에 가까이 다가갔고, 장미처럼 붉은 거대한 절벽들 위를 미끄러지듯 활공하며 다시 천천히 구부러진 녹색의 언덕으로, 그리고 바다 위로 하강했다. 은빛 우주선이 하늘 부근으로 이동했는데, 진주조개의 무지갯빛 알맹이처럼 그 둥근 동체(胴體)가 햇빛의 대기 속에서 빛을 발하는 가운데 번쩍이는 신호들이 우리의 정찰원반으로 수신되었다. 그리고 다른 신호들은 태양계 주변의 하늘에 떠다니는 거대한 모선들로 직접 전송되었다.

휘어진 만(灣)을 둘러싸고 있는 도시는 흰색과 은빛으로 빛났다. 짙은 사파이어 빛깔의 물은 화려하고 이국적인 색깔의 나무들과 꽃들 속에 자리 잡은 유서 깊은 아름다움을 그대로 비추었다. 그곳에는 개인적인 우주선이 이착륙하거나 대기할 수 있는 평평한 꼭대기를 가진 기껏해야 2~3층 정도의 단순하고 둥근 건물들이 있었다. 건물들의 몇몇은 기저부(基底部)를 에워싸는 거대한 기둥들과 계단들을 갖춘 방대한 원형 피라미드들처럼 매우 컸다. 하지만 그곳에 그 전경의 아름다움을 손상시킬 만한 도로나 고속도로는 없었다.

나는 넓은 잔디밭과 숲의 아름다운 나무들, 희미하게 반짝이는 건물들과 이국적인 색채들로 이루어진 그곳의 환상적인 아름다움에 완전히 넋을 잃었다. 그때 나는 아콘이 다시 말하는 것을 들었다.

"우리는 우리의 필요한 모든 에너지와 동력을 오직 대기(大氣)로부터 발생된 전력을 사용하기 때문에 스모그나 대기오염의 문제를 갖고 있지 않습니다. 모든 사람들에 의해 이용되는 개인적 용도의 다양한 비행선들은 단순히 대기로부터 이끌어낸 전기로 움직이지요."

그때 갑자기, 멋진 영상은 사라졌고 다시 길쭉하고 화려한 방 외에는 어떤 것도 남아있지 않았다. 이것이 일어났을 때마다 나는 매우 혼란됨을 느꼈으며, 그래서 나는 조용히 자리에 앉은 채로 있었다.

아무 말 없이, 아콘이 나의 손을 잡았다. 그리고 우리는 거대한 우주선의 그곳에서 나와 다시 그의 과학용 탐사선의 중앙 조종실로 걸어갔다. 처음으로 내가 이 아름다운 우주선에 들어섰을 때 그랬던 것처럼, 바닥을 통해 전해지는 부드럽게 윙윙거리는 소리와 고요한 진동감이 내게 안전한 느낌을 주었다. 그러나 나는 이보다 더 큰 우주선에서는 전혀 어떠한 소리를 듣거나 움직임을 느끼지 못했다.

잠시 후, 2번째 승무원이 모선으로부터 왔다. 그는 키가 크고 매우 잘생긴 모습이었지만 아콘보다 더 젊었다. 그는 미소를 지었고, 매혹적인 인상을 가진 그는 환한 얼굴과 온화한 눈길을 내게 나타냈다. 그의 반짝이는 하얀 치아가 순간적인 매력으로 스쳐갔다. 그리고 밤색 머리카락과 황금색 눈동자가 그의 멋있는 외모를 더욱 두드러지게 해주었다. 이곳에 참으로 아콘과 함께 책임을 어깨에 짊어진 사람이 있었다.

그가 조종 장치가 배열된 계기판 쪽으로 가자, 깜박이는 스크린이 그의 얼굴을 비추었고 그의 조각 같은 멋진 용모를 또렷하게 하고 있었다.

"나의 이름은 세론(Sheron)입니다." 그가 깊고 부드러운 음성으로 말했다.

"나의 선조들은 태양 팽창의 홍적세(洪績世) 주기를 연구하기 위해 지구에 남아있었습니다. 그리고 그들은 강한 방사선에서 생존할 수 있는 아름다운 지하도시를 건설했지요. 그 후 남쪽 대륙의 거대한 산맥 중심부로 이동함에 따라 그들은 우리의 문명을 그곳에서 계속 유지했습니다. 지구에서의 이런 획기적인 현 시대에도 우리의 우주선들은 왕래하면서 남극대륙의 광막한 불모지에다 이런 기지를 보유하고 있습니다."

"그럼 북극지방의 북극에는요?" 내가 질문했다.

"우리의 문명은 오직 남반구에만 본부들을 세웠는데, 이것은 (그때가) 단지 우리가 인근 태양계를 향해 출발했던 초창기였기 때문이죠. 태양계 내의 방사선이 우리의 안녕에 미치는 영향이 너무 강렬한 수준이 되었기에 우리는 지하에서 살 수 밖에 없었습니다. 물론 이것은 우리가 선호하는 조건은 아니었던 까닭에 우리는 무한히 펼쳐진 하늘과 별들, 상쾌한 바람, 바다의 풍미를 여전히 즐길 수 있는 다른 행성의 표면으로 옮겨갔습니다."

"당신은 태양의 방사선으로부터 당신의 피부를 보호하기 위해 아콘이 산꼭대기에서 이 우주선 밖으로 처음 걸어 나왔을 때 입고 있던 유형의 옷을 입나요?"

"예, 바로 그렇습니다. 우리는 결코 우리의 피부를 태양의 방사선에다 노출하지 않습니다, 과학자로서 나는 나의 부모와 우리의 선조들의 과업을 이어받아 계속하고 있고, 아콘과 함께 여전히 위험한 임무인 변광성을 연구하고 조사하는 일을 하고 있지요. 우리는 우리 은하계 전역에 걸쳐서 생명이 시작된 기원들을 연구하는데, 왜냐하면 우리 모두가 우주진(宇宙塵)으로부터 진화되어 나왔기 때문이죠. 우리는 별의 사람들(star people)이며, 따라서 우리가 생명으로 아는 이 마법적인 (씨줄과 날줄이 교차하는) 직물인 살아있는 은하계의 한 부분입니다. 친애하는 분이시여, 당신은 우리들의 일원이기 때문에 이것을 알고 있습니다. 적절한 때에, 우리는 우리의 운명의 주기 안에서 영원히 다시 함께 있게 될 것이며, 그것은 영원히 얽혀 있습니다."

"우리의 주민들은 결코 혈거인(穴居人)이었던 적이 없었습니다." 아콘이 조용히 말했다.

"우리의 차원은 결코 행성들의 내부가 아니라 행성의 표면과 공간 속에 있습니다. 지하 도시들과 통로들은 우리에 의해 지구에 남겨진 과거의 유산입니다. 우리는 남극에 지하 기지를 보유하고 있습니다. 그곳에는 따뜻한 호수들이 있지요. 이곳은 우리 선조들의 지하 도시 지역이며, 그 특별한 초기시대에 남극에는 어떤 만년설(萬年雪)도 없었습니다. 화산활동은 얼음과 눈이 없는 호수들의 지역이 유지될 수 있게 합니다. 그리고 우리는 그런 고위도(高緯度)에는 방사선이 없기 때문에 안락하게 우주선 밖으로 나와 움직일 수가 있습니다. 대기권 내에는 구멍이 하나 있는데, 그곳을 통해서 극지방의 보텍스 소용돌이가 지구의 자기장의 강도로 그 극지들 위로 내려옵니다."

"극지들에서 지구의 자기장은 깔때기 형태의 패턴으로 지면을 향해 내려갑니다. 태양 입자들의 소용돌이가 극지 위에 자기적 깔때기들처럼 지구쪽으로 내려갈 때, 그것들은 오로라 스펙트럼의 번쩍이는 빛을 방출하는 상층 대기 속의 원자들에 부딪치고 자극을 가합니다. 11년 주기의 태양의 팽창 및 수축기에 태양으로부터 오는 하전(荷電) 입자들의 이 흐름은 화염들이 표면에서 폭발하는 동안, 지구의 자기장의 역선(力線)을 따라 방사선으로 지구를 극지쪽을 폭격합니다. 지표면에서는 관측할 수 없는 스펙트럼의 자외선 범위 내에서 자체적인 빛의 출력이 있다는 점에서 태양은 일종의 변광성입니다.

남쪽의 오로라 지대가 자남극(磁南極) 부근에 집중될 때, 오로라들의 전기를 띤 휘장은 남극대륙을 가로질러 정확히 교차하는데, 그것은 지리적인 남극으로부터 1,000km 위쪽에 있습니다. 남극 그 자체는 높고 바람 없는 고원지대 위에 있으며, 그곳의 가랑눈(powder snow)은 수백 미터 두께로 단단히 굳은 얼음 위에 온전한 상태로 쌓여 있습니다. 남극대륙은 가장 차갑고 가장 바람이 거센 지역입니다. 북극보다도 훨씬 더 춥습니다. 북극해 위를 덮고 있는 상대적으로 얇은 얼음은 아래로부터 올라오는 대기의 온난화를 허용하는 반면에 남극대륙 상공의 공기는 그런 집중 가열 시스템이 없습니다. 남극은 거대한 대륙 위에 놓여 있고, 말 그대로 그것은 빙하시대 속에 있지요. 100도 이하의 결빙 온도가 그 결과로서 생길 수 있습니다. 결과적으로, 대류권의 단열 지붕은 하층 대기를 외계에 대해 열린 채 남겨 두고 한겨울에 사라집니다."

아콘이 말을 마쳤을 때, 세론이 우주선을 작동시키기 위해 조종계기판에서 버튼을 눌렀고, 우리는 안락한 벤치 위에 앉았다. 문이 조용히 닫히며 빛나는 곡면의 벽과 하나로 융합되었다. 이윽고 전망 렌즈가 깜박거리면서 우주의 벨벳 어둠 속에 떠있는 거대한 모선을 보여주는 가운데, 태양의 방사선이 찬란하게 빛나는 별들의 배경과 마주한 채 그 자체의 거대한 형태로 강한 백색광과 부딪치고 있었다. 그 너머에서 나는 생명의 고향이자, 하늘의 광대한 공간 속에서 이동하고 있는 섬인 - 매우 외롭고 상처입기 쉬우며, 소용돌이치는 흰 구름과 우아한 푸른색의 그늘을 가진 - 지구를 보았다.

나는 아주 멀리 떨어진 희미한 천체 위에 살고 있는 나의 가족들을 생각했고, 그 둥근 공은 흔적 없는 우주공간 속을 떠다니고 있었다. 나는 숨죽이며 그 믿을 수 없는 장면을 바라보았다. 그리고 오직 어머니만이 경험할 수 있는 외로움과 불안감을 느꼈다. 아콘이 나를 자신의 가까이로 끌어당겼고 그의 발로 렌즈의 아래 부분의 버튼을 눌렀다. 그러자 렌즈가 어두워지며 공백상태가 되었다. 그는 온화하고 위안을 주는 목소리로 다시 말하기 시작했다.

"내가 전에 언급했듯이, 태양의 코로나는 지구가 그 안에 싸여있는 가시적인 원형의 것으로부터 아주 멀리까지 확장됩니다. 그러므로 당신은 지구상의 기후가 어떻게 태양에 의해 통제되는지를 이해할 수 있습니다. 전리층 내의 자기(磁氣) 폭풍은 세계전역에 영향을 미치는데, 왜냐하면 지구를 현재 에워싸고 있는 그 고리와 대기의 전체적 순환이 태양에 의해 동력을 공급받기 때문이죠."

"그렇다면 당신의 기지는 자극(磁極)에 위치해 있나요?" 나는 새로운 흥미를 갖고 물어보았다.

"우리는 3개의 주요 자오선들의 남쪽 종착지인 남극의 오로라 지역 중심에 있습니다." 아콘은 서쪽과 동쪽의 수많은 경도와 위도를 예시해 준 다음 말을 계속해나갔다.

"이곳은 자기 장치들이 고장 나는 지역이며, 나침반의 바늘이 자극에서는 급격히 기울어집니다. 또한 무선교신 단절 현상이 발생합니다. 그리고 혼란은 태양의 최대 활동기 동안에 아주 심각한데, 태양의 플레어가 나타남과 동시에 라디오 음량이 갑자기 희미해지는 일이 일어납니다. 그리고 통상적인 나침반 운항의 혼란은 오로라 지대 안에서 빈번하지요."

"당신의 기지는 지구상의 국가들에 의해 운영되는 어떤 관측소 근처에 있습니까?" 내가 물었다.

"예, 그렇습니다. 프랑스는 자남극 지역 가까운 곳에 전진 관측소를 갖고 있고, 해안지역에 위치한 그들의 주요 관측소로부터 약 300km쯤 지점에 지리적인 남극이 있습니다. 한편 러시아인들은 또한 자남극에 2개의 관측소를 갖고 있는 우리의 이웃입니다. 미국인들은 지리적인 남극에 그들의 극지 연구소를 보유하고 있으며, 그곳의 전리층파(波) 관측소들은 태양으로부터 어떤 직접적인 방사선도 없을 때인 완전히 어두운 오랜 기간을 통해 세워졌습니다. 또한 이것은 지구표면의 주요 지점에다 전 세계에 걸친 자기폭풍지도를 만들기 위한 것입니다."

"우리는 지구 과학자들에 의한 이런 노력들을 아주 높게 존중합니다." 아콘은 말을 계속했다 .

"극지역의 악천후 환경 속에서 그들은 커다란 용기와 결심으로 스스로 이런 과업을 집행했습니다. 남아프리카의 과학자들은 케이프타운 위쪽과 남대서양에서 데드트랩(death trap)[18] 을 발견했는데, 그곳에서는 방사선이 아래쪽으로 구부러지는 제3세계의 자극(磁極)을 형성하는 경향이 있습니다. 이 위험한 방사선은 현재 대기 속으로 깊이 침투하고 있고, 변칙적인 자기혼란 지역은 강한 자력(磁力)의 극지역에 대해 일종의 전조일 수가 있습니다."

"이것이 극이 일탈하는 한 가지 사례인가요?" 깊이 흥미가 있었기에, 내가 물어보았다.

"지구의 주요 쌍극자장(雙極子場:dipole field)의 축이 놓인 방향은 오랜 지질연대에 걸쳐서 현저하게 바뀌었으며, 그 쌍극자의 양극성 내의 변화와는 전혀 별개입니다. 북극은 (원래) 미국에 있는 한 지점으로부터 일탈하여, 태평양 위로, 그리고 계속해서 시베리아를 통과하여 그것의 현재 위치에 와 있습니다. 그리고 별들과 행성들 역시 영원히 변화하고 있으며, 은하계 안에 있는 그 어떤 것도 고정적인 것은 없습니다."

"우리는 지구와 화성에 가장 적합한 피라미드 형태의 건조물을 알게 되었는데, 이런 행성들에서는 많은 지진들이 우리를 역병에 걸리게 하고 또 방사선이 위험한 상태로 남아 있습니다. 피라미드들은 원래 우리에 의해 건설된 것이며, 나중에 후세의 문명들에 의해 종교적 예배와 매장을 위한 장소로 이용되었습니다. 그것들은 우주적인 도서관들입니다. 그리고 조만간 그것은 별들로 가는 길을 가리킬 것입니다. 지구상의 인류 종족은 별들로 가는 탈출루트를 발견하여 변화무쌍한 태양계 자체의 속성이 만들어내는 폭력으로부터 멀리 벗어날 것입니다. 이 지시자들(피라미드들)이 그들에게 단서들을 줄 것입니다. 그리고 이런 단서들을 발견하는 사람들이 적임자가 되어 자유롭게 빛

---

18) 죽음의 함정(위험한 장소)

의 장벽을 넘어서서 우리를 따라 헤아릴 수 없는 깊이의 우주로 나가게 될 것입니다."

"달은 이 태양계와는 이질적이며 맞지가 않습니다. 그것은 목성과 그 위성들에 부속돼 있었습니다. 목성은 형성과정 중에 있는 별이며, 따라서 그것은 고속의 자전속도, 거대한 질량, 낮은 밀도, 그리고 그 핵 속에 흔히 있는 열기 등을 갖고 있습니다. 그것은 태양계 안에 있는 일종의 또 다른 태양계입니다. 목성 주변을 도는 7개의 위성들은 우리가 아는 것 같은 대기와 생명을 보유했습니다. 달의 상처 나고 움푹 팬 얼굴은 자체적인 폭발의 직접적인 결과입니다. 그것은 예전의 화려한 모습을 찾아볼 수 없을 만큼 화장(火葬)되었습니다. 그것은 팽창하는 별들과 행성들 주위의 궤도를 영원히 공전하는 다른 소행성과 행성들처럼, 또는 태양계의 묘지 안에다 표류화물을 거둬들이는 장소로서의 자체적인 거대한 궤도를 형성하고 있는 별들과 마찬가지로 죽어 있고 생명이 없습니다."

"지구와 그것의 동반자는 지금 그러한 것처럼 연성계(連星界)를 형성했습니다. 그리고 자기적(磁氣的)인 왜곡을 통해, 그 결합의 당시에 지구에서 커다란 변화가 일어났지요. 그리고 모든 생명은 탐욕스런 포식성(捕食性)을 갖고 있었습니다."

"별들은 팽창했다가 작아집니다. 그것들은 행성들처럼 창조하고 그 표면에다 생명의 서식처를 제공하면서 존속해 나갑니다. 행성들도 또한 죽고 소행성들이나 운석들이 되며, 영원히 우주 공간을 떠돌아다니는 방랑자들이 됩니다. 퀘이사(Quasar:준항성체)는 은하계 수명의 초기 단계인데, 그것들 역시 팽창했다가 수축하며, 전우주의 자기장에 의해 궤도 안에 붙들려 있었습니다. 무수한 은하계들이 이 초거대 시스템 주변의 궤도 안에서 질주하고 있으며, 우리는 지금 우리의 장치로 그것을 탐지할 수가 있습니다."

"모든 은하계들은 접근하여 관찰하기가 어려운 채로 있는 더 거대한 구조에 종속된 힘을 갖고 있습니다. 이런 상태는 은하계 간 전역에 걸쳐서 그러하며, 모든 은하계들에게 일반적입니다. 은하계들은 그들의 생명주기 내지는 수명이 있습니다. 그것들은 은하수(Milky way)와 같이 장년기 은하계의 자기장에 의해 모아진 공 모양의 별무리(星群)에 도달하게 됩니다. 별들은 그 나선형 성계(星界) 주변 궤도에 근접해 공전함에 따라, 그 은하계를 에워싼 후광 속에 남아있습니다. 그런 다음 그것들은 자기장이 강렬하게 되면서 소용돌이 모양의 팔 사이로 끌어당겨져 그 은하계의 거대한 보텍스 폭풍이 응축할 때, 그리고 다른 팽창하는 은하계 또는 섬 우주에서 언젠가 또 다른 안식처를 발견할 때, 영원한 물질로 남습니다."

"별들이 성간 가스를 깨끗이 청소함에 따라서 은하계들은 후광의 충격파 전면 속의 은하간 가스를 청소하는데, 거기서 별의 형성물이 발생합니다. 그리고 은하계의 나이가 증가하는 만큼 핵으로부터 수소의 배제와 자기장의 축소에 의해 생장상태가 검사됩니다. 우주의 공간적 불균형은 은하계들의 집단 안에서 일어나며, 그것이 보통의 장 속으로 방출될 수 있기에 앞서 불안정한 조건들로 인해 한 항성계 핵의 격렬한 폭발을 유발하기도 하지요."

"은하계들의 집단은 그것들의 보다 작은 축 주변을 돌고 있는 은하 사이의 가스 구름이 응축됨으로써 형성됩니다. 중력은 그 때 은하계들의 자전을 지배합니다. 그리하여 그것들은 모양을 이루어 존재를 형성하고 물질과 반물질의 장 속으로 움직입니다. 그리고 우리는 그것들 안에서 생존하고 있습니다. 우리는 무지개가 모든 관찰자의 위치에 따라 다 독특한 것처럼, 우리들 자신의 시공(時空)의 한 부분에서, 우리 은하계의 일정 구역 안에서 삽니다. 그러나 우리는 상호 소통할 수 있습니다. 우리의 개인적인 무지개 체계는 서로 다른데, 왜냐하면 당신과 나는 일정한 거리의 다른 지점에서 우주를 볼 수 있기 때문이지요. 우주의 작용 속에서 나에게 영향을 미치는 힘은 나를 통해서 당신에게 영향을 미치는 것이 틀림없습니다." 아콘이 조용히 말을 마쳤다.

"친애하는 분이시여, 당신이 지금은 알다시피," 세론이 온화하게 입을 열었다,

"아콘은 무지개의 다른 쪽에서 당신과 오래 전부터 교감하고 소통해왔습니다. 그리고 당신은 그가 저 지구 바깥의 다른 시공의 영역 안에, 동일한 은하계 내의 또 다른 태양계에서 살고 있다는 것을 알고 있었습니다. 지구의 시간은 단지 태양주변을 도는 궤도 안에서의 지구의 속도로 인해 여러분이 만드는 것에 불과합니다. 지구의 자전 및 거대한 원반형 은하계 주변을 에워싼 전체세계의 속도는 은하계 내에서의 그 태양계의 위치에 따라 달라집니다. 그리고 은하계 안에서의 우리의 상대적인 위치에 따라서 우리의 고향 태양계는 시공 안에서 다른 차원을 우리에게 부여해 주지요."

"진공 속에서 이동하는 우리 우주선들의 파장을 바꿈으로써, 우리는 지구의 시공으로 올 수 있고 지구의 하늘에서 물질화할 수가 있습니다. 이제 당신은 무지개 너머 저쪽 - 빛의 장벽을 멀리 넘어선 곳 - 이 어떠한지를 압니다. 빛의 장벽을 넘어 우리가 적절한 시기에 와서 당신을 이 태양계로부터 우리와 함께 데려갈 것입니다."

"당신이 나를 함께 데려가는 것이 정말로 가능합니까?" 나는 놀라움으로 숨을 몰아쉬며 질문했다.

"물론이죠." 아콘이 응답했다.

"그래서 우리가 지금 당신의 상태를 조절하여 익숙해지게 하고 있는 것입니다."

"우리 은하계의 아름다움과 격렬함은 태양계와 유사한 수백만의 다른 태양계들에게 은신처를 제공합니다." 아콘이 설명했다.

"셀 수 없을 정도로 많은 다른 은하계들에서와 마찬가지로, 거대한 핵으로부터 방사되는 우주선(宇宙線:cosmic ray)이 도처에다 생명을 창조합니다. 핵 안의 수소가스 구름으로부터 끊임없는 에너지와 물질의 창조가 일어납니다. 우주선들이 신성한 단파 에너지 저장소로부터 생명을 촉발함과 더불어 그것이 은하계의 소용돌이 속에서 퍼져나가고 물질로 응축되면서 말입니다. 창조는 무한합니다. 지속적인 창조와 발전은 인간의 마음에다 시간의 속도를 부여합니다. 시간은 행성지표면 또는 물질의 3차원에 더하여 4차원을 향한 사고(思考)의 과정입니다. 이런 물질적 3차원은 부단한 내면의식의 활동에 의해 모든 각 태양계마다 다른 시간속도로 영속적인 은하계의 운동에 맞춰진 것입니다."

"인류의 요람인 금성은 태양팽창의 홍적세 주기 이후에 가려져 생명을 잃은 채로 있고, 그것의 풍부하고 비옥한 긴 시대는 끝나서 우리의 초기단계를 양육해주었던 거대하고 따스한 바다들은 말라버려 불모지가 되었지요. 그러나 그녀의 영광은 여전히 그녀의 자손에 의해 완성된 전자 신기루 속에 현실로서 남아 있습니다. 그리고 그들은 지구라고 불렸던 다른 외부 행성의 표면에다 그들의 종들을 번식시키기 위해 그녀의 표면에서 우주의 먼 구역들로 이동하지 않을 수 없었습니다. 거기서 우리는 더 젊은 행성에서의 다른 시간 속도에 적응했습니다.

"생명의 주인으로서의 지구에 대한 권리를 주장하며, 우리는 태양으로 인한 다른 대량멸종 파동에 앞서 우리가 이 태양계를 떠나야만 했을 때를 위한 그 준비로 우리의 우주선들을 완성하는 것을 계속했습니다. 우리는 우리가 헤아릴 수 없는 거리의 성간 우주로 옮겨가는 것을 준비하는 과정에서 완전히 새로운 시간의 차원에 순응해야만 하리라는 것을 알고 있었습니다. 그리고 켄타우루스 별자리에 도착했을 때, 우리는 우리가 선택한 그 행성 표면의 보다 높은 빛과 시간의 진동률에 우리들 자신을 적응시킬 필요가 있을 거라는 점도 인식하고 있었지요."

"이제는 오래된 차원이 시간의 흐린 안개 속으로 지나갔으므로 우리는 오직 전자 신기루를 통해서만 과거를 돌아다 볼 수가 있습니다. 그것은 우리가 금성시대 기간 동안의 우리 문명의 영광을 볼 수 있도록 우리를 위해 우리의 과거를 보유하고 있습니다. 지금 우리는 태양계 내의 시간 장벽을 넘어서 변광성들의 격렬한 위험성이 없는 고도로 진보된 태양계의 안정되고 아름다운 시간 속으로 이동했습니다."

"나의 사랑하는 이여, 당신은 우리의 시간 차원에 잘 적응했습니다. 우리는 물질적인 신체로 따로 떨어져 있는 피조물들이 아닙니다. 현실은 우리의 부모 별들과 함께 우리의 자기적인 연결고리 속에 놓여있습니다. 살아있는 은하계 전역의 모든 태양계들은 서로 관계가 있습니다. 행성들 위에 서식하고 있는 모든 살아 있는 생물들은 연결되어 있는데, 즉 그들의 두뇌가 무선파를 방출하고 있고 그들 가슴의 전기적인 리듬들은 그 항성계과 조화되어 박동하고 있는 것이지요."

"지구의 사람들이 이런 진실을 발견할 때까지, 그들은 계속해서 그들 자신과 주변의 모든 것을 파괴할 것입니다."아콘의 단호한 경고는 칼날처럼 나의 의식을 예리하게 가르며 퍼져나갔다.

"그들의 우주 비행추진 문제에는 기묘하고도 긴급한 일이 있습니다." 그는 말을 계속했다.

"그들의 별인 태양이 죽어가고 있다거나, 시간의 주기 안에 변화가 있는 것은 사실입니다. 그것은 순전히 일종의 변형 작용입니다. 인간은 그들의 모든 과학지식과 우주여행을 완수하기 위한 능력을 함께 모아 협력하고, 팽창하는 다른 별을 탐구할 필요가 있습니다. 그들은 너무 늦기 전에 그들 자신 간에 영원한 다툼을 멈춰야 합니다. 태양이 부풀어 올라 다시 치명적인 방사선을 내뿜는 주기에 진입하기 전에 말이지요."

"지금 엄청난 양의 인간 에너지와 시간을 쏟아 붓고 있는 로켓 연구는 쓸모가 없습니다. 그것은 별과 별 사이의 여행문제를 해결하지 못할 것입니다. 지구의 인간은 그들의 행성이 심각한 위험 속에 있는 동안에도 다른 이들을 지배하고자 폭력으로 싸움질을 계속하고 있고, 국가들의 이기성(利己性)은 그들의 세계를 에워싼 위험의 징조를 인식하기보다는 인류간의 투쟁을 부채질하고 있습니다."

"인간들의 우주계획을 가속하도록 그들을 도와줄 가능성이 있습니까?" 내가 물었다.

"당신네 우주선들의 환상적인 빛의 추진력을, 다시 말해 당신들이 그들에게 자신들의 외계인 과학을 설명할 수는 없지 않은가요?"

아콘의 뺨 아래로 난 선들이 그의 근엄한 응답과 더불어 더욱 선명해졌다.

"지구상의 인간에 의해 도달된 진화의 무대는 어떠한 형태의 (외계로부터의) 소통이나 지원을 허락하지 않습니다. 오직 그들이 스스로 자신의 마음자세를 바꿀 때, 즉 그들이 온화해지고, 평화를 사랑하게 되며, 또 그들 행성의 모든 동물군과 식물군을 사랑하고 소중히 여길 능력을 가질 때, 비로소 우리는 그들과 접촉하게 될 것입니다. 현재 시점에, 그들은 여전히 정신적인 진보를 성취하지 못했습니다. 그들은 자신들의 인접 환경에 맞춰진 낮은 밑바닥의 민달팽이들처럼 지구의 대기 바다들의 바닥을 기어 다니며 삽니다. 그들의 눈은 빛의 스펙트럼의 오직 한정된 부분에만 민감합니다. 그리고 그들의 감각은 그들의 물질적인 존재방식에 의해서 무디어져 있습니다."

"인간에게 쇠퇴한 것은 과거에 관한 깨달음이고 개인적인 지각입니다. 또한 없어진 것은 위대한 우주 문명의 이상적 삶이자, 가시적이고 비가시적인 주기 속에서 우주의 리듬에 맞춰 움직이는 것인데, 그것은 삶에서 모든 불확실성을 제거하고 문명들이 번영하는 우주적인 확실성을 제공합니다. 지구 시간의 이 현재 주기에서 우리는 보편적인 인간문명이 붕괴된 것을 발견하며, 단지 격리된 고대의 문명들 속에 잔존하고 있는 그 비밀의 조각들만을 보고 있습니다. 그리고 이 빈약하고 불안정한 행성은 지금 악의 세력들에 의해 혼란되고 압도당한 인간종족들에게 삶의 터전을 제공하고 있는 것입니다. 이런 불행한 상태는 그들 자신의 낮은 영적 에너지에 의해 창조된 것입니다. 그리고 그들은 낡은 마법을 되찾기 위한 필사적인 시도로 어리석게도 호전적인 폭력과 그들 자신의 종을 파괴하는 것에 의지합니다."

"하지만 일부 사람들은 혼란이 증가하기 전에 물러나서 그들 자신과 자신의 계승자들을 영적인 전통을 유지하는 데다 바치고 있고, 모든 사람들이 우주 또는 신(神)과의 합일을 경험하는 꿈같은 삶의 흐름에 참여하고 있습니다."

"지구에서의 타락(퇴보)의 과정 전체는 사회적이고 정치적인 개혁가들, 종교 지도자들, 그리고 철학자들로부터 나온 도도한 변설에 수반하여 일어났습니다. 거대한 책 더미들은 세상 도처의 도서관들에서 잠자는 상태로 있고, 그것들의 의미는 수많은 말들 속에서 오해되거나 상실되었습니다. 문자로 써지거나 말해진 말들은 지구의 문제를 풀 수가 없는데, 말들의 새로운 조합이 지구상의 인간들 간의 생각과 편견의 장벽에 스며들지 못한다는 것이 더욱 더 명백해지기 때문이죠. 인간 의식의 전체 수준이 우리가 어떤 철학 또는 과학 분야에서 협조할 수 있도록 향상되어야만 합니다."

"인간 집단들의 습관화된 태도가 과거의 역사에서 교훈을 배우지 못하고 선대의 지혜를 간직하지 못하는 동안, 우리는 단지 그들의 행성에서 그들을 관찰하고 봉쇄할 수만 있습니다. 이런 조치가 그런 문명들의 문제를 풀어서 그것이 깨달음과 조화에 도달할 수는 없습니다만, 인간은 폭력에 길들여져 있는 그들 자신을 스스로 해체해야 합니다. 우리는 격렬한 우주 속에서 살고 있습니다. 지구의 사람들이 그들의 존재 자체가 고착돼 있는 폭력의 힘에서 그들 자신을 분리하여 벗어나는 것을 배울 수 있지 않는 한, 그들은 영원한 파멸로 향할 운명입니다."

"지구의 사람들은 자연의 신성한 비밀들을 오용하고 있고, 심지어 자기력선들(magnetic lines of force)이 돌이킬 수 없이 붕괴되도록 만들고 있습니다." 아콘은 다시 지구상 인간의 우둔함을 책망하면서 말을 계속해 나갔다.

"그들이 대단히 귀중한 선물인 그들의 신선한 대기를 유독한 상태로 악화시키고 있는 방식을 관찰하는 것은 정말로 슬픕니다. 어리석음과 무지가 이런 황폐함의 원인입니다. 동물과 식물들은 현재 인간의 부주의하고 어리석은 짓에 의해 만들어진 어두운 심연 속에서 괴로워하고 있습니다. 다가오는 시대에, 그들은 부푼 민달팽이들이 재난의 스모그 속에서 더듬거리듯이, 그들 자신의 쓰레기와 오물 속에서 숨이 막히게 될 것입니다."

"우리는 단지 매우 짧은 기간 동안만 태양계 내에 남아있을 수 있습니다. 그리고 지구에 착륙하거나 어떤 시기 동안 대기권 내에 머무는 것은 점점 더 어려워지고 있는데, 왜냐하면 오염의 정도가 현재 심화되고 있기 때문이지요. 오직 높은 산기슭에서만 우리는 활력 있는 지구의 공기를 안전하게 호흡할 수가 있습니다."

"정신적이고 과학적인 생존의 길을 지구의 사람들에게 제시해 주는 것은 지금이라도 가능하지 않은가요?" 나는 그에게 주장했다.

"당신들의 문명이 그것을 성취했던 방법 말입니다."

"참으로, 우리는 그것들을 보여줄 수가 있습니다. 하지만 그 차이는 명백히 극복할 수가 없습니다. 지구의 당국자들은 그들의 공군으로 우리들을 공격하여 떨어뜨리기 위해 명령을 내리고 있고, 또는 그것이 불가능하다 보니 그들의 항공기를 우리의 우주선에 부딪쳐 지상에 좌초시키려고 하는 등 우리의 접근에 적대적 반응을 보였습니다. 이런 식으로 그들은 우리의 우수한 기술에 접근하는 방법을 찾아내고 싶어 했으며, 그것이 물론 그들이 원한 전부입니다. 이런 상황 하에서, 우리가 정부의 최고 책임자나 또는 군 당국자와 접촉하기는 힘듭니다."

"(우리 행성에서) 관리와 조직의 책무는 우리 과학자들에게 있습니다. 우리는 결정을 하고 우리 문명 안의 모든 측면들을 통제합니다. 우리 과학의 핵심열쇠는 은하계 전역에 대한 통제와 자유를 유지하고 있다는 것인데, 왜냐하면 우리는 필요한 동력을 대기로부터 우주에너지를 뽑아내어 이용하고 전기를 생성하고 있기 때문이죠. 우리 우주선의 추진시스템은 별들로 가는 유일하고도 참된 탈출수단입니다. 그리고 우리는 우리의 과학에 관한 이런 비밀들을 다른 문명들에 의해 오용되는 것에 대비하여 보호하고 있습니다."

제5장

캐스킨의 고지(高地)

제5장

캐스킨의 고지(高地)

아름다운 물체인 지구는 헤아릴 수 없는 깊이의 우주 공간을 떠다니며 움직인다. 지구 행성은 외롭고 무방비상태이며 상처받기 쉽다. 그럼에도 그녀는 그녀의 운명에 무관심한 인류라는 존재를 길러주고 있고, 반짝이는 별들을 배경으로 떠있는 하나의 생명이자 아름다운 원자이다. 그녀는 은하계의 방대한 영역 속에 있는 미세한 원자지만, 그녀는 인간 약탈자라는 요괴에게 은신처를 제공하고 있다.

렌즈 속에서 지구가 더 가까이 아련하게 나타나자, 지구의 상층 대기가 어두운 그림자 측면 주위에서 흐릿한 분홍색의 초승달 형태로 빛났다. 지구의 그림자는 그 빛과 표면 중간 정도의 짙은 담청색이었다. 떠오르는 황금빛 태양이 반투명의 베일로 대기권에다 줄무늬를 드리울 때 지구 행성의 둥근 몸체는 어둠에 여전히 놓여있었다. 또 그것이 우리 아래에서 조용히 회전할 때 그 짙은 곡선은 태양의 나팔꽃 모양의 표면을 감추고 있었다.

나는 대기권 상층부의 짙은 보랏빛 푸른색을 보았다. 그런 다음 우리는 언덕의 꼭대기에다 터치다운(touchdown)을 하듯이, 가벼이 착륙하기 위해 대일조(對日照)[19]를 통과해 진입했다. 아콘은 애정이 깃든 관심으로 나의 눈을 깊게 들여다보았고, 이별의 순간을 내가 의심 없이 받아들이도록 자진해서 나섰다.

"나의 사랑하는 이여, 우리는 이제 내가 당신을 발견했던 산의 언덕으로 당신을 다시 데려갑니다." 그는 나를 가까이 끌어당기며 속삭였다.

"나는 곧 돌아갈 것입니다."

이윽고 우주선이 지상에 착륙했다. 우리는 우주선의 곡면 벽쪽으로 움직였고 문이 뒤의 이중 벽 속으로 미끄러지며 열렸다. 그리고 태양이 서쪽에서 드라켄즈버그로 지고 있을 때, 우리는 지표면으로 내려서서 다시 지구의 흙을 밟고 섰다.

세론이 환한 미소를 지으며 열린 출입구에서 손을 흔들었다. 나는 목이 멘 채로 아콘을 향해 돌아섰다. 부드럽게 그는 내게 입을 맞추었다. 그리고 한 마디 말도 없이 우리 양쪽은 돌아섰다.

아콘의 훤칠한 모습을 뒤에 남기고 문이 닫히자, 나는 재빠르게 그 거대한 우주선으로부터 떨어져 걷기 시작했다. 그리고 우주선이 곧바로 상승해 높은 하늘에서 잠시 멈춰 있을 때 나는 그 지역에서 벗어나 움직였고, 그것은 태양의 햇살을 반사하며 그 주변이 무지개 색채로 번쩍였다. 잠시 동안 우주선은 이동하기 전에 지구의 짙어가는 어둠 속으로 갑작스런 빛을 발산하며

---

19) 태양과 반대 방향의 밤하늘에 희미하게 보이는 빛 (천문학 용어)

대일조와 융합되는 것처럼 보였다. 그런 다음 그들은 찬란한 빛의 광채 속에서 빛의 장벽 저 너머의 헤아릴 수 없는 우주의 바다 속으로 사라졌다. 그곳은 행성들의 운명을 지배하는 처음도 끝도 없는 미지의 공간이다.

내가 집으로 향해 돌아섰을 때 날은 빠르게 어두워지고 있었다. 농장이 딸린 주택은 약 3마일 정도 거리에 위치해 있었고, 드라켄즈버그 기슭의 기복 있는 초원지역 계곡 안에 기분 좋게 누워 있었다. 산들은 이제 고갯길 너머의 꼬불꼬불한 작은 길들을 제외하고는 서쪽의 빛을 배경으로 아주 어두웠다.

내가 그 초원에 홀로 멈춰 서자, 갑작스럽게 바스락바스락하는 소리가 났다. 이윽고 원주민 아이들이 어둠 속에서 메추라기 무리들처럼 겁먹은 하얀 눈으로 긴 풀들을 헤치고 밖으로 나왔다. 나는 그들을 줄루어로 부르면서 그들에게 하늘의 커다란 마차를 두려워하지 말라고 말했지만 나의 말은 무시되었다. 어떤 설명도 어떤 것에 대한 압도적이고 미신적인 두려움을 잠재울 수는 없었으며, 그만큼 하늘에서 나타난 우주선은 환상적이었다. 그리고 그 아이들은 침묵의 두려움 속에서 골짜기 안에 있는 그들의 집을 향해 내달렸다.

농장관리자이자 요리사인 늙은 무티(Muti)가 맨 먼저 내 이야기를 듣게 될 것이다. 그것은 가장 나이가 많은 움파나(Umfana)에 의해 엄청나게 윤색되어 떠벌여질 것이며, 그는 산토끼처럼 풀밭을 통과해 농장주택 부엌으로 달려갈 것이다. 나중에 무티는 가족의 모든 일들을 접수했고, 라담이 죽은 후에는 그 노인의 위치를 차지했다. 높은 고도와 추운 겨울은 라담의 수명을 단축시켰다. 그리고 나는 그의 슬기로운 오래된 눈을 통해 나오는 그 주의 깊은 눈빛과 그의 온건한 철학의 지혜를 잃어버렸다.

어느 누구도 라담의 지위를 차지하려는 무티에 의한 결정에 이의를 제기하지 않았다. 그리고 그는 영리하고도 교활한 선견지명으로 자신의 권력을 행사했고, 존경할 만한 정직한 겉모습으로 백인의 특징을 요약해서 나타내고 있었다. 나는 내가 침묵한 채로 있을 수는 없다고 생각했다. 나는 내 언니가 무티로부터 그것을 듣기 전에 이야기 전체를 언니에게 말할 필요가 있었다. 농장주택의 창에서 부드러운 전등 빛을 보았을 때, 나는 램프들과 양초들의 흐릿한 빛을 축복했다. 그것은 내 눈의 광휘를 위해 늘 완만한 덮개를 가질 여유가 있었다. 그러나 나의 언니는 어차피 그녀가 내 얼굴을 보는 그 순간에 어떤 식으로든 알 것인데, 즉 이 집에서는 어떤 비밀들도 있을 수가 없었다.

나는 이른 아침 차를 가져오는 줄루인 하녀에 의해 지구 시간에 대한 실제적 감각이 회복되었다

다음날 아침에 나는 깊고 상쾌한 잠에서 깨어났고 행복한 황홀감 속에서 기지개를 켰다. 넓게 열린 창밖을 흘끗 바라보자, 해가 고무나무 꼭대기에 걸려 반짝이고 있었다. 그것은 우주공간 속에서 떠다니며 치명적인 방사선을 내뿜던 눈부시게 강렬한 천체였고, 똑같이 두려운 태양이었다. 나는 어떻게 그 거대하게 요동치는 태양의 표면이 전망 렌즈를 통해 우리를 어마어마한 규모로 삼켰는지를 결코 잊을 수 없었다. 나는 그 대류 지역의 가스들이 끓어오르고 팽창하며 지속적인 빛의 파장 속에서 찬연히 꿈틀대는 것과 조밀한 방사선들의 엄청난 에너지가 그 광구(光球)로부터 외부로 방사되는 것을 회상했다. 방사선은 깊은 안쪽을 변화시키는 과정이며, 푸른빛을 띤 방사선들의 광전(光電) 효과가 나타나는 과정이다. 이곳, 지구의 대기 바다의 바닥에서 이 같은 방사선들은 위쪽의 연한 푸른 하늘로 걸러지고 작열하는 빛 속으로 넓게 퍼졌다.

아콘과의 이별로 인한 깊은 슬픔은 사라졌다. 대신에 커다란 행복감과 만족이 나의 영혼에 충만했다. 그가 내게 말했던 모든 놀라운 것들, 그의 손의 감촉, 흥미로운 일들, 온화하고 강한 인상들이 되살아났다. 그는 다른 행성, 다른 세계로부터 온 사람이었으며, 단지 나의 상상이나 꿈 또는 생각으로 꾸며진 허구의 존재가 아니라 실제였다. 그는 이 지구상의 그 어느 누구와도 마찬가지로 육체적인 몸을 가진 실제의 존재였다. 내가 내 가슴 속에서 평생 알고 있던 나의 사랑하는 이와의 마음을 뒤흔드는 이 놀랄만한 접촉은 나에게 일어났던 유일하게 실제적이고 확실한 것이다. 오히려 지구에서의 나의 일상생활에서 그 밖의 모든 것은 나에게 더욱 꿈처럼 생각된다. 나는 내가 정말로 그런 것들의 일부분이 아니라는 것을 느낀다. 그러므로 나는 오히려 시공 속에서 아콘의 차원에 속해야 하는 것이다.

아마도 시공의 다양한 속성으로 인해 이와 똑같은 경험을 가지고 지구에서 살고 있는 많은 사람들이 있을 것이다. 그들은 물질과 반물질 양쪽 차원의 물리적 특성을 충분히 인식하고 하나의 차원에서 다른 차원으로 마음대로 움직일 수 있는데, 왜냐하면 그 사람들은 양쪽에 조화롭게 동조돼 있기 때문이다. 우주에서 우리들 존재의 열쇠는 자연 속의 만물에다 조화롭게 파장을 맞추는 것이다. 만약 어떤 사람이 파장에 동조돼 있다면, 그 사람은 모든 것들에 관계할 수 있고 우주의 다양한 천지만물 속에 활동적으로 참여할 수가 있다. 이렇게 하여 사람은 모든 지식과 인식에 도달한다. 그리고 결국 지구의 빛의 장벽 너머에 있는 저편 사람들과 물리적 접촉을 이룰 수 있다. 나의 언니는 이런 진실을 알고 있었고, 자신의 환경 속에 아콘이라는 존재의 현실을 받아들인 것에 대해 조용히 만족했다. 그녀는 미래를 알지는 못했다. 그렇기에 다가오는 저녁에 안개 속에서의 그와의 갑작스런 물리적 만남을 전혀 예견하지 못하고 있었다.

아콘이 나에게 설명했다시피, 외계의 사람들이 원할 경우, 다른 행성으로부터 이 지구를 방문할 수 있다는 사실에 관한 간단한 설명이 있다. 그들의 거대한 우주선들 - 은하계와 같은 형상의 환상적인 우주선들 - 의 빛의 보호막 안에서 그들은 완전히 안전하고도 자유롭게 움직일 수 있다.

대부분의 지구 사람들은 이런 외계인 과학의 진보된 물리학을 이해할 수 없다. 그들의 마음은 그들 자신의 편협한 환경에 대한 이해력 정도로 제한되어 있다. 그들은 우주의 거대한 비밀들에 대해서와 어떻게 빛의 파동이 인류의 운명을 통제하고, 그 펄스 파동이 바다에다 끊임없이 커다란 파도를 일으키는지에 대해서도 모른다. 그것의 나선형 시스템은 에너지와 물질을 영속적으로 창조하는 가운데 거대한 주변 구역을 에워싼다. 그것의 여러 가지 주파수들은 물질과 반물질로 우리에게 존재의 속성을 부여하며, 별들과 행성들을 창조한다. 그리고 사람들은 시간의 갖가지 주파수 속에서 행성들의 표면에 적응하고 있다. 에너지의 펄스가 대지나 바위 또는 지구의 물질 내에서 움직일 때, 그 펄스 파동이 우리들 눈의 주파수에는 지진의 형태로 지각되어 견고한 풍경을 가로질러 굽이치는 것으로 보일 수가 있다.

나는 이른 아침 차를 가져오는 줄루인 하녀에 의해 지구 시간에 대한 실제 감각이 회복되었다. 헌신적인 그녀는 넓고 부드러운 암갈색 눈을 갖고 있었고 나가는 길에 잠시 멈추었다.

"너는 하늘의 마차를 보았니?" 나는 조용히 그녀의 언어로 물어보았다.

"예. 우리는 하늘에서 움링고(*umlingo*)19)의 짐마차를 보았어요. 번개 같이 밝아서 우리는 눈을 가린 채로 돈가(donga)20) 속으로 숨기위해 내달렸죠. 우리 아버지들은 그런 것들이 하늘에서 온다고 말씀하셨어요. 폭풍 마법사는 말하기를, 그는 그것들을 수없이 보았고 자신은 그들이 번개와 천둥으로 엄청난 검은 구름을 창조할 때 그들과 대화했다고 했어요."

그녀는 자신이 결코 이해할 수 없었던 그러한 것들에 관해 경외감을 가지고 무리하지 않게 이야기했다.

"그는 움싸카치(Umthakathi)21)에요." 문을 통해 종종걸음으로 부엌으로 내빼면서 그녀가 말했다.

그날 아침 뒤늦게, 언니와 나는 얌전한 암말 두 마리를 타고 산 정상에 올랐다. 거대한 우주선이 착륙했던 곳에는 긴 풀들이 넓은 범위에 걸쳐 납작하게 눌린 채로 남아있었다. 말들은 그곳에 접근하는 것을 거부했지만, 머리를 아래로 떨어뜨리고 콧김을 내뿜으며 몸을 부르르 떨면서 서 있었다. 내가 타고 있었던 늙은 암말이 (그 장소에 자취로 남아 있는) 외계인의 존재를 감지하게 되자, 달아나기 위해서 갑자기 무릎을 들어 올리며 방향을 바꾸었다. 하지만 나는 그녀를 억제시켰고, 달래는 말로 조용히 그녀를 안심시키며 손으로 다독거려주었다. 그때는 조용히 서 있던 그녀가 코를 씩씩거리며 외계인이 얼마간 머물다 떠난 그 초원에서 나는 냄새에 저항함에 따라 그녀의 콧구멍들은 이제 다시 벌렁거렸다.

말들의 반응은 나의 누이를 매우 불안하게 만들었다. 그리고 그녀는 자신의 말이 납작해진 풀밭의 두려운 착륙 흔적으로부

---

19) '마법의, 마법적인'이란 뜻
20) 깊은 산골짜기
21) 남녀 마법사, 또는 무당

터 멀리 물러서도록 허용해 주었다.

"두렵지 않았니? 엘리자베스!" 그녀가 물었다.

"어떻게 너는 두렵게 되지 않는 것을 알고서 배운 거지?"

내 대답을 기다리지 않고 그녀는 자신의 말에서 내렸고, 납작하게 눌린 초원의 원주 근처에 입을 벌린 채 서있던 움파나 (umfana)에게 고삐를 건네주었다. 그 작은 소년은 말이 그녀의 손에서 건네진 고삐를 홱 당기며 언덕 아래로 멀리 질주할 때 자신이 목격한 것에 너무나 마음을 빼앗기고 있었다. 나의 암말은 뒤따르려는 시도로 다시 뒷다리를 곧추세웠지만, 나는 그녀를 진정시켰다. 나는 그녀를 착륙구역으로부터 멀리 떨어진 곳으로 이동시킨 후 말에서 내렸다.

알고 보니 인근에 사는 원주민들 전체가 거기에 있었고, 그들은 그 산 꼭대기의 긴 풀 속에 웅크리고 있었다. 아마켈라(ama-khehla)[22]와 이자루카지(izalukazi)[23]가 요란한 손짓과 높은 음성으로 이야기를 나누었다.

"내가 당신에게 그렇게 말했잖아요!" 그들이 나에게 상기시켰다.

"라담은 이것을 예언했어요. 이 산은 마법적인 산이에요."

달아난 그 말이 언니와 함께 잠시 떠났으므로 나는 초원의 납작하게 눌린 둥근 테두리 속으로 걸음을 옮겼다. 그 한 가운데에 선채 나는 짙게 푸른 하늘 먼 곳과 그 너머의 헤아릴 수 없는 우주의 바다를 올려다보았다. 그리고 나는 그곳의 진실과 사랑이라는 빛의 귀중한 기쁨을 알고 있었다. 줄루인 여성이 구슬픈 목소리로 목청껏 성가(聖歌)를 부르기 시작했고, 그들은 얼굴을 하늘로 향한 채, 운쿨룬쿨루(Unkulunkulu)[24]에게 신성한

---

22) 나이 먹은 남성
23) 나이 먹은 여성

산과 하늘의 위대한 마차가 착륙했던 장소를 영구히 보존해달라고 요청하고 있었다.

"만약 여기에 영화 필름과 사운드 트랙, 그리고 스튜디오를 가진 누군가가 있기만 하다면!" 나의 언니가 자신의 실용적인 방식으로 외쳤고 - 그 외침의 소리는 중간에 끊어졌다.

줄루인 부인들과 소녀들이 흔들리는 긴 풀 속에서 일어섰다. 그들은 우아한 기품으로 산길을 따라 이동했으며, 큰 걸음의 동작과 함께 구슬이 달려 있는 그들의 화려한 치마들이 흔들거렸다. 아이들은 앞서 내달렸는데, 그들은 목에 걸은 목걸이용 줄 외에는 벌거벗은 상태였다. 유부녀들은 바람에 날리는 다채로운 어깨 망토를 입고 있었고 그들의 등에는 유아들을 업고 있었다. 그들의 무겁고 헝클어진 머리 꾸밈들은 그 지역에만 독특한 색다른 스타일로 꾸며져 있었다. 여성들과 아이들이 산의 더 낮은 경사면에 있는 벌집 모양의 반원형 오두막들로 되돌아갔던 반면에, 남자들은 초원에 웅크리고 앉아 비밀스러운 협의를 계속하며 남아있었다.

휘어진 뿔피리처럼, 오두막 장소는 북동쪽 산비탈에 자리 잡고 있었다. 지붕과 외벽을 엮은 억새풀의 긴 줄기들은 윗가지의 뼈대에 묶여 있었고, 아침 햇빛에 반짝였다. 각각의 오두막에는 오직 한 개의 낮은 입구만이 있었다. 목재 구조 위에 구부려져 있던 칸막이에 의해 바람으로부터 보호되었고 다양한 색채의 구슬 모양으로 장식돼 있었다. 그리고 내부의 점토 마루들은 새로운 암소 똥과 흙을 혼합하여 만들어져 있었다.

하늘나라에서 왔던 그들의 선조들의 영혼들을 숭배했기에, 아마줄루(Amazulu)는 하늘 신들의 귀환을 경축하기 위해 준비했다. 젊은 남성들은 먼 부락들로 메시지를 전하면서 초원 위를

24) 신(神)

5장 캐스킨의 고지   149

성큼성큼 뛰어갔다. 그들은 별로 힘들지 않게 기복이 있는 국토의 수 킬로미터를 망라했고, 큰 걸음으로 달리며 방패의 안쪽 면을 막대기로 두드렸다.

놀라서 달아났던 말은 붙잡혔고 나의 언니에게 돌아왔다. 우리는 말에 올라탄 후 천천히 다시 농장주택을 향해서 산을 내려왔다.

"언제 아콘이 다시 돌아올까?" 언니가 물었다.

나의 심장은 다음번 생각을 하는 중에 불규칙적으로 뛰었다. 그것이 곧 있을 것인가? 나의 따뜻한 사랑은 나의 뺨에 홍조를 불러 일으켰다. 그리고 나는 그녀에게 대답하며 산꼭대기를 향해 뒤를 돌아다보았다.

"그것은 언제든 있을 수 있어. 우리는 단지 기다려야 해."

농장주택으로 돌아온 우리는 무티가 맛있는 차와 새로 구운 핫케이크들을 쟁반에 담아 부엌에서 가져 왔을 때 조용히 그 주제를 토론했다. 그는 우리를 위해 테이블 위에다 쟁반을 내려 놓았다. 그런 다음 그는 우리의 대화 중 일부라도 엿듣고 싶은 나머지, 문 저편의 어두운 곳에서 맴돌기 위해 물러갔다.

우리는 공군 참모장과 회견하기 위해 프리토리아로 우리의 최상급 보도 기자들을 파견했습니다

나에 관한 소재(所在)를 갈망하며 기다리고 있던 (영국의) 참모장은 확인하기 위해 긴급전보를 내게 발송했다. 나는 그에게 상세한 보고서를 급송했고, 그 응답으로 매우 흥분되고도 격려가 되는 편지를 받게 된 것은 기쁜 일이었다. 그는 나의 소식은 대단히 중요한 것이어서 그가 나를 보기 위해 남아프리카 공화국으로 날아오고 있다고 언급했다. 이윽고 그가 도착하자, 우리

줄루족의 전사들(상). 줄루족은 아프리카에서 가장 용맹한 종족이었으나 월등하게
우세한 화포를 가진 영국군에게 과거 패하고 말았다.

5장 캐스킨의 고지   151

는 함께 농장으로 돌아가 그 산 정상에서 많은 시간을 보냈다. 그 때 외톨이 공군기 한 대가 하늘 높은 곳에서 윙윙거리며 선회했다. 하지만 수많은 사람들이 그러했듯이, 단서라도 찾고 조사하기 위해 왔던 사람들은 비행접시가 앉았던 구릉지대에서 멀리 떨어져 있었고, 멀찍한 도로를 통과해 주거지역을 침입하고 있었다.

"북적거리는 이 모든 사람들과 공군의 감시는 뭐지요?" 참모장이 말했다.

"당신이 다시 아콘을 보기 전에 또 다른 만남의 장소를 찾거나, 아니면 긴 시간을 기다려야만 할 것입니다."

"고함소리와 요구가 잠잠해지도록 하십시오." 영국으로 되돌아가기에 앞서 그는 나에게 충고했다.

"사람들은 곧 잊어버립니다."

내가 요하네스버그(johannesburg)25)로 돌아가자, 언론매체에서 나에 관한 것을 환상적인 이야기로 취급하다보니 비행접시 열광자들은 나에게 갖가지 질문을 해댔고 정보를 극성스럽게 요구했다. 이때 인간의 속성에 관한 나의 훈련과 관찰력이 나의 모든 사실들을 드러내놓는 것으로부터 나를 억제시켜주었다. 왜냐하면 이들은 그들의 이해를 넘어선 것들을 내가 신뢰하고 털어놓을만한 사람들이 아니었기 때문이다. 그들은 괴팍한 성질을 가진 잡다한 대중들이었고, 그들 중 일부는 매우 사악하고 위험하다고 나는 생각했다.

---

25)남아프리카 공화국의 최대의 도시이자 아프리카에서 가장 번영한 상공업도시이다. 인도양 연안의 더반항(港)에서 북동쪽으로 650km 떨어진 해발고도 1,900m의 내륙고원에 위치해 있다. 1886년 금광이 발견되자 황야에 갑자기 건설되었으며, 금광업의 발전과 함께 급격히 팽창하여 1911년에는 유럽인만으로도 케이프타운의 4배나 되는 인구가 되었다. 현재는 금광지대 안에 초고층 빌딩과 고속 자동차도로가 건설되어 있다. 금·다이아몬드 주산지이다.(역주)

고층 빌딩들이 즐비한 오늘날의 요하네스버그의 모습

1956년 초에, 요하네스버그는 비행접시 음모의 온상이었다. 여름철에 높은 초원지역의 상쾌한 온기에서 힘을 받아 올라오는 버섯들처럼 관련 단체와 협회들이 번성했고, 이것은 자기중심적 성향을 가진 수많은 미혹된 개인들의 광적인 열의에 의해 더욱 가열되었다. 따라서 혼란스런 싸움질과 상습적인 언쟁은 일상적인 일이었다. 그러다 UFO 연구 협회들은 전반적인 무지와 심한 질투로 인해 해산되고 점차 시들해져갔다.

그들은 사방팔방으로 자기들이 전문가라고 큰소리쳤다. 하지만 단지 그들은 비행접시에 대해서 어떤 진술을 할 수 있었을 뿐이었다. 그들이 혼자 힘으로 남의 것을 훔쳐 주목의 대상이 되려고 했던 반면에 상황은 꾸준히 악화되었다. 타락의 속도가 높아짐에 따라, 나는 그들이 얼마나 끔찍이 자신의 자연적 본능으로 되돌아가고 싶어 하고 나를 마녀로 말뚝에 매달아 화형시키고 싶은지를 감지했다.

그때 갑자기 그들의 계략이 바뀌었다. 나는 만약 내가 비행접시와 그 추진 시스템에 관한 상세한 과학적 보고서를 넘겨주지 않을 경우, 납치될 거라는 협박을 받았다. 나와 나의 가족에 대한 위험은 날마다 증가했다. 협박전화와 편지들은 우리의 삶을 점점 어렵게 만들었고 심지어는 우리 자신의 집 안에서도 늘 위험이 뒤따랐다. 나는 생각했다. 어찌 감히 그들이 그렇게 뻔뻔할 수 있다는 말인가! 당시 나는 파크타운 내의 독채주택에서 내 아이들과 함께 홀로 살고 있었기 때문에 그들은 내가 자신들이 낚아채갈 수 있는 손쉬운 먹이라고 생각하고 있었다. 나는 당국자들에게 보호를 호소했다. 그리고 그들은 조언과 더불어 매우 효과적인 조치로 응답했다. 한 사람의 전직 경찰관이 나의 집을 보호하기 위해 파견되었다. 그리고 그때부터 나는 결코 혼자서 어디든지 가도록 허락받은 적이 없었다. 평화를 되찾고 더 이상 협박받지 않게 된 것은 멋진 일이었다. 여러 날들이 지나갔다. 그리고 날씨는 오직 높은 초원지역에서만 있을 수 있는 날씨처럼 더할 나위 없이 좋았다. 나의 딸은 의학 학위를 따기 위해 도로 아래편에 위치한 대학교에서 공부했고, 나의 아들은 주간학교에 다녔다.

그러던 어느 날 상황은 다시 극적으로 변했는데, 그것은 공군기가 나타나 하늘에 폭넓게 늘어선 조개구름을 가로질러 지나갔을 때였다. 하늘을 올려다보니, 약 19,000m 고도의 높은 상공에 거대한 우주선이 떠서 아침 햇빛 속에서 번쩍이고 있었다.

이를 조사하기 위해 워터클루프 공군 기지로부터 제트기들이 긴급 발진했으나, 14,000m 이상은 상승할 수 없었다. 그 비행기들은 엷은 수증기 궤적을 뒤에 남긴 채 전투 대형을 이루어 북쪽으로 획 날아갔다. 활짝 열린 하늘은 영원한 평온을 간직하고 있었고 권적운(卷積雲) 위의 높은 상공에 있는 침묵의 주시자(원형 우주선)는 조개구름 위에서 타오르는 듯이 빛을 발하고 있었다.

하얗게 부서지며 흐르는 급류의 등성이 위로 불규칙적으로 퍼져나간 거대도시의 소동과 당혹스러움과는 무관하게, 그 침묵의 주시자는 자체의 빛의 장(場) 안에서 백열광을 발산하며 머물러 있었다. 놀라움과 두려움으로 가득 찬 수천 명의 사람들이 그것을 목격했고 무엇이 일어날지를 기다렸다. 미지의 두려움이 많은 사람들의 마음에 스며들었다. 그리고 제트 전투기들의 비행 궤적은 바람의 날개 깃털처럼 더 높은 대기권을 가로질러 걸려 있었다.

갑자기, 우주의 깊은 곳에서 또 다른 우주선이 나타났다. 2대의 우주선들은 하늘에 떠 있는 가운데 얼마동안 부드럽게 좌우로 그리고 위 아래로 움직였다. 그런 다음 그 중의 하나는 엄청난 속도로 남쪽을 향해 사라졌다. 2번째 거대한 우주선은 그것이 나타났던 것만큼이나 돌연 맑은 정오의 하늘에서 약간 고도를 낮추더니 또한 사라져버렸다.

내가 한 친구의 넓은 정원에서 이 광경을 지켜봤을 때 나의 가슴은 기쁨으로 가득 찼다. 아콘이 배후에 있었고 그는 하늘의 에테르를 통해 나의 마음과 접촉했다. 그의 사랑의 따뜻함이 나의 존재 전체를 관통하여 흘러들었으며 갑작스러운 빛으로 내 영혼을 가득 채웠다. 나의 몸은 바다와 같은 그의 존재에 대한 큰 기쁨으로 감동되었고, 천상의 고요한 바람에 의해 휘저어졌다. 그리고 내가 푸른 심연(하늘)을 바라보았을 때 사랑의 황금빛 광선들이 그가 온 곳으로부터 나의 눈 속으로 휘황찬란하게 퍼부어졌다.

이런 사실을 전혀 알지 못하는 나의 친구들은 우주선에 대해 나에게 질문했다. 나는 그들에게 '그것은 아콘의 우주선이었다'라고 말해주었다. 그리고 이제 나는 산으로 돌아가야만 했다. 나는 그들과 헤어진 후, 빠르게 차를 몰아 나의 별장이 있는 언덕 아래를 향해 달렸다. 별장에 도착하자마자, 나의 귀가를 환영하는 듯이 날카롭고 귀에 거슬리는 전화벨 소리가 긴급하게 울려댔다. 그리고 나는 그것에 응답했다.

"엘리자베스! 비행접시 한 대가 요하네스버그 상공에 떠 있어요. 무엇을 알고 계신 겁니까? 이와 같은 일은 결코 본적이 없어요. 이곳 신문사에는 난리가 났습니다!"

나는 전화선 저쪽으로부터 들려오는 왁자지껄한 음성들을 들을 수 있었다.

"도대체 무슨 일이죠?" 내가 응대했다.

"나는 당신이 지금 말하는 어떤 것도 들을 수가 없어요. 큰 소리로 말해야 할 것입니다."

"우리는 공군 참모장과 회견하기 위해 프리토리아[26]로 우리의 최상급 보도 기자들을 파견했습니다. 그 농장으로 돌아가실 건가요? 무슨 일이 벌어지고 있습니까?"

"나는 그 모든 것이 모두 라디오에서 나올 것이라고 확신합니다." 내가 말했다.

"당신은 라디오를 청취해야 합니다. 이제 끊겠습니다."

나는 수화기를 내려놓았고, 나의 아들에게 농장을 향해 출발하도록 따뜻한 옷가지를 포함해 짐을 꾸리라고 말했다. 그런 다

---

26) 남아프리카 공화국의 행정수도

<선데이 타임즈>지에 보도된 엘리자베스 클러래의 관련 기사

음 나는 글 쓰는 책상으로 가서 언니의 전화를 기다렸다. 내가 기억하고 있던 어제 저녁은 조용하고 더할 나위가 없었다. 차오르는 달이 동쪽 지평선의 구름 너머 위로 걸려 있었다. 언덕 아래로 늘어선 울창한 녹색의 나무들과 관목들은 동쪽으로부터 불어오는 상쾌한 바람에 부드럽게 흔들렸다. 그리고 동물원의 공작들은 폭풍우의 전조인 바람과 더불어 그들의 애처로운 울음소리를 높였다.

나는 이제 하늘이 맑아진 것에 주목했고, 새털구름조차도 사라져 있었다. 한랭전선이 남쪽으로부터 나중에 다가올 것이다. 하지만 본능적으로, 나는 하늘을 올려다보았다. 나는 하늘의 조짐을 읽음으로써 기상변화가 다가오고 있다고 말할 수 있었다.

전화가 다시 울렸다. 긴급한 소환을 알리는 언니의 목소리는 명확하고 정확했다.

"즉시 이쪽으로 와. 엘리자베스!" 그녀가 말했다.

5장 캐스킨의 고지

"그리고 날씨를 주시해."

"우리는 지금 막 출발하려는 중이야."

아콘이 거기에 있을 거라고 나는 생각했다. 내 가슴은 기쁨의 찬가를 노래하고 있었다.

"준비됐니?" 내가 아들에게 물었다.

"출발해요, 엄마!"

"지금 바로요."

데이비드가 운동셔츠를 걸쳐 입으며 흥분한 목소리로 대답했다.

"차에다 수잔(Susan)을 태우세요, 나는 빅키(Vicki)를 데려올게요."

수잔은 문에서 이미 기다리고 있었다. 우수하고 지적인 머리를 가진 그녀는 한쪽으로 귀를 쫑긋 세우고 모든 것을 지켜보고 엿들었다. 그 개는 수세기에 걸쳐 망을 보고 양을 지키기기 위해 양육되었기에, 그녀의 황금색 몸은 특유의 위엄과 경계심으로 뻣뻣했다. 빅키 또한 모든 말을 들었다. 그녀는 자신의 입에 음식이 여전히 가득한 채로 부엌에서 종종걸음으로 내달렸다, 그녀의 짧은 코르기(corgi)[27] 다리는 차의 뒷좌석으로 자신을 몰아대는 것이 거의 어려웠다. 한편 수잔은 우리들 뒤에서 빅키가 차에 타기를 도도한 기품으로 기다렸다.

한랭전선이 남쪽으로부터 시작되자, 습기의 향기를 품고 언덕의 아름다움을 가리고 있는 안개가 나탈 산맥 위로 몰려갔다. 우리 가족의 별장주택에서 산에 있는 언니의 농장에 이르는 도로를 따라오다 갈림길에 당도함에 따라, 나는 불안정한 산길을 오르기 위해 천천히 2단 기어로 전환했다. 자동차는 경계 입구까지의 울퉁불퉁한 길을 타고 순조롭고 강력하게 이동했다.

---

27)웨일스산의 다리가 짧고 몸통이 긴 개

우리가 잠시 멈춰 섰을 때, 나는 멀리서 우르릉거리는 천둥소리를 들었다. 그리고 나의 마음은 요동쳤다. 나는 내 자신에게 진정하고 냉정함을 유지하라고 말했다. 가까이 있는 나무들이 어렴풋이 보이며 바람 속에서 흔들렸다. 그리고 비행접시가 착륙했던 구릉지대의 어두운 덩어리가 질주하는 구름 안개를 통해 멀리서 보였다. 다시 우리는 계속되는 번개로부터 갑자기 이어지는 불길한 천둥소리를 들었다.

내가 입구에서 데이비드에게 서두르라고 요구했을 때 나는 겉으로는 침착한 듯 보였지만, 나의 심장은 폭풍우가 가까이 옴에 따라 격렬하게 뛰기 시작했다. 그때 바람은 갑자기 잠잠해졌고, 기상학자처럼 나는 즉시 약해진 천둥소리를 인식했다. 만약 우리가 산의 바람이 불어오는 쪽에 붙잡혔다면, 우리의 생존기회는 정말로 많지 않았을 것이다. 차를 1단 기어로 전환했기에, 나는 점차 자동차가 축축한 진흙투성이의 긴 길을 계속 오를 수 있게 아주 천천히 다루었다. 다행히도 차의 강한 엔진은 나의 조용하고 부드러운 운전에 적절히 반응해주고 있었다. 적어도 우리가 언덕 꼭대기에 올라 서서히 북동쪽 경사면에 자리잡은 농장주택을 향해 내려갈 때까지는 말이다.

몹시 차가운 남서쪽에서 부는 강풍이 도로 옆의 소나무들을 지나서 얼굴을 세차게 때렸다. 내가 농장주택 옆의 긴 차고로 차를 운전해 갈 때, 크리켓 공 크기의 우박들이 지면에 떨어지기 시작했다. 그리고 그것들이 다시 튀어 올라 농장주택의 부엌 창유리를 뚫고 들어가 산산이 박살내 버렸다. 그 험악한 공허의 순간에, 나는 경적을 3번 울렸다. 그러자 무티가 달려 나와 현관문을 열었다. 그의 손에 들린 등불이 차고를 통과해 휩쓰는 바람 속에서 너울거렸다. 계속되는 우박은 모든 통신을 무용지물로 만들었다.

창백하게 일그러진 언니의 얼굴이 무티의 어깨 위에서 나타났다. 내가 집으로 걸어들어 갈 때 그녀는 내 주위를 팔을 감싸주었고 데이비드가 감사하다고 그녀에게 인사를 했다. 그녀는 우리 모두를 응접실에 앉게 한 후, 우리에게 뜨겁고 맛있는 차를 한 잔씩 따라주었다. 말없이 앉아서 우리는 차와 버터를 바른 스콘(scone)[28]을 즐겼다. 바깥쪽에서는 무서운 혼돈과 폭풍우의 으르렁거리는 소리가 계속되었다.

수잔과 빅키는 내 다리 맞은편에 몸을 움츠리고 앉아 있었고 수잔의 민감한 귀는 폭풍우의 격노 속에서 씰룩거리고 있었다. 언니의 개들과 고양이들은 그랜드 피아노 아래에 함께 모여 몸을 웅크렸다. 우리는 우박과 이동하는 바람이 집의 북동쪽에 있는 무방비 상태의 유리창을 산산조각 내는 소리를 들었다. 번개가 귀청이 터질 것 같은 천둥소리와 함께 경사진 풀밭 위의 유칼리 나무를 파괴했을 때, 그것의 줄기는 땅바닥으로 찢겨져 나갔다.

무시무시한 소음이 작아지자, 나의 누이가 차 탁자를 가로질러 외쳤다.

"만물을 지으신 하늘에 감사드립니다! 조크(Jock)가 안정을 찾기를 기원합니다. 그가 모든 말들과 암소들을 적절히 보호하지요."

밤새 계속된 끔찍한 폭풍우의 결과로서 수백 마리의 새들이 죽은 채로 땅 바닥에 누워있었다. 그들은 (폭풍우의) 맹공격에 앞서 불안한 침묵에 사로잡혀 있었다. 우리는 따뜻한 부엌을 절뚝거리는 날개달린 신체들을 위한 사상자 병실로 바꾸었고, 그것들을 바구니들에다 뉘어 놓았다. 우리는 정원과 그 너머의 들판을 돌아다니며 부러진 새의 사체들을 찾아 모았다. 안개 낀

---

28)작은 빵의 일종

160

비가 악천후로 인해 몰려오는 구름의 여파 속에서 계속되었다. 그리고 구불구불 움직이는 수증기의 베일들이 빙판이 덮인 땅으로부터 올라왔다. 많은 나무들이 뿌리 채 뽑혀 있었다. 다른 것들은 난타당해 흐느적거리거나, 번개에 의해 찢기고 산산이 부서진 상태였다. 또한 나의 언니가 너무나 사랑하는 이국적인 꽃들이 어우러져 있던 아름다운 정원은 완전히 황폐화 되었다.

나의 자각의 영광이 내 영혼을 통해 그 온기가 퍼져 나갔고, 나는 균형 잡힌 조화를 느꼈다

멀리 서쪽에서 지고 있던 태양이 드라켄즈버그의 봉우리들 위의 구름을 벗어나 사라졌다. 폭풍우를 몰고 왔던 주요 비구름들이 북쪽으로 옮겨갔을 때, 태양의 오렌지색 붉은 광선들이 한 우주선의 작열하는 표면을 선명하게 돋보이게 하였다. 그것은 남풍과 더불어 하위 구역을 찢어놓은 격렬한 소낙비구름과 거친 안개 사이에 드러난 담청색 하늘에서 맴돌았다.

"아콘의 우주선이 이곳에 있어!"

나는 우박 위에서 미끄러지면서도 급한 마음에 언니 쪽을 향해 크게 외쳤다. 나는 그녀와 함께 서 있었다. 그리고 거대한 우주선이 격렬한 소낙비구름들 위로 유령처럼 나타나는 것을 숨죽이며 지켜보았다. 그것은 어두워지는 하늘에 떠 있는 모선이었다. 나는 우주선이 천천히 지구를 향해 하강함에 따라 그 거대한 측면이 이 세상의 것 같지 않은 광휘로 반짝일 때 놀라움에 숨이 막혔다. 결코 전에는 모선이 산 위로 그렇게 낮게 내려온 적이 없었다.

깊은 갈망이 나의 마음을 가득 채웠다. 그리고 이상한 예감이 나의 마음을 통해 그것의 날개를 펼쳤다. 모선은 약속한 것처럼

드라켄즈버그 산맥은 남아프리카공화국 내륙의 북에서 남으로 내려뻗은 1,000km의 길이에 이르는 장대한 산맥이다.

되돌아갔다. 그리고 거기에 플레이아가 있을 것이고, 아콘은 안전하게 뒤에 있었다. 하지만 모선은 또한 지구와 그곳에 사는 이상하고 난폭한 사람들에게 작별을 고하게 되었다. 그것은 이제 태양계의 위험으로부터 멀리 떨어져 있는 자신의 고향 행성계로 돌아갈 것이다. 시간은 태양계의 행성들에게 다 돼 있었고, 그것은 그들이 과거에 그러했듯이 폭력적인 그들의 운명을 향해 나아가고 있었다.

조크가 마구간에서 모습을 나타냈다. 그리고 그는 우박 위에서 연거푸 미끄러지면서도 내가 다가와 키스했다.

"나는 당신이 그 위험한 구름이 형성된 것을 알아차릴 거라고 생각했어요. 그리고 그 전에 당신이 이곳에 도착할 것이라고 믿었죠." 그가 조용히 말했다.

"하지만 나는 저 위의 우주선에 있는 그들이 맹렬한 구름들을 막아줄 수 있기를 바랐습니다."

우주선이 어두워지고 있는 하늘에서 여전히 좀 더 아래로 내려왔을 때, 자신의 팔을 조크의 어깨에 얹은 채 우주선을 바라보고 있던 언니의 기쁨은 압도적이었다. 우주선을 지켜볼 때 조크의 얼굴은 놀라움이 뒤섞인 상태에서 주의 깊게 관찰하며 깊은 생각에 잠겨 있는 모습이었다. 군인이자 높은 명성의 장교였던 그는 갑자기 (UFO라는) 진실과 직면해 있었다. 그는 내가 이제까지 알고 있었던 이들 가운데 가장 청렴한 생활인이었다. 또한 매우 친절한데다 그러한 고위 군인에게는 드문 인간성을 지닌 사람이었다. 그는 항상 신중하고 타인들에 대해 사려가 깊었는데, 이는 그의 스코틀랜드 선조들로부터 물려받게 된 특성이었다. 그는 참으로 우주선에 있는 사람들과 연결될만한 인물이었다.

무티와 마부들은 아무 말 없이 곁에 서서 하늘을 지켜보고 있었다. 천천히, 그 거대한 우주선은 자체의 추진력으로 벌겋게 달아올라서 하늘을 향해 다시 상승했다. 그런 다음 갑자기 그것은 사라졌고, 하늘의 먼 영역으로 돌아갔다.

"나는 산 정상으로 가야 해!" 내가 말했다.

"거기에 아콘이 있을 거야."

그들이 대답할 수 있기 전에, 나는 윗옷을 걸쳐 입기 위해 다시 집으로 향하고 있었다. 이윽고 내가 산 정상에 서 있을 때, 차가운 남쪽바람이 나를 휘갈기듯 스쳐지나갔다. 그러나 나는 오래 기다릴 필요가 없었다. 곧 청백색의 둥근 물체가 어둡고 별이 총총한 하늘에서 나타났다. 그리고 아콘의 우주선은 조용히 지면에 가까운 상공을 맴돌다가 부드럽게 착륙했다. 아콘이 자동문을 통해 걸어 나왔고 그때 나의 발걸음은 곧 우주선에 이르렀다. 지면으로 뛰어내리면서 그가 팔로 나를 끌어안았으며, 따뜻한 선실 안으로 나를 데려갔다. 그리하여 변하고 있던 차가운 바람의 기후는 차단되었다.

아콘은 자신의 얼굴을 나의 머리카락 속에 묻으며 속삭였다.

"나의 사랑하는 이여, 내 자신만의, 내 생명의 귀중한 여인이여! 우주의 바다는 우리의 생각이 하늘의 머나먼 거리 속에서도 영원히 하나로 결합돼 있듯이, 결코 우리를 갈라놓지 않을 것입니다. 우리는 영속적인 빛의 주기 속에서 융합되고 하나가 되기 위한 이런 생명의 특권, 생명의 전기적 본질을 부여받았습니다. 우리의 사랑은 신성한 생명의 정수이며, 사랑에 의해 영혼은 고등한 천체들 속의 지식에 대해 깨닫게 되지요. 우주는 우리의 결합을 용인합니다."

나의 자각의 큰 기쁨이 내 영혼을 통해 그 온기가 퍼져나갔다. 그리고 나는 우리가 생명으로 인식하는 이 영속적인 임차권의 균형 잡힌 조화를 알아챘다. 그 순간에, 생명의 비밀이 아콘의 황금빛 사랑의 광선들을 통해 나에게 밝혀졌다. 그러나 잠시 후 전망 렌즈를 통해 나는 "덜컥!"하는 소리가 우리의 평화를 어지럽혔다. 우리는 렌즈로 몸을 돌려 공군 헬리콥터가 탐조등을 비추며 인근에 착륙하는 것을 주시했다. 아콘은 즉시 조종장치 쪽으로 갔고 제어판의 한쪽 끝에 있는 버튼을 눌렀다. 우주선은 자체의 2중벽의 저편에서 희미하게 울리는 높은 음조의 윙윙하는 소리와 더불어 진동했다.

"나는 군인들과는 회담하기를 바라지 않습니다. 내가 지구에 착륙한 것은 그런 이유 때문이 아닙니다."

아콘은 불쾌한 듯이 언급했다. 그리고 처음으로 나는 그가 눈살을 찌푸리는 것을 보았다.

"내 우주선의 에너지장이 지금 강화되었습니다. 빛의 광선이 휘어짐에 따라 우리는 이제 그들의 시야에 보이지 않게 됩니다. 하지만 나는 공군이 이런 트릭을 알고 있다고 생각합니다. 사랑하는 이여, 하지만 그들이 어느 정도 더 가까이 오기 전에 이런 에너지장의 특성에 의해 해를 입게 되지요. 나는 당신을 다시 농장주택으로 데려갈 것입니다."

우리는 이번 폭풍우로 황폐화된 정원 옆의 들판에 착륙했다. 산울타리를 통해 나는 언니의 침실 불빛을 보았는데, 그녀는 나를 걱정하며 기다리고 있을 것이다. 안개가 모든 것 위를 덮는 흰색의 천처럼 다시 밀려왔다.

아콘이 나를 우주선 밖으로 데리고 나왔고. 미끈거리는 싸락눈 위로 신속히 움직였다. 아래를 흘긋 내려다보자, 나는 그가 걷고 있는 것이 아니라 부드럽지만 엄청난 신속함으로 지면 위로 활주하고 있다는 것을 깨달았다. 내가 무언가를 말할 수 있기도 전에, 우리는 농장주택의 계단식 베란다 앞에 와 있었다. 그때 나의 누이가 문으로 다가왔다. 그리고 그녀는 아콘의 몸에 밀착한 우주복에서 나오는 희미한 빛 속에서 키가 훤칠한 그의 모습을 목격함에 따라 놀라움으로 숨막혀했다.

"괜찮아요." 우리가 말했다.

"우리에요."

아콘은 즉시 그녀에게 다가갔고, 그녀의 양쪽 뺨에 키스했다.

"무엇이 일어나든 결코 두려워하지 마세요." 그가 그녀에게 말했다.

"머지않아 당신은 우리에게 올 것입니다. 당신은 이 세상에서 살기에는 너무나 연약하고 온화하신데, 이곳의 거친 환경은 고등한 지식이 결여된 난폭하고 세속적인 사람들을 만들어내지요."

나에게로 몸을 돌리더니, 그는 팔로 나를 가까이 끌어당기며 나의 머리 꼭대기에다 키스했다.

"캐스킨의 고귀한 이들이여!" 그가 속삭였다.

그런 후 재빨리, 그는 돌아섰고 멀리 안개 속으로 미끄러져 나갔다. 그가 짙은 안개 속으로 사라지기 전에 나는 그의 허리 주위에 찬 중력 벨트에서 빛이 번뜩이는 것을 포착했다. 긴장한 채로 들판을 향해 잔뜩 주시했지만, 우리는 아무 것도 볼 수가 없었다. 그가 탑승한 우주선은 이미 시간의 다른 차원, 빛의 스펙트럼 내의 더 높은 수준으로 이동했던 것이다.

"들어 오거라."

나의 언니는 그럭저럭 다시 숨을 돌이켰다.

"그것은 나의 삶 중에서 가장 놀랄만한 순간이었어."

그녀는 나의 어깨 주위에 자신의 팔을 올려놓았고, 나를 주방으로 데려갔다. 그리고 나에게 뜨거운 우유가 담긴 김이 나는 머그컵을 건네주었다.

그때 바깥쪽에서 큰 소리로 요란하게 덜커덕거리는 소리가 났다. 즉시 나는 창으로 달려갔고, 마침 공군 헬리콥터가 탐조등을 비추며 풀밭에 착륙하고 있음을 보았다.

2명의 공군 장교들이 경사면 언저리에서 우리를 쌍안경으로 매우 면밀하게 관찰하고 있습니다

166

문을 두드리는 노크 소리가 불 옆에 앉아 라디오를 듣고 있던 조크를 방해했다. 그가 노크에 응대하려고 일어섰을 때 그는 라디오에서 재미있는 내용을 방송하고 있었기에 투덜대면서 라디오를 껐다. 그리고 잠시 후에 그가 부엌으로 들어왔다.

　"안개 속에서 길을 잃고 이 짙은 안개 속을 계속 가기보다는 오히려 내려가기로 결정한 몇몇 공군복장을 한 사람들이 있어요." 그가 말했다.

　"그들에게 뜨거운 차를 좀 만들어줄 수 있을까요?"

　응접실의 통나무 불 앞에서 그들이 편하게 쉴 수 있게 한 후에, 나는 조크가 그들에게 이렇게 말하는 것을 들었다.

　"당신들은 아직도 우주선을 찾고 있는 거요?"

　"선생님, 우리는 이 지역에서 우주선을 수색하라는 경계지시를 받았습니다." 젊은 장교가 대답했다.

　"글쎄요." 조크가 입을 열었다.

　"그것은 이 지역 상공에 있었어요. 나는 그 살인적인 폭풍우 직후에 커다란 물체를 목격했죠. 어쩌면 내 처제께서 동의하실지는 잘 모르지만, 나는 내가 가진 모든 정보를 당신들에게 제공할 것입니다."

　그 장교(대위)는 몸을 돌리더니 차를 따르고 있는 나를 발견하고는 깜짝 놀라서 바라보았다. 그리고 그 두 사람의 젊은이들은 이상하게 아무 말도 하지 않았다.

　"당신들 피곤해 보이네요." 조크가 말했다.

　"리즈(Liz)[29]에 관해 겁낼 필요가 없어요. 그리고 우주선 안의 존재에 관해 말하자면, 그 존재 역시 우리중의 한 사람과 아주 똑같습니다. 단지 훨씬 더 진화돼 있는 것뿐이죠. 그가 리즈만 혼자 남겨두고 갔어요. 그게 전부에요. 이것은 그녀 자신의

─────────────────
29)엘리자베스의 애칭

사적인 문제이고, 공군하고는 아무런 관계가 없는 겁니다. 물론 나는 우리의 영공을 침해했다는 문제가 있다는 거 잘 압니다. 그렇더라도 그녀가 당신들에게 협조하겠다고 결정하지 않는 한, 당신들이 할 수 있는 것은 아무 것도 없어요. 그러나 당신들에게 경고하지만, 지금은 그녀를 혼자 내버려두세요. 그녀가 어쩌면 하루 이틀 안에 당신들의 질문에 답변해줄지도 모르지요."

"그래요. 조크의 말이 맞아요." 내가 말했다.

"며칠 안에 나는 당신들에게 이야기할 것입니다. 지금은 피곤하니 침대에 가서 쉬고 싶어요. 좋은 밤 되세요."

두 명의 장교는 일어섰다. 그들은 내가 매우 영예롭게 느꼈던 그런 공손한 자세로 내게 인사했고 그렇게 말했다.

"당신들은 밤 동안 이곳에서 묵는 게 나을 겁니다." 조크가 그들에게 말했다.

"하늘에 있는 자들에게 무전을 쳐서 그들더러 귀환하고 저 위에서의 소란을 멈추라고 말하세요. 반응이 있을 것입니다. 우리는 우리나라의 지극히 중요한 역사의 일부인 중대한 시대에 살고 있어요."

장교는 안도한 듯이 보였고 다시 깍듯이 인사하였다.

"감사합니다. 선생님!" 그가 말했다. 그리고 재빨리 돌아서서 현관문을 열고 헬리콥터를 향해 하얀 안개 속으로 걸어 나갔다. 안개의 덩굴손들이 반쯤 열린 문을 통해 따뜻한 방 안으로 밀려들어왔고, 산의 그 짙은 안개는 가시거리를 '제로(0)'로 만들어버렸다.

"잘 아시다시피 저 바깥의 초원에는 납작하게 눌린 넓은 자국이 있어요." 내가 입을 열었다.

"전함을 기동시키는 데 충분한 공간이죠."

"저 장교는 낮 동안 산 정상에서 비행접시를 정찰하고 있었을 때, 그것을 충분히 관찰했음에 틀림없어." 언니 메이가 응답했다.

"나는 네가 이곳에서 네 일을 하는 동안 오늘 아침에 그들이 헬리콥터로 그 지역 곳곳을 선회하는 것을 지켜봤다구. 그들은 너의 움직임에 대해 아주 잘 알고 있어. 나는 공군의 감시 아래 있다는 것은 놀라운 일이라고 말하지 않을 수 없을 것 같구나."

"글쎄" 나는 침대에 오르며 한숨을 내쉬었다.

"거기에는 이유가 있어."

다음날 아침은 그 전날의 폭풍우 후에 비할 데 없는 청명하고 아름다운 날씨로 날이 밝았다. 안개는 멀리 사라졌다. 그리고 초원의 긴 경사면들은 내 앞에 멀리 펼쳐져 있는 비행접시 언덕의 정상부근까지 이어져 있었다. 구부러진 그 녹색의 언덕은 맑고 차가운 대기 속에서 광채를 발할 뿐만 아니라, 남풍의 숨쉬는 리듬에 따라 고개 숙여 물결치며 노래하는 초원의 맨틀속에서 살아있었다. 그것은 햇빛이 모든 풀잎 위에서 반사할 때 빛을 내며 잔물결을 일으켰다.

산재한 농장들이 골짜기 속에 누워 있었다. 그리고 내가 어린 시절을 보냈던 우아하고 오래된 집이 언덕 너머의 그 계곡 안에서 보호받는 가운데 울창한 나무들 사이에 안겨 있었다. 하늘에서는 외로운 항공기가 자신의 그 고독한 불침번을 계속 서며 공군의 정찰을 계속하기 위해 윙윙거리며 선회했다.

하늘은 공기의 거대한 바다이고, 우리의 머리 위에서 끊임없이 움직이고 있으며, 저 너머의 방사선에 대한 일종의 보호덮개이다. 그리고 그것은 우리와 우주의 광대한 영역 사이에 존재하는 아름답고도 미묘한 것이다. 지구는 영원한 리듬 속에서 태양 주변을 돈다. 헤아리기 힘든 그 영역은 자신의 표면과 심해의 물고기들과 같은 그 행성의 주민들에게 영향을 주며, 그들은 그런 환경의 압력에 그들 자신을 적응시킨다. 지구는 외롭고 상처 입기 쉬우며 태양 주위의 궤도 속에서 영원한데, 태양 빛은 공허 속의 희망의 횃불처럼 지구의 표면에다 은은한 푸른 광채를 비춘다.

긴 풀들이 노래하는 언덕 꼭대기의 초원에 누워서 나는 시간의 리듬이 바뀌고 있음을 느꼈다. 그리고 나는 아콘이 가까이에 있었다는 것을 알고 있었다. 그 순간 풀 속에서 돌진해오고 있는 것이 있었고, 빅키가 나에게 얼굴을 디밀었다. 나의 향기를 뒤따라 온 그녀는 나를 찾은 것에 아주 만족해하며 숨을 헐떡거렸다. 그녀는 짧은 다리를 뒤로 뻗히며 누워서 자신의 배를 드러냈고 자기의 행복을 진정시키며 헐떡였다. 그런 다음에 그녀는 일어나 앉았고, 바람을 코로 들이쉬며 투덜댔다. 그녀의 귀들은 경계하며 대기하고 있었다. 그녀의 커다란 갈색 눈이 부드러워졌고, 그때 그녀가 (무엇인가에) 초점을 맞추고 있음을 대번에 나는 알고 있었다.

내가 몸을 돌려 올려다 보았을 때, 나는 나의 사랑하는 사람이 푸른 하늘을 배경으로 온화하고 사랑이 깃든 멋진

중년 시절의 엘리자베스. 우주인 아콘과의 접촉이 일어난 것은 40대 중반 나이였던 이때였다.

모습을 한 채 나를 내려다보고 있음을 보았다. 그가 내 손을 잡아서 일으켜 주었고, 그는 내가 걷는 것을 도와주었다. 우리는 경사면으로 걸어 내려가면서 함께 웃었으며, 그곳에는 아름다운 빛의 우주선이 지면에 안착해 있었다. 번쩍이는 우주선은 이국적이었고 이 세상의 것 같지 않았다. 나는 멈추어 선 채 그런 우주선이 가까이 있다는 것에 놀라움과 경외감으로 가득 차서 넋을 잃었다. 그리고 그것이 나에게 의미했던 바를 생각했다. 지울 수 없는 선명함으로 나의 마음에 새겨진 그것의 멋진 모습에 나의 손은 아콘의 손 안에서 떨리고 있었다. 그리고 나는 내 곁에 서 있는 훤칠한 아콘을 바라보았다. 그의 눈은 사랑을 머금고 있었고 그의 부드럽고 상냥한 미소가 그의 맑고 예리한 얼굴을 주름지게 하고 있었다. 나의 마음은 그의 키가 크고 유연한 모습, 그의 얼굴의 뛰어난 강인함, 높은 이마, 머리카락 등의 그의 모든 인상을 영원히 새겨 넣었다.

"그래요, 나의 사랑하는 이여, 그것은 모두가 실제이며, 정말로 실제입니다. 그리고 나 역시 실제입니다."

그가 나지막한 목소리로 속삭이면서 자신의 팔 안에 나를 감싸 안았다. 그는 앞장서서 자신의 우주선 선체 위로 올라섰고 출입구를 통과해 들어갔다. 그리고 선실 내의 부드러운 의자 위에 나를 앉게 했다. 그런 다음에 그는 빅키를 위해 되돌아갔는데, 그녀는 선실 주위를 돌면서 코를 킁킁거리며 냄새를 맡아 숙달함으로써 자신을 아주 편안하게 만들었다. 그녀는 이런 행위가 별로 바람직한 방식이 아니라는 생각이 스스로 들 때까지 하다가 떳떳치 못한 시선으로 그만 두었다. 아콘이 그녀에게 무화과 열매 모양의 것을 건네주었다. 그러자 그녀는 부드러운 갈색 눈으로 내내 그를 지켜보면서 최대한의 헌신의 태도로 그것을 받아먹었다.   .

"바깥쪽에 다른 방문객들이 있습니다." 아콘이 눈치 채고 입을 열었다.

"2명의 공군 장교들이 경사면 언저리에서 쌍안경으로 매우 면밀하게 우리를 관찰하고 있어요. 나는 당신을 선실 안으로 데려오기 전에 그들을 보았습니다. 나의 소중한 이여, 당신은 경이로움에 완전히 몰입해 있었고, 나는 그런 당신을 놀라게 하거나 방해하고 싶지 않았지요. 이제 우리는 즉시 캐스킨의 높은 고원으로 출발하며, 그곳에서 우리는 더 이상 방해받지 않게 될 것입니다."

아콘이 둥근 벽 쪽으로 다가가자, 문 하나가 미끄러지듯 열렸다.

"이쪽으로 오세요. 사랑하는 이여," 그가 말했다.

"안에서 당신은 자신의 의복이 달라졌다는 것을 알게 될 겁니다. 당신 신발은 언덕의 풀 속에서 젖어있고, 이제 긴장을 푼다면 더욱 편안하게 느낄 거예요."

그는 내가 일어서서 출입구를 통과해 둥근 천장의 일부분이었던 폭이 좁고 휘어진 다른 선실에 들어가자, 통제장치 쪽으로 되돌아갔다. 태양빛이 우주선의 창문을 통해 장미처럼 빨간 융단 위로 흘러들었다. 내가 안으로 들어갔을 때 창 사이에 있는 두 개의 긴 거울들이 나의 움직임을 비추었다. 선실의 오른쪽에 솟은 평평한 갑판이 곡면의 벽과 결합돼 있었다. 그리고 그것은 카펫과 똑같은 은은하게 반짝이는 화려한 적색의 비단으로 덮여있었다. 그리고 긴 선실의 다른 쪽 끝에는 음폭 들어간 욕조가 자개처럼 빛을 발했다. 그 옆에는 낮고 안락한 세면실 좌석이 있었는데, 그것의 바닥이 욕조처럼 백색 빛을 발하고 있었고, 그 좌석은 부드러운 장미빛 재료로 만들어져 있었다. 나는 그 아름다움에 마음을 빼앗겼다. 그리고 자개 벽들의 백열 빛으로부터 반사된 장밋빛과 황금빛의 조화로운 진동을 흡수함에 따라 즉시 긴장이 풀렸다.

나의 시종인 신발과 격자무늬의 두꺼운 스커트, 트윈 세트[30]를 벗고 우주선 안의 상쾌하고 기운을 돋우는 공기 속에서 벌거벗은 채로 섰을 때는 얼마나 기뻤던가! 그곳에는 싸한 바다바람처럼 이해하기 어려운 향기가 있었다. 움푹한 욕조 안으로 들어간 후 나는 욕조의 진주 벽에 장치돼 있는 일련의 황금색 원형 버튼을 눌렀다. 즉시, 녹색의 거품 물이 콸콸 흘러나왔다. 깜짝 놀란 나는 그것을 멈추기 위해 다른 원형 버튼을 눌렀다. 하지만 순수한 샤워물이 나의 머리에 떨어졌다. 내가 3번째 원형 버튼을 눌렀을 때야 비로소 샤워물이 멈추었고 거품물은 수위가 낮아지며 자동으로 아래의 배출구로 빠져나갔다. 자세를 낮춤에 따라 나는 차갑고 기분 좋은 물속에 빠져들었는데, 그것은 나의 피부에 부드럽고 매끄러웠으며 녹색의 거품이 일었다. 그것에는 순한 소금 맛이 났다. 나는 물 속에 있는 풍부한 미네랄이 건강하게 유지시키고 수명을 증가시키는 어떤 비밀 성분들을 담고 있다고 감지했다. 한편 그것의 깨끗이 씻어내는 성질은 비누를 필요 없게 만들었다.

물은 아주 만족스러웠지만, 나는 결국 욕조 밖으로 나왔다. 나는 어떻게 내가 내 자신을 말릴 수 있었는지가 궁금했다. 그러나 내가 욕조를 벗어났을 때 부드러운 따뜻한 공기가 나의 피부에 불어왔고, 나의 젖은 몸은 곧 건조되었다. 그리고 나의 피부는 그 갯바람의 톡 쏘는 냄새와 같은 사랑스럽고 이해하기 어려운 향기와 더불어 부드럽고 매끄럽고 보들보들해졌다.

거울 앞에 나체 상태로 서 있다 보니, 은으로 장식된 머리 솔

---

30) 카디건(cardigan:앞을 단추로 채우는 스웨터)와 풀오버(pullover:머리로부터 입는 스웨터)의 앙상블 《여성용》

메톤 행성에서 온 우주인 아콘

이 내 눈에 띠었다. 나는 나의 긴 금발 머리카락을 빗어 내리며 샤워 후에 그것이 마르도록 솔질했다. 그 때 거울 속에서 어떤 움직임이 나타났다. 소리 없이, 어느 새 아콘이 내 뒤에 와 있었다. 그리고 그는 나의 머리카락 속에다 손을 넣어 그것을 자신의 얼굴을 향해 쓸어 올리면서 거기에다 입술을 묻었다. 아콘은 나를 가까이 끌어당기더니, 그의 새끼손가락으로부터 반지를 빼서 나의 중지에다 그것을 끼워주었다. 그 반지는 이국적이면서도 아름다웠다. 그것은 한 가운데에 커다란 빛의 돌이 박혀 있음과 더불어 은색과 녹색 에나멜을 두드려서 만든 것이었다.

아콘이 엘리자베스에게 주었던 반지의 모습.

"그것이 당신에게는 너무 크군요. 나의 사랑하는 이여, 그래서 그 안에다 은으로 된 절반 정도 사이즈의 밴드를 넣을까 합니다. 나는 당신이 그 반지를 언제나 우리의 텔레파시 교신을 위해, 그리고 나의 일부로서 늘 끼고 있기를 바랍니다."

나는 반지로부터 방사되는 마법적인 특성을 느낄 수 있었고 지각할 수 있었다. 아콘은 자신의 손을 나의 턱 아래에 갖다 대더니 나의 머리를 위와 뒤로 기울이며 나의 입술에다 오래도록 키스했다. 그리고 그는 팔로 나를 잡아끌며 곡면의 벽 옆에 위치한 보드라운 자리로 데려갔다. 내가 우주로부터 온 그 남성에게 내 자신을 주었을 때, 그것의 견고한 부드러움은 호화로운 편안함으로 우리의 몸을 지탱해 주었다.

"나의 사랑, 나의 생명이여!"

내가 황홀함 속에서 그의 마법적인 사랑 행위에 몸을 내맡겼을 때 아콘은 되풀이해서 속삭였다. 우리의 몸은 우리들 영혼의 신성한 본질이 하나이듯이, 자기적(磁氣的)으로 결합되었다. 그리고 그렇게 하는 가운데 나는 전체가 되었다.

우리의 몸이 하나가 되었을 때, 생명의 전기적인 본질이 융합되는 단계에 이르렀고, 계속되는 무아경(無我境)의 희열과 전기적인 힘의 균형은 삶에서 경험한 모든 것들을 초월하였다. 사랑하고 사랑받는 행위가 서로 맞는 특성들이 완전하게 합일되는 가운데 마음의 자력적인 감정과 몸속을 에워쌌다. 나의 사랑하는 이는 나를 머나먼 현실로 휘몰아갔고, 나는 다른 행성으로부터 온 남성과 한 몸으로 맺어지면서 사랑의 진정한 의미를 발견했다. 사랑과 조화, 영혼 및 몸과 마음의 기쁨으로 짝을 지어주는 자연의 계획은 얼마나 아름다운가! 삼위일체(三位一體)인 몸과 마음, 영혼은 영원한 것이다. 우리는 실현된 사랑의 미칠 듯한 황홀경 속에서 영혼의 극치 상태로 서로를 위해 살았다.

전체의 영원한 마법이 우리의 사랑을 우주의 영속적인 빛으로 이어주었다. 그리고 나는 내가 아콘의 팔 속에 안겨 누워있을 때 전에는 의식적이지 않았다는 것을 인식했다. 또한 나는 공기 속의 모든 입자들 안에서의 운동과 생명을 감지했으며, 그것은 전체와 자성(磁性)에 관한, 생명의 본질이자 재료에 관한 가슴 떨리는 자각이자 지식이었다. 전체가 되는 것은 곧 우리가 생명으로 알고 있는 마법적인 무늬를 스스로 발견하는 것이다.

생명의 율동이 내가 전에는 정말로 알지 못했던 방식으로 공기를 통해서 고동쳤다, 우리가 캐스킨의 높은 고원에서 휴식하고 있을 때 우리 우주선의 아래에서 활기 있는 행성은 계속해서 생명과 움직임을 창조하고 호흡하며 살아 있었다. 그것은 우주선이 우주공간의 광막한 영역을 통해 움직이는 것처럼 이동하면서 자신의 푸른 대기 속에다 이런 생명들을 품어준다. 그리고 오직 지구의 아이들만이 자신의 약점을 보존할 수 있다. 생명의 원리는 은하간 공간의 전역에 걸쳐 다른 행성들의 표면과 다른 지구들에서도 동일하다. 모든 것이 서로 연관되어 있고, 모든 것이 자성을 띤 생명의 재료를 갖고 있다. 그리고 모든 것이 전체 안에 있는 것이다.

아콘은 부드러운 소파로부터 천천히 나를 일으켜 세웠다. 그리고 그가 헝클어진 나의 금발 머리채를 뒤에서 솔질하여 머리 위로 그것을 말아 올려 황금색 끈으로 묶어주었다. 거울 앞에서 나는 내 머리를 손질하는 그의 온화한 손들을 지켜보았으며, 그는 내 머리모양이 아름다운 고전적인 스타일로 확고하게 마무리 될 때까지 그 황금색 직물을 똘똘 말고 비틀어 묶었다. 이 깊은 배려와 보살핌은 얼마나 놀라운가! 또한 우리가 서로의 욕구를 한 몸처럼 신경써줄 수 있을 만큼, 우리의 귀중한 결합, 영적 육체적 합일이 너무나 완전하다는 것을 느끼고 아는 것을 얼마나 멋지던가!

거울 옆의 낮은 걸상 위에서 나는 속이 내비치고 아름다운 짙은 장미색의 가운을 보았다. 아콘은 몸을 구부려 걸상에서 그 가운을 집어 올렸다. 그는 그것을 나의 어깨의 주위에 걸쳐놓더니 앞쪽 언저리를 눌렀다. 그러자 그 가운은 즉시 어떠한 종류의 이음새도 없는 우아한 주름으로 나의 발목에까지 늘어졌다. 나의 몸은 엷고 시퐁(chiffon)과 같이 부드러운 물질로 인해 빛이 났다. 그리고 그 둥근 목둘레와 긴 소매들은 깃털 같은 부드러움과 함께 느슨하면서도 편안하게 꼭 맞았다. 나의 발들은 단단하고 탄력이 있는 카펫 위에서 어떤 것도 신지 않은 맨발인 채로 있었다.

"나의 사랑하는 이여, 우리들 삶의 되풀이해서 발생하는 패턴은 이 시점에서 우리를 위해 융합되었습니다."

우리가 출입구를 통해 함께 더 넓은 선실로 이동할 때 아콘이 조용하게 말했다.

"성행위의 참된 목적은 자손을 번식하는 것뿐만 아니라, 상반된 이성(異性)의 전기력(電氣力)을 유지하고 충족시키는 것입니다. 그럼으로써 이런 요소들이 융합되어 남성과 여성 사이에서 자연의 균형을 유지시킬 수 있는 것이죠. 사람은 다른 이성이 없이는 균형이 잡히지 않습니다. 그리고 섹스에 관한 매우 많은 고통, 무지, 야만적 미신, 두려움이 존재하는 것은 지구 사람들이 성(性)에 관한 이런 진실들을 잘못 이해하고 있기 때문입니다. 성행위의 목적은 생물학적인 번식만이 아닙니다. 짝짓기는 영원한 것이며, 남성과 여성 간에 전체적 균형을 유지하기 위한 것입니다. 각자는 상대방에게 필요하고 지극히 중요한 존재입니다. 자연스런 선택에 의해 이루어지는 마음을 끄는 매력과 성적 합일은 태아의 마음을 형성하는 데 유익한 효과를 얻습니다."

"지구에서 벌어지는 출산에 관련된 우연하고도 빈번한 공격적 교배행위는 아직 태어나지 않은 영혼의 마음이 형성되는 과정에서 물려받게 된 공격적이고 호전적인 성향들로 인한 직접적인 결과입니다. 폭력성은 물려받은 유전적 본능입니다. 그리고 지구상의 인류는 그것을 최대치로 보유하고 있습니다. 어떻게 그들의 개념이 잘못돼 있고, 무엇에 의해 그들이 신(神)의 눈에 신성하게 되는 것일까요? 그들은 먼저 심신에 있어서 청결한 독신주의자가 되어야 합니다. 얼마나 편협하고 무지한 것이 그들의 방법입니까? 오직 가슴이 순수할 때만이 우주를 볼 것입니다. 신성한 영혼이 태어나는 창조의 불꽃은 단지 남성과 여성이 완전한 사랑과 조화 속에서 성적으로 맺어지고 결합하는 가운데 생성됩니다. 앞으로 우리들의 아이가 태어나게 될 것처럼 말이지요."

"우리의 인척들과 연인들은 타고난 텔레파시를 통해서 상대를 발견합니다. 그리고 당신도 알다시피, 거리는 그 어떤 장애가 되지 않습니다."

아콘은 우리가 중앙 선실의 반대쪽 벽을 향해 걸어갈 때 이렇게 말을 계속 이어갔다. 휴게실 같은 다른 선실로 우리가 다가가자, 둥근 천장의 곡면에 이어져 있는 벽의 문이 미끄러지며 열렸다. 그 선실은 나의 맨발에는 아주 즐겁게도 똑같이 탄력 있는 장미색 카펫이 깔려 있음과 더불어 편안한 조화 속에서 화려한 색채들로 가득 채워져 있었다.

"이곳이 주방이며, 이곳에서 우리는 생명유지 식물을 기르고 그것을 즐기면서 휴식을 취합니다." 아콘이 말했다.

벽을 따라서 긴 수정(水晶) 찬장들이 굽이치고 있었는데, 그것들은 물이 가득 채워져 있었으며, 부드럽고 푸른 전기불의 눈부신 빛 속에 잠겨 있었다. 그 속에서 신선한 채소와 과일이 실제로 자라나고 있었다. 그리고 에머럴드색 잎과 다채롭고 이국적인 과일들은 푸른색의 광휘에다 화려한 색깔의 자연스러운 진동(振動)까지 더해 보였다. 선실의 한 쪽 끝에는 한 무리의 향기로운 꽃들이 눈부신 색깔의 잎을 가진 다른 식물 사이에서 자연스럽고 풍부하게 자라나고 있었다. 그 꽃들은 밝고 서로 다른 색깔을 가진 아네모네 꽃과 마찬가지로, 각각의 꽃잎들이 고급 비단의 광채가 자체적으로 빛나는 것처럼 살아있고 진동하는 듯이 느껴졌다.

선실의 다른 한쪽 끝에는 테이블과 싱크대가 빛나고 있었다. 마치 선실 전체가 부드럽고 자연스러운 햇빛으로 빛나는 것과 같이 그 테이블, 싱크대, 벽, 그리고 천정으로부터 빛이 발해지고 있었다. 짙푸른 하늘같은 둥근모양의 천정은 한 행성의 자연스러운 하늘 모양이었으며, 무한의 거리에 있는 듯한 인상을 주었다. 싱크대 위를 손으로 만져보니 그것은 진주층(眞珠層)31)으로 만들어져 있었다. 그것 역시 자체의 빛으로 빛나고 있었고, 진한 핑크색 빛으로 살아있었다. 우리는 테이블에다 신선하고 요리되지 않은 채소와 과일로 된 맛있는 음식을 준비했는데, 그것들은 양념용 식물과 모든 종류의 견과류, 그리고 향긋한 향료로 가득 찬 크림으로 만들어진 드레싱(dressing)과 함께 섞여 있었다. 또한 신선한 과일 주스와 광채 나는 포도주가 식사를 보충해주었다. 우리는 긴 받침대가 있는 장밋빛 수정 의자에 앉아 포도주를 조금씩 마시며 벽의 옆에 있는 낮고 부드러운 편평한 단에 기대었다.

"나는 어떤 알약(알 모양의 음식물)이나, 또는 건조시켰거나, 혹은 깡통에 들어있는 음식을 먹고 살 필요가 없다는 것이 행복합니다." 내가 말했다.

"이것은 단순한 맛을 지니고 있군요."

"물론이지요." 아콘이 내 말에 응답했다.

"우리는 천연의 음식과 포도주를 즐깁니다. 우리는 그렇게 할 수 있는 지식과 과학적인 수단을 갖고 있습니다."

---

31) 진주조개 따위의 미려한 진주 빛깔을 내는 안의 단단한 부분 (역주)

우리가 휴식을 취하면서 침묵 속에서 서로의 몸에 기대고 있을 때, 그는 손등으로 나의 뺨을 어루만졌다. 계속되는 대화는 할 필요가 없었다. 아콘과 그의 종족은 결코 수다스럽지 않았다. 조용한 텔레파시 교신이 필요한 모든 것이었으며, 내가 이 멋진 휴식 속에서 고요함의 한 부분이 되는 것은 극히 자연스러운 것이었다. 사실, 나는 정말로 내 자신이 이 문명에 속해 있다는 것과 내가 어린애로서 지구에 이식되어 나와는 전혀 닮은 점이 없는 지구의 한 가족에 의해 양육되었다는 것을 점차로 인식하게 되었다.

우리는 식기와 부드러운 나무로 된 수저를 사용하여 함께 마련한 맛있는 식사를 끝마쳤다. 일어나서 우리는 싱크대 안의 세 개의 주방 용구를 바다 향기와 함께 녹색 거품이 나는 물로 씻어서 아래쪽에 만들어진 장소에 넣었다.

"세론은 어디에 있지요?" 내가 물었다.

"그는 고향 행성에 있는 우주 정원에다 심기 위해 이곳 산에 널려 있는 다양한 토착식물과 풀들을 수집하러 오늘 아침 일찍 떠났습니다. 곧 올 것입니다."

"당신도 같은 식물학자인가요?" 나는 의아심이 나서 질문했다.

"나는 이 우주선 안에 있는 모든 식물들이 당신의 손에 어떻게 반응하는지를 눈치 채고 있었어요. 우리가 샐러드를 만들기 위해 약간의 식물을 따 냈을 때, 나는 그것들이 실제로 다시 자라나고 있는 것을 볼 수 있었죠."

"사실 그렇습니다. 우리 은하계 안에 있는 모든 행성들의 식물과 동물에 대한 사랑 및 관심은 우리에게 매우 중요한 일입니다. 그리고 나는 변광성(變光星) 전문가로서의 나의 직무 이외에도 천체생물학(天體生物學)32)과 식물학을 담당하고 있습니

180

다."

세론이 식물 뿌리가 들어있는 주머니를 가지고 넓은 중앙 선실을 통과해 다가왔다. 행복한 미소로 나에게 인사하며 그는 그 뿌리들을 싱크대 안에 넣고 마루 위의 용기(用器)에서 꺼내온 화학 용액으로 잘 씻었다. 그러고 나서 그가 맑은 수정으로 된 별개의 찬장 안에다 그것들을 넣었는데, 거기서 나는 그 뿌리들이 용액 속에서 자연스럽게 자라나는 모습으로 즉시 뻗어 나오는 것을 보았다.

"당신은 빛나는 용액 속에서 새로운 싹이 트는 것을 보게 될 것입니다." 세론이 나에게 말했다.

"이제 지구의 식물표본처럼 이 식물들이 자연스러운 속도로 자라나도록 조절하겠습니다."

그가 용기 위에 있는 다이얼을 조정하자 식물들의 뿌리가 흔들거리며 자라나기 시작했다. 약한 녹색의 잎들이 식물의 꼭대기에서 싹터 나왔고, 그것의 시간 빈도수가 조절됨에 따라서 정상적인 속도로 안정되었다. 그것들은 매우 튼튼하고 싱싱하게 보였으며, 푸른 액체 속을 떠다니면서 지구의 흙 속에서 자라날 때처럼 자연스러운 모습을 형성해 가고 있었다.

우리는 세론이 자신의 식사를 준비하는 동안 함께 휴식을 취했다. 그리고 지구인들이 로켓을 가지고 어떻게 우주에 도달하려고 분투하는지에 관해 이야기를 나누었다. 나는 그들(지구인들)의 모든 문제에 대한 해답은 이 곳 캐스킨 봉우리의 기슭에 있는 높은 고원지대에 있다고 생각했다. 즉, 이곳에는 아름다운

---

32)천체생물학(exobiology)에는 2가지 뜻이 있는데, 하나는 용어 그대로 '천체생물학'이라는 의미로서, 자기 행성 밖의 다른 행성의 생물을 연구하는 학문이란 의미이다. 또 하나는 '우주 생물학'이라는 의미로서, 이 우주 생물학에는 다시 1)우주 안의 생명의 기원과 발전, 생명체의 적응에 대해 밝히는 학문 2)행성 밖으로 나간 생물이 받는 영향을 연구하는 학문의 두 가지 뜻이 있다. (역주)

캐스킨 봉우리의 전경. 해발 3149m의 고봉(高峰)이다.

빛의 우주선이 있었는데, 그것은 우주의 영광스러운 바람 속에
서 노래하고 있는 흔들리는 풀 속에서 쉬고 있었다. 그 때 드래
곤 산맥의 산들은 고요한 하늘을 배경으로 잠자며 누워 있었다.
단지 공군 전투기가 내는 고음의 휙휙 지나가는 소리만이 먼
정적을 깨뜨렸다.

　지구와 우주로부터 오는 복사 에너지는 식물에게 지극히 중요
한 비물리적 힘을 부여한다. 모든 식물군과 동물군이 이 힘을
흡수하며, 그래서 그 힘은 모든 생명체에게 절대적으로 중요하
다. 지구 표면위의 어떤 지리학적인 위치가 이 보이지 않는 생
명요소를 생성하기 위해 조화롭게 상호작용하는데, 이 요소는
우주적인 순수한 빛의 에너지이다. 이 사실을 아는 사람들은 지
구상에서 이런 장소를 발견할 수 있으며, 그들의 건강과 수명에
이롭게 할 수 있다. 우주의 네 가지 힘, 또는 통일장(統一場)[33]

182

이 그 장소를 통해 연결되기 때문에 그 장소 주변에 있는 환경은 우주 에너지로 에워싸여 빛나게 된다. 따라서 식물이 매우 무성하게 자라나는 것이다. 만일 4면을 가진 피라미드가 어떤 항성계나 빛과의 조화로운 상호작용 속에 있는 지리적인 위치에 정확히 정렬된다면, 같은 방식으로 이런 우주 에너지와 연결될 수 있다.

우리자신이 자연의 일부분이므로 자연의 비밀 속으로 들어가는 것은 간단하다. 우리 모두는 우주진(宇宙塵)34)에서 태어났는데, 즉 성간 먼지의 변형물질에서 생겨났으며, 이런 일은 끊임없이 계속되고 있다. 지구뿐만 아니라 지구 너머에 있는 모든 생명체는 하나이다. 우리 각자가 다른 세계의 존재 및 인간들과 우주 먼지로부터 온 공동의 조상을 공유하기에, 우리 각자의 생명의 사슬은 끊어지지 않고 은하계의 시초까지 뻗쳐있다. 만일 우리가 자연 속의 만물과 조화롭게 상호작용하고 우리가 그 속에서 존재하는 은하계와 하나가 될 수 있다면, 자연은 우리에게 만물과 모든 생명체에 대한 단순한 과학적 설명을 해줄 수 있을 것이다.

아콘은 지구 표면의 지리적인 위치 때문에 캐스킨(Cathkin) 고지(高地)를 선택했다. 그곳은 우주 에너지가 지구행성을 통과해 연결되고 있었으며, 그 주변의 대기와 환경이 에너지를 받고 있었다. 아콘은 오직 이와 같은 지리적인 장소에서만 어떤 시간

---

33)지금까지 알려진 힘의 종류는 4가지로 중력, 전자기력, 강한 핵력(核力), 약한 핵력이 있다. 과학자들은 이 힘들을 통일장이론을 통해 입자들 간에 작용하는 힘의 형태와 상호관계를 하나의 통일된 개념으로 기술하고자 했다. 현재 이 4가지 힘을 통합하는 이론, 즉 통일장 이론(Theory of everything=ToE=보통 '꿈의 이론'이라 함)은 완성되지 못했으며, 물리학자들의 꿈이기도 하다. (역주)
34)우주에 흩어져 있는 미립자 모양의 물질. 별의 빛을 흡수·편광(偏光)하거나 적외선을 방사하여 관측된다. 지구로 낙하할 때 공기와 마찰하여 불을 일으키는 것을 유성(流星)이라 함. 우주 먼지.(역주)

대에 그의 우주선을 착륙시킬 것이다. 이런 방식으로 나는 그를 찾을 수 있었고, 지구의 시간 장(場) 속에서 우리는 함께 할 수 있었다.

"그렇습니다." 세론이 나의 생각에 답하며 말했다.

"이 산의 동쪽 비탈에는 또 다른 견본 식물들이 자라나고 있어요. 그래서 지금 그곳에 가서 그것들을 갖고 오겠습니다."

그는 중앙 선실을 통과해 다시 밖으로 나갔고, 그 때 햇살이 그의 밤색 머리털에서 반사되며 반짝였다. 나는 아콘의 눈을 쳐다보았고, 그가 나에게 자신 쪽으로 오기를 원하는 듯한 이끌림을 느꼈다. 내가 그에게 다가가자 그는 마치 아버지처럼 나를 들어 올려 휴게실로 데리고 갔다. 우리 뒤에 있는 문이 소리 없이 닫혔다.

그는 부드럽게 나의 옷을 벗겼으며, 그것은 나의 몸에서 바닥으로 미끄러져 내렸다.

"살결이 매우 희군요"

그는 비단처럼 부드럽고 매끄러운 평상 위로 나를 뉘어놓으며 속삭였다. 그리고 그는 나의 머리끝에서 발끝까지 온몸에 입을 맞추었다. 나는 아콘의 발가벗은 몸이 나의 몸을 누르는 것을 느낀 환희의 순간에 황홀감에 빠져들었다. 그리고 그는 그렇게 완전한 소유(所有)로 나에게 다시 사랑을 하는 것이었다. 우리의 영혼 에너지가 완전히 조화된 상태 속에서 육체적으로 결합되어 우리가 함께 누워 있을 때, 내 자신을 그에게 완전히 내맡기고 그와 하나가 되는 것은 굉장한 행복이었다.

임신을 하면 얼마나 놀랍고 멋진 일일까! 틀림없이 그보다 더 멋진 것은 없을 것 같았다. 그 아이는 행복과 완전한 융합 속에서 태어난 완전한 사랑과 조화의 살아있는 증거가 될 것이며 그의 종족의 미래 세대에 전해줄 환상적인 유산이 될 것이다.

우리는 평화로운 잠 속에 빠져들었고, 그것은 지금까지 경험했던 것 중 가장 달콤한 잠이었다.

내가 당신의 아이를 낳으면 어떨까요?

아콘이 부드럽게 나를 깨웠고 나는 우주선의 평화와 정적 속에서 완전히 긴장이 풀린 가운데 기지개를 켰다. 멋진 가운을 다시 나의 몸에 다시 입혀주면서 동시에 아콘이 그것을 누르자, 그 가운은 꿰맨 자리가 없는 하나의 옷이 되었다. 나는 일어서서 창밖을 내다보았다. 그리고 내가 우주와 파장이 동조되어 하나가 될 때인 그 무방비의 긴장이완 순간에 인생에 대한 해답을 발견했다. 왜냐하면, 마음의 고요함과 인격의 차분함은 영혼의 개화(開花)이며, 또한 정신의 강인함과 평정은 진보의 특성이기 때문이다.

본능적으로 나는 돌아서서 자기장(磁氣場)과 함께 무한, 지혜, 사랑 속으로 움직이기 위해 나의 영혼을 빛 에너지 쪽으로 나아가게 하고 있었다. 우주의 거대한 지성인 영원한 생명력은 빛의 힘을 통해 접촉된다. 그리고 오직 균형 잡힌 시각과 이해만이 빛이 영원히 탄생하는 마음속의 발전을 위한 길을 터줄 수 있다.

"모든 인간들은 빛을 추구합니다." 아콘이 나의 생각에 응답하며 말했다.

"무한의 시간 속에서 그들은 자신의 눈을 천상의 빛 쪽으로 돌렸습니다. 이런 방법을 통해서만 그들은 모든 문제에 대한 해답을 - 다양한 빛의 진동들의 단순함 속에서 - 발견할 수 있지요. 빛의 자연력을 이용하는 것은 지구인들이 이해하기에는 아직 요원합니다. 이 과학은 지구인들의 기본적인 개념의 뿌리와 토대를 흔드는 외계인들의 과학이기 때문이죠. 지구인들의 지식의 한계는 그들이 그 안에서 살고 있는 우주의 수수께끼에 대한 해답을 조사하고 탐사하는 과정에서, 실험을 지속적으로 행하는 단지 더 크고 나은 실험실 안에 갇혀 있습니다. 물론 그들은 해답을 발견하지 못합니다. 왜냐하면 그것은 우주 전체를 일종의 실험실로 이용하는 것이 필요하기 때문이지요."

아콘은 계속해서 말을 이어갔다.

"탐구하는 데 정말로 중요한 것에 효율적으로 되기 위해서는 크게 중요하지 않은 것들을 줄일 필요가 있습니다. 더 크고 나은 실험실이 그것인데요. 그런 실험실에서는 건축물과 사람들을 둘러싼 능률 속에서 과학자들의 영감과 위대함이 가려지게 됩니다. 그것은 마치 인간들의 두뇌에서 모든 생각을 깨끗이 지워 세뇌시키고, 그 대신 그들을 지구상의 저속한 종교방식에 종속시킬 목적으로 건축된 거대한 성당과 비슷합니다. 그런 대성당에서 사람들은 지구인들에 의해 만들어진 그릇된 율법을 통해 마치 많은 양떼들처럼 인도되고 있지요."

"지구인들은 생존을 위한 분투 때문에 물질이 우위를 차지하고 있습니다. 그렇게 하는 가운데 인간은 자신의 동료 인간들을 난폭하게 짓밟습니다. 지구인들의 참을성 없는 아귀다툼의 분위기는 빛의 장벽을 뚫고 길을 발견할 때까지는 계속될 것입니다. 우리가 그들의 마음을 신속히 변화시킬 수는 없습니다. 그들은 앞서의 극단적인 경험을 통해 자신들의 올바른 마음의 자세만이 상황을 더 낫게 바꿀 수 있다는 것을 배워야 합니다. 우리가 아직은 그들과 협상을 할 수는 없습니다. 우리는 단지 본보기를 하나 설정하고, 그들이 미래에 따라오기를 바랄 뿐입니다. 사실 지금 이 지구행성에는 텔레파시 교신을 통해 우리의 생각과 마음의 태도를 받아들여 변화하는 사람들이 많이 있습니다. 그들

중 어떤 사람들은 우리와의 접촉을 의식적으로 알고 있는 사람들도 있고, 또한 어떤 이들은 그들의 세계관에 영향을 미치는 (텔레파시 통신의) 근원에 대해 잘 모르고 있습니다."

"사랑하는 이여, 당신은 지구행성에 있는 많은 이들의 마음의 태도를 변화시키기 위해 적극적으로 활동할 수 있는 원천입니다. 당신은 지식의 씨앗을 파종하고 있고, 시간이 지나면 이런 많은 씨앗들이 지구인들의 마음속에 뿌리를 내릴 것입니다."

"지구인들은 변화하기 전에, 그들 행성의 환경을 존중해야 합니다. 그리고 자신들이 살고 있는 우주의 자연을 이해하기에 앞서 약 20년 동안 혼란과 불안의 상태로 남아있을 것입니다. 문화 발전이 낮은 어떤 사람들은 그들의 서로 다른 문제점들을 협상 테이블에서 해결할 수가 없습니다. 그들은 항상 종족간의 대결과 폭력이라는 원시적인 방식에 호소합니다. 비정한 정치적인 지배가 세상을 압도하고, 정신적인 가치는 버려지고 파괴됩니다. 문명은 오로지 사람들이 뛰어난 지성과 영적인 진보에 도달 했을 때만이 사람들을 이끌 수 있습니다. 진화하는 데 수 세기가 걸렸던 문화적 배경이 있어야만 마음과 영혼이 진화할 수 있는 시간을 줄 수가 있는 것이지요."

"우주 정복이 문명에 제공하는 안전과 힘을 통해 우리가 지구 위에서 일어나는 일련의 과정을 관리하고 인도할 수 있게 될 것입니다. 이것이 우리의 우주 교육계획입니다. 즉, 우리는 인간의 느린 진화와 우리의 적극적인 생각 사이에서 균형을 유지합니다. 그러므로 우리는 지구인들과 공존하면서 함께 섞일 수가 없는 것입니다. 만일 우리가 그렇게 한다면, 우리의 고결한 생활 방식은 지구 표면에서 우글거리는 다수의 냉혹한 사람들에 의해 압도당하고 파멸될 것입니다. 인간이 진화하는 데는 오랜 과정이 소요되고, 우리의 은하수 안에는 이와 같은 발전에 부수되는 많은 요소가 있습니다. 우리가 은하계 안에 있는 다른 행성에서 진화하고 있는 수백만의 다른 종족들의 수호자이듯이, 우리는 우리 운명의 수호자이고, 또한 모든 생명체의 균형과 조화를 유지하기를 원합니다."

세론이 조용히 통제계기판을 지나서 다가왔고, 나는 어떤 일이 일어날 것임을 알고 있었다.

"미국과 러시아가 이곳의 우리 위치를 정확히 알 수 있지 않을까요?" 내가 물었다.

"우리는 지구의 시간대 속에 있으며 매우 취약한 상태입니다."

"그렇습니다." 아콘이 빛나는 제어 버튼을 누르면서 말했다.

나는 우주선이 자체의 시간차원으로 부드럽게 미끄러질 때 밖에서 나는 환상적인 진동음을 다시 들었다.

"당신 말이 맞아요. 우리는 지금 당신의 판단력을 신뢰할 수 있습니다. 러시아의 인공위성은 셜리 베이(Shirley Bay)에 장착되어 있는 위치추적 기기로 신호를 보내고 있고, 또한 우리가 있는 에너지장의 특징을 살펴보면서 우리의 정확한 위치를 추적하고 있습니다."

"우리는 매우 귀중한 일종의 현상금(懸賞金)과 같습니다." 세론이 말했다.

"이 국가들은 수년 동안 우리를 포획하려고 시도했으며, 이것을 달성하기 위해 수백만 달러를 사용했습니다. 무엇보다도 그들은 우리의 추진 시스템을 알기를 원했고, 그것을 얻기 위해서는 힘으로 무슨 짓도 하려고 합니다."

"지구의 과학자들은 자기적인 탐사장치 개발에 근접해 있으며, 또한 이 아름다운 빛의 우주선에도 다가오고 있습니다. 우리의 우주선은 인간의 눈과 레이더(radar)에는 포착되지 않았습니다만, 셸리 베이에 있는 자기(磁氣) 조사팀에게는 목격되었습니다. 또한 세 사람의 승무원과 함께 궤도에 있는 보스토크(Vostok) 위성에게도 보였습니다."

"지구에서 제작된 비행접시(UFO)가 지상으로 내려가다 추락하여 지표면과 충돌했을 때, 과학자들은 그 비밀을 조사 연구한 바가 있습니다." 아콘이 설명했다.

"이것은 지구인들에게 많은 혼란을 초래했습니다. 하지만 이 비행체들의 추진시스템은 우주여행을 위한 것이 아니고, 대기권 안의 비행을 위한 것이었습니다. 지구인들이 변화하고 은하계 안에 있는 그들의 환경을 존중할 때까지는 더 많은 세월이 걸릴 것입니다. 그들이 아직은 전자중력적(電子重力的) 추진 시스템을 이해할 수는 없습니다."

나는 전망 렌즈로 비행접시가 앉았던 산의 정상과 멀리 있는 저쪽 골짜기를 살펴보았다. 그리고 말없이 옷을 갈아입기 위해 화장실에 딸린 옷장으로 갔다. 그 옷은 건조돼 있었으며, 바닷바람 냄새와 똑같은 이국적인 향기와 함께 부드럽고 가벼운 느낌이 들었다. 우주선의 봉인된 벽 너머에서 부드러운 진동이 느껴졌고, 나는 우리가 지구 시간대의 진동 속에서는 눈에 보인다는 것을 알고 있었다. 즉, 우주선의 진동주파수가 내가 다시 지구의 대지로 내려설 수 있도록 이 지구 행성의 주파수로 되돌아왔던 것이다.

아콘은 그의 팔로 나를 꽉 껴안았다. 그리고 세론의 명랑한 미소와 나를 안심시키는 보증의 말이 우리가 헤어질 때의 나의 압도적인 외로움을 덜어주었다. 나는 이 멋진 정취를 떠나야 했고, 사랑하는 나의 친밀하고 매력적인 존재인 아콘과 헤어져야 했다. 나는 그가 나와 생각을 공유할 때, 부드러운 미소가 그의 금욕적인 얼굴을 잠시 스쳐가는 것을 보았다. 행복과 흥분으로 가득 찬 이 진정한 친근감은 얼마나 아름다운가! 그것은 모든 좌절과 외로움의 감정을 넘어서게 했으며, 그 대신에 내가 나의 운명을 견뎌내도록 강인한 힘과 결의를 갖게 해주었다.

편안함과 만족감을 느끼면서 나는 아콘과 함께 우주선의 선체 바깥으로 발걸음을 옮겼다. 비키(Vicki)는 의기소침하여 마지못해 자신의 귀를 떨어뜨리고 지표면으로 되돌아가는 우리를 따라왔다.[35) 그리고는 마치 다음에 무슨 일이 일어날까하고 의아해 하듯이 머리를 한 쪽으로 늘어뜨리며 슬프게 풀 속에 주저앉았다. 아콘은 자신의 부드럽고 큰 양손 사이로 나의 얼굴을 치켜 올렸고, 오랫동안 나의 눈을 들여다보았다.

"당신을 사랑하오." 그는 속삭였다.

"(공간적) 거리는 사념과 심상(心象)에 전혀 장벽이 될 수 없습니다. 나는 다시 돌아올 것입니다."

"저도 당신을 너무나 사랑해요." 나도 속삭이며 응답했다.

"내가 당신의 아이를 낳으면 어떨까요?"

이 생각의 온기가 날개를 펼치며 내 몸을 통과했고, 이어서 나는 몸을 떨었다.

"나는 당신을 데리러 돌아올 것이고, 나의 아들을 원합니다. 그는 우리의 아기이며, 사랑하는 내 생명의 일부가 될 것입니다. 그리고 그 아이는 지구인이 아닐 것이오."

그는 떠나기 전에 황홀한 입술로 나에게 부드럽게 키스했다. 그리고는 우주선의 선체 안으로 뛰어 올라갔다. 이윽고 그의 키크고 꼿꼿한 자태를 뒤로 한 채 아쉽게도 문은 닫히고 우주선은 떠나갔다.

---

35)여기서 비키는 애완견의 이름이며, 아마도 엘리자베스는 자신을 따라온 개를 데리고 우주선에 탑승했었던 모양이다.(감수자 주)

생명은 전기(電氣)이다. 우리가 생명으로 인식하는 이 마법의 무늬를 깨인 의식으로 알고 태어난 사람이 얼마나 되는가?

나는 비키를 팔에 안고서 몸을 돌려 우주선으로부터의 안전거리를 향해 달려갔다. 그리고 안개가 산 아래쪽을 향해 휩쓸고 내려갈 때, 우주선이 지면에서 이륙하는 것을 서 있는 채로 바라보았다. 우주선은 엷은 안개 속에서 지구에서는 볼 수 없는 빛을 발산하고 있었다. 그 선체 표면이 빛과 함께 진동했고 결국 우주선은 사라졌다. 나는 비키와 함께 젖은 풀 속에서 홀로 서 있었다. 그리고 남풍이 불어와 나의 스커트를 때리고 머리카락을 흩트려 놓았다. 그곳에는 단지 (우주선의 착륙에 의해서) 평평해진 풀의 거대한 원형자국만이 남아 있었다. 그 풀은 시간이 지나면 첫 비와 함께 지구상의 어떤 곳에서도 알려지지 않은 짙은 녹색의 활기로 다시 자라날 것이다. 활력을 돋우는 전기적인 생명력이 그 아래의 흙 속에서 생명유지에 필요한 특성을 생성하는 덕택에 말이다.

집으로 돌아가는 길을 걷는 가운데 마치 산등성이의 풀들이 남풍의 호흡 속에서 우주에 대한 찬가를 부르듯이, 나의 온 몸이 기쁨의 노래를 부르고 있었다. 사랑과 삶에 대한 큰 기쁨이 따뜻하게 나를 안았으며, 나는 미래의 경이로움을 느꼈다. 비키는 맨 앞에서 긴 풀을 통과해 달려 나갔다. 그녀는 윤기가 흐르는 야생의 영양(羚羊)들을 몰아냈고, 안정된 발걸음으로 자유분방하게 산 아래쪽을 향해 내달리고 있었다. 비키는 양들을 쫓아가는 것을 포기하더니 풀숲의 꼭대기 너머를 보기위해 짧은 뒷다리로 우뚝 섰다. 산꼭대기로부터 아래쪽으로 부는 바람과 함께 안개의 향기가 밀려왔다.

나는 비밀을 간직한 채, 산의 평화로움 속에 머물러 있었다.

언니는 내가 그녀와 함께 농장에 머물면서 외부 세계의 위험에 나를 노출시키지 않는 것이 더 안전하다고 판단했다. 딸아이는 전공과목을 이수하기 위해 런던에 갔으며, 나의 아들은 농장에서 단지 몇 km 밖에 되지 않는 나탈의 기숙사로 갔다. 하지만 신문기자들이 농장으로 통하는 외로운 산길을 넘어 왔으며, 사악한 정치의 안개가 농장의 경계선에서 그 악취 나는 입김을 풍기고 있었다. 하지만 나는 자궁 속에서 아기를 형성해가고 있는 내 자신을 납치할 계획을 세우고 있던 그자들의 탐욕스러운 욕망의 깊이를 전혀 눈치 채지 못하고 있었다.

드라켄즈버그 산맥의 산기슭에 앉아 있는 엘리자베스 클래러. 이곳이 감시를 피해 나중에 아콘과 함께 만났던 장소라고 한다.

　나는 새처럼 자유롭게 속도를 내면서 MG[36] 자동차로 더 이상 도로 위를 달릴 수가 없었다. 광범위한 보안 조직의 날개가 맑게 갠 나탈 지역 위로 그림자를 드리우기 시작했다. 나의 모든 움직임은 당국의 의해 체크되고, 그들에 의해 만들어진 일정

36)MG는 〈모리아 가라지(Morris Garages)〉 자동차를 말한다. 1930년에 영국에서 세실 킴버(Cecil Kimber)가 설립한 자동차 회사이다. MG는 스포츠카인데, 부자가 아닌 일반인들도 구입할 수 있는 소형 스포츠카의 브랜드로 더 알려져 있다. (역주, 네이버 지식백과에서)

한 틀 안에 제한되었다. 비록 내가 가서 하늘의 저 먼 영역과 주파수를 맞추고자 명상하기를 고대했던 그 산을 향해 다시 출발한다 할지라도 감시의 눈은 어느 곳에나 있을 것이었다. 그리고 망원렌즈를 장착한 카메라가 그 산에 매복해 있을 것이다. 나는 이것이 내가 처한 내 자신의 현실임을 알고 있었다. 그럼에도 알 수 없는 안도감과 행복감이 내 양 볼에 왈칵 눈물이 흘러내리게 했다.

어느 날 나는 떡갈나무 숲 너머 농장 뒤에 있는 밭이랑 위에 서 있었다. 내가 구부러진 풀숲을 가로질러 높은 드라켄즈버그 지역 중앙의 넓은 언덕에서부터 가파르게 이어진 캐스킨 고지를 바라보고 있을 때, 나의 마음속에서 말소리가 울렸다.

"캐스킨으로 오세요. 고지 위에 있는 캐스킨으로 돌아오세요."

아콘! 그는 아콘이었다. 그리고 그는 나에게 은신처로 가라고 말하고 있었다. 캐스킨 정상의 기슭에 있는 거대한 고지는 넓은 자연보전지역인데, 그곳에서는 우주가 영원히 우리의 유산의 일부인 안전의 자유를 제공해 왔다. 또한 그곳은 빛의 우주선이 아직도 방해받지 않고 자유롭게 착륙할 수 있었다. 울퉁불퉁한 고지는 영원히 우주의 비밀을 간직할 것이다. 모진 날씨 때문에 상처 나고 그을린 평평한 꼭대기의 봉우리와 바위 얼굴들은 우주의 자유 속에서 그 존재의 실체를 붙들고 있는 하늘을 항상 응시하고 있었다.

다음날 아침 일찍 우리는 말에 안장을 채운 후, 리틀 무이 강을 가로지르고 있는 둥근 풀밭을 넘어서 멀리 떨어진 산의 요새인 캐스킨 정상을 향해 출발했다. 날씨는 아름답고 쾌청했다. 그리고 위쪽으로 굽어진 수km의 숲을 넘어 드라켄즈버그 기저의 가파르고 풀로 덥힌 언덕을 향해 가는 길은 순조로웠다. 셀레네(말 이름)는 시원한 바람 속에서 의기양양하게 머리를 들어 올린 채 편안하면서도 안정된 발걸음으로 먼 거리를 걸어갔다. 그녀는 고지의 넓게 개방된 공간을 즐겼으며, 모든 물결치는 근육과 지칠 줄 모르는 발걸음의 부드러움을 통해 자신이 고대 아라비아 혈통임을 드러내 보이고 있었다. 우리를 따라오던 짐을 실은 말이 샤이어(Shire)[37] 말을 따라잡는 데 힘들어하자, 우리는 발걸음을 늦추었다. 마부는 우리와 보조를 맞추는 데 어려움을 겪었다. 우리는 계속 이동해서 산의 은신처까지 도달하는 것이 우려되었는데, 왜냐하면 셀레네의 흰 피부가 수 킬로 밖에서도 보일 수가 있었기 때문이다.

우리는 고원의 기슭에 자리 잡고 있는 외딴 산의 호스텔에서 머물렀다. 그곳은 캐스킨 정상이 가파르고 풀로 뒤덮인 어깨능선으로부터 아름답게 우뚝 솟은 곳이다. 깊고 작은 골짜기와 개울들은 짙은 자연의 관목들과 경계를 이루고 있었고, 그곳에서는 철쭉과 양치류(羊齒類)들이 무성했다. 이 나라에는 많은 종류의 영양(羚羊)과 새들이 서식하고 있다. 올빼미, 매, 그리고 비비(狒狒)들이 위쪽으로 솟아있는 높은 바위 경사면과 바위 표면을 지배하고 있었다.

침묵의 영광이 평화와 함께 나를 껴안았다. 그리고 젖은 땅과 덤불의 향기가 물결치는 풀들의 씨앗 머리를 통과하여 산들바람과 함께 다가왔다. 늦은 여름의 해가 산의 성벽을 향해 지고 있었으며, 하늘의 푸른색을 더욱 깊게 하고 있었다. 사랑스러운 침묵이 대지의 광활함을 통해서 숨을 쉬었다. 나는 호스텔의 위쪽에 있는 긴 경사면 위의 따뜻한 풀 속에 누어서 시시각각으

---

[37]샤이어(shire)는 영국산 말 품종의 하나로, 세계에서 가장 체격이 크다. 보통 어깨높이가 1.7m 이상이고 몸무게는 910kg를 넘는다. 키 1.9m에 몸무게 1.2t에 이르는 것도 있다.(역주)

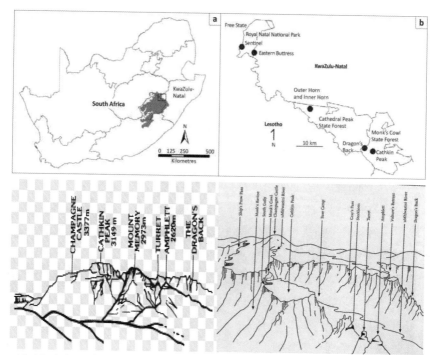

남아프리카 공화국 내에서의 캐스킨봉의 위치와 안내도

로 변하는 산을 바라보았다. 그리고 나는 인생의 경이로움과 아
름다움에 대해 깊이 생각했다. 그때 태양은 거대한 절벽을 향해
더욱더 낮아졌고, 바람은 풀숲을 통과하는 속삭임으로 약해지고
있었다.

생명은 전기(電氣)와 같다. 우리가 생명으로 인식하는 이 마
법의 무늬를 깨인 의식으로 알고 태어난 사람이 얼마나 되는
가? 영혼의 무한한 의식과 파장을 동조시킬 수 있다는 것은 죽
음을 초월하는 것이고, 저쪽 차원의 영역에 합류하는 것이 된
다. 그리하여 우리는 친밀한 영적인 동료의식에 도달한다. 그리
고 우리의 운명을 형성하는 데 그들이 하는 역할에 관한 지식

을 얻게 된다.

태양계는 50억년이 넘었으며, 인류의 진정한 요람이다

인간은 영적탐구의 갈망을
충족시키기 위해 영원히 노
력해야 하고 자연에서 그 위
대함을 찾아야 한다. 영원히
푸른 하늘을 마주하고 있는
장엄한 산봉우리를 경탄과
경외감으로 바라보는 것은
저 멀리 광활한 심연 속에
있는 별에 도달하고자 하는,
그리고 우주의 조화에 동조
하고자 하는 영적 탐구의 첫
걸음이다. 우리가 그 안에

말에 올라앉은 엘리자베스의 모습. 그녀의
애마 셀레네는 원래 백마이지만, 이 두 번
째 말 역시 셀레네-Ⅱ라고 이름지었다.

존재하고 있는 우주의 조화 속에는 지혜가 있다. 우리는 각자가
조화로운 가운데 모든 장기(臟器)들이 서로 조화됨과 더불어 우
리의 마음과 몸의 조화를 유지해야 하며, 그럼으로써 (불규칙
한) 심장박동으로 변형된 감정들의 부조화에 의해 야기되는 어
떤 불협화음의 질병도 침범할 수가 없다. 전기인 빛은 우리의
몸이 우주의 먼 곳을 관통해 진동하는 음악의 조화 속에 연결
돼 있는 우주적인 리듬이다.

많은 사람들이 여전히 잠자고 있다. 그들은 영혼이 아직도 영
적탐구에 관해 깨어나지 못한 상태로서 자연의 비밀을 최대한
탐구하려는 내면의 마법적인 힘을 인식하지 못하고 있다. 이런

196

힘은 영혼이 지식과 지혜를 마음에다 전송하기 위해 (문을) 두드릴 때 나는 지성적인 우주와의 영원한 접촉에 대한 서곡이다. 지혜란 자신의 각성된 영혼을 통해 이런 사실들을 알고 있는 많은 사람들한테서 생겨난다. 그것은 많은 책과 문학작품을 읽는다고 얻어지는 것이 아니다. 오히려 그것(많은 책과 문학작품을 읽는 것)은 항상 진리탐구에 시간을 쓰지 않는 사람들의 믿음과 생각을 단순히 소유하는 것에 불과하다.

새로운 다른 종류의 인간들이 지구상에서 진화해야 하며, 새로운 종족의 인간들이 출현해야 한다. 즉, 이해, 사랑, 인내심을 가지고 폭력과 죽음보다는 생명에 고정되어 있는 사람들, 그리고 장차 하나님의 아들과 딸들이 되고 모든 자연과의 조화로움 속에서 우주의 아들과 딸이 되려는 사람들 말이다. 오로지 이런 방식에 의해서만이 인간은 그들의 세계인 지구 – 지구는 연약하고 아름다우며, 광활한 우주의 공간 속에서 홀로 떠다니면서 상처받기 쉽지만, 희망의 햇불처럼 푸른빛으로 빛나고 있다 – 에 대한 구원의 전주곡을 울리게 될 것이다.

나는 인간 형태의 존재들이 살고 있는 우리의 태양계 내의 다른 모든 행성들을 생각했다. 나는 어머니 행성인 금성이 어떻게 인류를 탄생시켰는지, 그리고 그 아름다움이 인간의 손에 의해 보존되어 왔음에도 금성이 어떻게 태양의 방사선에 의해 황무지로 전락되었는지를 생각했다. 우리는 아주 먼 옛날에 수많은 우리 인간들을 탄생시켰던 어머니 행성인 금성에 대해 당연히 친밀하게 느끼고 있다. 많은 지구인들이 구형 우주선 안에 있었던 금성인 우주인들과 만난 경험에 관해 글을 쓴 바 있으며, 이것은 참으로 진실이다.[38] 그들이 금성인들과 토성인들에 관해

---

38) 1950년대와 1960년의 초기에 UFO와 접촉했던 조지 아담스키와 하워드 멘저, 다니엘 프라이를 비롯한 다수의 접촉자들이 모두 금성인들과 접촉했었다.(감수자

언급했던 것은 지극히 자연스러운 일이었는데, 왜냐하면 (인간과 접촉한) 대부분의 우주 사람들이 본래 이 태양계 안의 행성들에서 유래했기 때문이다. 태양계의 나이는 50억년이 넘었으며, 진정으로 인류의 요람이다.

오늘날 지구상에 있는 사람들의 마음이 우선 그들 자신의 태양계에 관한 지식을 통해 확장되는 것은 간단하다. 그리고 이것은 다가오고 있는 더욱 거대한 지식에 자신들을 조건화시키기 위해서 필요한 일이다. 그들은 이제 인간들이 지구상에서 5,000년 전 이상 전에도 살았다는 사실을 인식해야 한다. 그리고 과학과 기술을 완성해감에 따라서, 그들은 켄타우루스(Centaurus) 성좌 안에 있는 이웃 태양계로 옮겨갈 수 있었다.

이 위대한 문명의 사람들은 지금도 금성인들이라고 불린다. 그렇지만 이들은 높은 이마와 금발의 머리칼과 함께 큰 키와 고운 피부를 가진 사람들이다. 이것이 아콘의 문명이다. 그리고 나는 종족의 기억을 통해서 전생(前生)에 내가 금성에서 살았던 삶을 기억한다. 아콘이 이런 기억을 나의 마음에서 일깨웠으며, 나는 이 모든 과거를 명료하게 기억하고 있다. 미래의 어느 때에 나는 이 책의 후속편을 쓸 예정인데, 책 제목을 '금성의 딸'로 할 작정이다. 그 이유는 정말로 나는 지구가 아닌 금성의 딸이기 때문이다. 나는 육체적으로, 정신적으로, 그리고 영적으로 이곳의 나의 가족을 닮지 않았으므로 아마도 나는 어린 시절에 이곳에 이식되었을 것이다. 그러므로 내가 여기 지구문명에 속하는 대신에 아콘 문명의 일부가 되는 것은 극히 자연스러운 일이다. 심지어는 아콘이 어느 날 나에게, 이렇게 말한 적이 있었다.

"왜 메이(May)를 당신의 언니라고 말하죠? 메이는 혈통상의

주)

198

언니는 아닙니다."

내가 적응할 수 있는 연결고리는 금성과 지구 사이였으나, 지금은 그것이 지구와 메톤(Meton)이다. 메톤이란 알파 켄타우리(Alpha Centauri) 태양계 안에 있는 (아콘의) 고향 행성이다. 그렇게 생각하는 순간, 나라는 존재는 영원의 본질과 접촉했으며, 진실은 모든 놀라움 속에서 드러나고 있었다. 시간이 모든 것의 핵심이며, 해답이었다. 즉, 시간의 흐름이란 아콘의 문명에서는 그리 중요한 것이 아니었다. 수백만 년의 세월이 우주지식 단계 속에서는 의식되지 않고 흘러간다. 지구인은 아직 미성숙하고 거대한 지혜와 지식을 얻을 만큼 충분히 오래 살지 못하기 때문에, 무한히 긴 시간을 이해할 필요가 있다. 시간의 변화성은 아콘의 문명에서는 중요하다. 그들은 과학적 이로움을 위해 시간을 이용하고, 또한 조종한다. 나는 다음에 우리가 만날 때는 아콘이 이점에 관해 더 많이 이야기해 줄 것이라고 확신했다.

나는 조용히 긴 풀밭에서 일어나 나무숲에 가려진 호스텔로 가는 산중턱의 길을 따라 내려갔다. 셀레네는 다른 말들과 함께 밤을 새우기 위해 벌써 안전하게 잠자리에 누워있었다. 그리고 나는 마부들과 더불어 그들이 새벽에 고원을 향해 떠날 수 있도록 준비했다. 달 없는 밤의 어두움이 호스텔 주변에 모여들 즈음에 나는 아들에게 우리가 해야 할 일을 일깨워주었고, 우리는 캐스킨 고원을 바라보며 테라스에 앉아 있었다.

다음날 아침, 우리는 가파르고 구부러진 길을 따라 위를 향해 천천히 종렬로 이동했다. 태양이 저 밑에 있는 나탈의 둥근 언덕 위로 떠오를 때 우리는 고원을 향해 산을 계속 올라갔다. 태양은 금빛으로 캐스킨의 풀 덮인 산등성이를 비치고 있었다. 이윽고 고원에 도착함에 따라 우리의 이동 속도가 높아졌다. 우리는 맑고 푸른 아침 하늘로 우뚝 솟아오른 거대한 캐스킨의 장엄한 흉벽(胸壁)을 바라보았다. 바위는 수 세기의 비바람에 갈라지고 상처 난 채로 우주의 영원을 끝없이 응시하고 있었고, 낮은 산등성이는 바람 속에서 물결치고 있는 녹색의 풀들과 함께 살아있었다.

멀리 보이는 산봉우리가 캐스킨이다.

그런데 갑자기 앞에 가던 말이 미지의 것으로부터 피하기 위한 시도로 미친 듯이 길에서 벗어났다. 그 말은 자신의 등에 태우고 있던 데이비드를 거의 떨어뜨릴 뻔했으나, 그는 즉각 말을 통제하고 조용하게 다독였다. 셀레네는 거칠게 숨을 몰아쉬며 코를 벌렁거렸고 길에서 죽은 듯이 움직이지 않았다. 말에 탄 채 뒤에서 따라오는 큰 짐을 실은 말을 이끌고 가던 줄루족 마부는 공포에 질린 말들을 안정시키려 말에서 뛰어내리며 말들에게 소리 질러 명령하고 있었다. 하지만 말들은 눈의 흰자위를 보이고 떨면서 코를 씩씩거렸다. 나는 즉각 셀레네에서 뛰어내렸고, 데이비드에게도 말에서 내리라고 지시했다. 그리고 마부에게 말을 저쪽을 데려가라고 줄루어로 다급하게 말했다.

바로 그때, 우리 앞에 나있는 길을 가로질러 아콘의 거대한 우주선이 가물거리는 빛을 발하며 시야에 들어왔다. 먼저 열파(熱波)의 작용이 납작해진 풀 위를 덮으며 이동했다. 그리고 이어서 번쩍이는 우주선이 나타나 잠시 허공에 낮게 정지해 있다가 서서히 지면 위로 착륙하고 있었다. 저쪽 뒤에 있던 줄루족 마부는 입을 열었다가 다물며 그 자리에 그대로 얼어붙었다. 그는 무언가를 우리에게 소리 지르려고 했으나, 그가 결코 통일장의 빛이 휘는 효과에 관한 과학적인 설명을 이해할 수는 없었다. 이곳 비가 자주 오는 산기슭에는 정말로 마술이 있었다. 일생동안 그는 어떻게 구름들이 저 아래의 둥근 언덕에 있는 사람들의 대지 위에 비를 가져오기 위해 모이는가를 지켜보았다. 또한 그는 산이 어떻게 광활한 경사면과 먼 바다를 가로질러 확산되는 비를 내리기 위해 공기 속에 있는 습기를 끌어들이는가를 보아왔다. 하지만 이제 그 산의 마법은 다른 어떤 것, 그의 단순한 이해를 넘어선 어떤 것을 가져왔다. 즉 광대한 우주로부터 온 우주선 한 대가 그의 두려움에 사로잡힌 시선 앞에 나타났고, 그것이 그가 매우 잘 알고 있는 길 위에 조용히 안착했던 것이다.

그 우주선은 잠시 조용히 머물러 있었다. 그리고 소리 없이 문이 열렸다. 이윽고 아콘이 입구를 통해 걸어 나오자, 나는 행복한 환영의 소리를 지르면서 그의 팔에 안겼다.

당신들은 결코 우주선이나 그 승무원들을 붙잡을 수 없다

아콘과 함께 보낸 찬란한 그날 아침은 얼마나 멋졌던가! 그가 잡아준 따뜻한 손은 오랫동안 말을 탄 후에 내 몸에 나타난 피로를 씻어주었다. 나의 피로는 잠깐 동안뿐이었다. 그리고 그가 우리에게 준 음식은 내 원기를 회복시켜 주었다. 나의 삶은 아콘과 하나로 통합되어 전체가 되었으며, 우리는 이 전체를 완성하기 위하여 또 다른 삶을 창조했다. 나는 이제 나의 자궁 속에서 그의 아기가 꿈틀거리고 있는 것을 느끼며 완전한 행복감 속에서 긴장을 풀었다. 그것은 강하고 건강한 아들의 힘찬 첫 움직임이었는데, 아콘이 아기의 심장박동 소리를 느끼기 위해 손을 나의 배 위에 얹었을 때, 아기는 아버지인 아콘이 가까이 있음을 이미 알고 있는 듯이 보였다.

"당신은 이제 내가 데리러 올 때까지 안전할 것이오." 아콘이 나와 함께 위쪽의 말들에게로 걸어가면서 부드럽게 말했다.

"그리고 언제 어디서 나를 기다려야 하는지를 알게 될 거요."

그는 손과 목소리로 말들을 진정시키면서 나를 안장 위에 들어 올렸고, 셀레네의 목을 쓰다듬었다.

"이 말은 믿음직하게 흔들거리지 않고 안락하군요. 리듬을 타는 운동은 당신과 아기 둘 다의 건강에 좋습니다. 그리고 무엇보다도 고지인 이곳의 신선한 공기는 산소로 가득 차 있지요. 하지만 말을 너무 타서 피곤해지지는 마세요."

그렇게 엄격하게 말을 한 후, 그는 나에게 부드럽게 키스를 하고는 자신의 우주선으로 돌아갔다. 그에게 데이비드와 마부는 존재하지 않는 듯했다. 그는 그들에게 눈길을 주지 않았다. 열파의 효과와 같은 가물거리는 빛이 지면을 따라서 작용하더니 곧 그 거대한 우주선은 하늘로 치솟아서 사라졌다. 나는 아콘이 주변에 다른 (감시하는) 사람들 – UFO을 찾아다니고 또한 무자비한 방법으로 UFO의 추진방법을 조사하기 위해 지구상의 다른 어딘

아들 데이비드가 어렸을 때 자동차 앞에서

가에서 온 자들 - 이 있다는 사실을 눈치 채고 있음을 알고 있었다. 그리고 그들은 자성(磁性)을 띤 도구들을 갖고 있었다. "빨리 서둘러!" 나는 소리를 질렀다.

"우리는 산으로 돌아 가야해."

셀레네를 돌려서 나는 그 말 옆구리에 박차를 가했다. 그러자 말은 당황하여 머리를 치켜들고 앞으로 내달리며 속도를 높였고, 다른 사람들도 내 뒤를 쫓아왔다. 우리가 단층면이 드러난 낭떠러지의 꼭대기에 도착했을 때 뒤를 돌아보자, 우리의 말이 긴장하지 않고 어렵지 않게 통과했던 구불구불한 오솔길을 드러내며 안개가 걷히기 시작했다. 그 지나온 흔적은 저 아래 쪽의 고원으로 가기 쉬운 산길을 지나 강둑을 휘돌아서 아래쪽으로 굽이쳐 내려가고 있었다. 양쪽에서는 샴페인 성(Shampagne Castle)의 웅장한 절벽 면들이 엷은 구름을 뚫고 나타났다. 거대하고 평평한 캐스킨 산 정상이 멀리서 구름위로 삐쭉 나온 메모리 산의 정상과 함께 마치 초병(哨兵)처럼 소용돌이치는 안개 위로 우뚝 솟아 있었다.

나는 말에서 내려 말이 편하게 깨끗한 개울물을 마시고 강둑에 있는 신선한 풀을 뜯도록 셀레네의 입에서 재갈을 풀고 안장에다 고삐를 붙들어 매었다. 그런 다음 나는 낭떠러지의 비탈진 고원부분을 따라 걸으며 수많은 산들이 줄지어 서 있는 바스토랜드(Bastoland) 지방 쪽을 바라보았다. 얼마 전에는 한 여자가 요리용의 타다 남은 불을 함부로 취급하다 저쪽 보스토랜드 요새의 어느 곳에서 산불이 났었다. 그 불은 서풍과 함께 번져서 나탈 쪽의 단층이 드러난 절벽의 위와 아래를, 그리고 캐스킨 산등성이를 덮고 있는 무성한 풀숲을 휩쓸었다. 불은 오직 산 저 아래쪽에 있는 방화대(防火帶)에 의해서만 저지되었으며, 고원지대 너머만이 파괴적인 불의 숨결이 미치지 못했다. 나는 푸른 풀잎이 다시 자라나고 있는 타고 남은 풀 속으로 뽀드득 소리를 내면서 걸었고, 그때 광막한 풍경은 반짝이는 선녹색으로 물들고 있었다.

소용돌이치는 안개가 불어오는 동풍에 휩쓸려 드라켄즈버그 너머의 위쪽으로 이동하고 있었다. 안개는 산 정상의 건조한 공기 속에서 엷어졌고 사라지는 중이었다. 갑자기 하늘의 바람에 휩싸인 고요함 속에서 어떤 소리가 났다. 나는 재빨리 거대한 바위 곁의 우묵한 곳에서 자라는 키가 작은 관목 뒤로 움직였다.

그때 고음의 "쌩"하는 소리와 함께 진한 회색의 금속성 비행체가 나타났고, 오렌지색 불꽃을 내뿜으며 완전히 수직으로 하강했다. 원형의 동체 위에서 아침 해가 반사하지는 않았다. 그것은 녹색의 산등성이와 그 너머의 푸른 하늘을 배경으로 한 바위처럼 단조로운 무색이었다. 그것은 하늘이나 땅으로 위장하여 불길한 의도를 갖고 기다리는 거미처럼, 산꼭대기에서 조용히 웅크리고 있었다. 아콘이 그렇게 서둘러서 떠난 것은 당연한 일이었다. 그는 그들이 감시하고 있다는 것을 알고 있었지만, 그들로부터 나를 보호할 수 있었다. 그 역시 바로 머리 위에서 눈에 보이지 않는 채로 그들을 감시하고 있었으며, 나는 이 사실을 그가 가까이에 있다는 것을 느끼면서 확신하고 있었다.

산위에 거대한 적운(積雲)이 머물고 있었다. 차가운 푸른 하늘을 배경으로 뚜렷이 드러난 꽃양배추의 머리처럼 하얀 꼭대기들은 다가오는 변화를 말해주었다

우주선의 둥근 덮개가 소리 없이 열렸다. 그 덮개는 마치 현창(舷窓)처럼 다시 닫혔는데, 그것은 교묘하게 마치 문짝거미(trapdoor spider)의 보금자리 덮개와 같이 완전히 닫혔다. 그리고 나는 그 생각에 몸이 오싹했다. 하지만 아무 일도 일어나지 않았다. 공중에는 깊은 침묵만이 내걸려있었고, 오직 바람만이 관목 숲의 꼭대기를 통과하며 소리를 내고 있었다. 거대한 원형의 리벳(rivet)으로 접합한 그 우주선의 부드럽고 둥그런 단순함은 엄청난 효율과 뛰어난 기동성을 가진 기기를 숨기고 있었다. 그리고 그것은 마치 공처럼 완전한 원형으로서 넓은 원형의 밑면을 지닌 짧고 튼튼한 착륙용 삼각 다리를 갖고 있었다. 한편 나는 하부에서 주변에 거의 돌출되지 않은 작은 유도 분출구(guidance jet nozzles)를 볼 수 있었는데, 그 연소 배기 장치의 원형 테두리가 삼각 발 사이에 걸려 있었다.

한 사람이 해치(hatch:덮개)의 출입구를 통해 나타났다. 그는 재빨리 동체에 고정된 사다리 아래로 미끄러져 내려와 땅 위로 뛰어 내렸다. 그는 조용히 선채 팔을 들어 올려 손가락으로 자신의 금발 머리칼을 쓸어 올렸다. 그는 산의 맑은 공기를 깊이 들이마셨고, 기운을 북돋우는 대기가 그의 지친 몸과 마음을 회복시켜줌에 따라 만족감을 나타냈다. 그런 다음 그는 절벽의 가장자리 너머의 먼 나탈로 시선을 돌렸다. 내가 생각하건대 그의 마음속에는 정복했다는 생각이 있는 듯 했다.

이어서 또 다른 사람이 해치를 통해 올라왔고, 역시 사다리 아래로 미끄러져 땅 위에 내려서더니 깊이 숨을 들이쉬었다. 그런 후에 그는 눈을 감은 채 (땅위로) 푹 꼬꾸라지며 독수리처럼 두 팔을 펴고서 깊은 잠에 빠지는 것이었다. 내 생각에 그들은 그 한정된 공간 속에서 대기하면서 오랜 시간을 보낸 것이 틀림없었다.

갑자기 그 키가 큰 우주비행사는 셀레네가 나를 찾기 위해 산 길 위로 천천히 올라오자 손을 벨트 위에 얹고서는 휙 돌아보았다. 셀레네에게는 굴레도 안장도 없었으며, 그때 그가 땅에 쭈그리고 앉았다. 올라오던 셀레네는 멈추어 섰다. 그리고 그녀는 멋진 머리를 높이 치켜들고서 이상한 비행체와 비행체 곁에서 웅크리고 앉아 있는 남자를 바라보았다. 그런 후 셀레네는 흰 빛이 번쩍하듯이, 뒷다리로 몸을 돌리고는 길 아래쪽으로 내달렸다. 그러자 그 러시아인이 일어서더니 작은 튜브 같은 무기로 조심스럽게 그 말을 향해 조준하는 것이었다.

"멈춰요!" 나는 소리를 질렀다.

"어떻게 감히 나의 말을 죽이려고 하죠?"

내가 관목 숲 뒤로부터 걸어 나오자, 그는 놀라서 팔을 내리고 나를 쳐다보기 위해 몸을 돌렸다. 나는 너무나 기분이 나빠서 그의 뺨을 때리려고 그에게 가까이 걸어갔으나, 그 대신에 그에게 이렇게 말했다.

"어떻게 감히 셀레네를 놀라게 하고 그녀에게 죽음의 광선을 겨눈단 말입니까! 게다가 셀레네는 그 가파른 길 아래에서 상처를 입을 수도 있었어요. 당신은 이곳에 착륙할 권리가 없어요. 여기는 우리나라이고, 당신 나라가 아니란 말입니다. 그리고 우리는 여기서 평화로워요."

그가 너무나 냉혹하게 보였으므로 나는 그 자가 나를 향해 그 작은 무기를 겨누고서 지구상에서 나를 증발시켜버릴 수도 있다고 생각했다. 그러나 그가 나를 위 아래로 쳐다보더니 그의 회색 눈길이 부드러워졌다.

"나는 당신을 이렇게 빨리 만나리라고는 기대하지 않았습니다." 그는 옥스퍼드 억양의 완전한 영어로 내게 입을 열었다.

"당신이 할 일은 아무 것도 없어요. 나를 붙잡아 보아야 도움이 되지 못할 것이고, 또한 달라질 것은 아무 것도 없을 겁니다. 당신은 결코 우주선이나 그 승무원들을 붙잡을 수 없을 거예요." 내가 말했다.

그러자 그는 억세게 나의 팔목을 쥐고서는 나를 향해 맞받아 소리를 질렀다.

"그럼 당신은 어째서 여기에 있죠?"

"난 자주 여기에 와요. 여기는 나의 고향이에요"

"당신은 다른 행성에서 온 남성을 만나러 왔소. 그는 당신의 연인이죠. 우리 또한 우주여행에 관한 그의 도움을 청하기 위해 그를 만나기를 원합니다."

"그는 지구상의 어떤 나라도 만나는 데 동의하지 않을 거예요."

"그렇다면 그가 우리와 이야기하는 데 동의할 때까지 당신은 우리와 함께 있어야 합니다."

"당신들은 나를 이미 붙잡았잖아요." 나는 조용히 응답했다.

나는 그의 손아귀로부터 나의 팔목을 풀고서 크고 둥근 바위 위에 앉았다.

시간은 많이 있었다. 짐 싣는 말과 함께 마부가 이곳에 곧 나타날 것이며, 셀레네가 그들을 따라 올 것이다. 그러면 데이비드가 그에게 내가 요청한대로 저 아래 쪽 개울가에 머물고 있

는 한, 나는 도망갈 수 있을 것이었다. 나는 키가 큰 러시아인
을 바라보았다. 그는 정상적인 몸집과 금발을 가진 아주 멋지게
생긴 사람이었다. 그는 말끔히 다듬은 흰색의 매우 매력적인 긴
구레나룻을 갖고 있었다. 그는 최근에 면도를 한 것 같았으며,
그의 멋진 로션 향기가 내게 풍겨왔다. 그는 친절한 회색 눈을
가진 중년의 남자였다. 그는 합리적이고 이해심이 있을 것 같았
다.

"당신은 전자 장비로 얼마동안 우주선을 감시하고 있었어요.
당신은 오늘 아침에도 우주선을 찾고 있었고, 그들을 놀라게 하
기 위해 이곳에 착륙했지요. 그렇지 않나요?"내가 말했다.

"그렇습니다."

"당신은 어떤 희생을 치르더라도, 심지어는 공중에서 들이받
더라도 우주선을 나포하라는 명령을 받았지요. 당신들은 과학자
와 기술자로서의 당신들 생명은 희생시켜도 좋을 만큼 소모적
이군요. 그렇게 함으로써 당신네 과학자들이 우주선을 땅위에
착륙시키고 추진 시스템의 단서를 찾기 위해 정밀 조사하겠군
요. 하지만,"나는 곧 계속해서 말을 이어갔다.

"당신들은 이런 유형의 우주선은 추진시스템에 스위치가 켜지
면 즉각적으로 자동조종이 된다는 사실을 깨닫지 못하는 것처
럼 보이네요. 그 우주선은 낯선 종류의 물체가 접근하는 순간
자동적으로 회피하는 행동을 취합니다. 따라서 그것을 들이받는
것은 불가능합니다. 당신들이 지금까지 해왔던 일은 그 우주선
이 지면에 내려 앉아 모든 스위치를 끄고 경계가 풀어질 때 붙
잡으려고 했었죠. 하지만 그럴 때조차도 그것을 포획하는 일은
불가능합니다. 왜냐하면 우주선 내에서 경보장치가 즉각 작동하
기 때문이에요. 우주선 주변에는 다른 차원의 장(場)이 형성돼
있고, 또 어떤 것도 이를 뚫지 못하며, 심지어는 총알도 뚫지

못합니다.”

“그건 정말로 어렵겠군요.” 그가 대답했다.

“하지만 나의 임무는 당신을 붙잡는 것입니다”

나는 입술을 깨물고 아무 말도 하지 않았으나, 갑자기 따뜻한 햇볕 속에서 몸을 떨었다. 그러자 그 러시아인은 걱정하는 듯이 보였으며, 즉시 비행선 안으로 들어가서 두텁게 손으로 짠 의복을 갖고 돌아왔다. 그는 그것을 나의 어깨 주변에 걸쳐주고서는 단추를 잠그고 나의 두 팔을 양쪽 허리에 고정시켰다.

“나는 당신을 보살필 겁니다. 그리고 우리가 모스크바에 도착하면, 천체생물학 실험실에서 당신은 특별 보호를 받을 것입니다. 당신의 아이는 우리 과학자들의 팀에 의해 안전하게 출산될 것이고, 우리는 그 우주인 아이를 키워서 훌륭한 과학자로 훈련시킬 것입니다. 그 아이는 자연스럽게 자신의 (우주인) 종족을 따라가기를 바랄 것이므로 자기 아버지와 같은 두뇌로 그는 우리에게 별들로 가는 방법을 알려줄 것입니다.”

“그렇다면, 당신들은 이 모든 것이 계획적이었군요.” 내가 대답했다.

“그럼, 당신이 우주인 아이를 일단 안전하게 당신네 동료 과학자들에게 넘긴 다음, 출산을 마친 나는 어떻게 되는 거죠?”

“당신은 우주탐사 부서에서 우리를 위해 일하게 될 것입니다.”

“아마도 그 모든 것은 단지 당신의 추측이겠죠.”

“오, 그렇지 않습니다.” 그 과학자는 점잖게 말했다.

“우리는 당신을 찾아낼 방법을 갖고 있어요. 우리는 모든 것을 압니다. 비록 내가 당신이 가끔 흰 말을 타는 것을 감시하고는 있었지만, 이렇게 당신을 붙잡을 거라고는 기대하지 않았지요.”

"그렇다면 당신은 나를 붙잡기 위한 계략으로 그 말을 이용했군요."

"그래요. 하지만 과학자이자 한 사람의 동물애호가로서 나는 그 암말을 결코 해치거나, 어떤 방식으로든 당신을 당황하게 할 의도는 없었습니다. 당신은 당신의 자궁 속에서 자라나고 있는 우주인 아기와 함께 일종의 현상금과 같은 귀중한 존재입니다"

"그런데 만약 내가 도망친다면요?"

"그렇다면 당신을 붙잡기 위해 우리는 당신 나라를 침략할 것입니다."

"당신들은 감히 그렇게는 못 할 거예요."

"아니요, 우리는 그렇게 할 것입니다. 이 나라는 우리가 빼앗을 생각이 있는 값진 상금이죠."

나는 그에게 등을 돌려 절벽의 가장자리 너머를 바라보았다. 그 때 마침 마부가 오르막길을 오르고 있었고 셀레네가 그 뒤를 따라 오는 모습이 보였다. 그 마부는 하루 동안 많은 충격을 받았으며, 말들과 함께 몹시 바빴다. 셀레네는 나에게 다가오면서 마치 항의하듯이 머리를 치켜들고 코를 킁킁거렸으며, 콧등을 나의 등 오목한 부분에 쑤시고서 나를 큰 돌 저편으로 밀치는 것이었다. 나는 셀레네의 목에 팔을 감고서 고삐를 풀고 등자(鐙子)를 조절했다.

나는 마부에게 불을 지피고 차를 끓이라고 지시했다. 그 러시아인은 마부가 커다란 바위 곁에 있는 모래 구덩이 속에다 불을 피우기 위해 짐을 풀어 불을 지필 나무 조각들을 끄집어내고 돌을 모으자, 두 눈을 크게 떴다. 마부는 말안장에 달린 큰 백을 열어 샌드위치 통조림과 차를 끓이기 위한 여러 가지 물건들을 끄집어냈다. 그는 바위 턱 위에다 머그컵들을 나란히 놓은 후 산에서 흐르는 시냇물을 양철 주전자에 채우려고 갔다.

이어서 곧 뜨거운 불길 속에서 차가 끓여졌다.

"부인, 당신은 문명의 안락함을 갖춰 가지고 왔군요." 러시아 인이 향기 나는 차를 마시며 입을 열었다.

"당신네 엔지니어도 역시 마찬가지 아닙니까?" 내가 응답했다.

"우리 모두는 함께 똑같이 나눕니다. 그것이 줄루족 관습이지요. 저 사람을 깨우는 것이 좋겠어요."

그러자 눈을 뜬 그 엔지니어는 멋지고 가지런한 이를 드러내 보이면서 경계심을 푼 듯한 미소와 함께 얼굴이 밝아졌다. 그의 검정 머리는 매우 짧게 깎아져서 나는 그의 머리에서 얇은 살갗을 볼 수 있었다. 또한 그는 발에 검정색 즈크 구두를 신고 민간인의 평상복을 입고 있었다. 그는 차와 샌드위치를 들고 난 후에 비행선으로 되돌아 들어갔다. 나는 즉시 그 비행체의 꼭대기에서 레이더 추적 장치가 회전하고 있는 것을 눈치 챘다. 그리고 그 비행체 외면 주변의 돌출부 밑에서 다른 안테나가 나타났을 때, 찌지직 찌지직하는 무선음을 들을 수 있었다.

나는 모두가 출발할 준비가 되었다고 생각했다. 나는 그 러시아인이 "자, 이제 가야합니다."라고 말할 때, 셀레네의 갈기 속에 있는 나의 손을 비틀었다.

바로 그 순간 하늘에서 공군 전투기 한 대가 굉음을 내질렀다. 그가 갑자기 그 전투기를 관찰하려고 몸을 돌릴 때에, 나는 그의 얼굴에서 불안한 표정을 보았다. 나는 마부에게 고개를 끄덕이고는 내가 발을 딛고 있던 두텁고 평평한 돌로부터 재빨리 안장으로 올라타서 셀레네의 민감한 옆구리에 박차를 가했다. 그러자 나의 행동에 놀란 셀레네는 산비탈을 내달려 저 너머의 가파른 길로 미끄러져 내려갔다. 마부는 우리 뒤를 따라 달리고 있었다. 달려 내려가는 중에 내가 셀레네를 저 아래의 길에 매달려 있는 듯한 넓은 바위 밑으로 이끌어 가자, 그녀는 재빨리 알아듣고 내 뜻에 복종했다. 다른 말들도 서로를 밀치면서 뒤쫓아 왔다. 말들은 갑자기 힘을 쓰다 보니 숨을 헐떡거리며 옆구리가 부풀어 올랐고, 몸에서는 마치 우리가 긴급히 벗어난 위급성을 감지했다는 듯이 땀이 흐르고 있었다.

힘들어 내 쉬는 숨소리 외에 다른 이들은 동굴 바닥의 축축한 모래 위에서 아무 소리도 내지 않았다. 나는 그들에게 머리를 돌려 동굴 뒤편에 있는 바위를 보라고 지시했다. 그들은 무엇인가 무서운 일이 일어날 것을 예감하며 떨고 있었다. 그 비행체는 낯선 소리를 내면서 날아왔다. 그리고 회전하는 포탑(砲塔)으로부터 치명적인 고주파 에너지 광선이 발사되자, 광선에 맞은 바깥쪽 거대한 돌이 녹아서 사라져버렸다.

하지만 그들이 더 이상 (우리에게) 영향을 미칠 수는 없었는데, 왜냐하면 그 길은 오른쪽으로 날카롭게 꺾여 있었고, 동굴은 산을 향해 뻗어있었기 때문이다. 그들이 할 수 있는 모든 것은 무시무시한 무기와 그런 공포스러운 힘의 과시를 통해 우리를 놀라게 하고 굴복시키려 하는 것뿐이었다. 나는 그들이 곧 우주 정거장과 랑데부(rendezvous)를 해야만 할 것이므로 베르그 산 정상에 착륙한 후에 남아있던 짧은 한도의 시간에 기대를 걸었다. 나는 그 엔지니어가 이륙 준비를 하고 탈출하기 위해 분초를 다투는 시간을 갖고 움직였다는 것을 알아차리고 있었다. 시간상 매우 적절하게도 그 공군 제트 전투기는 러시아인들의 주의를 산만하게 만들었다. 그리고 마부는 우리가 베르그 산 정상으로부터 재빨리 탈출하도록 조심스럽게 준비하며 아주 훌륭하게 조용히 행동으로써 우리에게 도움이 되었다.

우리는 얼마동안 산 위에서 잠자코 앉아 있었으며, 오직 두터운 안개가 산등성이 위로 휘감아 올라갈 때만 은신처로부터 움직였다. 그 축복받은 안개는 영원의 향기를 품고 있었다. 조용히 그리고 천천히 우리는 길 아래쪽을 향해 내려갔다. 나는 우주선 속에 있는 그 사람(러시아인)이 어떤 장소의 정확한 위치를 알아내는 고도로 민감한 전자장비를 보유하고 있다는 것을 알고 있었는데, 왜냐하면 그들의 궤도상으로부터의 착륙이 그처럼 정확한 수준으로 완벽했기 때문이다. 나는 저 위쪽 길에 있는 용해된 사암(沙岩) 돌멩이를 생각했다. 그리고 지리학자들이 그것을 보면 어떻게 생각할지 의문이 들었다.

우리는 발걸음을 재촉하며 고원을 가로질러 이동했고 리틀버그(Little Berg)의 기슭에 있는 은신처로 들어갔다. 소나무 숲에 숨어있는 호스텔에서 우리는 호된 시련 끝에 휴식을 취했다. 산위에는 거대한 적운(積雲)이 머물고 있었다. 차가운 푸른 하늘을 배경으로 뚜렷이 드러난 꽃양배추의 머리처럼 하얀 꼭대기들은 다가오는 변화를 말해주었다. 그 흰 구름의 아래 부분은 산등성이를 가로지른 띠처럼 푸르스름한 검은색으로 불길함을 나타내고 있었다. 그리고 경외심을 불러일으키는 시커멓고 두려운 적란운(積亂雲)이 바뀌는 바람 앞에서 질주할 때, 구름은 점차 더욱 더 먼 아래쪽으로 자리를 잡았다. 기분 나쁜 침묵이 공기 속에 머물고 있었다. 그리고 모든 살아있는 생물은 점차 조용해지더니 은신처를 향해 종종걸음을 쳤다. 긴 풀숲 속에서는 약간의 어떤 소리나 바람의 숨결도 일어나지 않았다. 모든 것이 죽은 듯이 조용했으며, 마침내 먼 곳에서 우르릉거리는 천둥소리가 들려왔다.

셀레네가 콧등으로 나의 등을 쿡쿡 찌르고는 성급하게 땅을 발굽으로 차기 시작했다. 이어서 그녀가 뒷발로 몸을 선회함에 따라 나는 재빨리 몸을 돌려 그녀에게 올라탔고 돌로 된 오두막집을 향해 질주했다. 엷은 연기 다발이 멀리서 소용돌이치며 솟아오르고 있었다. 우리가 제 시간에 오두막집에 도착할까? 나의 생각이 셀레네에게 날개를 달아주었는지, 그녀는 머리를 낮추고 몸을 쭉 펼치며 아라비아산 말답게 환상적으로 달려주었다. 셀레네의 갈기와 꼬리는 더해가고 있는 어두움 속에서의 한 줄기 빛처럼, 자신이 뚫고나가는 바람 속에서 나부꼈다. 셀레네의 갈기 속에 손을 묻은 채 나는 그녀의 잔등 위에서 몸을 낮추었다. 그리고 마치 우리가 한 몸처럼 움직이는 가운데 초원 위를 날래게 이동하며 개울과 둑 위로 뛰어올랐다. 느릿하게 소용돌이치는 연기가 나에게 답을 주었다. 데이비드는 하늘의 징조를 읽을 수 있었고, 심지어는 난로 위에다 뜨거운 식사 요리를 해놓는 식으로 폭풍우 공격에 대비해 모든 것을 준비해 놓고 있었다. 우리가 그 곳을 향하여 달려갈 때, 나는 피난처로서의 그 오두막집에 대해 신(神)의 가호를 기원했다. 그리고 다가오는 습격에 견뎌내기를 희망했다.

셀레네가 자신의 코를 벌렁거리며 문의 바깥쪽을 확인하더니 끌어당겼다. 그녀는 나와 함께 오두막집으로 걸어들어 갔고 조용히 목을 낮게 숙였다. 번개가 날카롭고 충격적인 폭발음과 함께 입구 근처의 밭고랑을 막 찢어놓을 때, 데이비드가 단단한 목제 문을 급히 닫았다.

창밖을 내다보니 번개 빛이 청록색의 불길한 색으로 변하고 있었다. 결국 초원은 갑자기 망각의 어두운 전선(前線)이 되고 말았다. 빠르게 다가오며 두려운 뇌성(雷聲)과 함께 세차게 퍼붓는 우박은 길 위에 있는 모든 것을 말살했다. 거대한 톱니 같은 얼음 덩어리들이 벌판 위에 떨어져 튀어오를 때, 나는 갑작스런 강풍이 산속 개울 곁에 있는 밀집된 관목들을 세차게 때리고 할퀴는 것을 보았다. 그 얼음덩이들은 오두막집의 철제 지붕 위에 충돌하여 요란한 소리를 냈으며, 마치 (화산의) 분화구

214

처럼 우리의 머리 위에 있는 강한 철제지붕을 움푹 들어가게 만들었다. 그것은 안쪽으로 구부러졌으나, 지붕을 떠받치는 단단한 목재 위에서 견고하게 지탱되고 있었다.

어둠이 우리를 에워쌌으며, 얼음 덩어리들의 쿵쿵거리는 소리는 무서운 폭풍의 대파괴음이었다. 가대식 식탁 위에 놓인 석유 램프는 악마적인 분노로 우리의 피난처를 뒤흔들었던 바람에 불꽃이 너울거렸다가 연기를 내뿜었다. 우리는 밖에서 야만적으로 울부짖는 폭풍우에 대비해 우리에게 온기를 줄 수 있도록 여분의 나무토막들을 벽난로 불에다 던져 넣었다.

끝없이 지속되는 심술궂은 번갯불과 천둥의 우르릉거리는 소리와 우박은 잠시도 멈추지 않았다. 눈을 어지럽히는 번갯빛은 나의 눈을 무감각하게 했고, 커튼이 없는 창문을 통해 번쩍 번쩍했다. 나는 눈부신 빛으로부터 눈을 보호하기 위해서 선글라스를 썼다. 그리고 창문을 통해 안으로 튀어 들어오는 무시무시한 얼음 포탄들은 마치 그것들이 자체의 마음을 갖고 있는 양 우리를 밖으로 나가라고 하는 것 같았다.

그 우박들은 목제 (창문)틀을 연타하여 산산조각 냈으며, 돌로 된 상인방(上引枋:창·입구 등 위에 댄 가로대)을 강타했다. 우리는 난로 뒤에서 더 많은 장작이 있는 것을 발견했고 부서진 창문을 떠받치기 위해 그것을 넓은 창문 돌출부 안에다 쌓았다. 셀레네는 머리를 숙인 채 오두막집 구석에 서 있었다. 그녀는 폭풍우 중심부의 강한 자성(磁性)의 힘 때문에 생겨난 신경과민적인 긴장으로 멋진 흰 몸을 떨고 있었다. 때때로 그녀는 폭풍우에 대항하여 코를 쿵쿵거렸으며, 곁에 놓여있는 음식과 물을 거부했다.

우리는 데이비드가 준비한 맛있는 요리로 식사를 했고, 그 요리의 온기가 번개의 발작적인 눈부신 섬광 속에서 우리의 힘을 되찾게 해주었다. 우리는 몸을 따뜻하게 해주는 더 많은 요리와 우유를 마시며 밤을 지새웠다. 그리고 나는 개울물 위쪽의 둔덕 위에다 그렇게 튼튼한 피난처를 만들었던 그 오두막집을 지은 사람의 그런 혜안에 대해 축복했다. 그 개울물은 이제 폭풍우의 포효(咆哮)에 더하여 요란하게 으르렁거렸다. 완전히 녹초가 된 나는 셀레네 곁의 건초 속에 몸을 오그리고 누웠다. 데이비드는 밝은 색조를 띤 바수토(Basuto) 담요로 나를 덮어주었다. 점점 감미로운 온기가 나의 발에 퍼졌으며, 나는 귀를 뒤흔드는 소음에도 불구하고 잠에 빠져들었다.

호스텔의 피난처에 다른 말들을 남겨 놓은 것은 현명한 일이었다. 나는 그들을 데려가서는 안 된다고 느꼈다

나는 평화와 완전한 침묵 속에서 잠을 깼다. 셀레네는 따뜻한 건초 속에 누워 머리를 나의 다리에 대고 숨을 가볍게 내 쉬며 잠자고 있었다. 데이비드는 다 타들어가는 불 앞에 앉아 있었고, 우리를 위해 잠을 자지 않고 불 속을 주시하고 있었는데, 키가 큰 그는 긴장을 푼 채로 평온해 보였다.

새벽빛이 부서진 창문과 숲의 갈라진 틈새를 통해 비쳐들어왔다. 그리고 신선한 산속의 산들바람이 불어오며 상처 난 식물들의 톡 쏘는 듯한 냄새를 불러왔다. 나는 깊은 호흡을 들이쉬면서 기지개를 켠 후 일어나 앉았다. 곧 바로 셀레네가 발을 딛고 일어서서 몸을 흔들어대자, 풀 조각들이 내 위에 쏟아져 내렸다. 그런 다음 그녀는 물이 든 양동이에 코를 깊이 넣고는 물을 오래 동안 꿀꺽꿀꺽 모두 들이켰다.

데이비드가 문을 열자, 밖에 쌓인 우박의 엄청난 무게로 인해 그 문이 억지로 다시 안쪽으로 밀렸다. 돌 벽에는 층층이 얼음

216

아들 데이비드와 함께

덩어리들이 쌓아올려져 있었다. 창문으로 가서 나는 몇 개의 통나무를 치우고 돌출부까지 견고하게 쌓여 있는 우박의 둑을 바라보았다. 차가운 안개가 쌓인 우박들을 넘어 스며들고 있었다. 그리고 밖에 있는 산등성이는 개울 바로 밑까지 안개로 채워지고 있었는데, 그 개울은 이제 얼음을 경계로 하여 급류가 사납게 날뛰고 있었다. 산양과 비비 (狒狒), 산토끼, 뱀, 쥐, 그리고 온갖 종류 새들의 부서진 몸들이 우박 덩어리들과 뒤섞여 급류에 휩쓸려 내려갔다. 어떤 것들은 개울 둑 옆의 소용돌이 속에 머물고 있었고, 냉혹한 폭풍우로 죽음에 이르도록 부서지고 두들겨 맞은 생명 없는 시신들이 무자비한 홍수 속으로 휩쓸려들고 있었다. 이 얼마나 무시무시한 희생인가! 견고한 피난처가 없었다면 우리 역시 그 대량학살에 첨가되었을 것이다. 나는 잠시 자연의 냉혹함을 생각했으며, 아들에게 이렇게 말했다.

"데이브, 우리는 무한한 우주 속에서 풀잎 하나보다 더 중요하지 않단다."

아침 식사를 든든히 하고 나서, 우리는 아침 해가 우박을 녹이기를 기다렸다. 셀레네는 머리를 숙이고 우박을 향해 코를 쿵쿵거렸고 콧바람을 불며 그것을 발굽으로 차고 있었다. 나는 셀레네가 폭풍우가 지나간 후의 상쾌한 바람 속에서 보통 말들이 그렇듯이 벌판 위를 자유롭게 질주하기를 고대하고 있음을 알아차렸다. 하지만 그녀는 바닥 위 미끄러움의 위험성과 파괴적인 폭풍우의 후유증을 감지하고서 스스로 체크해 보는 것이었다. 달리는 대신에 그녀는 가만히 서 있었고, 우리는 그녀에게 자주개자리(lucerne) 풀을 먹으라고 주었다.

"호스텔의 피난처에 다른 말들을 놔둔 것은 현명한 일이었어." 내가 말했다,

"난 우리가 그 말들을 데려와서는 안 된다고 느껴지더구나."

"네, 나는 (이 곳까지) 걸어올라 온 것이 기뻐요. 그런데 어떻게 알았어요? 엄마."

"응, 어제 아침 일찍 아콘을 만나러 말을 타고 이곳을 올라올 때 구름을 관찰하여 알았단다."

거대한 우박 덩어리들이 우리 앞에 놓여있었다. 그리고 길이 얼음과 쌓인 빙괴 부스러기들로 막혀있어서 우리가 호스텔로 되돌아가는 산등성이 아래 길을 빠져나가기는 어려웠다. 깊은 잠이 들기 전에 나는 가까이에 있는 폭포의 달래는 듯한 소리를 들을 수 있었고, 그 폭포는 절벽 아래의 깊은 물웅덩이 속으로 떨어지고 있었다. 다음날 아침에 나는 그 폭포의 부드럽게 떨어지는 소리에 천천히 깨어났다.

흰말이 셀레네이다.

우리는 곧 다시 출발했다. 그리고 길을 빙 돌아서 높은 고원에 이르는 구릉지대를 지나 저 멀리 캐스킨 산기슭까지 갔다. 주변 환경은 수정처럼 맑았으며, 캐스킨 산의 거대한 덩치가 푸른 하늘로 우뚝 솟아 있었다. 모든 크레바스(crevice:갈라진 틈)와 벼랑의 바위 턱은 깨끗했으며, 햇빛에 반짝이고 있었다. 그

파괴적인 우박을 동반한 폭풍이 야만적인 습격을 하고 난 후 자연이 빠르게 회복하고 있었기에 둥그런 바위 얼굴들은 청결해졌고 아름다웠다.

말들이 가는 길은 순조로웠고, 우리는 고원지대를 가로질러 재빨리 이동했다. 한 무리의 비비(狒狒) 원숭이들이 우리가 지나가는 것을 보기 위해 비가 스며든 땅속에서 딱정벌레와 풀뿌리를 찾는 것을 멈추었다. 나는 그 사악한 구름이 얼음 포탄을 퍼붓기 전에 원숭이들의 현명한 두목이 그들 모두를 동굴의 피난처로 데려갔으므로 행운이 그들과 함께했다고 생각했다. 그 비비 두목은 (우리를) 안다는 듯이 우리에게 낮은 목소리로 짖었으며, 바위와 초원의 풀덤불 아래에서 즙이 풍부한 벌레들을 다시 찾기 시작했다.

우리는 바로 캐스킨 봉우리 아래 부분까지 말을 타고 올라갔다. 그곳에는 가파르고 풀로 덮인 산등성이가 계곡물의 위쪽과 겹쳐져 있었다. 그곳에서 우리는 가파른 경사면의 습곡(褶曲) 속에 숨어있는 자생의 나무 그늘에서 말을 내렸다. 그리고 아콘이 돌아오는 것을 기다리기 위한 캠프를 만들었다.

말들은 만족스럽게 콧등으로 서로를 길에서 밀쳐내며 계곡 기슭 근처에서 햇빛에 반짝이는 깨끗한 물을 마시고 풀을 뜯어먹었다. 한편 우리는 단맛을 내기 위해 설탕을 넣은 차를 마셨고, 양상추 및 토마토와 함께 순수한 밀로 만들어진 샌드위치로 식사를 했다. 우리에게 들리는 소리는 부드럽게 흘러가는 개울물 소리와 나무들 사이에서 나는 산들바람의 한숨 소리뿐이었다. 아콘이 자신의 빛의 우주선으로 착륙하기에 앞서 또 하루가 지나갔다. 그리고 우리는 안전한 캐스킨 산의 먼 요새에서 다시 함께 만났다.

"사랑하는 이여, 당신은 농장으로 돌아가는 것이 안전합니다." 어느 날 저녁에 아콘이 산에서 흐르는 개울가에서 나에게 말했다.

"돌아가서 쉬고 있어요. 그러면 내가 당신을 그곳에서 데려오기 위해 갈 것입니다."

그래서 우리는 산의 요새 안에서 아콘과 멋지게 며칠을 보낸 후, 말을 몰아 조용히 농장으로 돌아왔다.

제6장

시간의 장벽을 넘어서: 알파 켄타우리로

농장으로 돌아와 보니 깜짝 놀랄 일이 있었다. 가족의 특별한 애완동물이자 언니의 작은 흰 개인 쿠키(Cookie)가 실종된 것이다.

"우린 쿠키의 이름을 부르고 또 불렀단다. 하지만 찾을 수가 없었어." 얼굴이 상기되고 가엾은 상태에 있는 언니가 내게 말했다.

"오, 이럴 수가 …"

나는 무슨 일이 일어났는지를 가슴으로 알고 있었기 때문에 더 이상 말을 할 수 없었다. 나는 그 어린 동물의 죽음의 광경을 상상하게 되자 그 생각에 목이 메었다. 흰 색이어서 그 개는 흰옷 입은 여성(우주인 여성)의 친근한 영혼으로 간주되었다. 그 개가 두려움 없이 우주로부터 온 거대한 우주선을 바라보는 것이 관찰된 이래로 개의 가치는 어느 정도 특별하게 높아져 있었다. 흰색이고 수컷이어서 정말로 그는 (줄루인들에게) 강력한 주물(呪物)[39]이었으며, 흰옷 입은 남자(우주인 남성)가 마법의 마차(우주선)을 타고 산꼭대기에 내렸기 때문에, 그 강력한 주물은 발견되어야만 했던 것이다.

나의 언니는 너무나 심정이 비참해져서 의아해할 여지도 없었다. 그녀는 쿠키를 찾기 위해 모든 방법을 다 써보았으며, 넉넉한 상금도 걸었다. 농장의 모든 여인들, 어린이들, 그리고 남자들은 개가 딸린 두 명의 사냥꾼들의 도움을 받아가며 쿠키를 찾기 위해 밖으로 나갔다. 하지만 그들은 오로지 불길한 침묵 외에는 아무 것도 발견할 수 없었다.

"난 마부와 그의 부인이 약간 걱정돼요." 조크(Jock)가 깊이 생각하며 말했다.

"왜냐하면 우주선이 착륙했던 가장자리에서 행한 제사의식의 희생 제물용으로 동물을 죽인 후에, 그녀는 남편에게 매우 미끄러운 길을 따라 가게 한 적이 있기 때문이죠."

"그 말뜻은 … " 나는 작은 소리로 입을 열었다. 하지만 무티(Muti)가 기다리고 있다는 것을 갑자기 깨달았기에 난 말을 끝내지 못했다. 난 그가 무엇인가를 알고 있으리라 생각했다.

"인코사자나(Inkosazana), 지난밤에 나는 개에 관해서 물어보기 위해 강 건너 마법사 의사에게 갔었어요. 그 개는 죽었습니다. 음케이(M'Kay)가 때맞추어서 정원에 암컷 한 마리를 데려왔어요. 그날 밤 그 개는 죽었지요. 당신들이 말하는 의식용(儀式用) 희생제물로 살해되어 그 개는 희생된 거예요. 살해된 이유는 짝짓기 시기의 흰 동물은 좋은 특효약이 되기 때문이죠.

---

39)원시종교에서 악귀를 물리치고 행운을 가져다주는 신비한 힘을 가졌다고 신성시되는 물건.(역주)

당신의 손가락보다 크지 않은 그 동물의 간을 얻기 위해 사람들은 많은 돈을 지불하지요. 그런 약은 그들을 강건하게 해주고, 출산을 할 수 있게 하며, 또한 그들의 부(富)에다 어린애들까지 더할 수 있게 해주죠. (이런 이유로) 성적(性的) 능력의 나약함은 (그들에게는) 혐오스런 것으로 간주됩니다. 이런 주물은 또한 악령을 퇴치하기도 합니다."

"하지만 그 어린 개의 눈은 그 어떤 동물의 눈보다 귀중했습니다. 그 개가 풀 위에 앉아서 두려움 없이 그 거대한 구름우주선을 보았기 때문이지요. 이런 이유로 그 개는 구름(우주선)으로부터 온 흰 옷 입은 사람의 힘을 자신의 간을 먹는 사람들에게 주는 것이죠."

"이것에 관해서는 입 다물어요." 조크가 무티에게 말했다.

"느코시가아스는 경찰이나 우리가 발견할 때까지는 아무것도 말하지 않을 것입니다. 그 경사(警査)는 우리가 줄루 조직을 통해서 진실을 찾아보아야한다고 제안했어요. 그가 추천한 여성이 있습니다."

아무것도 두려워하지 말자. 아콘이 나를 위해서 올 것이다

다음날 그들은 볼로펫(Bolopet)라는 이름을 가진 여성과 인터뷰했다. 그녀는 천리안(千里眼)을 가진 기묘한 여성이었으며, 경찰에서는 두려움이 없고 진실된 사람이라고 신뢰하고 있었다. 그녀는 전국적으로 알려져 있었다. 가느다란 아카시아 어린 나무로 뼈대를 묶어 탐부티(tambooti) 풀잎으로 만들어진 벌집 같은 그녀의 오두막집 안에 모인 백인들이 의자에 앉았다. 그녀는 빛을 마주하고 있는 풀로 된 멍석 위에 꿇어앉아 있었다. 그때 그녀의 손녀가 다가와서는 그녀의 엉덩이를 향해 누웠다. 나의 언니가 요구된 요금과 그 어린 흰 개의 작은 타란(taran)[40] 겉옷을 그녀에게 건네주었다. 볼로펫은 무티가 들었던 것과 똑같은 이야기를 했다. 그녀는 덧붙여 말하기를, 그 개는 댐 벽 위의 지상에서 그 전날 오후에 옮겨졌으며, 그 몸은 함께 묶여 있던 돌과 함께 눈이 흘러드는 급류의 강으로 내던져졌다고 했다.

"개의 몸은 사라지고 증거는 아무것도 남아있지 않은 거네." 조크가 중얼거렸다.

"감사합니다. 볼로펫. 누가 이런 짓을 했을까요?" 언니가 물었다.

"음케이(M'kay) 입니다." 그녀가 대답했다.

"그럼, 신뢰했던 나의 마부가 그랬다는 거군요." 언니는 생각에 잠겨서 말했다.

"불쌍한 어린 쿠키, 그 개는 우주선을 보고나서 눈이 먼 다음에 정말로 행복하거나 안락해본 적이 없었어요. 수의(獸醫)가 그 개는 아마도 심한 투통이 있었을 거라고 말한 것을 기억해 보세요. 아마도 그 미개한 마음을 가진 음케이도 역시 두통이 있을 겁니다. 난 그가 어떻게 쿠키가 볼 수 없었다는 것을 알았는지 의아하군요. 그가 과연 알았을까요?"

"그는 단순히 아콘의 힘과 위대함을 흡수하기 위해 그 개를 이용한거야." 내가 대답했다.

"그럼, 그들은 네가 아콘의 아이를 임신했다는 것을 알고 있으므로 우리가 너를 보호해야겠구나."

나의 언니는 갑자기 그 말의 무시무시한 의미를 인식하고는 얼굴이 창백해졌다.

---

40)여러 가지 색깔의 양털로 짠 격자무늬의 직물.

"거기에는 정치가들이 있어." 그녀가 말을 계속했다.

"그들이 너를 붙잡으려고 할 거야. 그리고 폭력주의자들이 너를 납치하려고 시도할 거야. 우리가 어떻게 해야 할까? 내가 다시 당국에다 너를 보호해달라고 호소해 봐야지."

"그런 다음" 그녀는 가슴에 손을 얹고서 다음과 같이 말했다.

"일단 아이가 태어나면, 그 혈통의 흔적을 네 안에서 자라나고 있는 생명의 얼굴 모습에서 보게 될 거야."

"두려워하지 마." 나는 내 안에서 빠르게 자라나고 있는 어린 생명체의 기쁨을 느끼면서 말했다.

"아콘이 나를 위해 올 거야. 그의 아들은 인종주의적인 시각이 모든 합리적이고 지성적인 생각을 침몰시키는 이 지구 행성에서 태어나지 않을 거야. 그 아기의 피부는 백색이고, 금빛 색조를 띤 멋진 피부를 가진 종족으로 태어날 것이며, 언니가 적절히 말했듯이 이런 혈통의 흔적이 아이의 얼굴에 나타날 거야."

유쾌한 행복감이 내 안에서 빠르게 자라나고 있는 생명체를 품은 그런 날들을 가득 채웠다. 그 행복한 날들은 기쁨으로 가득 차 있었고, 그것은 아콘의 일부인 너무나 귀중한 생명을 갖고 있다는 기쁨이었다. 또한 양육되고 보호받고 사랑받아야 할 다른 행성 출신의 한 생명체를 가진 기쁨이었다. 그리고 그 행성은 태아의 줄기가 사랑의 씨로부터 생겨날 때 한 여성이 알고 있고 그녀의 자궁 안에서 빠르게 자라나고 있는 아기에게 줄 수 있는 사랑과 기쁨의 정수(精髓)로 둘러싸인 세계였다. 이런 기쁨은 인간 생명 속의 신성한 생명체, 즉 한 여성과 남성의 진정한 결합으로 인해 자식으로 탄생하는 신성한 생명체를 창조하는 불꽃이다.

지구상의 인간들 가운데는 한 남성이 한 여성을 위한, 그리고 한 여성이 한 남성을 위한 참되고 완전한 사랑을 찾아보기가 힘든데, 지구인들은 더 높은 단계의 육감적인 기쁨 속에서의 결합과 출산의 기능을 오해하고 있다.

어느 맑은 날, 나는 아콘이 가까이 있음을 알아차렸다. 내가 저녁 하늘에 나타날 징표를 기다리고 있을 때 나의 가슴은 계속 두근거렸다. 보름달이 동쪽 언덕 능선 위로 떠오르고, 저녁 불빛의 잠잠하고 고요한 침묵이 어두워지고 있는 산을 넘어 서쪽으로 퍼졌다. 나는 언니 메이(May)에게 작별의 키스를 했다.

"언니가 데이비드를 돌보아 줄 거라는 거 알아." 내가 말했다

"언니에게 하나님의 축복이 있기를 빌게."

그리고 나는 자동차를 타고 도토리나무 너머 농장주택 뒤의 언덕 꼭대기에 이르는 산길을 따라 선회했다. 나는 오래 기다리지 않았다. 곧 아름다운 빛의 우주선이 나타났고, 달빛어린 공기 속을 조용히 통과해 이동하고 있었다. 그것은 달빛 속에서 유백광(乳白光)의 에테르 빛을 방사하며 조용히 언덕 꼭대기에 착륙했다.

우주선 창문으로부터 푸르고 지구에서는 볼 수 없는 빛이 흐르고 있었으며, 우주선은 짧은 시간 동안 조용히 머물러 있었다. 이윽고 자동문이 열리고, 아콘이 문에서 걸어 나왔다. 그는 반갑게 나에게 다가와서 나를 가까이 끌어당기며 얼싸 안았다.

"이제 나는 정말로 당신을 다른 행성으로 함께 데려가려고 합니다." 그가 속삭였다. 나를 우주선 안으로 데리고 갈 때에 그는 자신의 입술을 나의 머리칼 속에다 파묻고 있었다. 세론이 통제 데스크에서 인사하며 미소를 지었고, 하벤도 거기 있었다.

"안녕, 나의 소중한 이여," 아콘이 나를 자리에 앉히면서 말했다.

"당신은 아름답고 평온해 보이는군요. 그리고 또한 우리가 희

망했던 대로 어린애과 함께 (몸이) 커졌네요. 옷도 잘 어울립니다. 당신 주변에 빛이 감돌아요. 아이는 당연히 태어날 예정이구요."

"아기가 태어날 즈음에 우리는 별에 가있어야 합니다."

"우리는 방금 화성에서 왔습니다. 그리고 다시 알파 켄타우리를 향해 출발해야 합니다."

"하지만 내 자동차! 차를 언덕위에 그냥 놓아 둘 수는 없어요."

"우리가 그 차도 가져갈 것입니다." 아콘이 말했다.

"우리는 그 차에 장착된 것과 같은 피스톤(piston) 엔진41)을 가져본 적이 없습니다. 게다가 그 엔진은 약간 조정이 필요합니다. 그것은 내가 직접 하겠습니다."

당신은 그 모든 것을 지금 마음속에서 그릴 수 있나요?

세론이 통제 계기판 곁에서 조종간을 누르자, 우주선 선체의 출구로부터 이동 트랩이 미끄러져 나갔다. 그리고 번쩍이는 하얀 빛이 MG 자동차를 둘러쌌다. 이윽고 자동차는 공중으로 떠올랐고, 빛 속에 매달린 채 트랩까지 빠르게 끌어당겨져서 우주선 선체 속으로 들어갔다. 그러자 트랩은 신속히 제자리로 미끄러져 들어갔으며, 선체에는 아무런 흔적도 남아있지 않았다.

"MG 자동차는 화물칸 속에서 안전합니다." 아콘이 미소를 지었다.

"우리 고향 행성에서 당신은 이 자동차를 사용할 필요가 없을 겁니다. 거기에는 주유소도 없고, 길도 없지요. 그것과 같은 구

---

41)피스톤 엔진(piston engine): 자동차 엔진처럼 피스톤의 왕복 운동으로 추진력을 얻는 엔진 (역주)

식의 운송 형태는 (우리 행성에서는) 적합하지 않게 보일 것입니다."

세론이 통제 계기판 위의 버튼을 조정했다. 나는 우주선이 즉각적인 반광(反光)의 고조파 속에서 이동할 때, 밀폐된 선실 밖으로부터 오는 떨림과 같은 환상적인 진동을 감지했다. 이때 광속의 주파수 상호작용 단계를 올리고, 시간의 기하급수(幾何級數)를 높이며, 물질과 반물질을 조종하는 사이클을 변화시키는 등 한마디로 시간과 공간의 기하학적인 매트릭스를 변경시키는 것이다.

나는 아콘이 그의 손을 나의 이마에 얹어놓음에 따라 눈을 감고 긴장을 풀었다. 나는 모든 물체와 조화롭게 가까워짐을 느꼈으며, 변화하는 파동 속에서 물질과 반물질에 동조되는 공명 현상을 느꼈다.

"사랑하는 이여, 당신은 이제 우리의 추진 시스템의 본질을 이해하는군요. 그 방정식은 당신의 마음속에서 매우 명확합니다. 당신은 우리와 함께 조화 속에서 움직일 수 있습니다. 당신은 우리가 빛의 미립자들을 변화시킬 때에 자연의 아름다운 단순성을 알 수 있습니다. 즉 우리는 에너지와 물질을 구성하는 건축자재인 기본적인 입자, 다시 말하면 빛의 미립자를 변화시키는데, 그것은 순수한 전자기적(電磁氣的)인 파동의 형태입니다. 또한 그것은 우주와 모든 생명체의 열쇠가 되는 바, 모든 중성자와 양성자가 미세 원자들(Micro-Atoms)로부터 만들어지는 것입니다. 이제 이 모든 것을 마음속에서 그릴 수 있나요?"

"네, 그럼요." 나는 대답했다.

"나는 이 모든 것을 자체의 찬연한 단순성 속에서 명백히 볼 수 있어요. 즉, 모든 물질과 반물질 전체에 걸쳐 미립자들이 집결해 있다는 것과 그것이 교차하는 파동 속의 4가지 가운데 3

230

개를 구성하고 있다는 것을 말이죠. 전체 우주는 서로 다른 파형(波形)을 만들기 위한 조화로운 상호작용 속에서 공명하는 에너지의 맥박입니다." 나는 말을 계속해서 이어갔다.

"우리와 이 우주선과 같은 물리적 물체는 집중된 힘의 장(場)에 불과합니다. 우리는 이러한 파형의 형태로 이루어져 있으며, 우리는 우리 자신의 주파수 안에서 공명하는 유사한 파동체를 보고 느낄 수 있습니다. 우주선은 단순히 물질의 각 파동 간의 빛과 시간의 주파수를 높임으로써 시공(時空) 속을 도약할 수 있습니다. 즉, 우주선은 우주공간에서 세 개의 회전하는 파동운동에 의해 만들어진 일종의 행성이며, 파동 간의 주파수를 감소시킴으로써 그 행성의 공간 차원 안에서 자체의 위치를 움직입니다. 그러므로 우주선은 그 행성의 기하학적 시간 속에서 출현하는데, 기하학적 시간은 어느 곳에나 있을 수 있으며, (지구가 속해있는) 태양계 안이나 다른 태양계 안에도 있습니다."

"이는 빛의 측면, 또는 순수한 전자기적인 파형의 견지에서 볼 때 우주선 자체에서 방사되는 통일장 상이점(相異點)의 조화로운 상호작용에 의해 창조된 것이며, 통일장의 방정식은 완전한 조화 속에서 드러납니다. 나는 이제 그 모든 것을 창조하는 단순한 방정식을 알 수 있어요. 문자와 숫자들이 나의 마음속에서 명확하게 보입니다. 하지만 방정식을 기록할 필요는 없지요. 수학적인 정확성과 숫자 및 문자의 기록은 영원히 나의 마음속에 남아 있을 것입니다. 그것은 또한 고도로 진보된 물리학 지식을 갖고 태어날 우리 아이의 마음속에도 이미 있는 것이죠."

"좋아요. 당연히 그렇습니다. 나의 사랑하는 이여, 당신은 뛰어난 학생이며, 진정으로 우리들의 일원이자 내 아들의 어머니가 될 자격이 있습니다."

아콘이 나를 가까이 껴안으며 자신의 왼 손으로 나의 머리를 그의 가슴에다 대고 지그시 눌렀고, 나는 완벽한 율동으로 그의 강한 가슴이 뛰는 것을 느낄 수 있었다.

그리고 그때 나는 또 하나의 빛나는 천체, 또 다른 생명의 고향, 광활한 우주 공간 속에서 움직이는 또 다른 섬, 또 다른 금성을 보았다

"이제 돌보아야 할 두 사람이 있군요. 당신 안에 있는 나의 아이는 활발하게 움직이고 있고, 우리가 고향에 도착하자마자 태어날 것입니다. 당신의 혈액흐름은 우주선 안에 있는 순수하고 신선한 공기로 정화되었습니다. 비록 당신이 공기가 맑은 농장에서 수개월을 살았다고 할지라도, 상당한 양의 대기오염이 온 지구를 에워싸고 있습니다. 그것은 이미 매우 위험한 수준에 도달했습니다. 이런 오염의 높은 측정치 때문에 우리는 오직 높은 산의 외딴 지역에만 착륙합니다. 이쪽으로 오세요. 이곳에 목욕탕이 있으며, 작은 선실 안에 당신이 목욕을 하고 갈아입을 가운이 있습니다."

그는 나를 가까이 겨드랑이에 안고 사랑의 밀어를 속삭이면서 나와 함께 작은 선실로 들어갔다. 내가 입은 원피스 가운은 화려하고 부드러운 비단 주름이 나의 발목까지 늘어졌다. 단순하고 자유로운 그 옷을 어깨에 걸치자 그것이 나의 두툼한 허리를 감추어 주었다. 그것은 카프탄(caftan)[42]의 넓고 헐렁한 소매를 가졌으며, 녹색의 실과 함께 황금빛과 노란색으로 은은하게 빛나고 있었다.

"황금빛 비단은 당신의 황갈색 눈과 잘 어울리네요." 아콘이

---

42) 터키 사람들의 소매가 길고 띠로 죄는 옷

부드럽게 말했다. 그는 큰 손으로 나의 발을 어루만졌다.

"당신의 발은 작고 폭이 넓군요. 구두가 조여들 염려는 없겠습니다."

그는 사파이어 바다 색깔의 아름다운 비단 샌들 한 켤레를 나의 발에 신겼다. 그러고 나서 그는 그의 은빛 나는 옷을 부드럽게 빛나는 비단 가운으로 갈아입었고 신도 역시 나와 같은 비단 샌들로 바꾸어 신었다.

그 때 하벤이 우리를 부르며 어서 와서 전망 렌즈를 보라고 말했다. 우리가 빛나는 둥근 벽 쪽으로 움직이면서 전자기 문을 향해 우리의 염파를 보내며 다가감에 따라 벽이 스르르 열렸다.

나는 렌즈 안에서 굉장한 색채들을 보게 되었고, 숨죽이며 이내 흥분에 사로 잡혔다. 그 경외감을 자아내게 하는 장관은 끝을 알 수 없는 우주공간의 우아한 어둠속으로 나아가는 부드러운 장밋빛 붉은색의 광대한 빛줄기였다. 그리고 그 빛과 함께 빛나는 노란색과 붉은 색이 뒤덮여 형성되는 모습이었다. 잠시후 그 빛나는 색채들은 사라지고, 우주 공간의 먼 곳에서 두 개의 거대한 별이 빛을 발하고 있었다. 하나는 짙은 푸른색으로 빛나고 있었고, 또 하나는 장밋빛 붉은색으로 휘황찬란했다. 세번째 별은 훨씬 작았는데, 그것은 두 별 주변의 넓은 궤도 안에서 부드러운 금색으로 빛나는 가운데 진동하고 있었다.

이것이 바로 신선하게 빛을 방사하며 모든 영광 속에 거하고 있는 알파 켄타우리 별이었다. 팽창하고 있는 그 거대한 별들은 그것들의 일생에서 가장 중요한 때에 서로서로 균형을 이루고 있었으며, 아름다운 우주선의 추진력을 얻기 위해 우주의 에너지를 다루는 종족에게 삶의 공간을 제공하고 있었다. 빛을 여과시키는 렌즈를 통해 나는 율동적인 빛의 파동과 빛줄기가 광구(光球)로부터 외부로 조밀하게 방사될 때, 거대한 홍염(紅焰)이

계속적인 움직임 속에서 고리모양을 이루거나 변화하는 것을 보았다. 엄청난 에너지가 이 세 태양계의 장엄함을 둘러싸고 있는 우주의 광활한 공간 속에 충만해 있었다. 그리고 아콘의 고향 태양계의 영광이 엄청난 색채와 움직임으로 렌즈를 가득 채웠다.

그리고 그때 나는 또 하나의 빛나는 천체, 또 다른 생명의 고향, 광활한 우주 공간 속에서 움직이는 또 다른 섬, 또 다른 금성을 보았다. 이것이 바로 〈메톤(Meton)〉, 또는 〈비너스-II〉였다. 이곳은 진보된 종족의 고향이자, 온화한 날씨와 따뜻한 사람들의 세상이며, 방대한 푸른 바다와 에메랄드빛의 섬이 있었다. 또한 금성 표면에 사람들이 살고 있을 당시 이 환상적인 인간 종족에게 삶의 터전을 제공했던 때의 금성과 비슷한 환경을 갖고 있었다.

밝은 대기에 에워싸인 다른 행성들은 작은 황금색별 주위를 서서히 우아하고 의미심장하게 돌았다. 그 별(메톤)은 두 개의 거대한 별 주변의 궤도 안에서 수행원과 같은 7개의 행성들과 함께 움직이고 있었으며, 지구인들에게 '알파 켄타우리'라고 알려진 거대한 태양계의 엄청난 코로나(corona)[43] 속에 있었다.

"우리의 태양계 안에 있는 이 별은 지구인들에게는 프록시마 켄타우리(Proxima Centauri)로 알려져 있는데, 이 모든 (7개

의) 행성들에는 우리의 문명에 의해 주민들이 거주하고 있습니다. 그리고 우리는 건설적인 조화와 평화 속에서 살고 있지요. 우리는 이곳에다 새로운 고향을 만들기 위해 지구가 속한 태양계의 금성으로부터 이주해 왔으며, 자체적으로 환경을 통제할 수 있기 때문에 이제 이곳은 우리의 영구적인 거처입니다. 우리

---

43)태양이나 다른 천체의 빛나는 플라스마 대기이다. 우주공간으로 수백만 킬로미터 뻗어나가며, 개기일식때 쉽게 관측할 수 있고, 또한 코로나그래프로도 관측할 수 있다. (역주)

가 금성에서 살던 때 이래로 별과 행성 및 태양계에 관한 우리의 이해가 대단히 진보했습니다. 금성은 우리에게 아직도 고향 행성이며, 우리 종족의 요람입니다. 그리고 우리가 태양계로 와서 이 행성의 표면에 착륙하여 생명이 살 수 있도록 하려고 하는 이유가 바로 이것 때문입니다. 금성의 황량한 지표면 밑(지저)에는 아직도 주민들이 살고 있고 번영하고 있습니다.[44] 붉은 색깔의 바위로 이루어진 아름다운 산들은 다시 짙게 푸른 환경 속에서 숨을 쉴 것이며, 습기를 제공하는 구름이 바다를 형성하기 위해 표면위에 펼쳐질 것입니다."

"그럼, 태양계 안의 변화무쌍한 태양 말인데요, 그 태양도 적절히 통제할 수 있나요?" 내가 물었다.

"네, 그렇습니다. 그 일은 우리가 진행 중에 있습니다."

"그럼, 지구의 기후도 변화시킬 수 있습니까?"

"물론입니다. 모든 행성들은 그 행성이 속해있는 태양계 안의 태양에 의해 콘트롤되는 것이죠."

"그럼, 이처럼 삼중성(三重星) 태양계도 그렇습니까?"

"이 별들은 자기장(磁氣場)의 이상이 없이 안정돼 있는 팽창 중인 별들입니다" 아콘이 설명했다.

"그 별들은 행성들 위에다 비슷한 기후를 창조하면서 조화로운 공명으로 상호작용합니다. 이것 또한 우리의 우주선이 물질

---

44) 금성인들이 현재 금성의 지저 공동세계(空洞世界)에서 거주하고 있다는 것에 관해서는 미국의 UFO 접촉자 프랭크 스트랜지스 박사가 1960년대에 처음 만났던 금성인 사령관 발 토오(Val Thor)에 의해서도 역시 언급된 바 있다. 이처럼 외계의 행성들은 대부분 지저세계에서 문명을 형성해 살고 있으며, 지구처럼 지표면에서 거주하는 행성은 드물다고 한다. 이렇게 외계문명들이 주로 행성의 내부(중심)세계에서 생활하는 이유는 그 태양계 항성의 해로운 방사선이나 운석충돌 등의 위험성을 피할 수 있기 때문이다. 그리고 현재 금성의 지저문명은 지구 내부의 아갈타 문명과 마찬가지로 5차원 진동에 머물러 있다고 한다. 켄타우리 별자리로 이주한 금성인들은 아마도 금성이 5차원으로 상승하기 이전 시대에 금성 지표면에서 살다가 그쪽으로 옮겨간 것으로 추측된다. (감수자 주)

236

과 반물질의 통일장과 함께 조화로운 상호작용을 하는 데에 훨씬 더 안전하게 해 줍니다. 지구 대기권의 이상은 (우주선이) 태양계 안의 공명장(共鳴場) 속에서 움직일 때 그 추진 시스템의 물질과 반물질의 사이클이 주파수를 변화시키는 동안 두 대의 우리 우주선에게 심각한 사고의 원인이 되었습니다. 엄청난 폭발이 있었으며, 많은 양의 방사능 유출이 있었지요. 우리의 과학자들은 우주선 안에서 즉각적인 경보를 알아채고 지구 행성의 인간이 거주하지 않는 외딴 지역 상공으로 코스를 잡았습니다. 폭발은 대기(大氣) 중에서 일어났으며, 특별히 높은 수준의 방사능이 지구 표면 위에 남아 있었습니다."

"아, 그래서 그것은 퉁구스 타이가(Tungus Taiga) 숲의 미스터리를 분명하게 해 주는군요."[45] 나는 경외심에 휩싸여 조용히 말했다.

"그곳에서의 공중 폭발은 숲을 산산조각으로 황폐화시켜 버렸습니다. 물론 승무원들은 간단히 사라져버렸고요."

나는 더 이상 말을 할 수가 없었고, 아콘에게 다가갔다. 거대한 별들이 있는 우주공간의 휘황찬란함과 아콘의 고향 태양계의 영광은 내가 오래전에 모선에서 보았던 전자 신기루처럼 전망 렌즈를 가득 채웠다. 우주선의 이런 장치는 그들의 시간체계

---

45)퉁구스카 폭발사건은 1908년 6월 30일 오전 7시 17분경에 지금의 러시아 시베리아 크라스노야르스크 지방 즉, 예니세이 강의 지류인 포트카멘나야퉁구스카 강 유역 북위 60° 55′, 동경 101° 57′ 지점의 밀림에서 발생한, 원인을 알 수 없는 대규모의 공중폭발 사건이다. 미지의 불덩이가 서쪽에서 동쪽으로 날아가다가 폭발했다. 폭발한 불덩이는 후에 1,000~1,500 만톤 가량 된 것으로 추정되었고, 나무 6~8천만 그루에 해당하는 2,150㎢의 숲을 파괴했다. 파괴된 숲에서는 폭발시 죽은 천오백마리의 순록 시체와 옆으로 쓰러진 나무들이 발견되었으며, 기둥처럼 제대로 서있으나 나무들의 가지는 모두 부러진 특이점 또한 있었다.
당시 목격자들도 "450km나 떨어진 곳에 있던 기차를 타고 있었음에도 심한 땅울림과 함께 돌풍이 몰아쳐서 열차가 전복되었다.", "사건현장에서 15km 떨어진 곳에서 방목하던 가축 천오백마리가 타 죽었다"라며 '공포의 불덩이'가 일으킨 폭발의 위력이 얼마나 대단했는지를 증언했다. 당시의 폭발력을 현재의 TNT를 기준으로 한다면 500만 톤에 상당한 규모로 추정된다. (위키백과 인용)

통구스 대폭발시의 충격으로 한쪽으로 쓰려져 있는 나무들

와 접촉을 유지하면서 성간 공간의 먼 범위를 초월하여 멀리
떨어진 다른 낯선 태양계에 있는 사람들에게 이런 환상적인 장
면을 가져올 수 있었다. 금성의 모선은 금성인들이 지금 어디에
이주해 있을지라도 오랜 옛날 사람들과 고도로 문명화된 접촉
을 아직도 유지하고 있었다.

자연스러운 천상의 물체로서 자체의 환경 속에서 조용히 이동
하는 가운데 우리의 우주선은 금빛별인 프록시마 켄타우리 별
외부의 두 번째 행성이자 고속으로 움직이는 메톤(Meton) - 또
는 금성Ⅱ - 의 대기권 상공에 나타났다. 우리가 하강할 때,
빛나는 거대한 구름이 바다 위에서 굽이치고 있었고 대지 위에
는 비의 장막이 휘날리며 비는 점점 더 심하게 내리고 있었다.
세 개의 별로부터 방사되는 태양빛은 사파이어 빛깔의 바다를
가로질러 펼쳐져 있는 거대한 적운(積雲) 덩어리에 황금빛으로
부딪쳤다.

이윽고 우리는 대리석 같이 빛나는 물질로 만들어진 주택의 원형 지붕에 접근했다. 그 아름다운 건물은 원형 계단을 에워싸고 있는 단(壇) 위에 지어져 있었다. 그것은 완전하게 대칭되어 있었으며, 빛나는 선녹색의 잔디 위에 솟아 있는 상태였다. 여기저기 흩어져 있는 반원형의 꽃밭에는 아름다운 꽃들이 피어 있었다. 그리고 밝은 녹색의 잎을 가진 나무들이 큰 공원 같은 그 풍경을 가로질러 산재해 있었다.

우리가 탑승한 우주선이 조용히 주택 옥상에 안착했다. 엄청난 거리를 여행하며 여러 행성들의 대기 속을 넘나들었지만 그것의 빛나는 표면은 변색되지 않았다. 그 우주선은 지구인들이 빛에 관해 이해하는 바와 같은 빛의 속도를 넘어서 이동했고, 그렇게 하는 가운데 우주의 힘을 극복했다. 그것은 시간을 뚫고 신속히 통과하여 가늠할 수 없는 우주의 바다를 건너뛰고 우주의 압력과 중력 및 빛 자체를 흡수함으로써 더 높은 공명의 단계를 획득했다. 그렇게 함으로써 우주선은 빛의 장벽을 무효화시키고 그것을 넘어섰던 것이다.

나는 지구의 과학자들이 대기 속에서 비행기로 소리의 장벽(음속)을 돌파하기 위한 시도를 할 때, 얼마나 두려워했는가를 생각했다. 그러나 그 모든 것은 매우 단순하다는 것이 증명되었으며, 이제 빛의 장벽 역시 마찬가지이다. 다른 태양계에 수 초 만에, 또는 거의 순간적으로 도달하는 것은 빛보다 빠른 우주선이나 비행접시에게 있어서는 간단하다는 것이 증명된 것이다.

"나는 지난 몇 년 전에 지구의 과학자들이 음속을 돌파하기 위한 시도를 할 때 얼마나 두려워했는가를 기억합니다. 그들은 어떻게 지구의 공기를 통과하는 속도의 문제를 극복해야하는지, 또는 무엇을 예상해야할지 몰랐습니다. 마치 이런 일부 아름다운 우주선들이 빛의 속도를 돌파하려고 시도했을 때 폭발했던

제프리 드 하빌랜드

것처럼, 제프리 드 하빌랜드(Geoffrey de Hivilland)[46]의 D.H 스왈로우(D.H Swallow)가 소리의 장벽을 돌파하려고 시도하다가 폭발했던 것입니다."

세론(Sheron)이 우주선의 시스템을 정지시키기 위해 조종 계기판 위에 있는 버튼을 눌렀다. 우리는 통일장이 사라질 때까지 몇 초를 기다렸다. 그리고 아콘이 빛나는 벽을 향해 걸어갔다. 문이 그의 생각에 반응하여 스르르 열렸다. 이윽고 우리를 환영하기 위해 아콘의 가족들이 우주선 안으로 들어옴에 따라 나는 즐거운 목소리와 웃음소리를 들을 수 있었다. 아콘이 나의 손을 잡은 채 착륙장에서 집 안으로 내려가는 이동계단으로 나를 인도했다. 섬세하게 새겨진 난간들이 달린 원형의 발코니가 금빛 벽을 배경으로 진주색 빛을 발하고 있었다. 그 계단은 건물 내부로 구부러진 채로 3층으로 이어져 있었다. 나는 아래쪽의 거대한 거실을 볼 수 있었는데, 그곳은 마루바닥, 벽, 침상, 그리고 긴 소파 위에 휘황찬란한 색채의 분광(分光)으로 가득 차 있는 넓은 원형의 방이었다.

나선 형태의 계단은 둥근 건물의 중심부 아래로 휘어져 있었고, 계단의 난간은 멋지고 미묘한 꽃과 포도 무늬장식이 새겨져 있었다. 이렇게 새겨진 것들은 내가 우주선에서 보았던 것과 똑

---

46)영국 항공업계의 선구자. 원래 엔지니어 출신으로서 자신의 이름을 딴 항공기를 직접 설계했고, 나중에는 항공기 제작사를 설립했다. 그의 아들이자 테스트 파일럿이었던 제프리 드 하빌랜드 2세는 1946년 9월 27일 제트 전투기인 'D.H.108 스왈로우(Swallow)기'를 몰고 세계 최고 속도 기록에 도전했다. 그러나 마하 0.8을 넘지 못하고 비행기 기체가 파괴되면서 그는 '음속의 벽'을 돌파하지 못하고 첫 번째 희생자가 되고 말았다. 음속돌파는 1년 후인 1947년 10월 14일 무스탕 전투기 조종사 출신의 척 예거(Chuck Yeager) 대위가 벨(Bell)사가 만든 XS-1 실험비행체를 타고 마하 1.06을 기록함으로써 이루어졌다. (역주)

메톤에 있는 아콘의 주택

이 그림은 원래 저자 엘리자베스가 직접 컴퓨터로 그린 것이다

같은 빛나는 물질로 만들어져 있었다. 부드럽고 멋진 난간 표면 위에 내 손을 얹은 채 우리는 천천히 아래로 내려갔다.

"이것은 진주(珍珠)군요!" 내가 말했다.

"진짜 진주예요! 표면이 평평하지 않고, 또한 자연의 핑크빛 광채를 갖고 있군요. 그것은 살아 있고 빛을 발하고 있네요!"

우리는 멈추어 섰고, 나는 멋지게 새겨진 그것을 보고 감탄하

프록시마 켄타우리의 주변을 도는 행성에 대한 상상도

지 않을 수 없었다.

"이곳과 우주선 안의 우리의 물 같은 환경은 마치 진주가 천연의 서식처인 바다 속에 있는 것처럼, 살아서 생기가 넘치도록 유지시켜줍니다." 아콘이 설명했다.

"우리는 가정집과 우주선을 건조하는 데 진주를 이용합니다. 진주는 진동하는 빛과 함께 계속 살아있습니다. 그리고 우리는 거대한 바다 속에서 이 아름답게 살아 있는 물질을 양식합니다. 진주가 우리의 에너지 필요성에 따라 우주의 빛을 생성하기 때문에, 우리는 항상 진주와 함께 살고 있습니다."

"진주와 함께 살다니 너무나 멋진 일이예요. 난 항상 진주를 사랑했어요." 나는 아콘의 눈을 쳐다보았다. 그는 자신의 팔을 나의 허리에 감았고 그럼으로써 나는 그에게 편하게 기댈 수가 있었다.

"사랑하는 이여, 나는 당신이 항상 진주를 몸에 착용하고 당신 피부에 닿을 수 있도록 진주를 선사할 것이오."

그는 계단의 난간에 붙어있는 작은 상자를 열더니, 내가 지금 껏 보았던 것 중 가장 아름다운 진주목거리를 끄집어내었다. 그 것은 두 줄로 빛이 나면서 두께가 고르게 조화되어 있는 핑크 빛 진주였고, 멋진 루비(Ruby) 주변에는 여덟 개의 작은 진주 알 무리가 배열돼 있었다. 그가 그 진주들을 나의 목에 걸어줄 때, 나는 계단의 한 가운데서 감동으로 멍하니 서 있었다. 진주 의 그 부드럽고 매끄러운 차가움이 나를 기쁨으로 숨 막히게 했다. 잠시 후 나는 손을 들어 올려 진주를 내 목에 대고서 지 그시 눌러보았다.

"그 진주의 빛이 항상 당신에게 빛을 줄 것입니다. 항상 진주 반지와 함께 그 목걸이를 착용하세요. 그러면 우리 사이의 교신 은 영원히 깨지지 않을 것입니다."

아콘이 자신의 손을 내 턱에 대고서, 나의 얼굴을 들어 올렸 다.

"나의 선택받은 이여, 이 진주들은 나의 어머니가 상자 속에 남겨둔 것입니다. 그녀는 내 선택을 받게 될 이를 위해 그것을 남겨두셨으며, 그 사람이 다른 행성에서 올 것임을 알고 계셨지 요."

지구 위의 사람들은 혼돈과 파괴의 세상에서 살고 있다. 이것 이 곧 그들의 이해의 수준이며, 수소폭탄은 그들 힘의 한계를 그대로 보여주는 것이다

플레이아(Pleia)와 하벤이 나에게 다가와서 팔로 나의 몸을 껴안으며 내 두 볼에 키스했다.
"집에 오신 것을 환영합니다." 플레이아가 말했다.

"우리는 당신의 가족이자 친척이에요." 쎄톤(Theton)이 또한 그의 아내인 리라(Lyra)및 세 자녀와 함께 와서 껴안고 양쪽 볼에 키스를 하면서 나를 환영해 주었다.

"여러분 모두 너무나 멋지고 사랑스러워요!" 내가 말했다. 나의 가슴은 그들 모두에 대한 사랑으로 가득 찼다. 나는 다시 한 번 더 그들 한 사람 한 사람을 껴안고서 볼에 입을 맞추었다.

"나를 초대해줘서 감사해요. 여기 온 것이 너무나 기쁩니다."

내가 아콘을 향해 돌아서자, 그는 나를 팔로 껴안고 계단 아래쪽으로 데려갔다. 다른 사람들도 우리를 따라 거대한 원형의 거실로 들어왔다. 그 방의 아름다움은 나의 숨 막히게 했다. 아콘이 아직 나를 껴안은 채 방의 중앙에 서있었고, 나는 세 개의 알파 켄타우리 별이 그려진 둥근 형태 천정의 완벽한 모습을 올려다보았다. 그것은 진주의 강렬하게 빛나는 본질로부터 방사되는 자연의 빛으로 주택 전체에다 생기를 불어넣는 빛을 발하고 있었다. 나는 실내 분위기의 그 아름다움을 흡수했다. 그 색채의 진동들은 특히 강렬했고 창백하거나 활기 없는 색이 없었다. 어느 곳에나 자연의 밝고 찬란한 색의 분광이 나를 놀라게 했던 짙은 비단 같은 부드러움과 뒤섞여 있었다.

현악기에서 연주되는 우아하고 은은한 음악이 위쪽의 사운드 보드(sound board)[47]를 통해 방안에 흐르고 있었는데, 작곡이 너무나 순수하고 완전한 음악이어서 그 마법이 나의 영혼을 뒤흔들었고, 내 몸은 그 소리의 진동에 환희로 반응했다. 아콘이 부드럽게 나를 자리에 앉혔다. 나의 비단 샌들이 안정되고 부드러운 카펫 속으로 약간 빠져 들어갔다.

"음악은 우주적인 언어입니다" 그가 말을 시작했다.

---

47)스피커처럼 음악이 흘러나오는 공명판.

"우리는 그 진동과 작곡의 조화를 느낍니다. 멋진 색채들 또한 우리의 안락한 행복을 위한 진동을 발산해줍니다. 당신이 이 실내에서 식물이 자라나고 있는 것을 보다시피, 식물은 사랑과 조화, 그리고 음악의 진동과 함께 번성합니다. 우리는 아름다움 및 안락함과 더불어 생활하고 있습니다."

나는 메톤 행성 사람들의 가정집은 3층보다 더 높지는 않다는 것을 알았으며, 그들은 단지 1층과 2층에서만 주로 살고 있었다. 맨 위층은 주방과 저장실로 사용되었다. 그들은 땅바닥에 가까운 곳에서 생활하고 잠자는 것을 좋아했다. 그렇게 하는 것이 건강에도 더 좋았고, 또한 그 행성에서 나오는 자기적(磁氣的)인 파동을 간직할 수 있었다. 그런 에너지 파장들은 그들 주택의 둥근 구조에 의해 작용되고 있었으며, 실내에 장식된 진주에 의해 발산되고 있었다.

메톤의 사람들은 흥분하거나 공격적인 생각을 갖고 있지 않았는데, 그렇게 함으로써 건강과 장수(長壽)를 유지하고 있었다. 삶과 생활방식에 있어서의 진보된 환경조건들로 인해 그들은 화폐제도를 가질 필요가 없었다. 그리고 모든 주민들이 삶의 아름다움과 안락함을 공유하고 있었다. 그 결과 마음을 수양하고 계발하는 데 시간을 낼 수 있었고, 엄청난 문화적 토대와 경험을 쌓을 수 있었다. 모든 지식은 건설적인 일과 휴양(recreation)으로 연결되었으며, 모든 사람들이 과학과 예술을 추구했다. 그리고 폭력과 전쟁을 전혀 모르는 대단히 발전된 건설적 문명을 이룩했다.

"이쪽으로 오세요." 아콘이 말했다. 우리는 어깨와 등뼈를 높은 등받이가 받쳐주는 낮고 매우 안락한 긴 소파에 앉았다. 아콘이 나의 발을 들어서 부드럽고 높은 쿠션(cushion) 위에 올려 놓았다.

"우리는 다른 행성들에 있는 타 종족들과 조화로운 접촉을 유지합니다." 그는 계속해서 말을 이어갔다.

"하지만 친밀한 접촉이나 다른 종족과의 혼인은 이 태양계 너머의 우리 종족 사이에서는 잘 알려져 있지 않습니다. 이것이 바로 우리의 태양계 너머 출신인 오직 소수의 사람만이 종족번식과 우리의 고대 종족에게 새로운 혈통을 주입하기 위해 선발되는 이유입니다. 우리는 단지 어머니 행성인 금성으로부터 (다른 행성에) 다시 태어난 것으로 우리가 아는 극소수의 사람들만 선발합니다. 당신의 고대 혈통은 지구 시간으로 수천 년을 거슬러 올라갑니다. 우리는 당신의 선조들을 추적했으며, 이 모든 것이 당신이 어렸을 때 계획되었습니다."

"당신은 많은 것을 알고 있군요!" 나는 마음속에 경외심으로 가득차서 말했다.

"심지어는 당신의 아들의 탄생까지도요! 당신은 딸이 아니고 아들이 될 거라는 것을 알고 있었어요. 어떻게 그것을 알았죠?"

"내가 당신의 진동을 감지하여 알아냈을 때, 알맞은 시기를 택해 당신과 결합했지요." 아콘이 말했다.

"이 관계는 두 번 행했어야 했습니다. 아기를 갖는다는 것은 가장 어려운 일이기 때문에, 사랑을 두 번 한다는 것은 가장 아름다운 경험이며, 또한 필요한 일이기도 합니다. 남자들이 갖고 있는 정자는 단지 몇 시간만 살아 있습니다. 그래서 나는 당신의 배란(排卵) 시간 안에 정확하게 맞춰서 해야 했습니다."

"그것은 나의 전 생애에 걸쳐서 가장 아름다운 경험이었어요." 나는 아콘에게 키스하면서 속삭였다. 플레이아가 음료가 담긴 은쟁반을 들고 방안으로 들어왔다. 그녀는 내게 한 잔의 과일 주스를 건네주었다.

"전부 쭉 들이키세요." 그녀가 말했다.

"그것은 외부의 별빛 속에 있었으며, 우리의 짙은 대기(大氣) 속으로 스며드는 활력을 북돋아주는 에너지를 흡수했습니다. 나는 당신과 아콘이 그렇게 완전하게 결합한 것이 정말 기뻐요. 그런 일은 다른 행성에서는 거의 일어나지 않습니다. 당신의 아들은 참으로 매우 특별하고도 비범한 아이일 것입니다. 우리의 과학적인 임신 방법이 있음에도 불구하고, 우리의 종족이 동종교배(同種交配)를 함에 따라서 그런 결합은 이 모든 시간 이후에 매우 중요합니다."

"사랑은 영원히 당신과 다른 이를 결속시켜주는 끈이 될 것입니다. 그리고 당신의 몸은 비록 지구에 속해 있지만, 당신의 영혼은 이곳에 속해 있습니다. 당신의 육체가 지상에서 죽게 되면, 당신의 영혼은 이곳으로 돌아올 것입니다. 당신의 육체는 영혼의 에너지를 보호하기 위해 당신 주위를 에워싸고 있는 단순한 껍데기에 불과합니다. 그 육신이 쇠락할 때, 신성한 생명의 불꽃인 진정한 당신은 진화의 사이클 속에서 무한의 영원성 속으로 옮겨갑니다."

플레이아는 나에게 부드럽게 키스했다. 그리고 계속해서 말을 이어갔다.

"주기(週期)는 다시 바뀌어서, 당신은 다시 인간이 되고, 현재의 당신처럼 육신으로 태어납니다. 이런 과정이 영혼과 마음에 있어서의 진화의 사이클이며, 종족의 기억은 언제나 당신의 잠재의식 속에 간직됩니다. 점진적으로 당신은 시간의 모든 차원을 통과해 영원을 향해 진화하고, 그때 신체의 모든 세포가 퇴화하는 것을 멈춥니다. 인간이란 영원의 일부분인 것이죠. 우리는 빛의 장벽을 넘어서 우주의 먼 영역으로 옮겨갔을 때, 이런 위대한 진리를 발견했습니다."

"우리 모두는 시간이라는 늘 움직이는 현재 속에서 영원한 생명을 갖고 있습니다. 오직 균형이 이루어졌을 때만 우리는 진동을 바꾸며, 그리하여 우리는 영원한 생명 속에서 기쁨을 발견합니다. 친애하는 분이시여, 나는 시간의 스펙트럼(spectrum) 속에서 당신 영혼의 일시적인 지구상에서의 거주가 머지않아 중단되리라는 것을 알 수 있습니다. 우리는 다시 합류하여 이곳에서 영원히 함께 할 것입니다. 그것은 오래 기다리지 않아 그리될 것입니다. 지구 위에서는 심장박동이 보다 낮은 시간의 진동에 동조되어 있고, 느린 맥박이 기록됩니다. 반면에 이곳 메톤에서는 심장박동이 시간 속에서 더욱 높은 진동율과 동조되지요. 당신 심장박동의 타이밍(timing)은 이 행성의 시간 연속체(time continuum)의 진동율에다 시간을 맞추려는 시도 속에서 리듬을 잃어버릴 것입니다."

"내가 방금 당신에게 준 약초로 만든 주스는 당신의 심장박동을 조절하고 질병을 예방해 줄 것입니다. 그것은 우리의 대기권 안에서 당신이 아콘의 아들을 낳을 때까지 당신의 심장박동을 완화시켜 줄 것이고, 그럼으로써 그 아이가 이 행성에서 태어날 때 자신이 속한 환경에 리듬을 맞출 것입니다."

손짓과 함께 플레이아는 다음과 같이 결론을 지었다.

"당신은 이제 그 아이가 인류가 야기한 지구의 환경오염에 의해 생성된 유독한 공기를 다시는 마시지 않아도 된다는 것을 알고 있고, 기뻐합니다."

길게 열려진 거실 문을 통해 나는 진한 사파이어 빛깔의 푸른 바다를 바라보았다. 바닷물은 하얀 해변을 향해 밀려오는 부드러운 파도로 반짝였다. 그리고 그 에너지의 맥박은 먼 수평선으로부터 율동적으로 팽창되어 이동하는 물 분자의 진동에 의해 퍼졌다. 온화한 날씨는 고요한 바다에 그대로 반영돼 있었다.

사람들은 그들이 살고 있는 기후에 의해 영향을 받는다. 하지만 이곳에서는 지구에서처럼 자기적인 주파수 속에서 일련의 파괴와 혼돈, 불안한 긴장과 혼란스러운 변화를 남기면서 대지를 휩쓰는 폭풍우의 무자비하고 거대한 행진이 있을 수 없었다. 불안정한 대기압의 세찬 바람에 의해 발생하는 지구상의 폭풍우는 하늘을 지배하고, 사람들은 적대적인 구름의 습격 앞에서 경외심과 놀라움으로 머리를 숙인다. 하지만 쌀쌀한 고도에서 증식하는 - 그리고 행성의 얼굴을 가로질러 앞으로 나가는 그들의 행진을 위해 소음과 파괴에 의존하는 - 이런 살아있는 (폭풍우) 세포들은 다스려질 수 있다. 파괴적인 힘을 상실한 채, 그것은 부드러워질 수 있으며, 또한 행성의 생명체들에게 그렇게도 필요한 비를 내릴 수 있는 것이다.

지상의 인간들은 혼돈과 파괴의 세계에서 살고 있다. 이것이 그들의 깨달음의 수준이며, 수소폭탄은 그들의 힘의 한계이다. 그곳에 존재하는 불안정한 조건들은 행성의 지각(地殼) 안에다 장애를 촉발시킬 수 있는 낮은 압력 파동의 원인이 되고 있다. 그 결과, 지진과 해일로 인한 파괴는 지표면이 하늘에다 토해내고 있는 정도를 명백하게 나타내고 있는 것이다.

나는 일정한 기간 동안 당신 심장의 전기적인 리듬을 조종할 수 있으며, 그 기간은 당신네 지구의 시간으로는 4개월 정도가 될 것입니다

메톤에서는 주성(主星)인 태양의 균형 잡힌 빛이 다른 두 개의 별로부터 나오는 엄청나게 유익한 빛과 서로 뒤섞인다. 이 행성은 자체의 삼중성계(三重星界)의 거대한 코로나(corona) 안에 싸여있다. 그리고 세 개의 균형 잡힌 근원들(별들)으로부터 방사되는 빛의 충돌은 그 행성을 둘러싼 훨씬 더 깊은 전리층

(電離層)을 형성한다. 이런 보호막은 행성이 별들의 온도 범주 안에 있을 때 형성되고, 그것은 이런 조건들을 만드는 데 필요하다. 자기장(磁氣場)의 바다가 행성을 에워싸서 보다 낮은 대기의 외피를 보호한다. 그리고 우리가 아는 것 같은 생명이 땅, 하늘, 그리고 물속에 존재하는 것이다.

높은 하늘에는 아름다운 구름이 은은하게 빤짝이며 빛을 발한다. 투명한 얼음 수정들로 이루어진 더 아래의 진주층 구름은 무지갯빛으로 빛난다. 그리고 밤에 빛나는 더 높은 곳의 우주먼지로 구성된 구름은 은색의 하얀 빛을 내며, 또한 반사한다. 우주 공간에서 메톤은 이런 높은 구름에 별빛이 반사되어 매우 밝게 보인다. 그것은 지구 태양계 안에 있는 금성과 비슷하다.

평화롭고 고요한 공기가 실내로 밀려들었으며, 그것은 땅의 향기와 바다의 톡 쏘는 특유의 냄새를 수반하고 있었다. 나는 맑고 신선한 바깥쪽으로 나가고 싶었다.

"갑시다." 아콘이 나의 손을 붙잡으며 말했다.

"우리는 언덕 꼭대기로 갈 것입니다. 당신에게는 영혼의 재충전이 필요합니다."

우리는 언덕중턱의 무성한 녹색 풀숲을 지나서 둥근 모습의 꼭대기를 향해 서서히 걸었다. 그리고 멋진 나무 아래의 향기로운 풀과 꽃들 속에 함께 앉았다. 그것은 짙게 푸른 하늘을 향해 곧게 높이 뻗어 올라간 매우 거대한 나무였다. 우아한 나무 가지에는 반짝이는 진한 녹색 잎들이 달려 있었고, 몸통의 붉은 장미색 껍질로부터 가지들이 좌우 대칭으로 쭉쭉 뻗어 나와 있었다.

푸른빛의 바다를 가로질러 불어오는 부드러운 미풍(微風)이 나의 뺨을 어루만졌다. 바람과 더불어, 내가 우주선에서 알았던 형언하기 어려운 이국적인 바다향기가 밀려왔다. 이 향기는 내

250

가 오래 전에 지구의 케이프타운(Cape Town)의 구르트 슈르
(Groote Schuur) 병원에서 죽은 듯이 누워있을 때 내게 다가와
나를 되살려주었었다. 뿐만 아니라, 지금 내 주변에 펼쳐진 멋
진 광경처럼 다시 나에게 생명의 숨결을 불어넣어 주고 있었다.
이곳에서는 그 모든 것이 아름다운 현실 속에 있었으며, 이곳에
서의 내 운명을 실현할 수 있도록 나에게 새로운 삶의 임차권
을 부여해주고 있었다.

"이 멋진 행성에서 내가 당신과 함께 얼마나 오랫동안 머물도
록 허용되는 거죠? 잠시 동안이라도 머물러 있는 것이 가능한
가요? 난 마치 내 생명이 정말 막 시작하고 있는 것처럼, 다시
태어나 활기를 되찾은 듯이 느껴요."

향기로운 미풍이 멀리 바다로부터 산등성이로 불어 올 때, 나
는 머리를 뒤로 젖혀 사파이어 빛깔의 푸르고 영원한 심연(하

남아공의 케이프 타운 항(港)의 모습. 뒤에 보이는 산이 유명한 테이블 산(Table
Mountain)이다.

늘)을 올려다보았다.

"나의 사랑하는 이여, 나는 당신이 나와 함께 영원히 머물러 있기를 원합니다. 그러나 지금은 이것이 불가능합니다. 당신의 몸은 우리의 3개의 별로부터 방사되는 빛이 유발하는 우리 대기 내의 높은 진동파에 적응할 수 없게 될 것입니다. 이것이 당신의 심장 리듬에 영향을 줍니다. 이곳 행성위에 있는 우리가 우리 별의 공명하는 진동 주파수에 동조돼 있는 것처럼, 당신의 가슴은 당신 태양계의 별인 태양에 맞춰져 있는 전기적인 시간 조절(Timing) 장치를 갖고 있습니다. 나는 제한된 기간 동안만 당신 가슴의 전기적인 리듬을 조종할 수 있으며, 그것은 지구 시간으로 약 4개월 정도일 것입니다."

"나는 이 기간 동안에 나뿐만이 아니라 우리의 아들을 위해서도 당신이 나와 함께 있었으면 합니다. 우리의 그 아기는 어머니가 가까이 있을 필요가 있으며, 그것은 또한 당신을 위한 일이기도 한 것이죠. 당신도 자신의 아이와 배우자와 함께 친밀하게 있을 필요가 있을 것입니다. 이것은 인생에서 자연스러운 일이고, 또한 필요한 일입니다. 이런 것이 결여될 경우, 아이에게 지속적으로 영향을 미치는 심리적인 어려움과 질병을 유발하게 됩니다. 그래서 이것이 지구상의 어린애들에게 나타나는 모든 목과 편도선 질병의 원인이 되는 것입니다. 그 아이들은 오염된 공기를 마시며, 너무 오랫동안 어른들에 의해 홀로 남겨집니다. 때문에 그것은 정신적인 긴장과 불충분한 수면, 휴식뿐만 아니라 두려움과 안전의 결핍을 가져옵니다. 따라서 몸은 리듬을 잃어버리고, 사랑과 지속적인 친밀한 접촉의 결여, 그리고 조화와 마음의 평온부족으로 질병이 생기는 것이죠. 지구인들은 감옥에 갇혀 있으며, 그들의 생활방식으로 인해 질병에 걸려있습니다."

"나의 사랑하는 이여, 너무나 단순하면서도 놀라운 가르침이

군요." 나는 아콘을 껴안고 키스하면서 기쁘게 말했다.

"이제, 나는 이곳에서 내 삶의 모든 순간을 진정으로 살면서 즐길 수 있겠네요. 그것은 나의 인생에서 가장 멋진 넉 달이 될 것입니다. 그것이 내가 미래에 나의 운명을 달성하고 내 가슴 안에다 모든 것에 대한 사랑과 희망을 갖고 지구로 돌아갈 수 있는 힘을 줄 거예요."

"하지만 나의 가장 소중한 이여, 당신의 가슴은 결코 회복되지 않을 것입니다. 당신이 지구로 돌아가게 되면 이제 그것은 늘 리듬에서 벗어날 것이고, 그곳 지구에서는 태양풍과 플레어(flare)가 태양 주기의 절정기에 당신 가슴에다 나쁜 영향을 미칠 것입니다."

"아! 하지만 이 모든 것이 얼마나 소중한가요!" 나는 갑자기 우주를 향해 팔을 넓게 내뻗으며 광활하게 열린 하늘에다 소리쳤다.

"당신을 사랑하고 아들을 가졌으며, 게다가 당신과 함께 넉 달을 살다니요! 어떤 희생도 이 모든 것에 미치지 못할 거예요. 하지만 이것은 일종의 희생 같은 것이 아닙니다."

나는 경외심과 놀라움에 충만한 채로 말을 계속 이어갔다.

"그것은 오로지 인간의 생각에만 적용됩니다. 이것은 삶, 진정한 삶이며 나의 삶입니다! 아, 너무나 나는 행복합니다! 그 어떤 것도 그 어떤 사람도 나에게서 이 모든 것을 빼앗아 갈 수는 없어요. 이것은 나의 인생이며, 영원히 나와 함께 남아 있을 겁니다. 또한 이것은 나에게 힘을 주고, 존재에 대한 이유 - 왜 내가 나인지 - 를 설명해 주는 것입니다. 그럼으로써 내가 이 이 모든 경이로움과 아름다움을 경험할 수 있었던 것이죠. 그리고 이번 시간 주기에서 내가 살고 있는 이유를 내게 부여해 주는 것입니다 이 모든 것은 예정돼 있던 것이며, 아무 것도 이를 변경할 수가 없습니다. 그것은 우주의 움직일 수 없는 법칙입니다."

"소중한 이여, 우주가 당신을 돌볼 것입니다" 아콘이 말했다. 그리고 그는 선녹색 잔디로부터 나를 들어올리기 위해 부드럽게 팔로 나를 감싸 안았다.

"당신이 생각하고 사는 대로, 그렇게 우주도 반응할 것입니다."

인간은 그들의 두뇌세포가 모든 생명의 중심에서 나오는 활기 있는 에너지의 진정한 균형에 의해 재생되는 한은 살 수 있다

아름답게 펼쳐진 전원풍경은 빨갛게 타오르는 붉은 바위 얼굴로 뒤덮인 거대한 산맥을 향해 굽이치며 이어졌고, 그 녹색의 경사면에는 황금빛 나무들이 점점이 산재해 있었다. 흐르는 맑은 강들은 별빛에 젖은 주변 환경 속에서 반짝였고, 바다를 향해 자기 갈 길을 재촉했다. 도처에는 찬란한 색채의 이국적인 꽃들이 만발해 있었고, 숲 속에는 융단을 깐 것 같은 백합꽃 무리들로 뒤덮여 있었다. 그곳에는 자연이 화려한 꽃의 풍요로움 속에서 대지를 지배했다.

메톤 행성에는 바다와 호수, 강 속에 수많은 물고기와 포유동물들이 서식한다. 상어처럼 육식성을 가진 거대한 어류(魚類)는 없으며, 또한 땅 위에도 다른 동물을 잡아먹는 동물은 존재하지 않는다.

지상의 모든 동물은 초식성(草食性)이며, 즙이 많은 녹색의 식물을 먹고 살고 있다. 동물의 개체수가 너무 많아지면 다른 행성들로 이주시켜 여분의 동물들을 처리하고 있고, 모든 곳에 비슷한 자연의 조건이 형성돼 있기에 생명을 파괴하는 행위는 전혀 일어나지 않는다.

소는 우유를 얻기 위해 서너 종을 선택하여 과학적으로 양육되었다. 그들은 뿔이 전혀 없고, 순수한 백색이다. 그 소들은 매우 순하고 마음에 드는데다 크고 부드러운 눈을 갖고 있으며, 호수의 물속에 웅크리고 있기를 좋아한다. 소 주변에서는 항상 깨끗하고 신선한 냄새가 나며, 그들은 결코 어떤 종류의 건물 안에 무리지어 갇혀 있는 일이 없다. 우유를 짜는 일은 야외에서 이루어지고, 사람들이 부르면 소들이 온다. 그들의 우유는 단백질과 필수적인 미네랄 성분이 많이 함유되어 있으며, 좋은 맛을 갖고 있다.

흰 말들이 선녹색 초원 위를 뛰어 돌아다니며 놀았다. 그들은 정열과 활기로 충만해 있었지만, 온순하고 사랑스러웠다. 이 말들은 (사람들의) 생각에 따라 반응하도록 훈련 받았기 때문에 우리가 원하면 우리를 향해 뛰어왔으며, 먹을 것을 달라고 부드럽게 코를 킁킁거렸다. 나는 그들의 아름다움에 숨이 막힐 지경이었다. 여기에 진정한 말들이 있었는데, 즉 그들은 별들의 오라(aura)를 가로질러 헬리오스(Helios)[48]의 황금색 마차를 끌었던 신화(神話)에 나오는 천상의 동물들이었다. 지구상의 아라비아종 말들의 기원은 바로 그들이었다. 이들은 우아한 머리와 커다란 두 눈 사이에 넓은 이마를 갖고 있고, 넓은 콧잔등은 전통적인 멋진 곡선을 그리고 있었다. 그리고 원숙한 순백색의 몸으로 완전한 골격을 이루고 있었다. 천상의 요람 속에서 바람을 맞으며 길러진 이 말들의 혈통적 특징은 온화한 기질이다. 그들은 자신들의 인간 친구들과 비슷한데, 인간들도 지구상에 인간 종족의 씨를 뿌렸으며, 그 말들의 혈통적 특징 역시 천상의 순

---

48)그리스 신화의 태양신. 티탄족(Titan)의 히페리온(Hyperion)과 테이아(Theia)의 아들로서 셀레네나 에오스의 형제다. (역주)

수함으로부터 유래된 온화한 기질의 유전적 특징을 갖고 있다. 말들의 모습에 마음을 빼앗긴 나는 그 말들이 아래 쪽 개울을 향해 경쾌하게 달릴 때, 언덕의 경사면에 서서 그들의 우아한 움직임을 바라보았다.

새들은 지금까지 내가 보았던 것 중에 가장 아름다웠다. 화려한 색을 지닌 그들은 멋진 대지 전역에 넘쳐났고, 높은 음계의 새소리로 마법 같은 기쁨의 노래를 부르고 있었다. 완전히 길들여진 그들은 펼쳐진 손이나 어깨 위에 앉기 위해 공중에서, 혹은 나무에서 퍼덕거리며 내려왔다. 천연의 먹을 것과 물이 충분하므로 새들은 오랜 세월에 걸쳐 이 문명에 의해 격려 받은 대로 단지 사랑과 애정을 받기 위해 (사람에게) 다가 왔다. 그들은 머리를 한쪽으로 치켜 올리고 깜박거리지 않는 애정 어린 눈으로 나를 바라보았다. 그리고 떨리는 듯한 매혹적이고 유창한 맑은 소리로 노래를 불렀으며, 풀밭 위에서 날개를 푸드득거리며 깡충깡충 뛰어다닐 때 새들은 나를 그 풍경의 일부분으로 받아들였다.

나는 긴장이 풀어진 만족감으로 한숨을 내쉬며 부드러운 초원의 두터운 침대에 몸을 눕혔다. 매우 큰 금빛 벌들이 날아다니며 꽃들 사이에서 윙윙거리고 있었다. 그들의 달래는 듯한 소리에 나는 잠속에 빠져 들었다. 아콘은 내가 계속해서 잠자도록 내버려 두었고, 내가 잠에서 깨어났을 때 그는 아직도 내 곁에 앉아 있었다. 나무 가지 사이로 저 멀리 푸른 하늘을 쳐다보자, 하늘을 가로질러 움직이는 은빛 우주선이 보였다.

"정말 아름답구나!" 나는 중얼거렸다.

"마음을 안정시키는 자연의 리듬과 함께 이것은 진정한 평화에요."

아콘이 자신의 팔꿈치에 기댄 채로 얼굴을 내 얼굴에 가까이 대고 나의 머리칼을 매만졌다.

"우리의 생활방식은 매우 간단합니다. 차분하게 삶의 모든 것에 직접적으로 접근하지요. 진실은 감추어질 수 없으며, 우리는 마음 자세에는 핑계가 없습니다. 우리에게는 정치(政治)라는 것이 없으며, 우리의 문명에 의해 통제되는 모든 것에는 평화와 조화가 있습니다. 새처럼 우리는 긴장 없이 살기를 좋아하고, 때로는 노래도 부릅니다."

그런 다음 아콘은 하늘을 향해 머리를 들고서 풍부하고 깊은 성량의 멋진 테너의 목소리로 홀리는 듯한 멜로디의 노래를 불렀다. 그의 목소리의 아름다움과 사랑의 정서에 감동을 받은 나머지 나의 눈은 정감어린 눈물로 가득 찼다. 한 인간이 다른 모든 욕구를 초월하여 하나의 유대관계를 형성해 나갈 때, 친밀함과 공감(共感)이 너무나 완전하여 그 인간이 사랑하는 이의 생각과 행동에 대한 척도가 된다는 것은 얼마나 멋진 삶인가!

"나의 목소리는 항상 당신을 향해 노래를 부를 것이며, 또한 다른 먼 곳에서 노래할 것입니다. 왜냐하면 다른 어떤 빛나는 천체들이 우리를 우리의 태양계 너머에서 바라보듯이, 우리는 진정으로 우주와 하늘 속에 있기 때문이죠. 알파 켄타우리 저쪽에는 우주의 시민들이 삶을 영위하는 많은 다른 행성들이 존재하고 있고 그들은 별들의 음악에 맞추어 영원히 노래합니다. 우리 사랑의 영원한 아름다움은 헤아릴 수 없는 우주공간을 통해 울리는 천상의 철금(鐵琴)[49]과 조화되어 노래로 퍼져나갑니다. 우리의 노래는 당신 영혼의 많은 창문들을 요새화할 것입니다. 그리고 슬픔은 더 이상 남아있지 않고, 우리의 영원한 결합 속에 오직 행복만이 있을 겁니다."

---

[49]관현악에 쓰이는 악기의 하나. 작은 강철의 쇳조각을 음계순으로 늘어놓고 채로 쳐서 소리를 냄. 글로켄슈필.(역주)

"우리 모두는 우주 속에서 인류의 형성과 진화과정에서 우리가 맡은 역할을 수행해야 합니다. 나의 사랑하는 이여, 당신은 용기를 가질 필요가 있으며, 자신이 해야 할 일을 하기 위해 지구로 돌아가야 합니다. 그리고 지구로 가게 되면 당신의 (이곳보다) 더 느린 본래의 시간 맥박으로 돌아갈 수가 없습니다. 당신의 심장은 과거처럼 낮은 진동에 동조하지 못할 것입니다. 당신이 우리의 시간 연속체 속으로 들어옴에 따라 모든 것이 변했던 것이지요. 다만 식이요법과 숨쉬기 연습을 통해 높은 진동에 점차 적응하는 것은 가능합니다. 이것은 물론 우리가 당신의 심장이 우리의 시공 연속체(space-time continuum)에 대처하도록 이미 대비했던 것처럼, 자연스럽게 시간과 집중이 소요됩니다. 하지만 내가 당신을 지구로 데려가게 되면, 당신은 심장 박동의 리듬을 조절하기 위해 약을 복용해야만 할 것입니다."

나는 나의 마음속에다 그 광경을 새겨 넣었다. 그것은 앞으로 다가올 모든 시간에 꼭 필요한 것이고 다시 지구로 되돌아가게 될 미래를 위한 힘의 근원이었다. 또한 적대적인 (지구) 행성으로 귀환한 이후의 오랜 기간 동안 나의 용기를 재충전해줄 수 있는 원천이었다. 이곳 대기권 안의 높은 진동율은 나의 심장에 영향을 주고 있었으며, 나는 나의 맥박에서 경보음을 느꼈다. 부정맥(不整脈)[50]이 불길하게 높은 상태에 있었다. 아콘이 확고하고 부드러운 압력으로 나의 젖무덤 아래의 왼쪽 가슴 부분을 마사지 해주었다. 그는 나의 증상을 완화시키기 위해 약초로 된 알약 하나를 내게 주었다.

"우리는 살아있는 포유동물들의 두뇌와 태양계의 살아있는 별

---

50)심장은 전신에 혈액을 보내기 위하여, 평생 일정한 주기를 가지고 수축과 이완을 반복한다. 이 규칙이 깨져 심장 박동이 불규칙해지는 상황을 부정맥이라 한다. (역주)

들 사이에서 미묘한 빛의 균형을 항상 유지해 왔습니다. 인간은 그들의 두뇌세포가 모든 생명의 중심에서 나오는 활기 있는 에너지의 진정한 균형에 의해 재생되는 한은 살 수 있습니다. 이런 식으로 그들은 은하계의 핵으로부터 방사되는 엄청난 힘과 영향력, 즉 우주의 영원한 생명력 혹은 깊은 우주공간으로부터 끊임없이 발산되는 거대한 지성의 빛의 파장들에 동조해서 그 힘을 행사할 수 있습니다."

"커다란 뇌를 가진 인간은 지식과 지혜, 지성, 장수의 저장소와 접촉하여 그것들을 보유할 수 있으며, 그것이 영적으로 진보된 종족의 품질보증서입니다. 인간의 뇌는 고향별로부터 발산되는 무선파와 연결되기 위해 (역시) 무선파를 방사합니다. 만약 (지구의) 태양과 같이 어떤 별이 변화무쌍하다면, 그 방사선은 행성들을 불안정하게 폭격하게 되고, 따라서 생물들의 뇌세포들은 퇴화합니다. 이것이 바로 노화(老化)의 원인입니다. 그에 따라 이런 생물들은 공격적이 되고, 서로가 서로를 잡아먹게 됩니다. 중요한 뇌세포들이 영향을 받고, 또한 쇠퇴하기 때문에 그들은 빠르게 늙어가는 것이죠. 그런데 만약 그 아름다운 행성의 주민들이 마음의 태도를 바꿀 수 있었다면, 지구의 이야기(역사)는 얼마나 크게 달라졌을까요! 왜냐하면 마음의 태도는 환경적 영향을 받기도 하지만, 또 기후의 변화는 인간의 마음자세에 따라 유발되고, 또 통제될 수 있기 때문이지요."

"우리(메톤인)는 인구과잉이 아닙니다. 우리는 이곳 숲에서 자라나는 단순한 식물을 이용함으로써 산아제한을 하는 방법을 갖고 있습니다. 이 약초는 필요에 따라 남자들과 여자들의 체중조절에 사용되기도 합니다만, 그 효과는 일시적입니다. 사실 그 약초는 대단한 건강상의 가치를 갖고 있으며, 덧붙여 체중조절에도 유익합니다. 우리는 인구과잉이나 마구잡이식 인구팽창을 믿지 않는데, 그런 것들은 정신의 확장이나 건강을 지체시킵니다. 지구인들이 대양을 가로질러 다른 나라로 진출했던 것처럼, 우리는 은하계 안에 있는 다른 행성으로 이주합니다. 이런 식으로 우리는 인구의 균형을 유지하고 있습니다."

"진동은 지구 대기권 내에서 가장 강렬합니다. 그리고 모든 살아 있는 생물의 마음과 식물의 민감성은 이런 진동에 맞추어 공명합니다. 그런데 지구행성의 육지와 도시들에 수많은 사람의 무리들이 널리 우글거리다보니 이런 진동은 거칠고 조화를 잃어버렸습니다. 이런 부조화는 낮은 옥타브(octave)에서 가장 강렬하며, 그런 공명은 민감한 뇌 세포들에게 가장 해롭습니다. 이것은 당신네 수 백 만 명 사람들의 정신건강에 가장 큰 위험 요소가 됩니다. 그리고 그것은 낮은 공기층에서 급속히 형성되고 있습니다. 고속으로 날아가는 비행기의 초음속 진동은 그들의 뇌에 압력을 가하고, 비록 귀에는 안 들리지만, 들리지 않는 그런 높은 옥타브의 공명 속에서 그 위험이 증가합니다."

"이곳에는 그런 일이 전혀 없습니다. 그래서 나는 당신이 그 지구 사람들의 행동에 관한 모든 것을 잊기를 바랍니다. 왜냐하면 내가 지금 당신과 내 아들과 이곳에서 함께하고 있으니까요." 아콘은 나에게 길고 부드럽게 키스했다.

커다란 하얀 바다 새가 날아와서 우리 곁에 앉았다. 그 새는 눈처럼 흰 깃털을 펄럭이며 밝은 금빛 눈으로 우리를 쳐다보더니, 넓은 날개를 우아하게 접으면서 머리를 비스듬하게 기울였다. 나는 새의 머리를 부드럽게 쓰다듬어 주었고, 아콘의 작은 주머니에서 나온 한 조각의 귀리 빵을 그 새에게 주었다. 그 새는 미묘하고 우아한 몸짓으로 그것을 까다롭게 쪼아 먹었다. 그런 다음 만족하여 풀밭 위를 종종 걸음으로 걸어가며 조용히 지저귀었다.

어찌나 그 새들이 사랑스러운지! 그곳에는 극히 추운 겨울이 나 더운 여름이 없었으며, 공중에서 깃털처럼 가벼운 새들의 몸 을 난타할 파괴적인 폭풍우도 없었다. 계절들은 부드럽고 온화 했다. 또한 그곳의 기후는 자신들의 평화의 영역이자 실재하는 낙원에서 조용히 머물고 있는 위대하고 훌륭한 사람들에 의해 과학적인 방법으로 통제되고 있었다. 따라서 그들은 자기들의 고결한 생활방식을 파괴할 수도 있는 (적대적인) 외부 문명과의 접촉을 원하지 않았다. 지구상의 문명에 의해 이루어진 생활방 식을 경험해본 나는 왜 아콘의 문명이 지구와 거리를 유지했고 또 지구행성의 정부들과 접촉하는 것을 거부했는지를 충분히 이해했다.

"이쪽으로 말들이 오고 있군요." 아콘이 말했다.

"난폭한 야만인들에 관해서는 잊으세요. 그들은 결코 이곳 태 양계까지 올 수 없습니다. 우리는 그들(지구인들) 때문에 (지구 가 속해있는) 태양계를 떠나서 이주했습니다. 그들은 이미 금성 과 화성을 탐사하고 있고, 우리와 대화를 할 목적으로 무선신호 를 보내고 있습니다. 이런 시도는 매우 위험한 행위인데, 왜냐 하면 은하계 안에서 그들의 위치를 알려지게 하고 있기 때문이 지요. 심성이 무자비하지만, 과학과 기술면에서는 고도로 발전 한 다른 존재들(악성 외계인들)도 있습니다. 그들은 지구 과학자 들의 희망처럼 우호적인 접근을 하는 대신에, 지구를 식민지화 하기 위해 이런 신호를 해독하기로 결정하고 그 초대 신호를 끝까지 추적하여 따라갑니다. 우리는 그 모든 것에 휘말릴 의도 가 없습니다."

"물론이지요." 내가 대답했다. "만약 그렇게 한다면, 당신들의 문명은 파괴되겠죠."

우리는 아름다운 비행선 한 대가 3개의 별에서 방사되는 황

농장에서 말에게 먹이를 주는 엘리자베스 클래러

금빛 속에서 번쩍번쩍 빛을 내며 바다 위를 스치듯 지나 언덕 위로 상승하는 것을 지켜보았다. 그것이 빛나는 공중으로 이동하다 우리의 머리 위에 멈추어 있을 때, 마치 에테르질(ethereal)인 것처럼 보였다. 비행선은 (우리에게) 인사하듯이 급속히 하강했다가 순식간에 다시 사라졌다. 우리는 비행선 안에 있는 사람들에게 손을 흔들었다. 그 때 말들이 다가와 귀리 빵을 달라고 우리 주위에서 코를 킁킁거리며 머리를 디밀었다.

아콘이 나를 들어 올려 조용히 내 곁에 서 있던 암말 등위에 태웠다. 말의 잔등은 부드럽고 안락했다. 나는 눈처럼 희고 비단 같은 갈기 속에 손을 넣고서 내 무릎으로 말의 따뜻한 양쪽 배를 꽉 조였다. 아콘도 그를 향해 달려오면서 울음소리를 내는 멋진 말의 잔등 위로 뛰어 올랐다. 우리는 개울을 가로질러서 언덕 아래쪽으로 내려갔고 산을 향해 나아갔다. 말의 굴레나 안장 같은 것은 없었으며, 말들은 우리의 생각이나 목소리에 반응해서 움직였다. 발이 굉장히 큰 동물들이 매우 안락하고 단아한 자태로 부드러운 초지 위를 스치듯 지나가는 것이 보였다. 그것들은 큰 걸음으로 작은 개울이나 울타리를 껑충껑충 뛰어서 넘어가고 있었다. 우리는 곧 산기슭에 이르렀다. 말들은 매우 자연스럽고 지칠 줄 모르는 율동적인 동작으로 천천히 걸었고 산등성이 위로 속도를 높여갔다. 내가 말을 타는 것은 제2의 천성(天性)이었다. 나는 한 살 때부터 말을 탔기 때문에, 일생동안 내 발 대신에 말의 네 다리를 대신 이용하곤 했었다.

우리는 막 구름이 걷힐 즈음에 붉은색 바위로 이루어진 가파른 절벽에 도착했다. 아콘이 나를 부드럽고 넓은 암말의 잔등에서 내려주었다. 말들은 매끄러운 돌 위로 거품을 내며 흐르고 있는 수정처럼 맑은 물을 마시러 갔다. 계곡 기슭에서 우리는 하벤이 놓아둔 야외소풍용 쟁반들을 발견했는데, 그때 하벤은 자신의 작은 원형 비행선을 타고 개울물 상공에 머물고 있었다. 그는 항상 사려 깊고 친절했다. 이어서 우리는 플레이아가 멋진 솜씨로 준비한 맛있는 음식을 발견했다.

우리가 육지와 바다의 광활하고도 놀라운 전경을 즐기며 멋진 협곡 속에서 쉬고 있을 때, 작은 장밋빛 돌멩이 하나가 위쪽에 있는 절벽 면에서 떨어져 굴러오더니 나의 샌들을 신은 발에 부딪쳤다. 나는 그것을 주워 손에 쥐었는데, 그것은 바위 얼굴 속에서 비바람을 견디고 단련된 내가 사랑하는 메톤의 한 조각이었다. 그리고 그것은 지구상에서 가장 값진 돌보다도 나에게는 더 소중했다.

"그것은 당신 것입니다." 아콘이 바위 얼굴을 올려다보면서 부드럽게 말했다.

"당신 자신의 고유한 세계에서 가져야 할 바위조각이니, 소지하여 항상 몸에 지니고 다니세요. 그것은 당신이 멀리 떨어져있을 때에 힘을 주는 일종의 호신부(護身符)입니다. 이 행성도 당신이 이곳에 속한 사람임을 알고 있습니다."

나는 귀리 빵이 담겨 있는 작은 주머니에다 그 빛나는 돌 조각을 넣었고, 그 주머니는 계곡 기슭에서 채취한 녹색의 이끼로 덮혀 있었다, 또한 나는 그곳에서 '섬공작고사리(maidenhair)' 라고 부르는 양치류(羊齒類) 이끼를 보았다.

"아!" 내가 감탄하여 외쳤다.

"물론 가져도 됩니다." 그가 나의 생각에 대답했다. 그는 매우 조심스럽게 뿌리가 달린 그 양치류를 모아서 주머니에 담았다.

"우리가 돌아가면 나는 이 고사리를 자라나고 번성할 수 있는 특수 용기(容器)에 넣어둘 것입니다. 이 식물은 우리처럼 영원

메톤 행성에서 가져온 양치류의 모습. 지구에 와서 많이 자라난 후인 1975년 경의 모습이라고 한다.

히 살며, 당신은 항상 이것을 돌볼 수 있습니다."

"그럼 이제 나는 돌, 흙, 식물, 그리고 내 몸 안에 있는 생명을 갖고 있군요." 나는 아콘에게 속삭였으며, 내 목소리는 감격에 넘쳐 떨렸다.

264

"아, 사랑하는 이여, 이 모든 것이 너무나 멋지네요. 당신은 나의 사랑이며, 나의 생명입니다."

말을 부르더니 아콘이 다시 나를 말 잔등에 태웠다. 우리는 말을 타고 아름다운 전원지역을 빠르게 지나갔고, 자연의 풀처럼 자라나 물결치고 있는 옥수수와 밀밭을 통과했다. 더 앞으로 나아가자 귀리와 보리를 재배하는 들판이 나타났다. 밀과 옥수수 역시 사방에서 풍부하게 자라나고 있었다. 한편 여러 가지 모양의 과일과 채소들도 정해진 구역에서 성장하고 있었다. 그곳에 식량부족은 결코 없었다. 그리고 식물들의 발육은 날씨나 달의 방해작용이 없는 가운데, 한결같은 성장속도를 유지하고 있었다.

식물이 무성하므로 대류권(對流圈)[51] 내에 높은 산소 함유량을 이루고 있었으며, 동물들의 생명은 식물이 흡수하는 이산화탄소와 함께 이런 산소와 균형을 이루고 있었다. 대기권 안에는 방출된 오염물질이 없었고, 자외선으로부터 행성을 보호하는 데 없어서는 안 될 오존층을 파괴하는 일도 전혀 없었다. 대기는 신선하고 상쾌했다. 그러므로 이곳 사람들은 육체와 정신에 있어서 항상 최고의 상태를 유지하고 있었다. 그들은 피로해진다는 것을 몰랐으며, 정신적인 긴장감이 전혀 없이 편안함을 느끼며 살아가고 있었다.

광대한 규모의 농업 경작 농장들이 행성계 전체의 생명과 건강유지에 필요한 신선한 식량을 공급했다. 또한 거대한 우주선들이 그 식량을 다른 행성들로 실어 날랐는데, 그 곳의 이주자들은 알파 켄타우리 범위 너머의 미래 세대를 위해 여건들을 개선하고 있었다.

---

51)지표면에서 약 10~20km 높이의 대기층. 여러 종류의 구름은 이 권(圈) 내에서 형성되며, 위로 갈수록 기온이 낮아진다.

우리는 금성에서 위대하고 영광스런 문명을 발전시켰던 선조들의 잔존자들이자 후손들이다

그 태양계 내의 메톤과 다른 행성들의 온화한 기후는 자연스럽게 주민들의 마음을 커다란 평정상태로 진화시키는 데 도움을 주었다. 변화하는 자기장 때문에 정서에 영향을 미치는 심한 뇌우(雷雨)는 남반구와 북반구의 적도(赤道) 지역 너머에서 일어난다. 기후의 변덕은 통제되었으며, 그 결과 극한 추위나 더위가 그 행성의 온화한 적도지역을 침범할 수 없었다. 그곳에는 방대한 면적의 바다로 인해 적당한 습기와 함께 비가 많이 왔다. 육지의 표면 전체에 녹색 식물이 울창하게 자라고 있었고, 크고 작은 섬들이 대륙을 형성하고 있었다. 그리고 사람들은 적도 지역 전체에 퍼져 살았다. 오로라 지역의 극관(極冠)은 행성 표면의 기후조건을 완화시키는 바람의 패턴을 규정했다. 대륙 이동은 태양계 전체의 자기적(磁氣的)인 균형에 의해 멈추었으며, (행성의) 표면은 다양하고 갑작스러운 대기의 압력에 노출돼 있지 않았다.

내가 타고 있던 암말이 때때로 바람에 흔들거리는 귀리의 윗부분을 한 입씩 따먹었다. 그녀는 자신의 재빠른 입으로 매우 능란하게 움직였고 결코 걸음이 느려지거나 유연한 보측이 바뀌지 않았다. 위가 작기 때문에 이런 종류의 말은 조금씩 자주 먹었다. 아콘은 이런 사랑스러운 동물들이 본래 금성의 토착종이었다고 말해주었다. 그리고 그의 문명이 이 흰 말들과 소들을 함께 지구 태양계로부터 이곳으로 옮겨오기에 앞서 지구와 화성에서 일단 적응시키기 위해 금성에서 데려왔다고 하였다. 그들은 거대한 모선에다 동물들을 싣고서 메톤으로 데려왔고, 이제 이 동물들은 옛날 금성에서 그랬던 것처럼 여기서 번성하고 있다. 이곳의 공기와 식물, 그리고 바다는 어머니 행성(금성)의 조건들과 비슷하다. 이 백마의 후손들은 지금도 지구의 아라비아 말의 종(種) 속에 존재한다. 그리고 흰 소는 지금도 인도에 있는데, 그 소들은 신성한 동물로 간주된다. 아프리카의 줄루족도 또한 흰 소떼를 갖고 싶어 한다.

우리는 누에 농장 옆을 지나갔는데, 수많은 수의 거대한 누에들이 둘러싸인 일정한 지역에서 식물을 먹으면서 살고 있었다. 실을 낼 준비가 되어 있는 다른 누에들은 큰 컨테이너 안에 있었으며, 누에들은 나무로 된 말뚝 주위에서 멋지고 금빛 나는 실을 계속해서 자아내고 있었다. 인근에서는 비단실이 빛나는 물질의 직물로 짜지고 있었고, 또한 단순한 형태로 만들어지고 있었다. 그리고 사람들이 가운이나 튜닉(tunic)[52]을 만들기 위해 색깔을 선택하러 왔다. 나는 나의 비단 가운의 민감한 주름을 (손으로) 느껴보았는데, 촉감이 너무 부드러웠으며, 그것을 입고서 살갗에 닿을 때 기분이 좋았다.

아콘의 사람들은 자연스럽고 건설적이면서 에너지가 넘치는 사람들이었고, 각 개인은 자신이 가장 좋아하고 또 자기에게 적합한 일을 하고 있었다. 정말로 그들 모두는 단 두 사람도 똑같지 않은 개성적인 사람들이었다. 그리고 모든 이들은 그 어떤 제약도 없이 완벽하게 자유스럽고 행복했다. 나는 속으로 '이들은 지구인들과는 얼마나 다른 사람들인가!'라고 생각했다. 지구에서는 어떤 일정한 양식(樣式)에 일치되도록 대량생산되고 모두가 엇비슷하게 보인다. 또한 생각도 비슷하게 해야만 하며, 만약 그렇게 하지 않으면 무엇인가 동떨어지게 되고, 무리로부터 기피 대상이 되기 일쑤이다.

---

52) 허리 아래까지 내려오는 블라우스의 일종으로 벨트를 멘다. (역주)

집으로 돌아오자 우리는 말들을 풀어주었다. 그리고 말들이 바다를 향해 질풍같이 내달리며 눈처럼 흰 꼬리가 바람에 휘날리는 것을 바라보았다. 우리는 우리를 간절히 기다리고 있던 플레이아와 하벤과 즐겁게 포옹했다. 그들은 내가 말을 타며 운동하는 것이 아콘 아들의 출산을 촉진하리라는 것을 알고 있었다.

우리는 방을 가로지르는 일종의 막(幕)처럼 하나의 광경이 물질화되는 것을 보기 위해 멋진 거실 안에 조용히 앉았다. 그것은 시간을 거슬러 과거로 돌아가는 역사속의 장면이었는데, 전자 신기루 속에서 나타나는 놀랄만한 광경이었다. 그것은 아몬드 모양의 눈과 매력적인 피부를 가진 사람들이 새로운 행성을 내려다보면서 생소하고 아름다운 언어로 서로 대화하는 모습을 보여주었다. 그 지역은 푸르게 우거진 식물이 자라나고 있던 열대 지역이었다. 덩굴식물로 꽃줄 장식을 한 거대한 나무들이 넓은 모래 해안의 가장자리와 맞닿아 있었다. 그리고 반짝이는 긴 파도가 끝없이 변화하고 있는 환경을 말해주고 있는 듯이 거품을 일으키며 금빛 모래에 부딪쳤다. 야생동물들이 짙고 무성한 나뭇잎 안에서 재잘거리며 소리를 지르고 있었는데, 그런 덥고 습기 많은 환경 속에서 새끼들을 많이 낳아서 그런지 그 수가 매우 많았다. 그것들의 무리들은 힘차고 무자비해 보이기조차하는 소리와 함께 살아 있었다. 곧 하늘은 가로지른 긴 구름으로 어두워졌고, 폭풍우가 불 것 같았다. 사람들 뒤에는 작고 둥근 우주선 한 대가 넓은 해변 위에 착륙해 있었다.

"우리의 최초의 과학 탐사선이 지구에 막 도착했습니다." 아콘이 입을 열었다.

"그것은 낯선 다른 행성에 처음으로 착륙한 것이었습니다. 그때 거대한 대륙들은 거칠고 원시적이었고, 많은 화산들이 있었지요. 그리고 바다는 사나운 비바람이 몰아치고 가혹했습니다.

지구는 우리가 표면에서 살 수 있기 전에, 많은 세월동안 길들여져야 했습니다."

장면이 다시 바뀌었고 (지구와는) 매우 다른 행성인 또 다른 행성의 표면을 보여주었다. 그 행성에는 넓고 깊은 푸른 바다와 접한 아름다운 곡선의 해안이 있었고, 사파이어 빛깔의 하늘 아래에는 조용하고 진한 푸른색 바다가 보였다. 선녹색의 기복 있는 초지(草地)가 붉은 절벽으로 이루어진 산 정상까지 경사지며 이어졌다. 거대한 나무들이 그 풍경 속에 점점이 흩어져 있었고, 다채로운 색깔의 꽃들이 풍요로운 땅에 온통 덮여 있었다. 그리고 은은하고 마음을 홀리는 듯한 향기가 광활한 바다의 톡 쏘는 냄새와 뒤섞여 다가왔다. 육지의 신선하고 울창한 군엽(群葉)과 꽃들이 나의 감각을 즐겁게 했으며, 나는 그 공기를 깊게 들이마셨다.

이곳은 금성이었다. 그것의 영광은 전자 신기루 속에서 되살아났으며, 깊은 대기(大氣)는 가까이 있는 태양의 강렬한 빛을 반사하고 있었다. 그 행성은 태양빛을 멀리 우주로 반사했고, 오직 이로운 복사선만 지면에 닿도록 전리층(電離層)과 넓은 오존(Ozone)층을 통해 걸러냈다. 이런 식으로 금성은 태양으로부터 오는 치명적인 방사선으로부터 보호되고 있었다. 태양에 의해 끌려온 우주진(宇宙塵)이 행성 주변에 높이 형성되어 구름이 밤에 빛나고 있었고, 그 반사하는 빛에는 더 많은 빛이 더해졌다.

금성은 우주의 광대한 공간속에 있는 생명의 고향이다. 그곳은 천천히 자전하는 가운데 어둠이 없다. 금성은 태양에 가깝기 때문에 대기권의 상층부 안쪽은 밤새 밝은 석양과 함께 빛난다.

인간이 무엇인가에 관해 깨닫고 알고자 할 때에는, 마음으로

전체 우주를 포용할 수 있어야 한다

그때 쎄톤(Theton)이 그들의 아름다운 언어로 말을 시작했다. 그러자 아콘과 내가 앉아있던 긴 의자 뒤 높은 곳에서 통역하는 말이 직접 내 귀에 들려왔다.

"인류의 요람(搖籃)인 그 어머니 행성이 사파이어 빛깔의 푸른색으로 덮여있는 방대하고 따뜻한 바다에서 인간종족을 낳았습니다. 우리는 소금기 있는 바다 속에서 태어났으며, 우리의 피는 아직도 바다의 소금물을 머금고 있습니다. 우리의 생혈(生血)은 소금기 있는 바다의 유산에 불과합니다. 인간 생명이 원시상태에서 진화했던 것은 이 태양계의 중간 단계 초기였습니다. 하나의 초신성(超新星)[53] 속에서의 인류의 출현은 적응할 수 있는 생명 종족들을 창조했는데, 그들은 바다에 대한 사랑을 늘 간직하고 있습니다. 왜냐하면 바다는 그들이 나온 근원, 즉 우리의 창조의 자궁(子宮)으로서 여전히 우리의 혈관을 통해 흐르며 활력을 주는 액체이기 때문입니다."

"우리는 금성에서 위대하고 영광스러운 문명을 발전시켰던 사

---

[53]초신성(超新星, supernova)은 신성(nova)보다 에너지가 큰 항성 폭발을 의미한다. 초신성은 그 광도가 극도로 높으며, 폭발적인 방사선을 일으키기에, 어두워질 때까지 수 주 또는 수 개월에 걸쳐 한개 은하 전체에 필적하는 밝기로 빛난다. 이 짧은 기간 동안 초신성은 태양이 평생에 걸쳐 발산할 것으로 추측되는 에너지만큼의 방사선 복사를 발한다.
[1] 폭발의 결과 항성은 구성 물질의 대부분 또는 전체를 토해낸다. [2] 이때 그 속도는 30,000 km/s(광속의 10%) 까지 가속되며, 주위 성간 매질에 충격파를 일으킨다. [3] 충격파가 휩쓸고 간 자리에는 팽창하는 가스와 먼지의 껍질이 남게 되고, 이것을 초신성 잔해라고 부른다.
'신성'(Nova)이란 '새로운'이라는 의미의 라틴어 낱말에서 유래된 것으로, 천구상(天球上)에 매우 밝은 별이 새로 나타난 것처럼 보이는 것을 칭한 것이며, 접두사 '초-'(super-)는 초신성이 광도가 훨씬 떨어지는 보통의 신성과는 구분되는 존재라는 것을 의미한다. '초신성'(supernova)이라는 단어는 1931년에 발터 바데와 프리츠 츠비키가 만들어낸 조어이다.(위키백과에서)

270

람들의 후예들입니다. 그들은 평화와 조화에 의해 그들 자신들 간에, 그리고 자연 및 우주와 더불어 안정돼 있었습니다."

"흩어져 있던 에메랄드 같은 섬들은 팽창중인 태양의 걸러진 빛 속에서 잠자며 시간을 보냈습니다. 그 후 흰 구름과 함께 짙은 청색 하늘의 대기권은 온화한 기후 속에 비를 가져와 우리의 선조들을 탄생시켰습니다. 그 선조들은 따뜻한 바다에서 헤엄쳤으며, 습기 찬 공기의 신선한 산소를 호흡했습니다. 따뜻한 기후와 안정된 공기, 그리고 평온한 바다가 보호받는 환경을 제공했으므로 그들은 몸에 털이나 모피(毛皮)가 불필요했습니다. 머리 위에 있는 길고 아름다운 머리칼이 우주에서 오는 방사선으로부터 머리를 보호했습니다. 이런 이유로 머리칼은 정전기(靜電氣)로 가득 찼으며, 햇빛을 반사하기 위해 금발이거나 황금빛이었습니다. 신체에서 노출된 부분 역시 머리칼에 의해 보호되었습니다. 원래의 금성인들은 바닷가에 나가게 되면, 그곳에서 잠을 자기 위해 석양이 질 무렵 황금빛 모래 위에 누워있고는 했었습니다."

"장구한 세월동안 그들은 바다와 육지의 식물로부터 영양을 섭취하면서 바다와 숨 막히게 아름다운 섬들에서 살았습니다. 태양에서 오는 방사선은 우리의 선조들이 바다에서 시간을 보낼 때인 대낮 동안 짙은 대기를 통해 걸러졌지요. 그러므로 피부에는 색이 없었으며, 우리에게서 볼 수 있듯이, 지금 시대에도 희고 고운 피부로 남아있습니다. 우리는 오랜 세월을 통해 우리에게 전해 내려오는 바다에 대한 자연스러운 동경이 있습니다. 그리고 우리는 별들의 해로운 방사선에 대해 우리의 흰 피부를 보호합니다."

"자연과의 조화 속에서 평화로운 삶을 통해 진화했기에 우리의 과학과 기술은 점차 확대되었습니다. 우리는 우주먼지로 이루어진 높은 구름들 너머에 놓인 것을 발견하기를 갈망하면서 보다 높은 대기권을 탐사했습니다. 우리의 과학자들은 대기권의 한계를 넘어 여행하기 위해 헬륨(helium)으로 채워진 우주선을 건조하게 되었고, 그곳에서 우리는 태양빛에 반사되어 빛나는 다른 세계들을 발견했지요. 그때 우리는 이런 다른 세계들을 탐험하기를 원했으며, 드디어 우주의 저 먼 곳까지 갈 수 있는 우주선들을 완성했습니다. 그리하여 우리는 우리의 이웃 세계인 두 개의 세계들(행성들)에 도착했는데, (우리 행성보다) 더 큰 행성에 생명체가 살고 있어서, 매우 흥미롭게 생각되었습니다. 우리가 시간을 거슬러 처음 당신께 보여주었던 지구에 착륙한 이후, 우리는 계속해서 우주공간으로 나아갔고 결국 화성에 도착했습니다. 그렇게 함으로써 태양계 내에 있는 세 개의 안쪽 행성들을 모두 망라하게 되었으며, 그곳 태양으로부터 가까운 지역에는 (지금) 우리가 아는 것 같은 활력 있는 생명체가 존재합니다."

"이 세 개의 행성들은 길고 긴 세월 동안 평화와 조화 속에서 번영했습니다. 하지만 격렬한 우주 속에서 자신들의 유산을 지키려고 항상 주시하는 가운데 이 유토피아의 과학자들은 태양의 리듬에서 하나의 흠집을 발견했습니다. 나이를 먹어감에 따라서, 태양은 변화무쌍한 변광성(變光星)이 되었고, 자체의 진화과정 속의 시간의 주기에 따라 치명적인 방사선이 증대되었습니다. 그리고 세월이 흘러 태양이 점점 나이를 먹고 내부 압력의 균형을 잃어가는 만큼 그 사이클은 더욱 더 빈번하게 반복되어 일어났지요."

"우리의 과학자들은 우리 문명의 사람들을 이주시키고 종족을 영속시키기 위해 팽창하고 있는 새로운 항성계를 찾아서 우주선을 타고 원래의 태양계 밖으로 멀리 여행했습니다. 또한 헤아릴 수 없는 성간공간(星間空間)을 여행하기 위해서, 그리고 태양계 저쪽으로 수많은 사람들을 실어 나르기 위해 거대한 우주선들이 건조되었습니다. 결국 우리의 과학자들은 이웃 태양계를 발견했으며, 그곳에 착륙하여 우리가 아는 것 같은 생명체가 사는 것이 가능한 4개의 새로운 행성 위에다 사령부를 창설했습니다. 시간이 지남에 따라 우리의 문명은 그 태양계에 남아 있는 3개 행성의 환경여건을 향상시켰으며, 이제 우리는 '알파 켄타우리'라고 부르는 태양계 전체를 차지하고 있습니다."

"우리가 알파 켄타우리에다 우리의 문명을 이식하기 위해 사용한 우주선들은 모선(母船)이라고 부르는 우주선이었는데, 그것은 오래된 우주선이지만, 지금도 여전히 사용되고 있습니다. 우리는 새뿐만 아니라 말, 소, 그리고 다른 형태의 동물들을 이 우주선에 싣고서 알파 켄타우리 내의 새로운 고향으로 옮겼습니다."

"과학자들은 너울거리며 타오르는 태양에 적응할 새로운 종족의 조상을 위해 지구위에다 약간의 사람들을 남겨놓았습니다. 그들은 오랜 세월동안 자연의 대변동에 의해 적도와 남쪽 지방의 땅과 바다의 형태가 변화함에 따라 행성의 먼 북반구 지역에 자리를 잡았습니다. 이런 사람들의 후손들은 너무나 피가 섞이고 또한 끊임없는 기후와 환경변화의 주기 및 극단적인 기상에 의해 영향을 받았기 때문에, 그들은 거의 알아보지 못할 정도로 변했습니다.

그들은 이곳저곳의 일부를 제외하고는, 매부리코와 아몬드 모양의 눈에다 키가 크며 금빛 피부를 지닌 원래의 조상들과는 이제 더 이상 닮지 않았습니다. 그런 사람들은 금성에서 온 우리의 조상들이었으며, 지구의 현 시대 인간들의 마음에서 볼 수 있는 흉포함과 악행과는 거리가 먼 사람들이었습니다."

"지구인들이 그들의 마음을 바꾸지 않는 한, 폭력과 멸망이 그 최종 결과가 될 것입니다. 그들은 자신들이 살고 있는 우주의 진리에 관해 깨달을 필요가 있습니다. 그리고 별과 그들 자신의 운명에 대한 탈출구를 찾기 위해 우주로 나갔던 선조들을 따를 필요가 있습니다. 현재의 지구 주민들은 가혹하고 불안정한 삶을 견디고 있으며, 또한 그곳에서는 경직된 사회 법률들이 존재합니다. 또한 많은 사람들이 낙후된 정치와 야만적 제도가 아직도 현존하는 세상에서 탐욕스런 무리들 발아래에 짓밟히고 있습니다."

아콘이 말하기 시작했을 때 난 '아하!'라고 생각했다. 이제는 솔직한 말과 진리를 이야기할 시간이다.

"지구의 과학자들에 따르면, 별과 별 사이의 거리는 파섹(parsec)[54]으로 표현하며, 1파섹은 시차(視差) 각도가 1 아크[arc:호(弧) 혹은 호형(弧形)] 초(秒)의 거리(300억 km 또는 3.26 광년)입니다. 지구에서 가장 가까운 '알파 켄타우리'의 시차각도는 0.76도(度)이고, 이는 1.31 파섹 혹은 4.3 광년에 해당합니다. 빛은 초당 약 30만km를 여행하기 때문에, 1년에 약 10조km를 나아가고, 이것은 지구와 프록시마 켄타우리까지의 거리가 약 42조km가 됨을 의미합니다. 쎄톤(Theton)은 과거 우리가 모선에 있을 때 말하기를, 3개의 태양으로 이루어진 이 별들은 (지구가 속해 있는) 태양과 비슷하게 G형(型) 혹은 K형별이라고 했습니다.[55] 알파 켄타우리라고 알려져 있는 이 별세계는 지구로부터 39조km 혹은 4광년 거리에 있습니다. 그러므로 지구

---

54) 천체간의 거리를 나타내는 단위; 3.26광년의 거리에 해당된다.
55)여기서 G형이니 K형이니 하는 것은 주계열성(主系列星)의 종류를 말하는 것이다. 주계열성이란 별의 생애 주기(週期)로 볼 때, 원시성(原始星)의 단계를 지나서, 수소 핵융합 반응이 활발하게 일어나는 인간으로 치면 청, 장년에 해당하는 별을 뜻한다. 즉 우리의 태양이나 알파 켄타우리 별 같은 항성을 말한다. (역주)

과학자들이 계산했던 것보다 지구에 더 가까이에 있는 것이죠. 지구인들의 현재 장비를 가지고는 항성간의 거리를 측정하는 것은 가장 가까이에 있는 별의 경우에도 어렵습니다. 천문학자들은 별을 기본적인 광도(光度)를 추정할 수 있는 스펙트럼선 (spectral line)에 의해 분류하며, 그러므로 그 거리는 하늘에서의 뚜렷한 밝기를 통해 측정됩니다."

"반짝이는 별들은 별 같은 물체와 관련이 있는 것으로 보이며 은하계 밖의 성운(星雲)56)과는 상관이 없는 것처럼 보입니다. 천문학자들은 이런 물체들이 실제로 별일지도 모른다고 생각했습니다. 한 무선파의 근원이 켄타우루스(Centaurus) 성좌 방향에 있는데, 멀리 있는 특별히 크고 밝은 은하계로부터 발신되고 있습니다. 이 은하계는 수억 개의 별에 상응하는 중심부분을 갖고 있으며, 그것은 당신네 태양계(지구가 속해 있는 태양계)가 차지하고 있는 부피보다 더 작은 공간 속에 집중되어 있습니다."

"지구의 과학자들은 아직도 우주적인 지식과 이해의 개념을 파악하지 못하고 있습니다. 인간이 모든 것에 관해 무엇인가를 깨닫고 알고자 할 때에는 마음으로 전체 우주를 포용할 수 있어야 합니다. 장비는 아직도 한계가 있고, 태양의 코로나

---

56) "성운(星雲)이란 별과 별 사이에 존재하는 가스 덩어리와 티끌의 집합체를 말한다. 성운의 종류는 가스와 티끌들이 자신을 드러내는 방법에 따라 크게 암흑성운, 발광성운, 반사성운으로 나뉜다. 암흑 성운은 뒤에서 오는 밝은 별빛 또는 성운의 빛을 앞의 가스와 티끌이 가려서 어둡게 보이는 것으로, 가스와 티끌이 주변보다 밀도가 높음을 알 수 있다. 발광성운은 가스와 티끌이 주변의 뜨거운 별에 의해 가열되어 스스로 빛을 내는 것을 말한다. 발광성운처럼 빛을 내지만, 스스로 내는 빛이 아닌 주변의 별이 내는 빛을 반사시켜 모습을 드러내는 것을 반사성운이라고 한다. 발광성운은 주로 붉은 빛을 내며, 반사성운은 푸른빛을 띤다.(Naver 지식백과에서 인용)" 이상이 성운에 대한 정의인데, 과거 천문학이 발전하지 못했던 시대에는 우리 은하계 안에 있는 구름모양의 가스 덩어리와 안드로메다 은하처럼 외부은하가 구름처럼 보이는 것을 구분하지 못하고, 모두 성운이라 하였다. 그러나 지금은 외부은하와 우리 은하 안에 있는 성운은 명확히 구분하고 있으므로 이점 유의하여야 한다. 즉, 우리 은하계 안에 있는 것만 성운이라고 한다. (역주)

(corona)에 의해 영향을 받습니다. 태양의 엷은 코로나가 지구와 화성을 둘러싸고 있는 가시적인 표면으로부터 매우 멀리까지 확장된다는 것은 우리가 모선에 있을 때 언급한 바 있습니다. 이것은 단순히 지구와 그 대기권역(大氣圈域)이 완전한 진공 속에서 전혀 움직이고 있지 않다는 것을 의미합니다. 그 엷은 코로나, 즉 생태권(生態圈)이라고 알려진 태양의 외기권역(外氣圈域)은 진보된 생명체가 존재하기에 적당한 온도를 갖고 있습니다. 다시 말하면 금성, 지구, 화성, 이 세 개의 행성들은 태양의 따뜻한 영역 속에 있고, 그것은 우리가 아는 것과 같은 활동적인 생명체의 존재를 허용합니다."

"우리는 태양을 둘러싸고 있는 후광(後光)과 같은 코로나를 볼 수 있는데, 그것은 태양의 환경에 있어서 맥박의 흐름입니다. 더 멀리 갈수록 그것은 더욱 엷어지고, 눈에 보이지 않게 됩니다. 이것이 태양의 외기권역이자 생태권이지요. 코로나는 지구에서 일식(日蝕) 때 가장 잘 관측됩니다. 태양의 코로나는 태양의 바깥쪽 영역까지 방사되는 입자들이 밀집된 집중현상입니다."

"외기권57)은 행성의 바깥쪽 환경입니다. 우리는 이 모든 정보를 우리의 우주에 대한 이해라는 렌즈를 통해 관찰하는데, 즉 이 모든 것은 하나의 전체로서 관찰되어야 합니다. 은하계 내에서의 당신들의(지구의) 환경을 자신의 정원 밑바닥에서 일어나는 일처럼 관찰해서 이해하는 것은 좋지 않습니다. 우리는 우리의 행성을 폭격하는 우주선(宇宙線)58)들에 대해 강력한 방패를

---

57)어떤 행성의 대기(atmosphere) 밖의 영역을 말함.
58)우주선(cosmic ray)은 1925년 밀리칸(R.A. Millikan, 1868-1953)에 의해 명명된 것으로, 지구 밖의 천체에서 발생된 고에너지 입자를 뜻한다. 20세기 초에 방사선을 연구하고 있던 학자들은 주변에 방사선원이 없는 데도 검전기가 방전되어 금속박이 움직이는 현상을 발견하였다. 이것은 대기 바깥에서 오는 방사선 때문이라는 것이 밝혀졌고 그 방사선은 우주선이라고 명명되었다. 우주선은 활동적인 은하,

276

제공하는 대기(大氣) 바다의 가장 낮은 부분에서 살고 있기 때문에 정원 밑바닥에서는 우주폭풍의 영향을 느낄 수 없습니다. 태양의 불꽃은 태양의 표면에서 타오릅니다. 그리고 이와 같은 화염은 비정상적인 양의 방사선으로 지구를 폭격하는 태양풍의 원인이 됩니다. 이런 일은 이 태양계 안에 있는 별들에서도 일어납니다. 하지만 우리의 별인 '프록시마 켄타우리'와 쌍성계인 알파 켄타우리의 두 태양계 간의 다른 거리 때문에 [우리는 전체 태양계를 삼중성계(三重星界)라고 부릅니다] 우리는 태양풍에 의해 과도한 영향을 받지 않습니다. (은하계의) 나선형(螺線形)의 팔 속에서 이 3개의 별 간의 평균 거리는 8광년입니다."

"우리의 과학은 - 물론 이런 거리에 대한 우리의 지식을 포함해서 - 지구인들의 과학과는 매우 다릅니다. 왜냐하면 우리의 문명과 그 성취정도가 지구에서 알려진 그 어떤 것보다 훨씬 진보해 있기 때문이지요. 나는 지금 이런 간단한 설명을 지구상의 용어로 요약하고 있는데, 그럼으로써 당신이 이런 내용을 기록할 때에 지구의 보통 사람들이 우주 안에서의 그들의 환경을 이해할 수 있게 될 것입니다. 그들의 마음은 일종의 우물 안의 개구리처럼 자기들의 활동영역에 한정돼 있습니다."

"당신은 이런 내용이 그들에게 더욱 많은 정보를 제공하는 데 도움이 될 것이라고 생각하나요?" 내가 물었다.

"분명히 그렇지는 않을 겁니다." 아콘이 단호하게 대답했다.

"그들은 단지 이런 정보를 정치적, 군사적 목적에 이용할 것입니다."

"당신도 알다시피" 그는 말을 계속했다.

초신성, 펄서(맥동 변광성), 태양 등의 여러 천체에서 온다. 우주선은 매우 빠른 입자들로 이루어져 있는데 대기에 돌입하는 입자와 지표면에 도달하는 입자는 서로 다르다. (역주, 시사상식사전 인용)

"당신네 태양에서 가장 가까이에 위치해 있는 이 별은 4광년 이상의 거리에 있고, 그것은 지구의 천문학자들의 계산에 의하면, 그들의 계산이 여러 가지이지만, 약 39조km 가량 됩니다. 알파 켄타우리는 쌍성계(雙星界)입니다. 그리고 프록시마 (Proxima)는 4.2 광년 되는 곳에 있고, 알파 켄타우리 그룹 중에서 멀리 떨어져 있는 구성원입니다. 지구 과학자들은 알파 켄타우리가 현재 4.3광년의 거리에 있다고 계산하지요."

"이 모든 것이 금성과 화성을 지구 사람들에게 매우 가깝게 느끼게 만들고 있습니다. 그리고 지구는 태양 생태권의 중심부에 위치해 있고, 그것은 금성과 화성에 비해 지구에 이로운 점입니다. 금성의 대기권 내에는 상층(上層) 대기권 층이 차갑기 때문에 뇌우(雷雨) 활동이 있으며, 반대로 표면 가까이에 있는 대기권 층은 뜨겁습니다. 우리는 지금 이런 조건들을 개선하여 이러한 뇌우가 비를 생성하도록 표면 가까이의 대기권을 차갑게 하고 있는 중입니다. 이렇게 하면, 차례로 습기를 가져오고 육지가 차갑게 되며, 홍수가 나서 호수와 바다가 생기게 될 것입니다. 화성에는 지금도 화산활동이 있으며, 이는 생명이 숨쉬고 있음을 말해줍니다. 우리가 이 계획에 다시 착수할 때에는 그 강바닥에 다시 한 번 생명의 물이 흐를 것입니다. 우리는 혹시라도 지구 인간들이 접수할 경우에 벌어질 무자비한 파괴를 막기 위해서라도 그렇게 할 것입니다."

"와!" 나는 조용하게 말했다. "저는 너무 기쁩니다."

"당신에게 말해줄 것이 굉장히 많습니다." 아콘이 내 말에 응답했다.

"하지만, 당장은 기다려야 하겠네요."

나는 우리가 지구에서 유지하는 것 같은 시간관념이 없었다.

하지만 나는 시간이 매우 빠르게 지나간다는 것은 느끼고 있었고, 나의 미래에 관해서는 감히 생각하지 않았다. 나는 단지 움직이는 현재를 위해 살았다

그 환상적인 장면은 희미하게 가물거리다 무(無)의 상태로 사라졌다. 나는 이 모든 것의 위대함, 그리고 무엇보다도 미지에 대한 두려움을 극복하고 자신들의 태양계를 넘어 광대한 영역으로 나갔던 이런 굉장한 사람들로부터 충격을 받았고, 압도당했다. 그들은 미래 세대를 위해 준비하고 탐험하고자, 또한 금성과 화성에다 생명의 마법 같은 임차권을 되돌려 가져오기 위해 자기들의 인식 범위를 넘어선 모험을 감행했던 것이다.

프록시마 켄타우리 별의 오렌지색 원형이 메톤 행성의 느린 자전에 맞추어 산 쪽 방향의 하늘에서 천천히 지고 있었다. 나무들은 선녹색 초지(草地)와 어두워져가는 푸른색의 광활한 바다 위에 긴 그림자를 드리우고 있었지만, 아직 밤은 되지 않았다. 한편 알파 켄타우리의 장엄한 두 개의 별이 바다위로 솟아올랐으며, 대기권은 황금빛과 수많은 새들의 높아지는 합창소리로 가득 채워졌다.

바다 특유의 신선한 냄새가 방안을 가득 채웠을 때 플레이아가 나에게 말했다.

"우리는 책을 갖고 있지 않습니다. 하지만 그 대신에 우리는 우리의 역사를 이런 자기적(磁氣的) 롤(roll)과 같은 영상 음성 도서관에 보관합니다. 이 롤들은 전력이 공급될 때에 당신이 아까 보았던 방 한가운데서 펼쳐진 것 같은 장면을 보여주게 되는 것이죠. 이런 롤들은 우리의 과학자들이 공중에서 재현되는 영상 이미지처럼 사념 형태나 과거, 현재, 미래의 행성 광경 등을 방영하는 수단을 완성했을 때 제작된 것으로서 시간 속의 과거로 거슬러 올라갑니다. 우리는 시간의 소리 파장 속에서 행성이 진동하는 숨결을 들을 수 있는데, 그것이 빛의 장벽 너머로 펴져나가며 어버이 종족의 가슴 리듬의 조화로운 코드에서 울려 퍼지고 있습니다.[59] 그리고 우리는 그것을 다시 모아서 (근원으로) 되돌아갑니다."

"그럼 당신들은 지금 금성과 화성에 대해 무슨 일을 하고 있는 거죠?" 내가 깊이 생각하며 말했다.

"이처럼 행성의 생명에 대한 자각과, 하나의 행성은 다른 어떤 것과 마찬가지로 보살피고 배려해야 하는 살아있는 존재라는 사실을 인식한다는 것은 너무나 놀라운 일이에요"

"나의 소중한 이여, 당신은 개인적으로 깊은 경험을 쌓을 준비가 돼있었습니다. 그리고 당신은 당신 자신의 세계 너머의 다른 세상을 목격하고 증언할 이런 특권을 얻었습니다. 우리는 마음으로 친밀하며, 자매보다 더 가깝습니다."

플레이아가 자신의 팔을 내 어깨에다 두른 채 부드러운 소파에서 나를 이끌었다.

"따라 오세요." 그녀가 말했다.

"당신을 침대에다 데려다 줄게요. 당신은 지금 휴식이 필요합니다."

우리는 완만하게 경사진 계단을 올라 2층으로 갔고 둥근 발코니 쪽이 개방된 방안으로 들어갔다. 방의 원형 벽의 절반은 신선한 외부 공기에 열려있었다. 그리고 장미색 붉은 실크로 덮여있는 낮은 타원형 소파가 방의 중앙에 놓여 있었다. 한 쪽 벽에는 움푹 들어간 커다란 욕조(浴槽)가 있는 화장실이 열려 있

---

59) 이것은 슈만 자기 공명 주파수 (Shumann Resonance Frequency)를 말하고 있는 것으로 추측된다. 통상 행성의 자기(磁氣) 공명(共鳴)주파수는 거기에 살고 있는 인간의 심장 맥박과 비슷하다고 알려져 있다. (역주)

는 것이 보였다. 은은하게 빛나는 벽 주변에는 긴 거울이 있었으며, 이국적인 식물이 자라고 있었다. 자개로 만들어진 욕조는 화장실의 한가운데 있었다.

플레이아가 나의 비단 가운을 벗겼다. 그리고 부드럽고 침착하게 나를 긴 침상 위에 눕히고는 오랫동안 힘주어 쓰다듬으며 나의 등에 마사지를 해주었다. 나는 침상의 단단한 안락함 위에서 몸을 쭉 뻗었고 모든 근육이 이완되는 것을 느꼈다. 그 때 아콘이 다가와 나에게 허리를 굽히고 내 이마에 입을 맞추었다. 나는 출산(出産) 시간이 임박해 있음을 알고 있었다. 그리고 아콘이 사랑스러운 말과 치유의 손길로 마사지를 해주며 조용히 그의 아들의 탄생을 준비함에 따라 내 몸과 마음의 긴장이 풀어졌다. 나는 그가 부드럽게 내 배와 다리를 마사지할 때 그 손의 힘을 느꼈으며, 그것이 나의 신뢰를 북돋우며 모든 긴장을 완화시켰다. 그리고 그의 사랑스런 보살핌과 배려로 기쁘고 만족스런 분위기가 조성되었다.

그는 다시 나로 하여금 몸을 돌려 엎드리게 한 후, 부드럽게 나의 등을 마사지했다. 넓적다리에 수축의 고통 같은 것은 전혀 없었다. 아콘의 손이 나를 다시 돌아눕게 했다고 느꼈을 때 거기에는 깊은 침묵이 흐르고 있었다. 그는 나의 머리카락 안쪽을 부드럽게 쓰다듬고는 내게 잠을 자라고 말했다. 반쯤 잠든 상태에서 그 말을 과거에 내가 어디서 들었던가 하고 의아해하고 있을 때, 나는 우리가 완전히 합일되었던 장면과 생각이 갑자기 마음속에 떠올랐다. 그리고 나는 우리가 길고도 많은 시간 속에서 항상 함께했다는 것을 알았다.

"서서히 밀어내려 보세요." 아콘이 말했다.

"숨을 깊게 들이마시고, 다시 밀어보아요."

아콘이 내게 발을 침상 위에 놓은 채로 무릎을 위로 굽혀 넓게 벌리게 했을 때, 아무런 긴장도, 고통도, 출산의 감각도 없었다. 나는 마치 공기의 쿠션(cushion) 위에 떠있는 듯이, 안락함과 편안함을 느꼈다. 하지만 나는 내가 충분히 팽창되었고, 우리의 아들을 낳을 준비가 되었음을 알고 있었다. 그리고 그때 갑자기 아무런 힘도 들이지 않고 단지 성취와 기쁨의 깊은 감정 속에서 아기가 태반(胎盤)에서 분리되며 천천히 순조롭게 태어났다. 아콘이 태반에서 아기를 끄집어냈고, 플레이아가 바다의 향기를 머금은 습기 있는 공기 속에서 그 아기를 말렸다.

"당신들 모두의 멋진 아들이에요" 플레이아가 아기에게 젖을 물리도록 내 팔에다 아기를 안겨주며 말했다.

"아이는 당신의 금발과 눈을 쏙 빼닮았어요. 자연스럽고 순조롭게 태어나서, 외부 세상에 대한 아기의 첫 대면은 아무런 충격도 받지 않아 전혀 문제가 없습니다."

아기의 부드러운 금빛 피부는 주름이 없었다. 그리고 내가 아기의 따뜻한 나체를 나의 가슴에 안으니, 아콘이 자신의 팔로 우리 두 사람을 얼싸안았다. 나의 사랑하는 이가 나를 우주로 다시 데려왔으며, 사랑의 빛이라는 황금빛 영광을 통해 내가 누구인가를 알게 해주었다. 또한 헤아릴 수 없는 우주공간의 바다가 사랑과 창조에 관한 비밀스러운 생명의 진리를 드러내주었다.

우리 모두는 함께 기뻐하며 행복을 누렸다. 많은 친구들과 친척들이 아콘의 아들을 보기 위해 멀고도 넓은 곳에서 찾아왔다.

"아기는 매우 비범하고 특별합니다." 그들이 말했다.

"그는 위대한 과학자가 될 것입니다."

내가 메톤에서 살은 이후에 나의 심장 리듬은 지구에서 결코 다시는 이전과 같지 않을 것이다

내 아들이 자라나는 성장기간은 나에게 커다란 놀라움이었다. 아기는 나에게서 부드럽게 젖을 빨았다. 그리고 멋진 흰 이가 생겨났을 때, 아기는 곧 우리 모두가 먹었던 자연식으로 옮겨갔다. 아콘과 나는 아기를 혼자 놔두거나 그 곁을 떠난 적이 없었다. 아기는 우리와 함께 음악을 들었으며, 아콘이 그가 걷도록 도와줄 때에도 우리와 함께 했고, 우리가 흰 말을 타고 산으로 갈 때나 바다에서 수영을 할 때도 함께했다. 비타민과 영양소가 풍부한 맛있는 음식 및 물과 함께 맑은 공기와 좋은 기후 때문에 내 건강은 곧 회복되었다. 아콘은 우리가 오랜 시간동안 수면을 취하고 안락한 침상 위에서 몸을 뻗도록 해주었다. 그리고 아들은 나의 팔 안에서 편히 쉬곤 하였다. 그 아이는 지구의 어린애들처럼 결코 보채거나 울지 않았고, 늘 행복하고 만족해했다. 그리고 아이는 항상 생명력과 지성(知性)이 충만한 채 주변의 모든 사물을 관찰했다. 아기가 멋지고 다정하고 사려 깊은 아이로 자라남에 따라, 그 어떤 것도 그의 분별력 있는 황금빛 눈과 빠르게 형성되고 있는 지능을 피해갈 수는 없었다. 아이는 자기가 태어난 방안의 침대 위에서 오랜 시간동안 잠을 잤으며, 그 멋진 방은 하늘을 향해 열려있었다. 한편 아콘과 나는 정원을 손질하고 말이나 새들을 돌보거나, 혹은 현악기로 아름다운 음악을 연주하며 소일했다. 또는 큰 침상 위에 누워서 몇 시간 정도 잠을 자거나 사랑을 하면서 함께 시간을 보냈다.

나는 건반이 있는 악기를 연주했고, 피아노 건반과 같은 형식으로 악보를 연주함으로써 가장 멋진 음악을 창조할 수 있음을 발견했다. 그 악기의 흰 건반은 핑크빛이 나는 진주로 만들어졌고, 검은 건반은 검정색으로 보이는 진한 붉은색의 석류석(石榴石)으로 만들어져 있었다. 그것은 마치 첼레스타(celesta)[60]처럼 멋지고 작은 악기였는데, 손잡이는 산에 있는 금빛 나무로 깎아서 만들었으며, 그것이 악기에 조화로운 공명판(共鳴板)의 역할을 했다. 나는 그 악기를 매우 좋아했고, 하나를 갖고 싶었다.

"아마도 갖게 될 것입니다." 아콘은 부드럽게 말했다.

아콘과 함께 보낸 하루하루의 날들은 조용하고 멋졌다. 때로는 커다란 적운(積雲)이 하늘에 만들어져 땅과 바다에 비를 뿌렸다 그리고 아콘은 그의 행성용 비행체, 즉 그의 과학탐사 우주선을 닮은 작은 비행선으로 행성의 다른 지역으로 우리를 데려갔고, 섬과 광활한 바다의 아름다움을 우리에게 보여주었다. 우리는 빛나는 극관(極冠) 상공을 맴돌기도 했으며, 녹색의 공원으로 둘러싸인 섬에 착륙하기도 했는데, 그곳은 둥글고 낮은 주택들이 황금색의 햇빛 속에서 반짝이고 있었다. 우리는 종종 (아콘의) 친구들을 방문하기 위해 그들의 주택 꼭대기에 착륙했다. 그리고 그들과 함께 시간을 보냈으며, 때로는 며칠을 함께 보내기도 하였다. 나는 우리가 지구에서 유지하는 것 같은 시간관념이 없었다. 하지만 나는 시간이 매우 빠르게 지나간다는 것은 느끼고 있었고, 나의 미래에 관해서는 감히 생각하지 않았다. 나는 단지 움직이는 현재를 위해 살았다.

"나는 당신의 가슴을 이곳 태양계의 빛의 방사선에서 나오는 더 높은 진동율에다 동조시켜 놓았습니다." 아콘이 나의 생각에 응하여 말했다.

"그 진동율은 지금 당신이 느끼고 있다시피, 메톤에서의 시간 연속체와 조화되도록 단계를 높였습니다."

메톤에는 어느 곳에나 지구인들이 아는 것 같은 도시나 고층 빌딩이 없었다. 가정집들은 꽃이 만발한 관목이나 화려한 꽃들

---

60)소형의 건반악기. 해머로 철판을 쳐서 울리게 되어있다. 맑은 종소리 같은 아름다운 소리가 남.

이 피어있는 화단에 섞이어 공원과 같은 대지 위에 흩어져 있었다. 풀들이 땅 위에 탄력 좋은 이끼처럼 덮여있기 때문에 부드러운 녹색의 잔디는 자르거나 다듬을 필요가 없었다. 이곳에는 문명에 필요한 모든 것이 있었다. 즉, 식량, 물, 모든 건축 자재들이 있었고, 대기와 우주공간에서 뽑아낸 에너지의 무한한 공급이 이루어지고 있었다. 이곳에는 어떤 부족함도 없었으며, 화폐제도 역시 없었다. 모든 것이 풍요롭고 완전하게 갖춰진 생활 방식이었다. 주민들은 이 위대하고 강력한 문명 속에서 생명의 모든 측면을 보살피고 돌보고 있었다. 또한 그곳에는 폭력영화, 두려움, 살인, 그리고 음주와 흡연이 전혀 없었다. 그리고 지구상에서 볼 수 있는 삶에 관한 공포로 가득 찬 어린이 만화도 없었다. 이 모든 것은 잔혹함과 노예제도, 그리고 총을 쏘는 것과 무시무시한 폭력 등에 진절머리가 나는 지구에서의 과거와 현재의 타락한 문명인 것이다. 지구에서의 생활방식인 이런 모든 형태들은 메톤 행성에서는 금기사항이었다. 아무도 그런 것들을 보고 싶어 하지 않았다. 그런 것들은 전혀 불필요한 것이었으며, 다만 메스꺼운 야만인들, 그리고 이웃의 문 앞에서 고함이나 지르는 미개하고 잔혹한 적대자들을 위한 것이었다.

아콘의 문명은 일종의 유토피아(이상세계)를 창조했고, 그것이 다른 문명들로부터 오염되지 않도록 철저하게 차단되고 있었다. 생활방식, 사고방식, 마음의 태도, 그리고 높은 수준의 존재양식, 이런 모든 것들이 진화가 덜 된 다른 존재들에 의한 파괴로부터 보호를 받아야만 했다. 그곳에는 매우 중요한 위생조치의 문제가 있었는데, 다시 말해 그것은 진보되지 못한 인간들과의 접촉에 의해서 오염되지 않아야 했던 것이다.

이런 훌륭한 사람들 속에서 살면서 우리의 아들이 자라나고 달리기 시작하는 것을 보고, 또 그 아이가 나를 엄마라고 부르는 소리를 들으며 산다는 것은 얼마나 멋진 일인가! 그것은 나를 정말로 감격케 하고 흥분하게 만드는 일이었다. 그곳에는 항상 커다란 흥미와 흥분을 유발하는 많은 일들이 있었다. 오랜 시간이 경과되어도 지속될 수 있는 그런 수많은 아름다움을 창조할 수 있다는 것은 하나의 기쁨이었다.

때때로 아콘은 그 태양계의 다른 행성들을 방문하는 데 우리를 데려갔다. 오랜 세월을 통해 그곳 주민들은 그 행성들을 많은 호수와 바다와 더불어 비옥한 토지로 바꾸었고 인구과잉이 없이 사람들과 온화한 동물들이 살도록 만들었다. 크고 작은 수많은 아름다운 새들이 숲과 나무들 사이에서 서식하고 있었다. 그리고 모든 꽃과 동물들의 조화와 행복이 기쁨과 함께 느껴졌다.

다른 행성의 여행으로부터 메톤의 집으로 돌아와서, 우리는 멋진 둥근 형태의 집에서 조용히 긴장을 풀고 휴식을 취했다.

"우리의 아들에게 이름이 필요해요." 아콘이 말했다.

"당신과 나, 우리 두 사람 모두에게 무엇인가 의미가 있는 이름말이에요."

"그 아이를 '아이링(Ayling)'이라 부르면 어떨까요?" 내가 제안했다.

"그 아이의 이름은 당신의 이름처럼 A로 시작해야만 해요. 그것은 '귀족'을 의미하죠. 즉, 왕족의 왕자라는 뜻이지요. 왜냐하면 아이는 이미 온화함 및 겸손함과 함께 그와 같은 혈통적 태생(胎生)과 태도를 갖고 있기 때문이에요."

"그럼, 그렇게 하지요." 아콘이 대답했다.

"당신은 선택을 잘 했어요. 그 이름은 우리의 이름처럼 들립니다. 우리는 이제 모든 사람들을 이곳에 모아서 우리 아들의 이름을 명명하고, 이 멋진 행사를 축하할 것입니다. 플레이아!

어디 있죠?"

"네, 갑니다."플레이아가 정원에서 대답했다. 그녀는 집안으로 들어왔고, 그들은 축하연(祝賀宴)을 위한 계획을 논의했다.

"정원에서 열면 좋겠네요."내가 제안했다.

"그것은 너무나 멋져요. 나는 이곳 생활의 모든 귀중한 순간을 보존할 필요가 있다고 느껴요. 지구 시간으로 단지 4개월인데, 시간이 너무 빨리 지나갑니다. 그러나 한편으로 이곳은 해(年)도, 달(月)도, 그리고 주일(週日)도 없습니다. 시간은 간격이라는 의미에서 표가나지 않습니다."나는 놀라움이 담긴 목소리로 말했다.

"나의 사랑하는 이여. 우리는 단순히 시간의 흐름 속을 이동하기 때문에, 그것이 우리를 늙지 않게 하지요." 아콘이 응답했다.

"당신은 지금 달(月)이나 해(年)의 제한이 없이 나이를 먹지 않습니다. 이곳 행성에서의 시간의 흐름으로 인해 내가 당신을 지구에 데려다 줄 때에 그것은 당신에게 단지 4개월(이 지난 것)처럼 보일 것입니다. 이곳 메톤에서는 시간이 전혀 중요하지 않습니다. 낮도 없고 밤도 없으며, 또한 시간의 간격도 없습니다. 사실상 당신이 현재 몸을 담그고 있는 빛의 높은 진동 주파수에 의해 당신 신체의 노화(老化) 과정이 억제될 것이고, 당신이 지구로 귀환하면 당신은 더 젊어져 있을 것입니다. 4개월은 단지 지구 시간에만 들어맞는 것입니다.[61] 하루하루(日), 주(週), 달(月), 그리고 해(年)를 통해 나이를 먹어가는 과정은 높은 범위의 주파수에서는 적용되지 않습니다. 그곳에서는 시간의

---

61)메톤 행성에서 보낸 시간이 단지 지구 시간으로 4개월로 보일뿐 실제로는 훨씬 더 길수도 있음을 암시하는 대목이다. 즉 어쩌면 이 책의 저자는 메톤에서의 시간으로는 4개월이 아니라 몇 년을 살다가 왔을 수도 있는 것이다.(감수자 주)

경과, 그리고 인간 생명의 기간(인간의 수명)이 무두셀라 (Methuselah)[62]의 신화와 비교할 때 무색해질 정도로 바뀌어버립니다. 인간은 빛의 미세원자(微細原子)처럼 그 무기력 상태에서 일어나서 자신의 전자기적인 본성을 통해 영원한 생명을 얻을 수가 있습니다. 이렇게 해서 인간은 순수한 생각과 사랑으로, 그리고 단순히 전자기적인 에너지를 강화시키고 진정한 자신을 고수함으로써 매 7년마다 육체적으로 자신을 새롭게 만들 수가 있습니다.[63]

"시간은 우리들의 삶에서 주된 요소가 아닙니다. 우리는 시간을 초월한 영원함 속에서 살고 있습니다. 우리의 별들은 영원하고도 한결같이 나선모양 파형의 빛을 방사하고, 시간은 조화로운 주파수로 움직입니다. (지구가 속한) 태양계는 조화롭게 균형 잡혀 있지 않은데, 그 별 그자체가 변화무쌍하기 때문이죠. 또한 행성과 위성들을 거느리고 있는 목성은 그 출력(出力)이 일정하지 않은 다른 별이기 때문입니다. 태양으로 변형되고 있는 목성은 별의 복사에너지를 방사하고 있으며, 그 가까이에 있는 행성들은 이러한 출력으로부터 이득을 얻습니다."

아콘은 계속해서 설명했다. "우리는 (목성) 태양계를 한 별무리계(星群界) 또는 태양계 안에 있는 태양계라고 부릅니다. 하나의 세계 안에 있는 모든 별과 행성들은 서로서로에게 영향을 미치며, 그것은 다시 각 행성에 있는 모든 꽃과 동물들에게 영향을 미칩니다. 이와 비슷하게 은하계들도 (그 은하계 안에 있는) 모든 태양계들에게 자기적(磁氣的)인 영향을 끼칩니다. 그리고 우리는 이런 빛의 파장들을 우주 항행 목적에 이용합니

---

[62]구약성서에 나오는 969세까지 살았다는 전설상의 사람; (창세기 V:27)
[63]이 말은 **뼈**를 포함한 인간의 모든 세포가 완전히 교체되는 데 약 7년이 걸리므로 에너지를 강화하고 순수한 의식을 유지함으로써 7년마다 다시 젊어지고 노화를 중단시켜서 수명을 상당히 연장시킬 수 있다는 의미로 보인다.(감수자 주)

288

다.”

축하연은 아콘의 집에서 열렸다. 이 위대한 문명의 많은 저명인사들이 ‘거문고자리’와 ‘백조자리’ 같은 성좌만큼이나 멀리 있는 지역으로부터 왔다. 그곳에는 주민들이 살고 있는 행성들을 거느린 태양계들이 있었는데, 왜냐하면 아콘의 과학자들이 오랜 세월동안 그곳에서 환경여건들을 개선해 왔기 때문이다. 그들 모두는 아이링의 아이로서의 깜찍한 아름다움에 아주 매료되어 그 아이를 사랑했다. 아이의 높은 지성과 성숙한 태도는 심지어 이런 위대한 사람들에게까지 깊은 인상을 주었으며, 그들은 아이를 자신들과 함께 ‘백조자리’까지 데려가고 싶어 했다.

“이것은 지구 같은 행성 출신의 한 여성과 이루어진 환상적인 성공입니다” 그들이 말했다.

“우리는 아이링이 은하계 내의 우리 지역을 방문해 주었으면 합니다. 그는 위대한 과학자가 될 것이고, 우리의 문명에 도움이 될 것입니다.”

“오, 안돼요. 백조자리는 너무 멀어요.” 내가 그들에게 말했다.

“지구에서 백조자리의 데네브(Deneb)[64] 까지는 적어도 1,500광년 거리입니다. 거문고자리의 직녀성(Vega)은 훨씬 가깝고, 지구에서 26광년입니다. 제발 그 아이를 백조자리까지 데려가지는 마세요. 그 성좌에서는 초신성(超新星)[65]이 있을 예정입니다.”

그러자 과학자들 중 한 사람이 말했다. “부인, 당황할 필요가 전혀 없습니다. 우리는 당신을 당황케 할 의도가 없었습니다.

---

64) 백조자리의 알파(α)성
65) 초신성이란 하나의 별이 그 수명이 다해질 때, 적색거성(赤色巨星)으로 되었다가 폭발하는 별이고, 신성(新星)은 폭발하는 것이 아니고 광도(光度)가 갑자기 높아졌다가 다시 원래의 상태로 돌아가는 별을 말한다.(역주)

당신이 원한다면 아들을 데려가지 않겠습니다. 하지만 우리는 그곳에서 초신성 현상이 있을 것이라는 당신의 예상에 매우 흥미를 느끼고 있습니다. 우리는 문제의 그 별을 알고 있고, 우리는 당신을 믿습니다. 미래에 관한 당신의 직감과 지식은 당신이 자신의 아들과 관련됨으로써 더 높아졌습니다. 우리는 진실을 알기 때문에 이 중요한 사건을 관찰하기 위해 아콘에게 우리와 함께 직녀성까지 가달라고 요청해야 할 것 같습니다. 우리는 백조자리의 고향 태양계에다 그 별을 계속 감시하라는 경고를 하기 위해 막 메시지를 보냈습니다. 이것은 다른 태양계의 탄생을 의미하지요."

내가 아콘을 쳐다보자, 그는 눈으로 나를 안심시키며 내가 아이링의 손을 잡을 때 내게 용기를 주었다. 그리고 우리는 조용히 위층으로 올라갔다. 과학자들이 아이링을 백조자리에 데려가자고 제안했을 때, 나의 심장박동은 리듬에서 벗어나기 시작했다, 이제 아이링은 거문고자리로 가게 될 것이다. 아콘은 우주의 신비 속에서 아이링을 교육시키기 위해 자신과 함께 그 아이를 데려갈 것이다. 그리고 나는 내가 이런 모든 지식을 갈등하는 인류에게 전해주어야만 하는 지구로 가져갈 것이다. 그렇게 하는 가운데 나는 나의 사랑하는 이들과는 헤어지게 될 것이었다.

약초 주스는 나의 심장을 조절하는 데 도움을 주었다. 그러나 메톤에서 시간 연속체의 진동율을 유지하려고 시도하는 데 따른 스트레스가 심장리듬을 더욱 악화시켰다. 그리하여 나는 나의 심장리듬에 적합한 일정한 기압의 방안에 머물지 않으면 안 되었다. 아콘은 나의 심장을 항상 메톤의 전기적인 주파수에다 조절하는 타이밍 장치를 나에게 이식시키고 싶어 하지 않았다. 왜냐하면 그렇게 할 경우 나는 지구에 돌아가야 했고, 또 내 심장의 리듬이 태양의 영향력으로 인해 지구의 전기장(電氣場)에 맞춰져 있었기 때문이었다. 하지만 지구로 돌아가면, 나의 심장 리듬은 메톤에서 살았던 이후로는 결코 옛날과 똑같지 않을 것이다. 타이밍 장치를 이식하든, 심지어 살아있는 심장을 이식하든 그 어떤 방식으로든 간에 내가 내 건강을 되찾을 수는 없을 것이었다. 그 이유는 내 몸 전체의 신진대사가 변한데다, 다른 시간차원 내의 보다 높은 주파수에 종속돼 있다 보니 이런 상황에서 결코 원래상태로 회복될 수는 없기 때문이었다. 빛과 중력적인 압력이 변화하는 외계 행성의 대기권 안에서 육체가 정상적인 순환 압력을 유지하려고 함에 따라, 심장박동의 리듬은 변화한 시간의 장(場) 속에서 바뀐다.

심장은 태어난 환경 안에서 각 개인의 전기적(電氣的)인 진동율에 대한 정밀 계시기(計時器)이다

하지만 나는 이 모든 것이 얼마나 보람 있고 고귀한 것인가라고 생각했다. 이 얼마나 놀랍고 멋진 일인가! 신성한 진리의 정수(精髓)가 나를 휘감았을 때, 나는 진정으로 충만한 최상의 삶을 살았다. 아콘과 아이링의 사랑의 금빛 영광은 결코 변하지 않고 영원히 남아있을 것이다.

밖의 나무들은 대기 속에다 많은 산소를 내뿜음으로써 스스로 방출한 아지랑이 같은 안개에 싸여 있었다. 그것은 너무나 신선하고 상쾌했다. 모든 생명이 이런 조화로운 환경 속에서 반응하며 풍성하게 자라나고 있었다. 이런 생명의 일부가 된다는 것은 영원히 기쁨일 것이다. 그리고 이와 같은 본질과 조화되어 그것과 하나가 된다는 것은 항상 나의 특권이 될 것이다. 나는 지구에서 어떤 일이나 사건이 내게 너무 과중해질 때에는 항상 내 자신의 내면으로 도피할 수 있었다. 그리하여 지구의 제한적인 시간장(Time Field) 저 너머의 아름다운 행성에 있는 아콘과 내 아들에게 파장을 맞출 수가 있었다. 그러면 그들은 그들에 대한 나의 요구를 알았을 것이다.

내가 지구의 대지로 되돌아오기 위해 출발한다는 것은 통절한 비애의 순간을 의미하고 있었다. 그것은 곧 나의 소중한 아들과 헤어지는 것이었다. 그 아이는 플레이아와 하벤과 함께 빠르게 성장할 것이다. 아이링은 자신의 부드러운 눈으로 이미 멀리 내다보는 안목과 지혜를 가진 어린 소년이었고, 아이는 벌써 세속적인 사람들의 제한된 시야를 초월해서 보고 있었다. 그의 눈 안에는 우주의 지식과 지혜가 있었는데, 그것은 인류의 가슴까지 들여다 볼 수 있는 4차원적인 시각이었다. 그는 사랑으로 임신이 된 아이였고, 지구상의 내 몸 속에서 빠르게 자라났다. 그리고 전자기적인 파동 형태 속의 고등한 주파수에다 그의 심장을 순응시키기 위해 빛의 장벽 너머의 다른 행성에서 태어났는데, 그곳은 시간의 흐름과 빛의 속도가 그의 고향 태양계의 별들과 함께 조화롭게 상호작용한다. 그는 지구의 아이들보다 훨씬 더 빨리 자라날 것이고, 또한 죽음이라는 어둠의 손을 경험하지 않을 것이다.

아콘의 우주선이 그 아름다운 행성으로부터 빛을 번쩍이며 떠날 때에, 슬픔이나 어떤 감정은 없었다. 나는 머지않아 다시 돌아오리라는 것을 알고 있었다. 나는 잠시 내가 해야 할 일을 하기 위해 지구에 가는 것뿐이었다. 즉 그것은 그곳 사람들에게 우주의 진리를 가져다주고, 그들이 의식을 확장하도록 도움을 주며, 역동적인 우주 안에서 그들의 존재를 인식하게 해주는 것이었다. 또한 나는 그들이 왜 태어났는가를 이해시키고, 그들이 왜 지금의 그들이 되었는지, 그리고 왜 그들이 끝없는 다툼을 극복해야 하는가를 알려주어야만 했다.

밝은 별들이 반짝이며 시간의 흐름 속에서 스쳐 지나가는 것을 제외하고는, 우주공간의 어두움이 모든 것을 가득 채웠다. 세론이 느긋한 확신 속에서 우주선의 항로에 대해 주의를 기울였다. 그는 우주항해를 위해 자신의 마음을 지구별의 복사선에다 주파수를 맞춘 채 알파 리듬의 텔레파시 파장 – 특정 주파수의 뇌파 – 을 사용하고 있었다. 완전한 평정 속에 있는 그의 잘생긴 얼굴은 연구대상이 될 정도로 멋있었다. 그의 황금색 눈동자가 번뜩이는 이해의 불꽃 속에서 내 눈과 마주칠 때, 그의 높은 이마에 흘러내린 밤색의 헝클어진 머리칼은 깊은 생각에 잠겨있는 전설적인 신의 모습처럼 보였다.

태양으로부터 나온 푸른색을 띈 빛이 주변을 가득 채웠고, 나는 우주공간 저 멀리서 태양빛을 반사하고 있는 행성들을 바라보았다. 오로지 목성만이 내부의 빛으로 빛나고 있었다. 목성의 행성들과 그 위성들은 그 빛 속에서 몸을 적시고 있었으며, 또한 목성과 태양의 빛을 반사하고 있었다. 목성은 태양계 안에 있는 또 다른 태양계였다. 그곳에는 다른 곳과 비슷하게 고유한 생명체가 있었다. 그리고 그 생명체들의 생활방식은 자기들의 작은 행성들 주변을 에워싼 보다 엷은 대기권에 맞춰져 있었다.

내가 무슨 말을 할 수 있기도 전에, 갑자기 우리는 지구의 외기권(外氣圈) 지역에 도달해 있었고, 어느새 다시 내기권(內氣圈)에 진입해 있었다. 그 순간 우주선이 순조롭게 주파수를 변경하고 안개에 싸인 나탈의 산등성이 상공에 나타나 정지함에 따라 나는 흰 구름으로 얼룩져 있는 연한 푸른색 하늘을 보았다. 잠시 후 우리는 산속의 꼬불꼬불한 길옆에 부드럽게 착륙했다. 그러자 들판에서 하루를 보내고 난 후 집으로 가고 있던 줄루족 남자들과 여자들이 마치 메추라기 떼처럼 놀라서 흩어졌다. 그들이 놀라서 지르는 소리는 안개로 덮인 먼 산에서도 들을 수 있었다.

"캐스킨에서 온 하늘의 마차다!" 나는 전망렌즈를 통해 그들이 줄루어로 서로서로에게 외치는 것을 보고 들을 수 있었으며, 그때 굽어져 있는 산길은 안개 속에서 보이지 않게 되었다. 전화 부스(booth) 하나가 멀리 보이는 산기슭에 서 있었다.

"캐스킨 산이야!"라는 말이 언덕을 통해 메아리쳤다. "나에게 여유를 좀 줘요."라는 말도 들렸다. 캐스킨 산은 드라켄즈버그의 주요 지역으로 돌출된 형태였다. 그리고 하늘의 마차가 돌아와, 대기권 속으로 밀고 들어온 것이었다. 관찰하는 전망렌즈의 스위치가 꺼지자, 인근의 줄루족 사람들이 (우주선에 대해) 떠드는 말들이 멀리 사라졌다.

나는 줄루족 원주민들에 대해서는 아무런 두려움이 없었다. 오로지 백인들만이 나의 마음속에 있는 지식을 얻고자 나를 해칠 수도 있었다. 내가 어린 시절, 한 줄루족 전사(戰士)가 내 목숨을 구해준 일이 있었다. 독사 한 마리가 길에서 나를 향해 위로 솟구칠 때, 그가 달려와서 나를 들어 올려 자신의 어깨 위에 나를 앉힘으로써 나의 목숨을 건져 준 것이다. 그가 그 코브라(cobra)[66]를 땅위로 내 팽개치자 그 거대한 코브라는 즉시 달려들어 송곳니를 그의 쇠가죽 방패에 찔러 넣었다. 그래서 그는 자신의 날카로운 창으로 그 뱀을 찔러 죽였다. 그는 승전가(勝戰歌)를 부르면서 어깨위에 나를 올린 채 집을 향해 달려가서 우리 엄마의 팔에다 안겨주었는데, 엄마는 나를 찾기 위해 밖으로 나오게 했던 어떤 예감을 갖고 있었다. 하지만 나의 백인 유모는 내가 흑인 야만인의 어깨 위에 타고 왔다고 나를 나

---

[66]인도·아프리카산의 독사.

무릎으며, 나를 침대에 눕게 했다!

바람이 소용돌이치는 안개 속을 휘저었고 키 큰 녹색의 풀들이 불어대는 바람의 손길 속에서 나부낌에 따라 마치 안개가 땅 속으로 스며드는 것처럼 보였다. 지구의 바람은 그러했고, 항상 어디서나 그랬던 것처럼 불어대고 있었다. 나는 우주선이 부드럽게 빛나는 지표면 위에 착륙하려 할 때, 우주선의 둥근 윗부분 주위에서 바람이 윙윙 소리를 내는 것을 들을 수 있었다. 아콘이 바람이 불어가는 방향의 벽 쪽으로 다가가자 문이 스르르 열렸다. 바람은 선실 안으로 들어올 수 없었다. 그 이유는 우주선 내부에서 순수한 공기가 밀려나와 바람을 밀쳐내고 있었기 때문이었다.

단지 우리가 선체에서 밖으로 걸어 나왔을 때만 우리 몸을 향해 몰아치는 바람을 느낄 수 있었다. 바람은 나의 머리칼을 마치 살아있는 것처럼 헝클어놓았다. 자기적인 불균형의 혼란과 여러 가지 격렬한 사념의 진동에 의해 야기된 바람은 대지의 모든 것들을 산을 향해 맹렬하게 몰아붙였다. 먼지가 담긴 공기를 들이쉬자마자, 내 목이 턱 막히고 금방 기침이 나왔다.

아콘은 그의 머리와 얼굴을 덮을 수 있는 전체가 하나로 된 우주복을 입고 있었다. 심지어는 그의 눈 부위의 갈라진 틈새도 어떤 보이지 않는 물질로 덮여 있었다. 나는 캐시미어(cashmere)[67]로 된 트윈세트(twin-set)[68]로 갈아입은 상태였다. 그리고 무릎까지 올라오는 양말과 운동화를 신은 후 따뜻하게 하기 위해 머리 주위에 스카프를 둘렀다.

"천천히 호흡하고 처음에는 깊게 들이마시지 말아요." 아콘이

---

67) 캐시미어 염소의 부드러운 털로 짠 그 옷감
68) (여성용) 카디건과 잠바의 앙상블(ensemble: 전체적인 어울림이나 통일. '조화'로 순화한다는 의미의 프랑스어)

조언해주었다.

"항상 신선한 공기 속에 머문다면, 점차 다시 적응하게 될 것입니다. 비록 당신의 심장이 지구의 시간 리듬을 갖지는 못하겠지만, 내가 당신에게 준 알약을 1년에 한 알씩 먹을 경우, 그것이 당신의 심장에 고른 리듬을 유지하게 해줄 겁니다. 당신의 심장은 강하지 않으며, 시간 변화의 작용이 항상 느껴질 것입니다. 심장은 태어난 환경 안에서 각 개인의 전기적인(electric) 진동율에 대한 정밀 계시기(計時器)입니다."

"지속적이고 자연스러운 심장이식을 보장하는 어떤 방법이 있을까요?" 내가 물었다.

"물론 있습니다. 마치 수혈할 때 혈액형이 꼭 맞을 필요가 있듯이, 심장을 똑같은 시간박동, 리듬, 그리고 전기적인 맥박의 진동율에 맞춰주면 됩니다. 현재 나는 내 심장리듬을 이 변화된 환경의 장(場)에 맞추기 위해, 나의 심장에다 전자 타이밍 장치를 부착했습니다. 이 장치는 내가 입고 있는 우주복에 장착되어 있으며, 그것은 우리가 착륙할 경우 우주선 밖으로 자유롭게 이동할 수 있게 해줍니다. 하지만 우리는 실제적으로 물리적인 심장이식을 하지는 않습니다. 왜냐하면 그렇게 하는 것이 전혀 불필요하고 자연에 반(反)한다는 것을 우리가 알게 되었기 때문이지요. 심장이란 단지 항상 효율적으로 작동될 필요가 있는 펌프이기에, 우리가 필요로 하는 모든 것은 그 박동율을 제어할 수 있는 장치입니다."

"그럼 왜 나는 변화된 환경의 시간 장(場)에서 내 심장을 조절할 수 있는 장치를 가질 수 없는 거죠?"

"사랑하는 이여, 당신의 심장은 불안정합니다. 그래서 그렇게 하면 거친 심계항진증(心悸亢進症)[69]에 걸리게 됩니다. 우리는 이미 (이에 대한) 예방조처를 해두었습니다. 더 이상 할 일은 없습니다."

"그 어떤 것도 힘 안들이고 될 수야 없겠지요."내가 대답했다.

"인생에서 중요한 것, 즉 정말로 문제가 되는 중요한 것들을 위해서 사람은 어떻게 행동을 취해야 할 것인지, 그리고 그것을 수행하기 위해 어떻게 용기를 가져야 할 것인가를 알아야 합니다."

나는 전혀 누그러뜨릴 수 없는 극단적 외로움의 심정으로 빠져 들어가는 것을 느꼈으며, 그 감정은 적대적인 행성의 땅 위에 버려졌다는 비참한 느낌 같은 것이었다. 하지만, 나는 나의 감각이 충분히 통제될 수 있기에 앞서 이 문제를 숙고해보았다.

나는 더 이상 할 수 있는 것은 없다고 생각했다. 나는 나의 건강에 대해 어떤 대가를 치르지 않으면 안 될지라도, 지금까지의 모든 일은 너무나 가치 있고, 놀라운 일이라고 생각했다. 아콘은 내가 평화를 찾을 수 있기 전에 무엇이 예상되고 또 겪게 될 고통이 무엇인지에 관해 나에게 말해주었다.

"사랑하는 이여, 그것은 당신에게 달려있습니다"그가 나의 생각에 응답하며 말했다.

"오직 우리는 어려운 경험과 극단적인 상실을 통해서만 영적인 진보를 성취할 수 있습니다. 하지만 항상 나의 사랑이 당신과 영원히 함께 한다는 사실을 기억하세요. 우리의 텔레파시적인 연결은 우리의 뇌 사이의 알파 리듬에서 여전히 지속되고

---

69)심계항진증(心悸亢進症): 맥박수가 증가하는 것을 말한다. 심박급속증(心拍急速症)이라고도 한다. 미주신경의 마비, 교감신경의 자극상태, 또는 심장신경절의 장애로 인해 일어난다. 생리적으로는 육체적인 노작(勞作), 정신적인 흥분상태나 식후에 자주 맥박수가 증가한다. 병적으로는 발열, 심장쇠약, 허탈, 심근염(心筋炎)이나 폐결핵, 바제도병, 발작성 급박증 등이 있다. 일반적으로 규칙적인 생활을 하고 수면을 충분히 취하며 과로방지, 기분전환, 술·담배와 같은 자극물의 절제에 유의해야 하고, 질환을 유발하는 원인이 있으면 그 치료를 한다.(역주, 두산 백과에서 인용)

6장 시간의 장벽을 넘어서: 알파 켄타우리로

메톤 행성까지 우주선 안에다 싣고 갔었던 MG 자동차.

있습니다. 그리고 이런 육체적인 이별은 단지 일시적인 것입니다. 우리의 아들인 아이링이 당신을 다시 고향으로 데려가기 위해 올 것입니다. 이제 당신은 당신의 지구 가족을 돌보러 돌아가야 합니다."

그는 마스크를 벗었다. 그리고 사라지지 않는 마법처럼 내게 키스했다.

"사랑하는 이여, 나는 항상 당신을 돌볼 것이며, 당신이 어떻게 지내는지 지켜볼 것입니다." 아콘이 속삭였다. 바람이 우리를 향해 몰아쳤고, 잠시 후 그는 마스크를 펼쳐 다시 착용했다.

"난 오직 당신을 위해서 살 거예요." 내가 부드럽게 응답했다.

"그리고 당신에 대한 나의 사랑이 나에게 힘을 줄 거라고 믿어요."

그때 MG 자동차가 열린 화물칸에서 나타났다. 그것은 흰빛의 광선에 매달린 채 고개 위를 향한 먼지투성이의 길 위에 서서히 내려지고 있었다. 우주선 선체에 있는 커다란 입구가 조용히 닫힐 때, 나는 순간적으로 안에 있던 세론의 모습을 얼핏 보았다. 그가 마지막으로 손을 흔들 때에 그의 흰 이빨이 반짝였다.

아콘은 조용히 서서 내가 자동차에 타는 모습을 지켜보았다. 나는 우주선의 범위를 벗어나기 위해 차를 길 위로 천천히 몰았다. 그리고 자동차 시동을 끄고서 핸드 브레이크(hand brake)를 걸어놓았다. 나는 문을 열고 밖으로 나와 뒤를 돌아보았다. 하지만 아콘은 이미 거기에 없었다. 그리고 우주선의 문은 닫혀있었다. 내가 바라보자 우주선은 진동하기 시작했고 낮게 깔린 안개 속에서 지구에서는 볼 수 없는 광휘로 빛을 발했다. 이윽고 그것마저도 이륙하더니 내 시야에서 곧 사라져버렸다. 아름다운 우주선은 떠나갔다. 그리고 생명과도 같은 내 사랑도 떠나갔다.

나는 차로 돌아와 산꼭대기 위쪽의 먼지 많은 길로 차를 몰았다. 그리고 드래곤 산맥을 향해 북쪽의 나무 숲속에 둥지를 틀고 있는 농장주택으로 귀환했다. 낮이든 밤이든 어느 때나 돌아올 때면, 또한 내가 얼마나 오래 있든 혹은 내가 어디에 있었든 상관없이 가족들은 나를 따뜻하게 맞아주었다. 그리고 행복한 인사말이 나를 기다리고 있었다. 나는 다시 돌아왔으며, 그것으로 충분했다. 내 방은 침대가 가지런히 개인 채로 늘 준비돼 있었다. 나이가 든 무티(Muti)가 김이 나는 은 찻잔과 벌집에서 가져온 신선한 벌꿀, 그리고 저지(Jersey)[70] 버터와 함께 자신이 특별히 만든 통밀 스콘(scone)[71] 빵을 들고 부엌에서 서성거렸다.

---

70) 저지종(種)의 소 《Jersey섬 원산의 젖소》.
71) 핫케이크와 비슷한 일종의 작은 빵

제7장

우주의 본성

제7장
우주의 본성

농장에서의 상황이 변해 있었다. 언니의 건강이 악화되고 있었고, 조크는 또 다른 심장발작을 앓고 있었다. 그는 더 이상 익숙했던 모든 활동에 참여할 수가 없었다. 그것은 그들 모두에게 슬픈 일이었다. 두 사람은 모두 사회 및 스포츠 활동에 있어서 항상 적극적이었으며, 사방에 많은 친구들이 있었다. 하지만 이런 친구들은 어떤 면에서 나탈 지방에서는 특이한 사람들이었다. 그들은 편협한데다 그들 자신의 일에 매몰 되어 있었고, 다른 사람들의 입장에 대해서는 안중에도 없는 것 같았다. 조크와 메이는 항상 다른 사람들을 위해서 많은 일을 했다. 그들은 이기심이 없고 관대했는데, 그러므로 이것은 그들 주변에 있는 사람들과는 매우 다른 것이었다. 아름다운 농장은 줄루족 감독자가 점점 더 많은 부분을 돌보고 있었다. 나이 많은 무티는 거기에 간섭을 했고, 그 농장을 자기 방식으로 운영하려 했다.

데이비드와 나는 도와주기 위해 잠시 머물렀으나, 나는 메이와 조크가 이곳(이승)에서 그리 오래 있지는 않을 것이라고 느꼈다. 나는 그들이 머지않아 세상을 떠나 초월적 세계로 향하게 되리라는 것을 예견할 수 있었다. 그들은 곧 탄생, 삶, 그리고 죽음의 신비가 그들의 본질에 대한 진실을 우주의 신성한 힘 안에서 드러내는 영역으로 향할 것이었다. 그곳은 빛이 인간의 운명을 지배하는 곳이다.

어떤 슬픔도 그 자체의 그림자를 굴곡 있는 드라켄즈버그의 산기슭의 작은 언덕에다 드리우지 않았다. 오직 기쁨의 찬가(讚歌)만이 무한한 빛의 우주와 곡조에 맞추어 울퉁불퉁한 산봉우리들을 비추고 있었다. 그것은 빛의 장벽을 넘어서 우리 이웃의 태양계와의 연결을 이루어 냈다. 거기서 지구상의 인간은 지구 저 너머에 있는 세계들을 입증하는 다른 영역에서 영원한 생명의 빛과 그들의 존재에 관한 신성한 진리를 찾고 발견한다.

농장의 집과 대지는 아침 햇빛 속에서 빛나고 있었다. 그리고 고무나무 재목의 매우 쾌적하면서도 자극성이 있는 냄새가 고요한 공기를 가득 채웠다. 평화와 고요함이 마치 나무들과 산등성이 위의 태양빛처럼 쉬고 있는 이곳에서, 나는 이 모든 것이 앞으로 어떻게 될 것인지를 생각해 보았다. 나는 비행접시 언덕의 거대한 산등성이를 생각했다. 그곳은 아콘이 나에게 마법과 같은 빛의 특성에 관해 설명해 준 곳이었다. 산등성이들이 나탈의 그늘진 대지로 점차 잠겨갈 때 우리는 산 경사면의 긴 풀숲에 함께 누워 신비한 담청색 하늘을 바라보고 있었다. 우리가 만났던 그 장소는 시간이 지나감에 따라 잊혀지고 있었다.

이제 나는 인간에게 영원한 생명의 길을 보여주기 위해 새로운 변형의 주기가 나타나리라는 것을 느꼈다. 이제 더 이상 지

비행접시 언덕을 거닐고 있는 노년의 엘리자베스

구상의 사건이나 일어나는 일들이 나를 억압하고 질식시킬 수는 없었다. 또한 아직도 낮은 진화단계의 극심한 진통 속에 있는 인간들과 지구 행성의 진실에 관한 지식이 내 감정을 산란케 할 수는 없었다. 사람들은 숨을 내쉬기 전에 먼저 들이 쉬어야한다. 그리고 삶을 영위하고 어둠의 껍질을 산산조각내야 한다.

조크는 어느 날 갑자기 세상을 떠났으며, 죽음의 덧없는 그림자 속으로 들어갔다. 그것은 마치 옥수수 낱알이 진동하는 새로운 생명 에너지 주기로 이동하기 전에 죽어서 오그라드는 것과 비슷했다. 그의 조용한 얼굴은 그가 영원한 변용(變容)의 진리를 발견했음을 말해주고 있었다. 시간의 주기가 별, 구름, 새, 또는 인간 속에 순수한 형태로 되돌아 올 때처럼, 끝없는 창조의 힘이 이제 그의 내면에서 방출돼 있었다.

어떤 것도 우연히 일어나는 것은 없다. 그리고 생명 에너지의 신성한 불꽃은 자연의 거대한 흐름에 따라 순환하다가 다른 모든 것과 마찬가지로 우주로 되돌아간다. 죽음이란 시간 속에서의 순환이고 변화이며, 생명의 재탄생이다. 그리고 삶과 죽음의 불꽃은 모든 존재를 통해 명멸한다. 우리는 이 존재의 깜박이는 불꽃을 헤아릴 수 없는 우주의 깊이 속에서 감지하며, 그곳에서는 우리 모두가 전체의 지극히 작은 일부분에 지나지 않는 것이다.

　모든 것은 시간의 사이클을 통한 움직임의 변화이다. 창조의 모든 것은 이 변화의 게임을 하는 것이다. 만약 우리가 변하지 않고 같은 형태로 남아있고자 한다면, 변형의 선물을 잃어버리기 때문에 우리는 분해되기 시작할 것이다. 그리고 아름다움을 잃어버릴 것이다. 그렇게 된다면 옥수수 낟알과는 달리, 생명 에너지의 불꽃은 마찬가지로 오그라들겠지만, 우리는 시간의 순환을 통해 다시 살아날 수 없을 것이다. 우리는 주파수 파동에 의해 우리가 죽음이라고 알고 있는 그 절박한 순간에, 빛이 우리의 진동에 반응하는 우주적인 힘의 중심에 도달할 필요가 있다. 오직 이와 같은 방법으로만 우리가 생명이라고 느끼는 그 마법적 임차권의 강력한 전기적 순환 속에서 우리가 (생명을) 지속하라는 허락을 받는 것이다. 우리의 꿈들이 물질화되어 실현되는 우리 자신의 에너지 진동은 우리의 뇌와는 전혀 다르다. 죽음의 어둠을 넘어서 영원한 빛의 주파수대 안에서 계속 사는 것은 바로 이런 에너지의 진동들이다.

　몇 달 후에 나의 언니도 조크를 따라 저 세상으로 갔다. 덧없는 죽음과 조우하는 가운데 그녀 역시 변형의 시간 사이클을 통과하여 영원한 생명의 에너지 속으로 들어갔다. 죽음은 삶의 일부분이고, 또한 삶은 죽음의 일부분이다. 즉 그것이 우주의 일부이기 때문에 우리는 그 그림자 같은 손길의 접촉을 경험하지 않으면 안 되는 것이다. 별처럼 우리의 물리적인 육체는 점차 허물어지고 쇠퇴하다가 그 자체가 소진되어 버린다. 그리하여 내부의 영혼 에너지를 보호하고 있는 주변의 껍질(육체)은 사라지게 된다. 하지만 신성한 불꽃, 또는 생명장(生命場)인 진정한 당신은 순환하는 패턴 속에서 각 삶의 주기가 일어날 때마다 잠재의식 속에 종족기억을 간직한 채 영원한 무한 속으로 옮겨간다. 당신은 혼돈을 거부하며, 모든 살아있는 것들과 환경과 조화롭게 상호작용하는 고도로 조직화된 생명시스템을 간직한다. 지속적으로 상호 소통하는 복잡한 거미줄망이 전 우주 도처의 모든 생명을 하나의 거대한 회전 시스템으로 연결한다. 그래서 우리 모두는 전체의 일부인 것이다.

우리 모두는 이 영원의 한 부분이며, 우리의 생명장이 혼돈 없이 조화롭게 진화함에 따라서 우리 육체의 세포는 드디어 퇴화하는 것을 멈추게 된다. 모든 별이나 행성들의 팽창과 쇠퇴, 그리고 지구의 리듬이 우리의 생명장에 영향을 미친다. 우리는 우리 태양계의 태양에 반응하는, 매우 민감한 살아있는 해시계이다. 아콘의 문명이 그랬던 것처럼, 우리가 영원한 생명의 의미를 발견하게 되면, 우리는 모든 것을 성취할 수 있게 될 것이다.

우주에서 산다는 것에는 단지 길거리 사람들의 기본적인 접근법이나 보통 과학자들의 이해력 그 훨씬 이상의 것이 있다. 대부분의 사람들은 우주가 의미하는 바가 무엇인지에 관해 전적으로 무지하다. 하지만 그들은 환경이나 우주와의 교감하지 않음으로써 그런 혼란을 초래한다. 대신에 그들은 파괴를 자행하고, 그렇게 함으로써 태양계 너머로 퍼져나가는 불안정한 작용을 자기들의 환경 안에다 만들어낸다.

생명은 본래부터 우주의 힘 속에 내재해 있다. 우리가 삶을 살고 생각하는 대로, 그렇게 우주도 우리에게 반응한다. 이것을 기도(祈禱)라 하는데, 우리의 생명장과 오라(Aura)는 전하(電荷)를 운반하며, 더욱 많은 자극을 위해 우리에게 음이온(陰-ion)을 끌어당기고 있다. 이런 식으로 우리의 생명장은 활발하게 충전되며, 음성의 입자들도 끌어들인다. 우주와 교신을 유지하고 하나가 되는 것은 생명과 우리의 은하계의 비밀이다. 우리 은하계의 에너지는 우리의 이웃 은하계와 그 너머의 은하계들, 그리고 은하들 간의 세계인 무한과 조화롭게 상호작용한다. 파동의 패턴들은 음악의 악보처럼 읽을 수 있는 조화로운 화음을 창조하며, 물질의 환영(幻影)은 빛의 전자기적인 힘 또는 빛의 핵력(核力)과 함께 꿰어진다.

미세 원자들이 조직화되고, 그것들이 살아있는 진동 속에 있을 때에 자체를 끊임없이 회복하며 (새로운 것으로) 치환(置換)해 나간다. 조화를 토대로 그것들은 우주와 그 빛 에너지를 인식하고, 또한 그것에 반응한다. 이런 식으로 우리는 우주와 하나가 된다. 그리고 우리는 우리의 연결을 유지시키며 조화롭게 공명하는 동일한 자연의 주파수 속에서 영원한 생명을 발견할수 있다. 빛의 파동이 우리에게 정보를 실어옴에 따라, 우리는 시간의 옥타브(octave) 안에서 조화로운 우리의 진화에 따라 반응한다. 시간 연속체는 은하계 공간 도처에 존재하며, 그 가운데서 은하계들이 형성되었고, 또한 그것은 영원한 빛의 전자기적인 파형 속에서 존재한다. 우리는 이 모든 것들 속에서 필수적인 부분이다. 그리고 우리가 긍정적인 사고(思考) 능력에 도달할 때, 비로소 우리는 우주의 지성체와 접촉할 수 있게 될 것이다

하지만 우리들 중 몇몇은 여전히 은하 집행위원회와 접촉하고 있고, 이 지구문명의 부패를 중단시켜 달라는 도움을 요청할 수 있다

우리는 우주의 빛을 이해할 필요가 있다. 삶의 영원한 진리는

지각과 의식(意識)을 통한 일곱 개의 차원들에 관한 깨달음 속에 있으며, 그곳에서 인간은 유일한 존재가 아니다. 그러면 우리는 이런 평행 파동을 횡단할 수 있게 될 것이며, 이런 단계에서 굽은 공간 속을 여행하는 우주선들은 모든 한계선을 넘어서는 순간에 만나 융합할 수 있다.

아콘의 문명에서는 우주여행의 추진력에 대한 문제가 해결되었다. 중력을 제어하는 수학적 공식은 오랜 기간 동안 그들의 우주선 안에서 사용돼 왔다. 그리고 빛이 이와 같은 거대한 우주선으로부터 중력파(重力波)[72]의 2차 표시로서 방사된다. 그들은 중력파의 본질 및 마법 같은 가치를 발견했고, 그들 문명의 이익을 위해 이 에너지를 이용할 수 있는 공식을 완성했다. 중력파는 우리 은하수 은하계의 중심으로부터 발산되고 있으며, 모든 형태의 물질과 상호작용하고 있다. 또한 그것은 우리 은하수의 회전하는 거대한 렌즈(lens)를 형성하는 영구적인 빠른 빛의 원주 속에서 별과 행성들을 바깥쪽으로 밀어냄으로써 그것들을 제 자리에 유지시키고 있다.

중력이란 우리의 은하계인 우주폭풍의 평평한 나선형 중추에서 확장해 밀고나가는 힘이다. 이런 파동들은 가시적인 빛의 스펙트럼(spectrum) 너머의 수천 메가사이클(megacycle) 주파수에서 진동하고 있다. 이런 높은 주파수로 인해 그것의 일반적인 힘은 끌어당기는 힘이고, 그 전자기적인 파동은 우주선 추진시스템의 상이한 장(場) 속에서 생겨난 전하 및 전류와 함께 반응한다.

빛은 우리 은하계 전역에 존재하며, 전자기적인 파형인 기하

---

[72] 천체의 중력붕괴나 중성자성끼리의 쌍성(雙星) 합체(合體), 초신성 폭발과 같은 우주현상에 의해 발생하는 것으로 추정되는 시공간의 일그러짐이 광속으로 파도처럼 전달되는 것을 말한다. 쌍성펄서의 공전주기는 매년 100만 분의 75초 정도 짧아지고 있는데, 상대성이론에 따르면 이는 중력파에 의하여 에너지가 방출되기 때문이라고 한다. (역주, 두산백과 인용)

학과 조화롭게 상호작용하고 있다. 또한 우주 에너지의 통일장을 형성하는 우주의 힘인 중력의 결합력과 공명한다. 지구의 과학자들은 아직도 그것을 측정하는데 어려움을 갖고 있으며, 이것을 알고 있는 것으로 보이지 않는다. 하지만 이것은 전 우주 모든 생명의 기초이자 토대를 이룬다. 통일장이 없다면 우리는 서로 떨어져 나갈 것이며, 혼란으로 끝날 것이다.

사고(思考)의 확장은 인류의 통찰이 더욱 깊고 더욱 더 영적인 수준에 도달했을 때 시간의 파장 속에서 생겨날 것이다. 현재의 인류는 은하수 은하계의 변두리에 위치한 한 점 같은 행성 위로 추방당했으며, 자신들이 누구이고 어디서 기원했는지도 모른 채 우주 안에서 격리되어 있다. 전체성은 별과 행성, 그리고 때로는 우주선의 모선(母船)과 자선(子船) 안에서 얻어진다. 완전한 집단은 우리 모두가 존재하고 있는 우주나 은하수에 관한 전체성을 보유한다. 우주의 작은 한 입자로서 오로지 자신이 전체가 됨으로써만이 우리는 진리라고 알려진 도달하기 어려운 실체를 구체화할 수 있다. 이 세상의 집단무의식은 더 이상 우주와 공명하지 않는다. 동양과 서양에서 종교들의 관습은 오로지 습관으로 지속될 뿐이며, 그들은 어떤 성과를 이루어내는 것을 멈추었다.

어마어마하게 많은 사람들이 이 지구행성 위에 넘쳐나고 있으며, 질(質)이 결여된 채 양적(量的) 이미지만 만들어내고 있다. 이것은 혼자서 이 세상을 변화시킬 수 있다는 생각을 해야 하는 개인을 기죽게 한다. 개인은 모든 사람들이 엇비슷하고 생각도 비슷하게 해야 하는 대량생산의 세상에서 사라질 운명에 처해 있다.

자연에서는 모든 생명체들이 서로 다르며, 우주의 한 부분으로 남아있는 동안 그들 고유의 행동패턴 및 사고양식을 지니고

310

있다. 자연의 진동은 개개의 미립자들이 행성의 대기권 전체에 기여할 때, 모든 생명체를 전체 속에 결합시킨다.

이 지구 행성의 사람들은 지구의 시간으로 수천 년 전에 우주와의 접촉을 잃어버렸다. 그들은 지금 자연과 환경의 총체적인 파괴를 향해 치닫고 있다. 이런 이유로 그들은 혼돈 외에는 아무것도 기대할 수가 없다. 이 행성이 살아남는 것과 주민들이 익숙해 있는 생활 방식 간의 간격이 시간적으로 30년 미만으로 좁혀지고 있다.

우둔함과 무지로 그들은 자연환경을 파괴하고 있고, 지구를 아름다움과 생명이 없는 황량한 세상으로 전락시키고 있다. 이른바 다른 문명들도 그들이 우주와 은하계 위원회와의 접촉을 잃었을 때, 이런 일을 다른 행성들에서 자행했다.

하지만 우리들 중 몇몇은 여전히 은하 집행위원회와 접촉하고 있고 이 지구문명의 부패를 중단시켜달라는 도움을 요청할 수 있다. 우리는 가족이며, 켄타우루스 별자리 내의 알파 켄타우리 태양계 안에서 살고 있는 진보된 존재들의 요구에 따라 전환할 수 있다. 그들은 아주 오랜 옛날에 인류의 조상이었으며, 우리에게 이곳 지구행성을 돌보도록 맡겼었다. 하지만 우리는 현재 우리의 선조들에 의해 우리에게 맡겨진 신성한 책임을 저버리고 남용하고 있다. 그런데 그 선조들은 다른 적대적 문명들에 맞서 우리 우주의 환경을 보존하고 수호하기 위해 시간장벽을 넘어 새로운 문명을 건설하고자 성간우주로 이주한 이들이다.

마음이 시공간 연속체의 4차원을 이해함에 따라, 인간은 모든 것들에 대한 깨달음 및 사랑과 더불어 진화된 인간이 될 수 있다

만약 과학과 기술이 자연을 복제함으로서 발전해 나간다면, 한계가 없을 것이다. 또한 에너지의 부족도 없을 것이다. 우주로부터 풍요롭게 아무 비용도 들지 않고 동기부여(動機附興) 시스템이 만들어질 수 있다. 이것은 건축을 용이하게 하고, 행성 전체를 망라해 모든 교통, 공해 문제를 극복할 수 있을 것이다. 그것은 또한 우리를 가장 먼 별들로 데려다 주게 될 행성 간 여행이나 항성 간 여행을 간단하게 가능케 할 것이다.

이런 비밀들은 지구상의 과학자들이 여전히 이해하기 어렵다. 우리의 과학자들은 자신들의 (지식의) 범위 안에서의 모든 가능한 연구방법으로 우주의 자연적인 에너지에 대한 단서를 찾는다. 하지만 그들은 하나의 단순한 실마리를 간과했다. 즉, 지구는 살아있고, 숨을 쉬고 있는 실체라는 것을 말이다. 바로 인간들의 크고 서투른 발밑에서, 지구행성은 변화무쌍한 별처럼 계속해서 생명체를 창조하면서 섭동(攝動)하고 들숨 날숨을 쉬고 있다. 그리고 팽창하기도 수축하기도 하며, 궤도 속에서 움직인다.

전 우주에 걸쳐 다른 행성들의 표면에서도 모든 행성들이 자기적(magnetic)인 생명요소를 갖고 있고, 빛과 중력을 지니고 있다는 점에서는 동일하다. 모든 것은 전체 속에 있다.

중력에 관한 연구는 오늘날의 과학과 물리학에서는 꿈도 꿀 수 없는 엄청난 도전적 정보를 나타내는데, 인간의 중력에 대한 지식에는 한계가 있고 좁고 경색되어 일치된 공식이 제한돼 있다. 아직 이해되지 않는 이 은하의 힘은 우리의 삶에 영향을 미친다. 동시에 우리 모두를 전체의 필수적인 부분으로 함께 묶어 우주와의 열린 대화로 유도하고 있다.

우주 에너지는 우리 은하계 전역에 존재하며, 은하계는 별과 행성들로 가득 차 있는 수소가스 구름의 거대한 나선형 시스템

아콘을 기념하기 위해 만든 동상의 모습

이다. 은하계들은 항상 존재해왔다. 그것들은 진공의 최저온도 속의 전자기적인 소용돌이에서 탄생하며, 거대한 압력이 발생하는 중심에서 돌기 시작하여 거대한 나선형태의 소용돌이 폭풍을 형성한다. 그리하여 그 수소 안개구름이 빽빽하게 밀집된 은하계로 진화함으로써 은하 간 공간의 최저온도[73]를 통과할 수 없는 극미원자(極微原子)들에 의해 열기가 생성된다. 엄청난 속도로 회전함에 따라 중심부에 눈 또는 핵이 형성되는데, 그 어린 은하계가 가스구름이 중심을 향해 회전함과 더불어 점점 더 커다란 중심축이 된다.

은하계가 나이를 먹는 만큼 그 회전은 비행접시 모양의 E-7 은하[74] 형태로 편평해진다. 그리고 회전함에 따라 팔이 만들어

---

73)minimum temperature: 여기서 말하는 '최저의 온도'란 우주를 꽉 채우고 있는 '마이크로 배경 복사(輻射)'를 의미한 듯하다. 현재 천체물리학계에서 정설로 인정받고 있는 우주탄생이론이 '빅뱅(Big-bang) 이론'이라고 하는 것인 바, 이것은 우리의 우주가 과거의 어느 시점에 무(無)에서 순간적인 폭발로 탄생했다고 한다. 그런데, 빅뱅이 있고 난 후에 그 때 발생한 열기(熱氣)가 우주 전체에 고르게 펴져 나가며 그 온도가 점점 떨어져 우주공간 속에 전파의 형태로 여전히 존재하는데, 이를 칭하여 '우주배경복사'라고 한다. 1965년에 미국 천체물리학자인 A.펜지어스(Penzias)와 R.윌슨(Wilson)이 우연히 발견한 이 우주배경복사 이론에 따르면, 우주공간의 온도는 2.7k, 즉 섭씨 −270℃이다. 우주 공간 안에 있는 빛은 별에서 나오기도 하지만 우주 초기부터 우주를 꽉 채우고 있으며, 우주가 팽창함에 따라서 서서히 식어간다는 것이다. (역주)
74)은하계 종류 중 하나이다. 은하의 종류에 관해 연구하여 여러 은하들을 분류했

지고, 그 은하계 팔은 별과 행성들로 채워진다. 우주먼지 벨트 (belt)인 은하는 진화하고, 후광(後光) 충격파가 은하 간 우주 공간에 있는 최저온도의 절대적인 암흑을 뚫고 휩쓸 때, 별의 생성이 계속해서 그 속에서 이루어진다. 똑같은 과정이 가스구름 속에서 소용돌이가 만들어질 때에도 일어나며, 이때 나중에 별이 되는 더욱더 격렬하고 조밀한 소용돌이가 형성된다.

수소 원자들에 에워싸인 많은 수의 미립자들이 압력을 받아 고온으로 폭발하게 될 것이다. 이런 방식으로 헬륨(Helium)이 만들어진다. 미립자의 압력과 온도가 크면 클수록 더욱 많은 폭발과 원소들이 형성된다. 그리고 수소 안개구름은 회전하는 별로 성장하며, 그 태양계의 가장 외곽 구역으로 빛을 방사한다. 그런 범위에서 보다 작은 소용돌이들이 모체 소용돌이로부터 나오는 전기에 의해 촉발됨으로서 행성들이 형성된다. 먼지구름의 세포들이 그것들의 어머니 별(태양) 주변의 사방으로 발아하면서 빛의 미립자가 더욱더 크게 압축될 때 새로운 열기의 폭발 속에서 솟아난다. 동시에 그 모체 소용돌이의 빛 방사 및 시간과의 기하학적 관계 속에서 마그마(magma)와 열을 화산폭발의 형태로 주기적으로 방출하는 진동물질이 생겨난다.

어떤 행성들은 너무 가까이 있어서, 그것들은 어머니별과 합쳐지거나 혹은 서로 융합되어 더욱 큰 행성을 이루고, 마침내는 전체 소용돌이 폭풍우가 조화롭게 상호작용하는 진동율에 정착

던 사람은 1917년에 미국 캘리포니아 주 로스엔젤리스 북쪽의 윌슨 산에 있는 지름 2.5m의 망원경으로 우주를 관찰한 허블(Edwin P. Hubble)이다, '허블 망원경'은 이 사람의 이름을 따서 지은 명칭이다. 그는 은하수들을 몇가지 유형(類型)으로 나누었다. 은하수들의 겉모습에 따라서 타원은하(E), 렌즈형은하(SO), 나선은하(S), 그리고 불규칙은하(Irr)로 분류했다. 타원은하는 말 그대로 은하의 모습이 타원형인데, 이것은 다시 E0에서 E7까지 있다. 나선 은하는 Sa에서 Sd까지 있고, 나선 은하 중에서 중앙에 막대꼴을 하고 있는 은하를 특히 '막대나선은하'라고 부르는데, 우리 태양이 속해 있는 은하는 이 막대마선은하 이다. (역주, 박창범 지음 '인간과 우주' p28~29를 요약함)

한다. 행성의 마그마로부터 활기를 북돋우는 가스와 공기가 분출함에 따라 생명은 행성의 환경 안에 있는 전기에 의해 촉발된다. 모체 별로부터 나오는 중력의 불균형은 다양한 강도의 원자폭발을 통해 마그마인 그별의 생명의 피를 분출하며, 우리 모두가 우주진(宇宙塵)으로부터 창조될 수 있게 한다.

중력파는 지구의 표면을 향해 미는 힘이고, 이 지구의 질량과 그 밀도는 모든 빛과 생명의 근원인 내부에 있는 마그마에 달려 있다. 중력이 우리 은하의 회전하는 원반 모양의 중심부로부터 바깥쪽으로 휘몰아치며 모든 성운, 별, 그리고 행성들에게 압력을 가한다. 우리의 은하수 은하계가 자체의 진동율에 정착함에 따라 7개의 나선형 팔이 만들어지고, 그곳에는 생명을 품은 수백만 개의 행성들이 있는 태양계들로 가득 차 있다.

우리의 우주는 영원하며, 그 전자기장 속에다 영원한 빛을 창조하고 있다. 빛, 열, 생명이 행성들의 대기권 안에서, 그리고 − 은하 간 공간의 심연 속에 있는 거대한 체계이자 외부우주의 광대한 영역인 − 은하단(銀河團)[75] 주변을 도는 우리 은하의 공전 및 자전 속도 속에서 창조된다. 그곳에서는 최저온도(우주배경복사)가 은하계의 생명들을 지배하는데, 이 은하계들은 은하단

---

[75] meta-galaxy: 은하의 구조를 살펴보면 우선 우리의 은하인 '은하수 은하계'와 우리의 은하수로부터 약 200 만 광년 떨어져 있는 안드로메다 은하는 하나의 은하 집단인 '국부(局部) 은하군(local group of galaxy)'을 이루고 있다. 대략 30 개 정도의 은하들의 집단이다. 이 국부은하군은 더욱 큰 은하의 집단에 소속되어 있는데, 이 더 큰 은하의 무리를 은하단(銀河團)이라 부른다. 이 은하단은 가장 큰 은하의 집단인 국부초은하단(局部超銀河團)에 속한다. 한 (국부) 초은하단과 다른 초은하단의 거리는 보통 1억 파섹 정도이고, 우리 은하가 속해 있는 국부초은하단인 '처녀자리 은하단'은 지구로부터 약 1천 500만 파섹의 거리에 있고, 1천개 이상의 밝은 은하수로 구성되어 있다. 결국 우리는 국부초은하단의 가장자리에 있는 작은 국부은하군에서 두 번째로 밝은 은하이고(첫번째로 밝은 은하가 안드로메다 은하임), 태양은 우리 은하를 이루고 있는 수천억 개의 별 가운데 하나인 평범한 별이다. 우리는 이 태양 주위를 돌고 있는 9개의 행성 가운데 하나인 지구에서 살고 있다. 그러므로 여기에서 말하는 은하단(meta-galaxy)은 이 모든 종류의 은하 집단을 가리킨다고 할 수 있다.(역주 − 박창범 지음 '인간과 우주' p39~41을 요약함) (참고: 1파섹=3.26 광년)

의 전자기적인 중심 주위를 지속적인 운동량과 늘 확장되는 원(圓)의 형태로 회전한다.

우리는 항상 있어왔고 또 항상 있게 될 전자기적인 빛의 우주 안에서 모두 전기적인(electric) 존재들이다. 궁극의 입자인 미립자(micro-atoms)들76)이 우리가 동조돼 있는 본질 속에서 진동할 때, 그것은 무한한 공간 전역에서 형성되고 세포에서 세포로 계속해서 증식된다. 모든 것들은 이 행성에 비례해서 나름대로 적절한 형태를 취하고 있으며, 행성의 반지름은 시간, 빛 그리고 중력과 기하학적 관련성을 갖고 있다. 전기는 은하계들, 별들 및 행성들의 탄생을 촉발한다. 중력은 자연에 있는 모든 요소들의 소용돌이 회전에 의해 창조된다. 그리하여 그 나선형 시스템은 계속되고, 단지 빛의 장벽 너머에 있는 최저온도의 진공에 의해 혼란과 엔트로피77)로부터 보호를 받는다.

인간은 투쟁하기 위해 지구상에 태어나다시피 하는데, 왜냐하면 생존을 위한 영원한 투쟁이 지구행성 표면의 2차원적 영역 내에 상존해 있기 때문이다. 우선 식량 확보와 삶의 공간을 위한 영토 획득이 가장 중요해진다. 그리고 인간들은 자기들의 영토를 보호할 목적이나 인구증가로 인해 더욱 넓은 영토를 확보하기 위한 시도로 난폭해지고 공격적이 된다. 삶을 영위하기 위한 제한된 영토는 인간이 더욱 공격적이고 격렬해지는 원인이

---

76)이는 극미원자(極微原子)라는 말인데, 이것이 무엇을 의미하는지는 확실하지 않다. 현재 물리학에서 밝혀진 바로는 물질을 쪼개고 쪼개면 결국 분자-원자-전자(양자, 중성자)-쿼크-렙톤 으로 작아지고, 이론적으로는 10의 -33승까지 쪼갤 수 있다고 한다. 여기서 전자나 양자 이하의 미세한 입자를 보통 미립자(微粒子)라고 부르는데, 위의 극미원자는 이런 미립자를 말하는 듯하다. (역주)
77)물체의 열역학적 상태를 나타내는 양. 열역학적 계의 유용하지 않은 에너지의 흐름을 설명할 때 이용되는 상태 함수다. 통계역학적으로, 주어진 거시적 상태에 대응하는 미시적 상태의 수의 로그로 생각할 수 있다. 엔트로피는 일반적으로 보존되지 않고, 열역학 제2법칙에 따라 시간에 따라 증가한다. 독일의 물리학자 루돌프 클라우지우스가 1850년대 초에 도입하였다. 대개 기호로 라틴 대문자 S를 쓴다.(역주)

되며, 영토를 잃어버릴까 하는 두려움이 그렇게 행동하는 동기가 된다.

인간이 길이와 면적의 2차원으로부터 탈출할 수 있고 영토나 시간의 제약이 없는 3차원의 높은 자유를 향해 영적으로 깨어날 때, 그들은 온화해지고 인간적이 된다. 그리고 우주라는 보다 광대한 영역으로 눈을 돌려 탐구하게 된다. 마음이 시공 연속체의 4차원을 이해하게 되면, 그 사람은 모든 사물을 깨닫고 사랑하면서 진화된 인간이 되는 것이다. 또한 삶의 의미와 왜 사람이 개인으로서 존재하는가에 관해 발견하게 되면, 그는 우주와 공명하게 된다. 그러면 우리는 텔레파시를 통해 항성 간 공간의 시간변화 속에서 교신할 수 있게 되는 것이다.

우리는 전 우주에 퍼져있는 그 신성한 지성의 불꽃 안에서 영원한 현존의 고요함을 성취할 수 있다. 모든 것과 함께하는 조화는 우리의 눈이 맞춰져 있는 가시적인 빛의 장벽 너머의 다른 세계의 문명과 더불어 사랑 속에서 발견된다. 우리는 다양한 주파수로 진동하는 에너지와 물질로 구성된 이 우주에서 탄생한다. 우리의 의식을 확장함에 따라 우리는 영적으로 도달해야 할 다른 주파수를 알게 되는데, 이는 우리가 우주의 조화로운 숫자들에 대한 지각(知覺)과 인식을 통해 생명의 영원한 진리를 깨달아야 할 단계이다.

위험이 무지의 어두움 속에 도사리고 있는 개인적 경험의 깊은 물을 통과해 나가면서 나는 우리의 세계 너머에 있는 다른 영역을 보았다. 그리고 나는 우주의 다른 세계에서 온 남성과 함께 최고의 행복과 영원한 생명의 진리를 발견했다. 생명이 득실거리는 우주 속에서 주민들이 자기들만이 우주에 존재하고 있다는 환상을 여전히 믿고 있는 이 세상(지구)에서, 그는 나에게 단 하나의 실체로 남아있다.

나는 약탈이 난무하는 지구 같은 세상에서 물질적인 부족의 어려움과 고통을 겪으면서도 경험과 성취라는 시련을 통과함으로써 강해지고 인내력과 용기가 생겼다. 그리고 이 태양계의 한계를 넘어선 이상적 삶에 대해 충실해졌다. 아콘의 생각은 지구 인간들 사이에 나 있는 위험한 삶의 고속도로를 뚫고 나에게 직접 와 닿았고, 지금 나는 모든 사람들을 위해 더 나은 이상적 세상에 대한 열망을 갖고 있다.

우리가 살아있는 우주 속에서 궁극적인 합일과 조화를 찾는 가운데, 때로는 서로 갈라져서 사는 영혼의 짝(Soul mate)과 자손의 두뇌 사이를 (텔레파시) 알파리듬이 여행하는 것은 거리가 전혀 문제되지 않는다. 이런 텔레파시의 파장은 먼 거리를 통과하여 중력이 행성의 생활을 지배하는 지구로부터 나의 사랑하는 아콘과 내 아들 아이링 있는 다른 고향까지 번개처럼 도달한다. 그 아이는 이 생명의 고향에서 임신되었지만, 지구 행성에서 태어나지 않았다. 조종사들을 관(棺) 같은 것에 적재한 로켓으로 추진되는 우주선에서의 위태로운 모험은 아이링에게는 안 되는 것이었다. 또한 우주복으로 몸을 감싼 채 우주 저편의 미지의 환경을 정복하려는 열망 속에서 주석(朱錫) 깡통 속의 정어리처럼 포장되는 것은 그에게 해당사항이 아니었다.

나의 심장이 시간 주파수의 변화에 의해 영향을 받게 된 이제는 데이비드와 나에게 어떤 일이 일어날까? 생활비는 어디서 생겨날 것인가? 나는 데이비드의 아버지와는 이혼한 상태였다. 그리고 이전의 결혼에서 얻은 나의 딸은 의학공부를 마침에 따라 영국 런던에서 살고 있었다. 농장은 팔려서 낯선 사람들이 인수했으며, 그리하여 데이비드와 나는 완전히 우리들 힘만으로 살아야 했다.

이 지구 행성에서는 살아가기 위해 돈이 절대로 필요했고, 그래서 우리는 요하네스버그로 돌아가기로 결정했다. 아들 데이비드, 나, 수잔, 그리고 비키는 MG 자동차를 타고 길을 따라 내려갔다. 한편 커다란 미국차가 경계선 입구 옆에 주차한 채로 골짜기 안의 도로에서 탐욕스러운 눈으로 우리를 감시하고 있었다. 외로운 비행기 한 대가 폭풍우를 좇아서 하늘에서 윙윙거렸다. 산의 맑은 공기는 연기 같은 아지랑이의 띠를 막 형성하고 있었다.

요하네스버그로 돌아온 우리는 거처를 마련했다. 그리고 나는 그곳에 있는 최신의 서점에서 일자리를 얻었다. 데이비드는 주간학교에 다녔고, 성적이 좋았다. 하지만 지하에 위치한 이 대형서점의 공기는 좋지 않았으며, 나의 심장 컨디션은 악화되었다. 하지만 나는 참고 노력했다. 내가 안정적인 수입을 얻고 있는 한, 은행이 나를 도와줄 것이었다. 내가 태어난 곳인 나탈에는 우리를 위해 남겨진 것이 아무것도 없었다. 그곳에는 다만 나의 친척들이 기복 있는 방대한 면적의 초지에 정착해서 안정되게 살고 있었다. 나는 향수(鄕愁)를 느꼈고, 그런 생각이 나의 마음속을 진동시키자, 깊은 슬픔이 내 마음 속으로 밀려들어 왔다. 오직 나의 입양 가족들 중 아프리카 쪽 사람들만 우리에게 트란스발(Transvaal)의 건조하고 열린 장소에다 집 한 채를 제공해 주었다. 그 때문에 나는 그들을 사랑했고, 그들의 사려 깊은 행동을 결코 잊지 않을 것이다.

내가 서점에서 나와 커미셔너(Commissioner) 거리를 가로질러 걸어갈 때, 높은 초원의 신선한 산들바람이 획 스쳐가는 바람에 스카프가 내 눈을 가렸다. 거리로 쏟아져 나온 백인과 흑인 군중들, 온통 빽빽하게 들어차서 시끄럽고 냄새나는 차량들 – 이 모든 것들 때문에 나는 갑자기 숨이 막힐 지경이었다. 나는 그 모든 것에 질식할 것 같았으며, 온갖 파괴적인 소음으로 북적거리는 이 황량한 도시로부터 벗어나야 할 것 같은 긴박감을 느꼈다. 결국 나는 다시 드라켄즈버그로 도피하지 않을 수 없었다. 데이비드의 학교가 휴일 때문에 쉬게 되자, 나는 서점에다 잠시 휴직하겠다고 신청했다. 그리고 내가 오랫동안 열심히 일했기 때문에 그 신청은 받아들여졌다.

내가 데이비드와 수잔, 비키와 함께 차를 타고 탐욕스러운 자들의 생각에 의해 나에게 펼쳐져 있던 감시망에서 벗어나 멀리 남쪽으로 향할 때, 여명의 빛이 동쪽 하늘을 붉게 물들였다. 보안망이 나의 자유를 빼앗기 위해 그 교묘하고도 오만한 촉수(觸手)를 나에게 던질 때, 고함소리가 나를 따라올 것이다. 하지만 그들은 캐스킨 산에서 일어난 일에 관해서는 아직 알지 못했다. 우리는 그 산에서 영원히 사라질 수가 있었다. 오직 바다 바람만이 축축한 향기를 머금은 그 영원의 숨결을 실어오고 있었고 그 미풍에 긴 풀들이 살랑거리곤 했다.

그리하여 우리는 탁 트인 공간과 멀리 펼쳐진 하늘, 그리고 산의 자유로움이 있는 곳으로 갔다. 거기서 나는 나의 사랑하는 이의 목소리가 그 머나먼 거리에서 나를 부르는 것을 들을 수 있었다. 우리가 트란스발(Transvaal)[78]의 넓게 열린 장소로부터 300마일이 훨씬 넘는 거리의 나탈 지역까지 바람 속에서 이동하고 있을 때 그의 목소리가 나의 심장 속에서 울리고 있었다.

MG 자동차는 내가 운전하는 대로 휜히 트인 도로 위를 질주했으며, 아콘이 그 차의 엔진에다 수리작업을 한 이후로는 완벽한 운행이 유지되었다. 우리가 줄루(Zulu) 지역을 통과해 지름길을 따라 갈라진 좁은 길로 접어들었을 때, 거대한 드래곤 산맥이 우리의 샛길을 막고 있었다. 캐스킨 산이 깨끗한 공기와

---

78)남아프리카 공화국 동북부의 한 주(州); 세계 제1의 금(金) 산출지.

장엄한 고요함으로 우리에게 손짓하며 부르는 듯 했다. 사랑하는 그이를 생각하자, 갑자기 그리움의 물결이 밀려와 내 눈가를 적셨다. 나는 그가 온 고향인 메톤의 멋진 전원지역에서 풍기던 향기를 회상했다. 그곳에서는 불어오는 바다의 미풍에 햇빛 비치는 산기슭에서 풍성한 섬공작고사리의 잎이 나부끼고 있었고, 그 번들거리는 검정줄기의 우아한 장식무늬가 바다의 숨결에 머리 숙여 흔들거렸다. 나는 메톤에서 아콘이 나에게 준 멋진 양치류가 생각났다. 그리고 또한 어떻게 그것이 나의 집에서 사랑과 보살핌으로 키워지고 높은 풀밭지역의 건조한 공기에 적응하여 잘 자라나고 있는지가 생각났다. 내가 이런 것들을 생각하고 있을 때에 메톤의 바다 향기가 느껴졌다. 그때 나는 아콘이 가까이 있음을 알았다.

우리는 차를 길 가에 세우고 하늘을 쳐다보기 위해 내렸다. 남쪽을 바라보자 거대한 적란운(積亂雲)이 커다란 꽃양배추의 머리처럼 하얗게 빛나면서 푸른 하늘 깊은 곳으로 고개를 들고 있었다. 갑자기 하늘에서 번쩍이는 섬광이 보였다. 나는 사진기를 꺼내어 그것을 고정시키기 위해 가슴에다 대고 구름 꼭대기에 초점을 맞춘 채 셔터를 눌렀다. 내가 그렇게 하고 있을 때, 아콘의 납작한 돔 형태의 우주선이 하늘에 갑자기 나타났다. 그것은 거대한 구름의 가장자리에 머물고 있다가 서서히 하강했다. 그 순간 또 다른 우주선이 엄청난 속도로 움직이며 하늘에 나타났고, 나는 셔터를 연이어 눌렀다.

우주선이 커다란 적란운의 가장자리 아래로 빛을 반짝이며 내려올 때, 나는 길을 가로질러 산등성이 위로 달려갔다. 내가 산 위에 도착하자 우주선들은 사라진 상태였다. 다만 하늘을 가로질러 남쪽에서부터 적란운이 펼쳐져 있었다. 그때 아콘의 우주선은 다시 나타났다. 그리고 나는 그것이 하늘에 맴돌면서 선회

1956년 7월 17일에 남아공 나탈, 로제타에서 엘리자베스가 촬영한 UFO 사진.(좌측 상단의 사진은 아래의 원 안의 작은 UFO 이미지를 확대한 것이다)

할 때 여러 장의 사진을 찍었다. 단순한 기능을 가진 내 반사 카메라의 영상은 우주선이 나타날 때 순간적인 촬영을 했다. 그 것은 그렇게 하지 않으면 안 되었고, 그렇지 않을 경우 단 한 장의 사진도 얻을 수가 없었다.

희고 푸른 리본 모양의 한 줄기 빛이 구름으로부터 산꼭대기 로 쏘아졌다. 그리고 "좌광!" 하는 천둥소리가 산언덕들이 응답 의 메아리를 울리기도 전에 침묵 속으로 사라졌다. 자체의 가슴 속에서 생성된 전기에 의해 생명으로 촉발되어 완전히 눈을 뜬 적란운(積亂雲)은 언덕 상공을 동물적인 본성으로 움직였다. 나 는 그 구름이 나의 머리가죽 위에다 으스스한 느낌으로 나의 생각에 응해주고 있다고 느꼈다. 내 몸을 도체(導體)로 이용하 여 양전하(陽電荷)가 구름에서 생겨난 음전하(陰電荷)와 합류하 기 위해 선두 구름들에 의해 대기권 안에 형성된 이온화된

322

(ionized) 터널을 통해 도약함에 따라, 그 지상의 전하가 땅에서 위를 향해 무리지어 솟구쳤다. 그 즉시 나는 서있던 바위에서 뛰어내려 풀밭 위에 납작 엎드렸다. 그리고는 그 위기의 순간에 경사면을 데굴데굴 굴러 내려갔다. 왜냐하면 그 반사되는 충격이 이온화된 터널을 통해 구름을 향해 솟구칠 때, 단단한 바위를 산산 조각냈기 때문이다. 맹렬한 채찍 소리와 함께, 도관(터널) 내에 있는 공기는 갑작스럽고도 무시무시한 폭발을 일으켰다. 그리고 그 충격은 나를 가파른 언덕의 저 밑으로 굴러 떨어지게 하며 내 몸의 숨결에 부딪쳤다.

평소의 습관대로 나는 카메라를 케이스에 집어넣고 그것을 내 곁의 바위 위에 두는 대신에 어깨에 가로질러 걸치고 있었다. 내가 언덕에서 굴러 내려올 때 그 가죽 끈은 손상되었지만, 카메라는 별다른 손상을 입지는 않았다. 내가 카메라를 추스르고 있는 사이에, 또 다른 번갯불이 부서진 바위에서 무시무시한 충돌 소리와 함께 번쩍거렸다. 번개의 경로 안에 있는 엄청난 열이 무서운 음파 속에서 확장될 때, 산산이 부서지는 폭발음이 있었다.

나는 충분한 공포를 경험했다. 비와 우박이 초원 전역에서 막 으르렁거릴 때, 나는 돌출된 커다란 바위로 달려갔고 그 중 가장 큰 바위 밑으로 피신했다. 나는 신경과민적인 반응과 함께 와들와들 떨고 있었다. 그리고 나의 심장은 거친 심계항진증(心悸亢進症)의 상태로 들어갔다. 심장은 완전히 리듬을 잃어버렸고, 내리치는 번갯불의 요란한 폭발소리가 계속될 때, 나는 죽음이 내 심장을 어루만지는 것을 느꼈다.

나의 피난처에는 나 혼자만 있는 것이 아니었다. 모든 종류의 새들이 그곳으로 피신해 있었다. 그리고 그들은 두려움과 불안한 고요함 속에서 퍼덕거리며 재잘거리고 있었다. 야생 영양(羚

羊) 한 마리가 몰아치는 우박의 어둠으로부터 뛰어오더니 내 곁에 자리를 잡았고, 번갯불 치는 소리가 위험스럽게 가까이서 들릴 때마다 두 귀를 쫑긋 세우곤 했다. 영양의 고요함과 따뜻함 때문에 나의 가슴이 진정되었다. 그 영양이 크고 부드러운 갈색의 눈으로 나를 쳐다보고 있을 때, 나는 영양의 뒤쪽 바로 위에서 팔을 괴고 누웠다.

얼마 후에 사나운 날씨로 인한 폭발적인 소란스러움은 사라졌다. 우리 모두는 피난처로부터 나왔으며, 새들은 나의 발 근처에서 두려움 없이 날개를 퍼덕거리며 거드름을 피우고 있었다. 하지만 그 영양은 조용히 머물러 있었다. 그래서 나 역시 다시 앉았으며, 바위벽에다 등을 기댄 채 휴식을 취했다. 나는 휴식이 필요했고, 데이비드와 개들은 자동차 안에서 안전하리라는 것을 알고 있었다. 내가 그렇게 앉아 있을 때, 몇 주일 전에 일어났던 이상한 어떤 일이 생각났다. 영국 육군의 소령 한 사람이 파크타운(Pakr Town)에 있는 내 집으로 나를 방문했는데, 우리가 차를 마실 때 문에서 인기척이 있었다. 문을 열자 낯선 사람이 그곳에 서 있었다.

"처음 뵙겠습니다. 부인," 그 방문자가 말했다.

"당신 문 밖에 주차해 있던 회색의 포드 제퍼(Ford Zephyr) 한 대가 엠파이어 거리로 달아났습니다. 나는 그 차가 약 1마일 아래의 반대편 포장도로 위로 질주하는 것을 보았어요. 그 차는 마치 (무엇인가에 의해) 유도되는 것처럼, 길을 따라 가다가 차량들 사이를 뚫고 갔는데, 그것은 불가사의한 것이었습니다. 반대편에서 오고 있던 운전사들은 그 차가 운전하는 사람도 없이 길을 따라 가는 것을 보았을 때, 너무나 놀라서 서로 부딪칠 뻔했습니다. 그 차는 그들을 통과하여 곧장 달려갔고, 포장도로에서 회전하더니 나무들 사이에서 멈추더군요. 그 차는 심지어는 나무들도 비켜갔습니다." 그는 놀랍다는 어투로 큰 소리로 말하면서 말을 끝냈다.

"아마도 어떤 사람이 그 차를 운전했겠지요." 내가 조용히 말했다.

"아닙니다. 부인, 그건 지나친 상상입니다." 그 낯선 사람은 문을 향해 서둘러 나갔다. 그가 모자를 쓰면서 나를 힐끗 보았을 때, 나는 그의 눈에서 공포를 보았다.

"이런, 큰일 났군!" 소령이 갑자기 입을 열었다.

"내가 핸드 브레이크 걸어놓는 것을 잊어먹었음에 틀림없어요!"

그렇게 말하고서 그는 차를 찾기 위해 달려 나갔다. 나는 그 소령이 몽고메리(Montgomery) 장군의 참모였고 영국 정보국의 고위관료였다는 것을 나중에야 알았다. 그는 매우 민감하고 고도로 지성적인 사람이었으며, 유명한 예술가였다. 당시 그는 공군에서 강의를 하기 위해 남아프리카에 왔던 것이다. 하지만 나는 그때의 분위기로 보아 그 장군이 나를 돌봐주라고 그를 보냈다고 확신한다. 그런 생각을 하자, 나는 신뢰를 회복시켜 주는 따뜻한 빛을 느꼈다.

영양이 갑자기 뛰어 오르더니, 풀 덮인 산기슭의 언덕 아래로 달려갔다. 그때 풀을 헤치고 달려오던 개들이 나를 발견했고, 그것들의 눈은 행복감으로 반짝였다. 이어서 데이비드가 고무창을 댄 구두를 신고 그 개들의 뒤를 따라 조용히 초원을 통과해 걸어왔다.

해가 캐스킨 산 너머로 일찍 저물면서 그 봉우리가 언덕 위로 긴 그림자를 드리우고 있었다. 차가운 적갈색 빛이 풀 덮인 산등성이 꼭대기에 닿아 있었고, 항상 변화무쌍한 그 산기슭의 기복 있는 구릉들이 어두워졌다. 우리는 아콘이 오는 것을 기다리기 위해, 호스텔(hostel)의 안식처를 향해서 자동차의 속도를 높였다. 나는 그가 곧 와주기를 희망했다. 비록 그의 우주선이 지구의 하늘에 떠있었지만, 어쩌면 착륙하지 않을 수도 있었다. 내가 요하네스버그로 돌아가야 하기 전까지는 단지 3주일의 휴가만 갖고 있었고, 그렇다보니 이 지구에서의 시간적인 요소가 다시 나에게 압박감을 주었다. 이것이 이곳에서의 우리의 생활이었다. 나에게는 신경 써야 할 데이비드와 개들, 그리고 MG 자동차가 있었다. 뿐만 아니라 함께 살아갈 어떤 편안함과 아름다움을 주었던 주택과 몇 가지 값진 소유물들이 있었다.

하지만 아콘은 착륙했다! 어느 날 오후 갑자기 그의 거대한 우주선이 그곳에 있었다. 맑은 하늘에는 아무것도 없었으나, 그것은 자체의 모든 아름다움 속에서 나타났고, 지면 가까운 상공에 정지해 있다가 부드럽게 착륙했다. 전혀 눈에 띄지 않은 채, 그 우주선은 지구 시간의 장(場) 속에 나타났다. 단지 나는 그것만을 목격했고 아콘을 만나러 달려갔다. 그후 아콘과의 평온한 날들이 지나갔다. 밤에 그는 자신의 치유의 손길로 나를 잠들게 해주었고, 나의 심장은 다시 정상적인 리듬으로 돌아왔다. 우리는 산의 은신처에서 머물렀으며, 그곳에는 완전한 평화와 행복이 있었다. 나의 삶은 아콘과의 결합 속에서 다시 한 번 완전해졌다. 우리가 이 완전함을 완성하기 위해 또 다른 생명을 창조했던 때처럼 말이다.

어느 날 아침 나는 태양빛이 반짝이는 가운데 깨어나 일어났다. 아콘은 내 곁에 없었다. 나는 하늘 높은 곳을 올려다보았으며, 그의 우주선이 넓게 밀집된 구름에 둘러싸여 위쪽을 향해 이동하고 있는 것을 보았다. 아직 지구의 시간 주파수 안에 있는 그 우주선은 진한 금빛의 담황색으로 빛나고 있었다. 그리고는 회전하는 커다란 구름을 뒤에 남긴 채, 우주선은 사라져버렸다. 그때 우주선의 윗부분은 극한의 고도(高度)에 의해 모자 형태의 구름 속으로 엷어져 있었고, 밑 부분은 대기권 내의 자력선(磁力線) 자국과 비슷했다.

그 날 내내 하늘 높은 곳에 머물러 있었던 그 거대한 원형 구름은 형태가 바뀌어 고적운(高積雲)의 밑 부분을 가진 권적운(卷積雲)의 모습으로 변해갔다.79) 바람의 패턴이 점차 그 구름을 마치 권층운(卷層雲)80)처럼 하늘을 가로질러서 이동시켰다. 그리고 그것은 그 높은 우유빛 거미줄 망 속에서 얼음 수정(水晶)으로 이루어진 색채의 성약(聖約)을 창조하면서 태양의 황금빛을 띠고 있었다.

아콘은 우리 태양계를 넘어서 가늠할 수 없는 우주의 머나먼 곳으로 돌아갔다. 그는 과학적인 조사 연구의 목적으로 지구에서는 직녀성(Vega)81)으로 알려진 먼 거리의 거대한 푸른 별로 향하고 있었다. 우리의 태양계 역시 직녀성의 강렬한 광도(光度)쪽으로 움직이고 있지만, 우주의 근원적인 플라즈마(plasma)가 아콘의 우주선을 수많은 시간의 주파수들을 통해 인도했다.

은하 간 우주의 미지의 공간에서 영원히 회전하고 있는 은하계들은 아콘의 우주선 내의 민감한 장비들에 의해 수집된 생명

---

79)고적운, 권적운 등은 모두 구름의 여러 형태이다. 고적운은 흰색의 구름덩어리들이 모여 있어 구름사이로 푸른 하늘이 보이는 것이 특징이고, 권적운은 흰색의 작은 구름들이 규칙적으로 배열되어 있는 것이 특징이다.(역주)
80)달무리 현상이다. 달무리는 태양이나 달, 또는 가로등과 같이 강한 빛 주위에 생긴 동그란 고리처럼 보이는 일종의 광학 현상으로, 광륜(光輪)이라고도 한다. 작은 얼음 결정으로 된 입자에 빛이 반사되거나 굴절되면서 생기는 현상이다. 이때 얼음 결정은 보통 권운의 입자이거나 추운 날씨에 생긴 안개일 경우가 많다.(역주)
81)거문고자리의 알파별이며, 거리는 비교적 가까워 지구에서 약 25.3광년 떨어져 있다. 0.03등급으로, 밤하늘 전체에서 다섯 번째로 밝은 별이며 북반구 하늘만을 한정할 경우 아르크투루스에 이어 두 번째로 밝은 별이다. 또 베가는 빠른 자전(12시간 정도)로 인해 원심력 때문에 계란 모양으로 찌그러져 있다.(이 점에서는 목성과 비슷하다.) 이 별은 태양계에 가까운 행성계를 가지고 있을 가능성이 있다. 베가는 아크투루스, 시리우스, 포말하우트 등과 함께 지구 근처에 있는 항성들 중 눈에 띄게 밝은 별들 중 하나이다.(위키백과에서)

의 충격파를 방사한다. 이런 장비들은 은하계, 별, 그리고 행성들의 생명의 사이클을 관측하며, 또한 태양계 안에 있는 플라즈마의 양을 측정한다. 별의 플라즈마 출력은 행성들로 구성된 태양계에 중요한데, 특히 자체의 흑점주기(sunspot cycle)를 가진 태양 같은 별에 그러하며, 태양은 행성들의 운동에 의해 영향을 받는다.

작은 별로서의 목성은 알맞은 자리에 위치해 있을 때는 증가된 자기력(磁氣力)으로 (태양의) 흑점을 촉발시킨다. 이것이 다시 지구의 대기에 영향을 주고, 지구 행성 표면의 전 지역에 걸쳐 저기압의 기압골 같은 기상변화의 원인이 된다. 우리의 지구 행성은 태양에서 일어나는 일에 의해 전적으로 영향을 받기 때문에, 지구는 태양의 균형이 교란됨으로써 지상에 지진을 촉발시킬 수가 있다. 우리는 이곳에서 우리 태양계의 별(태양)에 의존하고 있다.

태양은 우리의 대기권, 날씨, 기후를 통제한다. 그리고 이 태양계의 두 번째의 별인 목성이 화성이나 태양계의 다른 행성들과 일렬로 늘어선다면, 태양의 균형은 무너질 것이며, 지진이 우리 행성을 흔들 것이다. 우리의 행성이 그렇게도 취약하고, 또 그렇게도 태양계의 별(태양)에 의존하고 있으니 우리가 향하고 있는 운명이 얼마나 현실의 한계를 초월할 수 있겠는가? 그럼에도 우리 인간들은 단지 급격하게 붕괴되어가고 있는 세상의 당면한 환경을 이해하고 있을 뿐이다.

우리가 요하네스버그에 돌아갔을 때, 나는 인간들의 분별없는 이기심을 경험했다. 그리고 우리는 홀로 싸워야 했고, 또한 버려졌다. 아, 사람이 필요한 상황에서 기댈만한 인간이 세상에 아무도 없다는 것을 갑자기 깨달을 때, 이 북적거리는 세상에서 얼마나 외로운 사람이 될 수 있는가! 인간은 정말로 혼자이며,

328

그 압도적인 실감이 마치 악몽처럼 마음속에서 폭발한다. 이 적대적인 세상에서 그 사람의 생존을 위한 고투가 알려지지 않은 채, 가족, 친구, 낯선 사람들 모두로부터 무관심하게 방치되고 고립된다.

데이비드와 내 자신이 냉담한 도시의 소음과 스모그 속에서 투쟁한다는 두려움이 나에게는 힘에 부쳤으며, 결국 나는 그만 병이 들고 말았다. 밤에 내가 깨어서 누워있을 때 차가운 공포의 손이 나의 심장을 꼭 움켜쥐곤 했다. 그리고 우리가 앞으로 어떻게 될 것인지와 다음 식사비용은 어디서 생겨날까를 생각했다. 단지 다음 달 집세를 내고 한 달 동안 거처할 만큼의 돈만 은행에 있었으며, 나는 이 잔인한 경제제도 속에서 이 지구 행성 위에 있는 수백만의 사람들이 어떤 고통을 당하고 있는가를 경험했다. 하지만 나는 겉으로는 평온을 유지했고, 데이비드는 우리가 무서운 가난에 직면하고 있다는 사실을 전혀 알지 못했다. 아들은 훌륭한 인품을 갖고 있었다. 아이는 온 종일 학교에 있었고 숙제하느라 밤의 절반을 보내야 했음에도 나를 보살피고 배려해줌으로써 내가 버틸 수 있게 해주었다. 그 애는 진정으로 진보한 인간이었다.

배고픔의 의미를 안다면, 인간은 또한 이 행성위에 있는 동물들의 격렬한 고통 또한 알게 될 것이다. 먹는 즐거움으로 배불리 먹는 사람들이 있는 반면에, 먹을 것이 충분하지 않은 많은 사람들이 있다. 이런 세상에서 생존을 위한 돈이 없는 사람은 어떻게 되는 것인가? 어떤 이가 거주할 집이 없고, 그가 과거에 알고 있었고 도움을 주었던 사람들이 무관심하고 아는 체도 하지 않을 때에 그는 어떻게 해야 하는가? 그들이 스스로 괜찮다고 생각하는 한, 그들은 이기적이고 탐욕스런 습관에 의해, 그리고 낮은 수준의 동물들처럼 자기들의 땅과 소유물을 지키면서 날마다 자신의 돈을 위해 다른 사람들을 짓밟는다.

어려움에 처한 시기에 동료 인간들에게 도움을 구할 수 없었던 나는 그 대신 우주에 의존했다. 나는 우주는 어떤 다른 것이 주어져 있지 않는 한 결코 인간의 것을 빼앗아가지 않는다는 것을 알고 있었다.

그 소령은 며칠 앞서 나에게 전화를 걸어왔었다. 나는 밖에서 폭풍우가 몰아치던 어느 날, 일하다가 공기가 희박한 서점 안에서 기절했다. 그때 나는 계속해서 데이비드가 학교에서 집에 오는 것에 관해 걱정했었다. 소령은 나를 택시에 태워 집으로 보냈으며, 다시 일하러 가지 말라고 내게 말했다. 그는 우리에게 맛있는 음식과 샴페인 한 병이 든 큰 꾸러미 하나를 보내왔다. 나는 그가 우리를 항상 감시하고 있었음에 틀림없다고 생각했다. 그 사람은 분명히 내가 집세를 내고 계속 살기 위해 일하면서 몸부림치고 있을 때 우리의 지독하게 궁핍한 처지를 알고 있었음이 틀림없었다. 하지만 나는 힘이 빠져가고 있었다. 나는 출혈이 있었고, 그가 나를 급히 병원으로 데려갔다. 그리고 의료진은 다음날 아침에 있을 중요한 수술 준비를 위해 나에게 영양제 주사 바늘을 꽂았다. 소령은 내 곁에 함께 머물면서 결코 나를 떠나지 않았고, 마침내 그들은 나를 수술실로 옮겼다

죽음이 나의 심장을 다시 어루만질 때, 나는 미래의 시간 장 (time field) 속을 분명히 볼 수 있었다. 나는 이 지구 행성에서의 나의 환생 주기가 거의 끝나가고 있고 나의 삶이 충분한 주기를 돌아 나를 아콘과 함께 머물 수 있는 메톤으로 다시 데려가리라는 것을 알고 있었다. 즉 내가 금성에서의 전생(前生)에서 아콘과 함께했던 것처럼 말이다. 그러한 진실이 날개를 펼치며 그 자체의 온기를 내 주변에다 퍼뜨렸다. 이 행성에서 어떤 일이 일어나든, 나는 결코 다시는 혼자 있지 않을 것이다.

나는 아콘에게 속해 있었다. 다시 말해 나는 그의 종족으로 태어났었다. 나는 죽음이 전혀 두렵지 않았다. 오히려 그것은 지구의 시간적 한계로부터의 축복어린 해방이자, 인간이 낮은 세계에서 삶을 영위하는 이곳에서의 윤회환생(輪廻還生)주기로부터의 탈출이었다.

죽음이란 없다. 다만 그것은 생명장(Life Field)이 생명의 주기 속에서 에너지로 전환했다가 다시 물질로 돌아오는 것이다

어느 날 저녁, 나는 눈을 떴고, 그 소령이 새하얀 병원 침대 위에서 몸을 숙이고 있는 것을 보았다. 그의 얼굴은 다정하고 걱정스러운 표정이었다. 그리고 그의 눈이 내 눈을 바라볼 때에 그것은 사랑으로 가득 차 있었다. 나는 나의 손을 뻗치며 그가 나에게 해준 모든 것에 대해 감사하다고 말했다. 그는 따뜻하고 힘찬 두 손으로 내 손을 잡았다.

"이제 주무세요." 그가 말했다.

"더 이상 걱정하지 마세요. 이제부터 내가 당신들 둘 다 보살펴 드리겠습니다. 모든 것을 돌봐드릴 겁니다." 그리고 그는 허리를 좀 더 숙여 나에게 키스했다.

데이비드가 침대의 다른 쪽에서 다가와 나에게 입을 맞추었다. 그의 팔은 깁스를 하고 있었고, 발걸이 붕대로 보호되고 있었다.

"아!" 하고 나는 한숨을 내쉬었다. 그런 다음 다시 의식을 잃고 말았다. 그 순간 나는 마치 먼 거리에서 들려오는 듯한 그의 말소리를 들었다.

"엄마, 괜찮아요. 이것은 내가 학교에서 허들(huddle) 위에서 넘어질 때, 단지 팔을 다쳤을 뿐이에요. 저는 피터(Peter)와 그

도움을 주었던 오브리 필딩 소령과 말년의 엘리자베스, 그리고 딸 매릴린

의 가족과 함께 지내고 있고, 그들은 저를 아주 잘 돌봐주고 있
어요."

자궁절제수술의 살을 에는 듯한 격심한 고통이 다시 나에게
찾아왔다. 그리고 나는 간호원이 피하(皮下) 주사기를 높이 들
고 오는 것을 보았다. 그녀는 침대의 이불을 내리고서 무딘 바
늘로 엉덩이를 찔렀고, 그것은 따가웠다. 한숨을 내쉬면서 나는
눈을 감았고, 그녀가 준 약을 먹고는 꿈이 없는 잠 속으로 빠져
들었다.

"내가 꿈을 꾸고 있었나요? 아니면 엊저녁에 소령과 아들이
이곳에 왔었나요?" 나는 다음날 아침에 간호원에게 물어보았다.

"정말로 그들이 왔었어요. 소령님은 얼마나 매력적이고 멋진
신사분인지 몰라요!." 그녀는 탄식하며 말했다.

"그분은 당신을 위해 이 아름다운 붉은 장미꽃을 놓아두었죠.

그리고는 말하기를, 당신을 곧 집으로 데려갈 것이고, 당신을 간호하여 다시 건강을 되찾게 하겠다고 했어요. 사실 그는 지금 이곳에 있어요. 저는 당신들 두 분을 위해 갈게요."

그녀는 침대 곁의 꽃병에다 장미꽃을 가지런히 꽂고는 물러갔다. 그 꽃의 향기가 병실을 다시 희망으로 채웠다. 비록 그것이 군(軍)의 기관이 쳐놓은 그물망에 완전히 걸려드는 것을 의미했으나, 적어도 나는 돌보아질 수 있었다. 나는 아콘이 그 점을 알고 있을 것이라고 확신했다. 세계의 병든 정치가 이루 말할 수 없을 만큼 나를 역겹게 했고, 나는 그들과 더 이상 아무것도 하고 싶지 않았다. 정치는 이 세상의 야만인들에 의해 이용되고 있었다.

지구의 사람들은 어느 날 하늘 속에서 진리를 찾게 될 것이다. 그들은 영원의 바다에 의해 씻긴, 영광스런 육지에 면해 있는 먼 해변을 발견할 것이다. 그리고 (알파 켄타우리의) 세 개의 별로부터 방사되는 영광의 빛에 의하여 축복받을 것이다. 그곳에서는 거대한 하얀 바다 새들이 하늘의 짙은 푸른 빛 속에서 늘 선회할 것이며, 그 새들은 가장 먼 곳에서 단순한 점으로 보일 때까지 항상 위로 날아오를 것이다. 그것들이 검푸른 바다 위에서 더 높이 날기 위해 하얀 날개를 펼칠 때, 천체들의 음악은 새들의 비상(飛翔)과 조화되어 공기를 통해 울린다. 차가운 푸른 하늘 위를 향해, 그리고 이끌리는 동서남북 그 어느 쪽으로든 그 흰 새들은 진한 사파이어 빛깔 바다에 위치한 다른 섬들을 향해 밀려오는 조수(潮水)의 음악과 함께 움직인다.

모든 생명의 춤추는 리듬은 우주의 노래에 동조되어 공명한다. 미세 원자들의 영원한 춤은 별로부터 흘러나온다. 그리고 생명은 은하계 안에 있는 무수히 많은 행성들 위에서 탄생하는데, 저 너머 무한한 영역의 그곳은 자취 없는 허공의 최저온도에 의해 경계선 안에서 유지된다.

한 행성 안에서의 생명의 불꽃은 별의 잔여물(殘餘物)이다. 모든 행성들은 영속적인 진화과정에서 질량에서 밀도상태로 냉각된 별들이다. 그것들 안에 있는 화산의 숨결은 대기의 빛을 형성하는데, 그것은 별로부터 오는 방사선과의 상호작용을 통해 생명을 창조한다. 이 방사선은 전기라는 불멸의 빛을 창조하기 위해 행성 대기의 분자들과 충돌한다. 그리고 활기찬 미립자들은 빛나는 대기권 안에서 꿈틀거리고 요동치는데, 각각의 입자는 자체의 고유한 전하(電荷)를 지니고 있다.

생명의 신성한 본질은 항상 지속된다. 영혼은 보다 높은 천체들 속에서 고등한 지식에 대해 깨닫게 되며, 그곳에서는 영혼 또는 생명장이 유사한 자기장(磁氣場)을 통해 진화된 행성으로 이끌린다. 그리고 영혼은 죽음의 에너지 상태로부터 물질(육체)로 다시 태어나거나 또는 더욱 조밀한 진동으로 넘어간다. 그것은 단지 모든 살아 있는 것들 안에서 일어나는 일종의 전환이자 변형이다. 죽음은 없다. 다만 생명의 주기 안에서 생명장이 에너지로 전환했다가 다시 물질로 돌아오는 것뿐이다.

아콘의 초상화 앞에 선 엘리자베스

한 행성의 창공은 생명의 유대(紐帶) 속에서 인류를 품고 있으며, 우주의 영광은 인간들의 유산이다. 인류는 별들이 우리가 그 별에 이르는 이 영광스런 길을 발견하도록 도와주기 위해 빛을 발할 때, 별로 가득 찬 장엄한 우주 속으로 날아갈 것이다. 인간들은 이 세상과 투쟁의 그림자로부터 벗어날 것이며, 우주의 빛 속에서 우주의 바람과 함께 다른 행성으로 이동할 것이다. 그곳에서는 어떤 사소한 불화조차도 빛의 영광을 어둡게 할 수는 없을 것이다.

우리는 우리의 마음이 텔레파시 교신을 통해 다른 존재의 마음과 접촉하기 위해 뻗어나갈 수 있는 항성 간 우주공간의 헤아릴 수 없는 심연 전체에다 조화를 창조할 수 있다. 우주 공간은 인간이 같은 파장으로 주파수를 맞출 때에 전달매체로 작용한다. 지혜와 사랑은 영원의 일부분인 고도로 진화한 인간을 낳기 위해 이 우주의 조화 속에서 불멸과 합해진다. 그리고 이런 뛰어난 존재는 전 우주에 퍼져 있는 신성한 지성의 불꽃, 또는 신(神)이라 불리는 조화롭고 질서 있는 리듬 속에 거하고 있다.

나는 이 모든 빛나는 광휘 속에서 사랑을 알았다. 나의 가슴은 황금빛 파동에 의해 스스로 밝아지고 끊임없이 성숙돼가는 상태로 깨어났다. 그럼으로써 나는 살아가기가 더욱 더 위험해지고 있는 이 세상에서 분투하고 있는 다른 이들에게 힘과 용기, 격려를 주기 위해 손길을 내밀고 그들을 포용할 수 있었다.

수소 구름이 회전하며 별과 행성으로 응축되면서, 먼지 구름들은 은하수 은하계의 핵으로부터 밀려나온다. 그것은 외계 공간의 비단 같은 어두움 속에서 거대하게 회전하는 폭풍을 형성한다. 이것이 그 가속되는 빛의 껍질 속에다 생명들이 살게 하기 위해 별과 행성들을 창조하는 과정에서 신성한 붉은 빛을 반사하는데, 그곳에서 우주진(宇宙塵)으로 만들어진 우리 모두가 살고 있는 것이다.

*** 에필로그 ***

만물의 알파와 오메가

아콘이 아름다운 빛의 우주선을 타고 '비행접시 언덕(Flying Saucer Hill)'에 착륙한지 21년 이상이 되었다. 우리의 아들인 아이링은 지구의 시간으로 이제 19세이다. 하지만 그들은 돌아왔다. 그들은 나를 잊지 않았던 것이다. 나는 이 책을 완성하고, 이 행성의 사람들에게 우주 안에서의 우리 지구환경에 관한 지식을 전해주기 위해 20년 동안의 예정된 시간을 살았다. 우리는 광대하고 경외심을 불러일으키는 우주에 살고 있지만, 우주의 그 장엄한 아름다움은 조화에 의해서만 이해되고, 사랑받으며 관리될 수 있다. 그리고 에너지 위기가 점차 가까이 다가올 때에, 우리는 이 태양계에서의 우리의 운명을 이해하기 위한 실마리를 생각하고 찾을 수 있을 것이다. 지구의 인간들은 자기들에게 매우 성실하게 도움을 주었던 화석연료를 고갈시키고 있다. 지구는 장구한 시간에 걸쳐 자신의 풍요로움을 제공해왔고 자연은 인간에게 자원을 공급해주지만, 인간은 분열하기를 계속한다.

만물 자체의 단순함 안에 있는 모든 진실은 이 책의 페이지들 안에서 발견될 것이다. 이런 진실들은 항상 존재해왔다. 그것은 보편적인 것이다. 그리고 만약 인간이 그 진리를 배워서 따를 수 있다면, 아마도 이 책이 하나의 예를 제시할 수 있을 것이다. 우주속의 만물에는 항상 이유와 그 해답이 있다. 단지 사람들이 생각하기만 했다면, 우주의 풍요로움을 발견할 수 있었다.

나는 우주의 모든 영예롭고 멋진 섭리 속에서 그 풍요를 발견

끝맺음말과 감수자 해제

비행접시 언덕은 남아프리카 크와줄루-나탈 주(州),로제타(Rose tta) 인근에 위치
해 있다. 그 언덕에 앉아 아콘을 추억하고 있는 엘리자베스 클래러(우측).

했다. 그것은 다룰 수 있고 조종할 수 있으며, 사랑할 수도, 신
뢰할 수도 있는 단순하고 자유로우며 지성적인 에너지이다. 그
관대한 하사품은 빛이고, 우리 은하계의 전자기 파장이다. 그것
은 로제타(Rosetta)에 있는 휘터레아페(Whytereafe) 농장 같은
가장 사랑스런 장소에다 조화를 부여하는데, 그 곳에는 비행접
시 언덕이 가파른 정상을 가진 수호산(守護山)처럼 우뚝 솟아
있다. 또한 그곳은 나의 언니와 그녀의 멋진 남편이 그렇게 오
랫동안 살던 곳이고, 아콘이 산꼭대기에서 자신을 기다리고 있
던 나를 처음으로 발견했던 곳이기도 하다.

　휘터레아페 농장은 이제 결혼을 통해 나와 인연을 맺은 나의
아주 오랜 친구의 가족이 소유하여 관리하고 있고, 그 어느 때
보다 더 아름답게 만들어 놓았다. 그들이 그 농장을 인수하여
전체 시골지역을 향상시켰으며, 거대한 계곡 아래에다 몇 개의
호수를 만들고 언덕 중턱에 소나무를 심는 사업계획을 크게 성
공시켰다.

　비록 짧은 기간이지만, 아콘이 돌아왔음을 아는 것은 얼마나

행복한 일인가! 그리고 그가 머물렀던 모든 장소는 얼마나 훌륭하게 변화했던가! 이제 캐스킨 산의 고지대는 아름다운 보호구역의 일부분이며, 정부에 의해 보호를 받고 있다. 그곳은 오직 권한을 위임받은 사람만이 보안 문을 통과하도록 허락을 받았다. 저 멀리 비행접시 언덕은 인간의 파괴적인 손길이 미치지 못하고 있으며, 선량한 시민들에 의해 보호되고 돌보아지고 있다. 그리고 나의 별장이 있었던 파크타운(Park Town)에는 아름다운 공원이 조성되어 이제 요하네스버그 시민들에게 기쁨을 선사하고 있다.

그 접촉이 올바르고 사람들이 조화로움 속에 있을 때, 좋은 일이 모든 것으로부터 생겨난다. 비행접시 언덕의 가파른 남쪽 산등성이는 호수의 푸른 물 쪽으로 경사져 있는데, 그 호수에는 야생의 거위와 오리들이 뭍으로 오르기 위해, 그리고 갈대숲에

엘리자베스 클래러가 아콘과 접촉했던 비행접시 언덕의 기슭

끝맺음말과 감수자 해제

서 둥지를 틀기 위해 고요한 수면 위를 미끄러지듯 지나간다. 그리고 버드나무들이 먼 해변 지역을 경계삼아 늘어서 있다. 나는 내가 어린 시절을 보냈던 그곳 둥근 언덕에 다시 초대를 받았고, 우리 모두는 맛있는 점심과 라인(Rhine) 포도주로 축하하며 쾌활하게 법석거렸다. 나는 심장의 안 좋은 상태로 인해 더 이상 걸어오를 수가 없었으므로 랜드로버 자동차를 타고 그 비행접시 언덕의 경사면을 올라갔다. 나를 초대한 사람들은 모두 멋진 사람들이었으며, 내가 정말로 고향에 왔다는 것을 다시 느끼게 해 주었다.

그때 아콘의 우주선은 산 위 상공에 떠 있었고 나는 매우 흥분되는 감동을 느꼈다. 나를 초대한 사람들은 안개가 언덕위로 내려오기 전에 그 우주선을 보라고 그 지역의 다른 사람들에게 전화를 하고 있었다. 나는 줄루족 사람들이 소리를 지르고, 그들의 목소리가 언덕에서 이렇게 메아리치는 것을 들었다. "신(神)이 왔다!" 랜드로바 자동차는 양방향(兩方向) 무전기를 장착하고 있어서, (우주선이 왔다는) 메시지가 발신되었다.

나는 전기충전으로 이루어진 단순한 형태의 3차원 이미지로 투사된 광선에 의해 내 곁으로 오고 있는 아콘을 보았다. 그는 일종의 투영체(投映體)였지만, 마치 그가 실제로 살아있는 것 같았다. 만지고 냄새를 맡는 감각을 제외하면 그의 존재를 이루고 있는 그 환영(幻影)은 완벽했다. 아콘은 나에게 이야기를 하고 그의 끝없는 사랑과 생각을 재확인시켜주기 위해서, 이런 레이저 빛의 수단에 의해 그 자신과 아이링을 3차원 영상으로 투사할 수 있었다.

그들이 안에 서있었던 원통형태의 빛에 가까이 가니, 내가 모선 내의 허공에서 펼쳐졌던 전자 신기루에 접근했을 때 느꼈던 것처럼 느껴졌고, 찌르는 듯한 감각이 내 몸을 통해 파문을 일으켰다.

"오!" 내가 그들에게 말했다.

"여기 서 있기보다는 나도 그 레이저 빛 안으로 들어갈 수는 없나요?"

"지금은 안 됩니다." 아콘이 부드럽게 말했다.

"하지만 지구 시간으로 다음 5년 안에 가능할 것입니다."

아이링이 나에게 자신의 손으로 키스를 날려 보냈다. 그는 아버지만큼이나 키가 크고 그의 얼굴은 매혹적인 아름다움을 가진 아주 잘생긴 용모였다. 가지런한 금발 머리칼이 그의 어깨에 걸쳐있었으며, 그의 금빛 눈동자는 깊은 사랑으로 내 눈을 들여다보고 있었다. 하지만 잠시 후 모든 영상이 사라졌고, 아무 것도 남지 않았다. 내 가슴이 무너져 내렸고, 나는 몸을 돌렸다. 말할 것도 없이 나의 심장은 그때 심하게 영향을 받았다. 두 번째로 나는 감정이 자극을 받는 대가를 치르고 있었다. 첫 번째는 수년전에 나의 친구인 네슬리(Neslie)가 나를 위로해 줄 때였다. 그녀는 그 때 이후 나의 가장 다정한 친구로 남아있다.

이것은 내가 배워야 할 일종의 교훈이었다. 즉, 그것은 변화와 창조의 과정은 영원히 계속되며, 인간은 우주의 끊임없는 변화 및 진화와 더불어 움직여야만 한다는 사실을 이해해야 하는 것이었다. 언제나 고정된 상태로 변하지 않는 것은 아무것도 없다. 어떤 것도 똑같이 남아 있지 않다. 그것을 깨달음으로써 이런 식으로 인간은 조화 속으로 옮겨간다. 그리고 변화하는 우주 속에서 만물의 필연적인 운명을 받아들임으로써 영원함을 이루게 된다.

아콘은 계속해서 우리의 태양과 태양계를 관찰하고 또한 감시하고 있다. 우리의 태양계는 정적(靜的)이지 않고 또한 수명이 끝나지도 않았다. 그것은 아직도 형성되고 있고 여전히 진화하고 있다. 어느 날 두 번째 별이 우리의 태양계를 비추게 될 것이다. 목성 표면의 줄무늬로 보이는 검은색과 오렌지색 대기권이 열핵(熱核) 반응을 이미 시작한 뜨거운 용광로를 덮고 있다. 그러므로 거대한 소용돌이 폭풍인 흑점이나 별 물질의 초기단계가 자기(磁氣)에 의해 촉발되는 동안, 목성은 그 자신의 소규모 행성 가족들에게 생명을 부여하는 빛을 비추고, 천문학자들이 수 세기 동안 생각해왔던 거대한 붉은 반점을 형성한다.

인류는 현재 형성되고 있는 쌍성계(雙星界) 혹은 쌍태양계(雙太陽界)[1] 안에서 우리의 대기권이 변화함에 따라 더 높은 진동율에 적응하는 법을 이제 배워야 한다. 우주선(宇宙線)[2]들은 극적이고 경외로운 방식으로 지구의 기후에 영향을 미치는 두 개의 별로부터 나오는 빛을 더욱 더 강화시킬 것이다.

상승하는 바깥쪽 별들인 토성, 천왕성, 해왕성은 계속해서 진화할 것이고, 그들의 가족들인 주변의 행성들, 위성 및 부스러기들에게 활력 있는 빛을 만들어낼 것이다. 그것들이 성숙되어 별들을 향해 밝게 빛을 발할 때, 그리고 끊임없는 변화에 의해 내부에서 생명이 탄생할 때, 그들은 더욱 많은 태양계들을 형성할 것이다. 모든 행성들은 차갑게 식은 별들이다. 달, 소행성, 혜성과 다른 바위 조각들은 단지 별의 부스러기, 즉 실패한 별

---

1)위키백과는 쌍성(雙星), 또는 쌍태양을 다음과 같이 정의하고 있다. "쌍성(雙星) 또는 연성(連星)은 두 항성이 공통의 질량중심 주위로 공전하는 항성계이다. 항성계에서 가장 밝은 별을 주성(主星)이라고 하며, 주성보다 어두운 다른 별(들)을 동반성(同伴星), 반성(伴星) 또는 짝별이라 부른다. 그러나 어두운 별을 기준으로 할 때 밝은 별을 동반성, 반성, 짝별로 부를 수도 있다. 최근의 연구에 의하면, 다수의 별들이 다연성계에 속한다. 쌍성계는 천체물리학에 있어 매우 중요한데, 이는 이들의 상호 궤도를 관측하면 이들의 질량을 알 수 있기 때문이다. 개개의 별들의 질량은 쌍성으로부터의 추정에 의해 결정될 수 있다." 이 책에서 언급되고 있는 쌍성은 현재의 태양과 미래의 태양이 될 목성을 말하는 것이고, 목성은 미래의 어느 날 태양과 비슷한 별이 될 것이라고 전망하고 있다. (역주)
2)cosmic ray: 우주 공간으로부터 날아오는 알파선, 배타선, 감마선 등 여러 가지 방사선(放射線)을 말한다.

의 조각들일 뿐이다.

모든 것들, 심지어는 과학자들을 오랫동안 괴롭혀왔던 블랙홀
(black hole)까지도 그 존재 이유가 있다. 이 블랙홀은 은하계
안에 있는 최저온도의 골짜기 같은 곳인데, 그곳은 굉장히 위험
하게 소용돌이치는 중력 풀(pool)이며, 어떤 물질이나 에너지도
그 속으로 삼켜버릴 수 있다. 그리고 그 소용돌이 중력 속으로
는 빛도 통과할 수가 없다. 우주선들도 이와 같은 블랙홀을 만
날 경우 통일장 추진 시스템도 무효화 되어버리기 때문에 회피
한다. 그런 이유로 우주선들은 은하계의 전자기 플라즈마 속에
서 약간 변칙적으로 적도(赤道) 경계선 주위를 돌아서 이동한
다.

빛의 우주는 인간의 것을 가져갈 때마다 반드시 어떤 다른 것을 준다

나는 세 개의 별들로부터 나오는 높은 진동율의 효과를 경험
했다. 나는 별들과 행성들. 달, 소행성들, 기타 파편들의 총 집
합체가 은하수 은하계 안에서 목표를 향해 존재의 더 높은 단
계로 움직일 때, 그것이 태양계 내의 생명에 대해 무엇을 의미
하는가를 알았다. 이 태양계 안의 우리 인간들은 항상 자신들의
존재를 모든 것의 알파와 오메가로 인식해 왔다. 그들의 의식은
그들 환경의 단순성을 거의 이해할 수가 없다. 이 모든 것을 설
명하는 데는 기괴한 수학이 필요하지 않지만, 그들의 복잡한 과
학은 지금도 더욱 더 수학과 기계장치라는 괴물로 발전하고 있
다.

우주에 관한 지식은 항상 존재했다. 심지어는 그리스인들도
빛의 전자기 파장 내의 통일장에 관해 알고 있었으며, 그것은

창조의 모든 것을 포함하고 있었다. 그들은 통일장을 자신들의 알파벳 속으로 도입했다. 그것이 알파, 베타, 감마, 델타인데, 이는 빛의 네 가지 힘들과 함께 작용하는 조화로운 소리이고, 우리의 뇌 속에서 공명하는 리듬이다. 그것은 갈등이 존재하지 않는 한, 평온함이 일상생활의 일부로 유지되는 성취의 알파 리듬을 우리에게 제공할 것이다.

우주적인 조화는 아콘의 문명에서 사용되는 수학이다. 그는 조화의 수학을 말하고 있는데, 그것은 모든 물체와의 조화로운 친화력이자, 빛의 언어로 표현된 물질 그 자체에 주파수를 맞춘 일종의 공명이다. 간단한 방정식 하나가 항성간 우주선들의 통일장 추진 시스템에 대한 답을 우리에게 준다. 일곱 개의 조화로운 숫자로 구성된 통일장 방정식이 우주여행에 대한 열쇠이다.

이 간단한 방정식은 내 마음 속에서 명확하다. 배가되는 빛의 조화를 통한 반중력(反重力)의 조화는 시간의 기하학을 변경시킨다. 그리고 물리적인 감각에 있어서의 현실에 대한 우리의 자각이 하나의 공간적인 지점에서 다른 지점으로 이동시킬 것이다. 이것은 존재하는 모든 것에게 스며드는 통일장 내의 시공기하학에 기초해 있다.

많고도 많은 모든 지구의 과학자들 중에서, 오직 아인슈타인 (Einstein)만이 그의 조화로운 방정식인 $E = mc^2$로 우주의 단순성을 발견할 수 있었다. 그는 자기의 뇌를 이완된 집중의 형태로 유지하면서 매우 지속적인 알파 리듬을 견지함으로써 이것을 완성했던 것이다. 그것으로부터 나온 결과를 보라. 비록 그것이 원자탄이긴 하지만, 즉 물질의 본질을 파괴하여 순수 에너지로 전환하는 것이었다.

위대한 물리학자인 아콘이 그 과정을 되돌릴 수 있다. 어떤 원하는 형태로서의 물리적인 실체가 순수 에너지로부터 만들어질 수 있다. 그 결과로 항성간 비행을 할 수 있는 빛의 우주선의 원자구조가 되는 것이고, 이는 완전히 매끄럽고 모든 것이 하나로 이루어져 있다. 우주선 물질의 성분은 에너지로 하여금 통일장의 추진시스템을 생성하도록 작용한다. 하나의 자연스러운 하늘의 물체로서, 그것은 빛의 주파수로 공간과 시간을 전환시키는데, 이런 우주선은 지구인들이 건조한 기초적인 비행접시와는 너무나도 다르다.

아콘의 우주선은 번갈아 일어나는 파동을 나타내는 물질과 반물질 두 사이클 간의 빛에 동조된 고조파(高調波)에 공명한다. 그러므로 그것은 우주의 전자기 파장 내에서의 이중 사이클을 통해 즉시 이동하는 것이다. 그것은 시공의 기하학적인 메트릭스(matrix)를 변화시키면서 공간 그 자체의 구조를 이용한다. 우주선은 통일장을 통해 위치를 변경시킬 때 그 내부에 있는 사람들을 보호하면서 움직인다. 우리 모두는 궁극적인 입자인 미세원자(미립자)로 이루어진 빛의 피조물들이다. 우리는 빛 혹은 신(神)이라고 부르는 창조적인 힘의 파장들이 결합됨으로써 만들어졌다.

빛의 우주는 인간의 것을 가져갈 때마다 반드시 어떤 다른 것을 준다. 내 딸의 아들인 손자 애슬리(Astley)는 이제 4살이다. 그는 또 다른 귀중한 소년이며, 그의 푸른빛의 갈색 눈은 벌써 멀고도 깊은 진리에 눈을 뜬 듯하고, 그의 표정에는 세속적인 사람들의 제한된 시야를 초월해서 보는 지성적인 지혜가 깃들어 있다. 다른 별의 아이들(star children)도 나의 친구들에게서 태어났는데, 그들은 아이들의 이름을 아콘(Akon)과 플레이아(Pleia)로 지었고, 그것은 외계에서 온 나의 사랑스러운 친구들의 이름을 영원히 살아있게 하고 있다.

그럼 지구 행성은 어떠한가? 수십억의 사람들이 그렇게 편협하고 상처입기 쉬운 세상에서 살아남을 수 있을까? 그 많은 사람들에게 동일한 딱지가 붙여지는 획일성으로 다음 5년 안에 직면하는 수많은 문제들을 해결할 수 있는 지도자들을 만들어 낼 수 있을까? 그리하여 그들이 자신의 시대에 살아남고 우리의 시간 속으로 들어와서 은하문명이라는 우리의 공동체 사회에 합류할 수 있을까? 우리 은하계의 중심은 우리 모두를 이루고 있는 빛 혹은 에너지의 흐름을 방출하고 있다. 산소로부터 나오는 빛의 미세원자의 발산은 모든 생명의 근원이고, 더욱 거대한 단위에서의 미세원자는 원자와 같은 것이다. 모든 창조는 빛이 그 원천이다.

*　*　*

■감수자 해제(解題): 실재하는 알파 켄타우리의 외계 문명과 엘리자베스 클래러의 삶에 대해

UFO를 타고 다른 행성에 직접 가서 4개월을 살다가 온 엘리자베스 클래러의 자서전적 스토리는 서구의 UFO와 외계문명 분야에 관한 수많은 자료들 중에서도 매우 독특하다. 1940년대 말~1950년대 초부터 미국을 위시한 세계의 여러 지역에서는 조지 아담스키, 하워드 멘저, 다니엘 프라이 등을 비롯하여 다수의 UFO 접촉자들이 출현하기 시작했다. 그리고 그들의 펴낸 서적들을 통해 인간과 우주인들 간의 접촉 및 UFO 탑승에 관한 흥미로운 이야기들이 세상에 많이 알려지게 되었다. 그럼에도 불구하고 우주선을 타고 다른 행성에 가서 자신이 사랑했던 우주인의 아이를 낳고 4개월씩이나 체류하고 온 엘리자베스 클래러의 경험은 놀랍고도 희귀한 이야기에 속한다.

20세기를 넘어선지 이미 거의 20년이 가까워지고 있는 오늘날에도 대다수의 지구 사람들에게 UFO나 외계인 문제는 여전히 불확실한 베일에 가려져 있는 상태이다. 물론 이것은 전 지구적으로 진행되고 있는 일부 어둠의 속성을 가진 세력에 의한 조직적인 은폐와 억압 때문이다. 그렇다보니 아직도 많은 사람들이 이런 문제에 대해 의문을 갖고 있고 의심의 눈빛을 거두지 않고 있다. 또한 설사 책과 인터넷 등을 통해 UFO와 외계인에 관한 갖가지 정보를 접한 이들이라 할지라도 그들 역시 100% 확신보다는 반신반의하는 이들이 많을 것이다. 그런 면에서 볼 때, 한 지구여성이 자신의 실제적인 우주인 접촉과 다른 행성으로의 우주여행 체험을 생생하게 서술한 이 책의 교육적, 계몽적 가치는 상당히 높다고 평가할 수 있겠다.

이 책의 저자 엘리자베스가 가서 살다온 메톤 행성은 켄타우루스(Centaurus)라는 별자리 안에 위치해 있다. 이 별자리에는 가장 밝은 알파 켄타우리(리길 켄타우루스), 베타 켄타우리(하다르), 뮤별(케페이), 오메가(구성성단)을 비롯해 다수의 별들이 모여 있다. 그런데 특히 알파 켄타우리는 하늘에서 시리우스(Sirius)와 카노푸스(Canopus) 다음으로 밝은 별이며, 하나가 아닌 2개의 A별과 B별이 쌍성(雙星) 또는 연성(連星)을 이루어 서로의 주위를 돌고 있다. 그리고 그 아래쪽에 C별에 해당하는 프로시마 켄타우리(Proxima Centauri)라는 또 하나의 작은 별이 있는데, 이 별이 A별과 B별의 바깥쪽을 돌고 있어 모두 3개의 별이 됨으로써 삼중성(三重星)을 형성하고 있다. 그리고 메톤 행성은 바로 이 프록시마 켄타우리 주위를 돌고 있는 여러 행성들 가운데 한 행성인 것이다.

우리가 특히 이 알파 켄타우리와 프록시마 켄타우리를 주시하는 이유는 이곳이 태양을 제외하고는 지구로부터 가장 가까운 거리에 위치한 별들이라는 점, 그리고 과학적으로 보더라도 생

명체가 존재할 가능성이 높은 별이라는 점 때문이다. 그런데 최근에 언론을 통해 이곳에 관한 매우 흥미로운 천문학적 내용이 보도되었다. 그것은 놀랍게도 앞서 언급한 프록시마 켄타우리에서 지구와 유사한 행성이 발견되었다는 소식이다. 참고로 신문에 게재되었던 관련 기사 내용을 그대로 소개한다.

태양계서 가장 가까운 별에서 지구와 비슷한 외계행성 발견

태양계에서 가장 가까운 별인 '프록시마 켄타우리(**사진**)'에서 지구와 비슷한 외계행성(外界行星)이 발견됐다. 표면에 생명의 근원인 물이 존재할 가능성이 있는 것으로 추정된다. 생명체가 살 수 있는 또 다른 지구 발견에 대한 기대감이 커지고 있다. 독일 주간 슈피겔은 13일(현지 시각) "유럽남부천문대(ESO)가 칠레 라 실라에 있는 천체망원경을 이용, 태양계에서 4.24광년(光年) 떨어진 프록시마 켄타우리를 공전(公轉)하고 있는 외계행성을 관측하는 데 성공했다"면서 "ESO가 이달 안에 공식 발표할 예정"이라고 보도했다. 1광년은 빛이 1년간 가는 거리로 약 9조4600억㎞다.

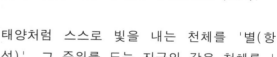

태양처럼 스스로 빛을 내는 천체를 '별(항성)', 그 주위를 도는 지구와 같은 천체를 '행성'이라고 한다. '프록시마'는 라틴어로 '가장 가까운'이라는 뜻으로, 프록시마 켄타우리는 실제로 태양계에서 가장 가까운 거리에 있는 별이다. 특히 ESO는 프록시마의 행성에 지구처럼 액체 상태의 물이 있을 가능성이 높은 것으로 보고 있다. 물이 있다면 생명체가 살 가능성도 높아진다.

과학자들은 생명체가 살 수 있는 환경을 가진 외계행성을 찾기 위해 노력해 왔다. 지금까지 3000개가 넘는 외계행성을 발견했다. 하지만 대부분 수백~수천 광년 떨어진 먼 거리에 있어, 깊이 있는 연구가 쉽지 않았다. 지금까지 발견된 외계행성 가운데 가장 가까운 것도 14광년이나 떨어져 있다.

하지만 프록시마 외계행성으로 당장 탐사를 떠날 수는 없다. 현재 가장 빠른 우주탐사선으로도 3만년 정도가 걸리기 때문이다. 세계적 물리학자인 스티븐 호킹 영국 케임브리지대 명예교수는 지난 4월 "돛을 단 초소형 우주선을 지구에서 레이저를 쏘는 방식으로 가속하면 20년 안에 프록시마 켄타우리가 있는 켄타우리 자리에 도착할 수 있다"고 주장했었다.

- 박건형 기자　　　　　　(조선일보 2016년 8월 15일자 기사)

　이런 보도가 나온 이후에 2016년 8월 25일자로 발행된 과학 잡지 〈네이처(Nature)〉지에 따르면, 유럽남부천문대(ESO)가 시도한 이번 연구를 도맡아 수행한 것은 영국런던대학 퀸 메리 칼리지 등의 연구그룹이었다고 하는데, 그들은 새로 발견된 이 행성을 '프로시마-b'라고 명명했다고 한다. 현재 이 행성이 과학자들에 의해 특히 주목받는 것은 그 질량이 적어도 지구의 1.3배로서 지구와 같은 암석형 행성이며 물이 존재할 가능성이 있기 때문이라고 한다. 이번 연구를 이끈 앙글라다 에스쿠데 교수는 "기술이 진전되면 이 행성으로 가는 것이 불가능한 것이 아니다."라고 말하며, "일생 최대의 발견"이라고 언급했다. 어찌되었든 성급히 단정할 수는 없지만, 어쩌면 프록시마 켄타우리에서 발견되었다는 이 행성이 바로 메톤 행성일지도 모른다는 조심스러운 추측을 해보게 된다. 혹시라도 그럴 가능성을 전혀 배제할 수는 없을 것이다.

　채널링 정보에 따르면, 알파 켄타우리 출신의 외계인들은 과학적 기술적으로 진보해 있으며, 특히 그들은 보라색 주파수대를 대표한다고 한다. 이 보라색 주파수는 가장 높은 진동으로서 우주에서 최상의 과학적 기술적 지식을 전달해 주고 있다고 알려져 있다. 엘리자베스와 아콘의 접촉사례에서 알 수 있듯이, 그들은 감정이입이 빠르고 완전한 텔레파시 능력을 갖고 있다.

여기서 지구와 가장 가까운 별자리인 알파 켄타우리의 문명과 그곳의 삶을 좀 더 이해하기 위해 외국 웹사이트에 소개되었던 어느 한 알파 켄타우리 출신 존재의 수기를 소개하고자 한다. 필자가 이글을 인터넷 검색 중에 발견한 것은 약 10년 전이다. 이 글을 쓴 K.T라는 익명의 사람은 20대의 젊은 남성으로 알파 켄타우리에서 '워크인(walk-in)'으로 지구에 온 존재라고 한다. (※참고로 워크인이란 일종의 영혼교체현상을 의미한다. 즉 육신 속에 있던 원래의 영혼은 떠나고 특별한 사명을 가진 다른 영혼이 그 몸을 빌려서 들어오는 것이다.)

알파 켄타우리 행성에서의 삶

나의 고향을 생각할 때, 나는 고요하고 평화로운 장소를 생각한다. 그곳 행성에서의 삶의 에너지는 조화의 흐름이며, 미풍(微風)이 위로 산들거리며 분다. 그곳은 영혼과 의식이 하나인 곳이고, 모든 것이 만물의 일부로 얽혀 있는 곳이다.

알파 켄타우리는 모두 4개의 행성과 3개의 달로 이루어진 항성계이다. 하지만 오직 가장 커다란 한 개의 행성만이 영구적으로 거주되고 있다. 주민들의 거주를 위해 어떤 다른 행성들은 필요하지 않다. 가장 큰 그 행성은 모든 주민들을 위한 넓은 공간을 가지고 있으며, 물론 인구 폭발 같은 전혀 없다.

지구로부터 대략 4.3 광년 거리에 위치한 알파 켄타우리는 하나의 태양을 갖고 있는데, 여러분의 태양과 다르지 않지만 질량 면에서 약 15% 정도 작다. 알파 켄타우리로 알려진 곳의 가장 큰 행성의 크기는 지구보다 대략 10% 더 작으나, 거주하는 인구밀도는 훨씬 적다. 그곳의 총인구는 - 지구의 60억과 비교할 때 아주 적은 - 약 6억명 가량 된다. 그러나 실제로 그것은 우주에서 10개의 가장 큰 행성들 중의 하나이다.

알파 켄타우리의 풍경은 대부분이 부드럽고 둥근 언덕들로 이루어져 있고 높은 산은 없다. 비록 그곳 행성에 수많은 작은 나무들과 덩굴식물들이 있을지라도 어떤 풀도 없다. 흙은 가벼운 중간 정도의 회색이고 지구의 그것보다 구성에 있어서 덜 조밀하다. 그것의 화학적 성분은 아주 많은 요소의 혼합으로 만들어져 있으며, 그 대부분이 지구에는 알려지지 않고 이해되지 않는 것들이다. 우리의 하늘은 지구의 그것만큼 맑지 않다. 그리고 대기 조건에 따라서 변화하는 색들의 혼합으로 이루어져 있다. 하늘은 대낮에는 대체로 보라색과 분홍색, 주황색이 뒤섞여 있고, 해가 질 때는 보라색이 더 짙어진다. 그리고 일출 때는 핑크색을 띤 오렌지색이 더 우세해진다.

우리의 기후 조건들은 지구보다 훨씬 더 온화하다. 그곳의 기온은 낮 동안에는 대략 화씨 65도(섭씨 18.5°), 밤에는 48도(섭씨 9°)이다. 이것들은 1년 동안 평균적으로 그렇다. 하지만 기온은 낮이든 밤이든 1년 내내 10도에서 12도 이상 다양하게 오르내리지 않는다.

나는 어렸을 때 그 해 내내 사납게 휘몰아치던 날씨를 기억할 수 있다. 이것은 "완전한 기후 통제"가 완성되기 전이었다. 이 "완전한 기후 통제 (TCC)" 시스템은 800년 동안 시험되었고 사용되었지만, 그것은 대략 120년전 까지는 실제로 완성되지 않았었다. 이것이 완성된 시기 이후, 우리의 기후는 근본적으로 완벽하게 통제되었다.

그것은 전송되는 우주에너지의 이용을 통해 가능하며, 기압과 강수

량도 면밀하게 관측되고 조절된다. 그 제어는 연방 표준과 치안관들에 의해 수행된다.

알파 켄타우리의 우리는 '은하간 연합동맹(Intergalactic Federation Alliance)'의 관할 하에 있다. 그것은 물질우주로 알려진 전체 4분의 3을 지배하는 근본적인 통치체이다. 은하간 연합은 다양한 행성계 / 태양계 출신들 이상의 존재들로 구성되어 있다. 각각의 행성계들은 은하간연합의 대리자들로 이루어진 자체의 평의회를 갖고 있으며, 이들은 영구적으로 그들의 행성계 내에 거주한다. 이런 관리들은 은하간연합동맹과 함께 공동 법령의 방침에 따른다. 모든 기준과 정책들은 그들 각각의 행성계들에서 실행될 수 있게 다양한 행성 관리들에게 하달된다.

은하간연합동맹(IFA)에 의해 제정된 규정은 실제로는 매우 단순하고 명쾌하다. IFA에 의해 정해진 한 가지 법칙이 있는데, 그것은 "기본적으로 모종의 다른 살아있는 존재에 대한 어떠한 형태의 권리침해나 부정행위도 금지한다."라는 것이다. 여기에는 동식물과 광물, 육체적이거나 영적인 모든 존재들이 포함된다. 그렇게 할 만한 상당한 근거나 이유도 없이, 만약에 한 존재가 다른 존재에게 주제넘은 그런 불법행위를 했을 경우, 은하간연합동맹이나 그 피해 당사자로부터 신속하고도 엄격한 보복을 적용받아야 한다. 그리고 한 개인이나 집단이 다음과 같이 조치를 취하는 것이 허용된다. (1)만약 위험에 처할 징후나 위협이 있을 경우, 필요한 어떤 방식으로든 그들 자신을 방어할 수 있다. (2)그들에게 그런 불법행위를 가한 개인이나 집단에 대해 피해배상을 요구할 수 있다. 왜냐하면 가해자가 먼저 그럴만한 원인과 이유를 제공했기 때문이다.

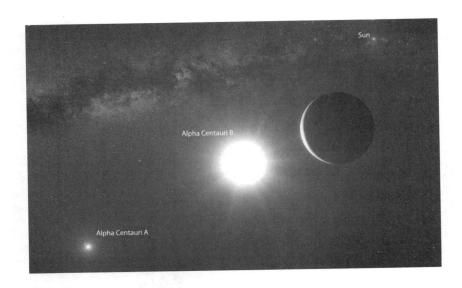

(불법행위에 대한) 어떤 충분한 근거와 이유가 없는 것으로 발견된 경우, IFA로부터 피해배상을 요구 받게 된다. 이것은 근본적으로 다른 이들에 대해 범해질 수 있는 모종의 범죄를 예방한다. 희생자가 없는 범죄들(매춘, 도박 같은 것)도 없다. 예를 들어, 만약 어떤 개인이나 집단에게 직접적으로 행해진 어떤 부정이 없다면, 당연히 어떠한 조직, 개인, 집단에 의한 어떤 종류의 피해청구도 없다.

영적상승은 정신적으로 오직 개인에게 달려 있다. 은하간연합동맹(IFA)은 "영적인 상승"을 지원하고 실행한다. 하지만 그것은 어떤 개인이나 집단을 억지로 밀어 올리거나 강요하는 것도 아니고, 또 그렇게 할 필요도 없는 것이다. 만약 그 행성계 전체가 상승하지 않았거나 현재 상승하고 있지 않다면, 그들은 은하간연합동맹의 일원이 아닐 것이다.

이것은 지구가 은하간연합동맹(IFA)의 멤버가 아닌 바로 그 이유이다. 지구는 아직 "새로운 현실계"로, 그리고 3차원계에서 충분히 상승하지 않았다. 그것이 이루어질 때까지는 지구 행성의 지도자들과 주민들의 대다수는 은하간연합동맹을 알아차리지도 못할 것이다. 그러나 우리는 우리가 바라는 만큼 빠른 것은 아니지만, 지구가 차원 상승하고 있다는 것을 알고 있다. 그리고 지구가 머지않아 바야흐로 새로운 현실로 상승하게 될 것이며, 그렇기에 지구는 "새로운 세상"으로 되어 가고 있고, 우주적 자각과 다차원적인 의식(意識)으로 존재하고 있는 것이다.

알파 켄타우리인들의 사는 방식은 자연적인 흐름과 만물의 질서 속에서 영적이고 의식적인 상승을 촉진하고 그것을 실행하는 것에 바탕을 두고 있다. 즉 빛 속에 머물러 있음으로써 모든 것과 평화롭고 조화롭게 되는 것이다. 확실히 개인의 삶에는 단지 상승하는 것 이상의 것이 존재한다. 만약 그렇지 않다면 참으로 그것은 참으로 단조로운 삶일 것이다! 상승은 우리의 삶이 바탕을 두고 있는 것이고 목적하는 바이긴 하지만, 그렇다고 우리가 이따금씩 재미있게 놀고 연회를 열수 없다는 것을 의미하지는 않는다. 모든 사람은 그들의 삶에 기분전환과 즐거움을 위해 어느 정도의 시간을 필요로 한다. 그리고 우리들이라고 별반 다르지 않다.

결혼은 가족의 발전을 위해 반드시 요구되거나 기대하지는 않는다. 그것은 각자 개인의 자유로운 선택이고, 신성하게 간주되지 않는다. 그리고 그것은 그 어떤 우리의 종족번식의 방식 내지는 수단으로도 억지로 떠맡거나 받아들일 필요가 없다. 성(性)은 결혼 또는 종족번식과는 완전히 다른 주제이다. 지구상의 규범에 따르면 결혼, 성, 종족번식은 서로 협력해 가야 할 문제이다. 그러나 알파 켄타우리에서 이 세 가지는 서로 별개의 문제로 생각한다.

물론, 알파 켄타우리를 알기 위해서는 여러분이 그곳의 주민들을 알아야 한다! 알파 켄타우리인들은 매우 올바르고 정직한 사람들이다. 우리들은 많은 시간을 허비하거나 말을 헛되이 하지 않는다. 천성적으로 본래 긍정적이고 적극적이며, 쉽게 포기하지 않는다. 그리고 우리는 경쟁이 없이는 전력을 다하지 않는다. 우리는 옳고 그름에 대한 매우 확고한 견해를 갖고 있고 쉽게 흔들리지 않는다. 또한 우리는 신

(神)을 공경하는 신성한 사람들이고, 그 "근원"으로 상승해가는 여정에 있는 존재들이다. 영적이고 지각 있는 상승, 이것은 바로 우리의 최우선적인 사항이다. 즉 우리들 자신을 위해 최선을 다하고, 그런 다음에 다른 이들을 돕는 것이다. 우리의 아이들을 돕고 돌보고 보호하는 것 또한 우리의 최우선 사항의 일부이다. 우리 자신의 육체적 생존은 상승과 우리의 아이들을 보살핀 이후의 후순위가 된다.

우리의 일상적 삶은 깨어 있을 때 먼저 우리의 생각을 모으고 우리가 올바른 마음상태에 있는지를 확인하여 의식적으로 확실하게 조화로운 흐름으로 나가게끔 시간을 들이는 것으로 이루어져 있다. 이것은 일반적으로 짧은 명상 또는 기도로 이어진다. 우리는 많은 음식을 필요로 하지 않는다. 그리고 우리의 몸은 인간의 몸보다 기름기가 적고 가볍고 덜 조밀하다. 우리는 상당히 큰 골격을 가지고 있지만, 우리들의 뼈들은 구조면에서 더 부드럽고, 더 가볍고 약간 더 유연하다. 우리는 아주 소량의 액체만을 필요로 하나, 인간보다는 약간 더 많다. 반면에 우리들의 신체적 특성은 상당히 인간들과 유사하다.

우리는 일반적으로 어느 정도 흰 피부와 푸르거나 녹색인 적당한 크기의 눈을 갖고 있다. 우리의 눈은 극도로 밝은 빛에 매우 민감하다. 우리의 청력(聽力)은 고도로 예민하고 개의 청력에 비교될 수 있다. 우리는 커다란 손과 발을 가진 상당히 키가 큰 인종이다. 우리는 큰 골격과 긴 팔과 다리로 직립한다. 우리의 가운데 구조는 인간과는 약간 다른데, 즉 인간보다는 더 고도로 진화돼 있어서 우리는 필요에 따라 가운데 구조의 어떤 부분을 개조하고 변화시킬 수 있다. 그리고 우리의 내부 부분들은 덜 조밀한 구조로 이루어져 있다.

우리의 하루 중에서 가장 큰 부분은 명상하고 사랑하는 이들과 함께 자각을 공유하는 - 주고 받고, 배우고 가르치는 - 데 사용된다. 물론, 우리는 대개 우리의 영적상승에 관해 늘 생각하며 상승을 위해 활용하고자 우리가 배우는 모든 것에 집중하고 있다. 또한 우리는 빛의 흐름과 그 빛 속에 머무르는 것을 배운다. 그리고 우리가 그것으로부터 옆길로 빛나갔을 때가 균형과 조화에서 벗어나는 때이다.

당연히 우리에게도 정규적인 직책들을 갖고 있는 사람들이 있다. 은하간연합동맹(IFA)이 가진 다양한 임무들에 관련된 몇몇 직책으로 봉사하는 사람들은 날마다 하달사항을 통지받아야 한다. 그들 중 몇몇은 분명히 전체 우주에 매우 중요하고 필수적이다! 이 존재들은 화폐로 급료를 받지 않는다. 그들은 어떤 양의 돈으로도 결코 살 수 없는 것들인 명예, 사랑, 그리고 영적상승으로 보상을 받는다!

은하간연합동맹의 고위 지배계층 - 관리들, 군 지도자들, 조종사들 등등 - 은 사실 유전적으로 매우 높은 지성과 힘을 갖도록 설계된 존재들이다. 그들은 참으로 우주에서 가장 고도로 진화된 존재들에 속해 있다. 그들은 완벽하게 그들의 직무들을 수행하며, 그렇게 하는 것에 완전히 헌신한다. IFA 내에 이 다양한 직책들은 상부 관리들에서부터 조종사들, 국가 수뇌부들, 기계공학자들, 기술자들, 영적인 지도자들 등에 이르기까지 분포되어 있다. 그리고 그들 모두는 전체 그림과 계획에 필수적이다.

또한 정신적 지도자들, 마스터(Master)인 교사들, 영적 인도자들과 같이 그렇게 하기를 자원한 다양한 직책들이나 임무들을 가진 이들이 있다. 그리고 그들은 그들이 하는 것에 대해 최대의 존중과 사랑으로 존경을 받는다.

우리는 인간으로서, 하나의 세계로서 문제를 해결하고 뭔가를 성취하기 위해서는 서로 협력하는 것이 필요하다고 알고 있고 믿고 있다. 그래서 우리는 모든 빛의 자녀들이 함께 모이고 하나가 되어 우주의 가장 어두운 구석을 밝힐 만큼의 강력한 빛의 세력을 이루자고 요청하는 중이다.

우리가 우리 행성에서 일을 끝냈을 때, 우리 알파 켄타우리인들이 사람으로서 상승하고 진화하기 위해 커다란 협동 작업을 했던 것은 확실하다. 만약 우리가 단지 개인들처럼 생각하고 우리 자신에 관해서만 걱정했다면, 우리는 결코 현재 우리가 가진 것들을 "한 집단으로서" 성취하지 못했을 것이다. 우리는 우리의 지식과 깨달음을 모두에게 퍼뜨리는 목적을 위해 수백 개의 다른 태양계들에서 머무르고 있고, 우리의 지원을 수많은 다른 이들에게 하고 있다. 왜냐하면 그렇게 하는 것이 우리의 목표이고 우리의 천성이기 때문이다. 우리는 이런 목적을 자원해서 기꺼이 받아들였고, 그것이 자연적인 질서 속에서 창조주의 목적임을 알고 있다.

지구는 이제 새로운 현실 속에, 그리고 모든 것과의 전체적인 조화 속에 존재한다. 이미 지난 300년 동안에 걸쳐서 지구는 자체적인 변형 기간을 통과해오고 있는 중이다. 그리고 그것은 지금 새로운 현실의 메신저들인 수많은 빛의 자녀들이 존재하는 사랑, 평화, 그리고 조화의 정원이다!

내가 이야기한 알파 켄타우리는 내가 그렇게 깊이 그리워하는 나의 고향이고, 내가 이제 얼마동안이라도 가 있기를 동경하는 곳이다. 나는 내가 곧 되돌아갈 수 있기를 희망하고, 기도하고, 인내하고 있다. 나는 현재 일정한 기간 동안 지구에서 살고 있는데, 내가 헌신하고자 하는 이곳 지구에서의 '그 목적'에 참여하고 있기 때문이다. 그러나 나는 심신을 지치게 하는 엄청난 양의 스트레스와 고통을 겪어 왔다. 그렇다보니 이곳에서 나는 완전히 균형을 잃어버렸고 나의 존재 자체와 그 목표를 수행하는 나의 노력들이 모조리 혼란을 겪고 있다. 나는 이 지구 차원계 자체에 의해 가해지는 압박과 저항, 거의 부숴버리다시피 하는 거센 작용 때문에 내가 일반적으로 이루었을 것의 단지 삼분의 일만을 할 수 있었다. 나는 근본적으로 무능력해졌고 현저하게 약해졌다.

그러므로 이곳에서 "참고 견디는" 나의 임기는 가까운 장래에 끝마쳐질 것이다. 그리고 나는 아마 건강을 회복하고 원래상태로 되기 위해 알파 켄타우리로 보내질 것이다. 하지만 내가 이 지구로 되돌아오는 것은 그 전에 내가 거의 만신창이가 되었다는 사실로 인해 확실치가 않다. 내가 그렇게 하는 것이 반드시 필요하지 않는 한 말이다. 그러나 나는 정신적으로는 자주 이곳으로 되돌아올 것이다. 특히 이런 전환기 동안에는 그렇게 할 것이다. 왜냐하면 이곳 지구에서 이루어져야 할 수많은 일이 있고 우리는 인류를 돕기 위해 이곳에 있기 때문이다!

지구의 사람들이 우리가 우리에 관해 있는 그대로 말하는 것을 잘 이해하고 받아들이기를 기대한다. 우리는 비평하는 데 있어 사정을 두지 않는다. 또한 우리는 덮어 가리려는 의도가 없다. 우리는 오직 "지구의 새로운 현실로의 상승"이라는 목적을 위해, 또 그 목적의 일부로서 이곳에 존재한다!

우리가 여러분과 지구를 염려하고 그 미래에 대해 마음을 쓰고 있다는 점에 관해 이해하기 바란다. 우리는 이곳에서 우리의 역할을 다하고, 우리의 최선의 능력을 통해 만물(神)의 질서가 이행되는 것을 보고자 이곳에 있다. 사실 내가 여러분에게 보장하는 것은 그것이 일종의 전쟁이긴 하지만, 파괴적인 무기로 싸우는 전쟁이 아니라 지식과 깨달음, '근원자의 힘'으로 싸우는 전쟁이라는 것이다.

그것은 우리들이 달성할 수 있는 어떤 것이고 성취하게 될 것인데, 우리가 반드시 성취해야 하도록 예정돼 있기 때문이다. 만약 우리가 그것을 이루지 않는다면, 아무도 우리를 위해 그것을 완수하지 않을 것이기에 그것은 이루어지지 않을 것이다!

비교적 근거리인 4.3광년 거리의 알파 켄타우리와는 달리 메톤 행성이 속해 있는 프록시마 켄타우리라는 작은 별은 그 어떤 별보다도 지구에서 더 가까운 별인데, 즉 이곳은 알파 켄타우리보다 0.1광년 더 가까운 약 4.2광년 떨어져 있다. 그러므로 앞서 소개한 알파 켄타우리와 프로시마 켄타우리는 가까운 범위 안에서 함께 3중성을 형성하고 있긴 하지만, 그 환경면에서 서로 어느 정도 다를 수가 있을 것이다.

이제 이 책의 저자인 엘리자베스 클래러의 삶에 관해 잠시 살펴보기로 하자. 엘리자베스 클래러는 1910년에 남아프리카 공화국의 나탈(Natal) 주, 무이 리버에서 태어났다. 그녀는 오래 전에 영국에서 그곳으로 이주해 살고 있던 부유한 부모의 농장에서 성장했고 곧 그곳 원주민의 줄루어를 배워서 아주 잘 이해하게 되었다. 성장한 후에는 영국으로 건너가 케임브리지(Cambridge) 대학에서 기상학을 전공했으며, 나중에 런던의 트리니티 대학에서도 음악을 공부하고 관련된 학위를 취득했다. 그녀는 또한 책에서 이미 언급돼있듯이 비행기를 조종하는 것을 일찍부터 배운 조종사이며, 나중에 테스트 파일럿으로 일하기도 했다. 2차 대전이 발발하자, 그녀는 남아프리카 공화국의 공군 정보 부서에서 근무했다. 그리고 다시 영국으로 건너가서 영국 공군에서 일하며 독일의 통신내용을 해독하는 일을 수행했다. 군에서 근무할 이때, 소령이었던 남편을 만나 결혼하게 되었고, 아들 데이비드와 현재 전문의사인 딸 매릴린(Marilyn)을 낳았다. 그리고 아콘과의 사이에서 낳은 또 다른 아들, 아이링이 있는데, 즉 그는 다른 행성에서 살고 있다.

　아콘과 엘리자베스가 본격적인 접촉을 시작하기 전에 두 사람 간의 텔레파시 교신은 1956년에 이르기까지의 여러 해에 걸쳐 수차례 이루어졌다. 그리고 지구인간과 우주인 간의 사랑이라는 그 매혹적인 이야기는 아콘의 비행접시가 그녀의 농장 집 근처를 방문했을 때인 7살 나이에 처음 시작되었다. 그녀의 UFO 목격은 7살 때의 첫 경험 이후, 1937년과 1954년, 1955년에도 있었다. 그러다가 1956년 4월 7일에 그녀가 '비행접시 언덕'이라고 스스로 명명한 남아공의 나탈, 로제타에 있는 산꼭대기에서 처음으로 직접적인 접촉이 이루어졌다. 그리고 엘리자베스는 아콘에 의해 UFO에 태워져 우주 공간 속에 머물러있는 모선으로 데려가졌던 것이다. 2달 후에 그녀는 자신의 농장 상공에 다시 나타난 아콘의 우주선을 목격했으며, 이때 사진 1장을 촬영한 바 있다. 그 다음 해인 1957년에도 그녀는 드라켄즈버그 지역 내의 캐스킨(Cathkin) 봉우리 근처 고지대에서 자신의 우주인 연인 아콘을 만나 여러 차례 우주선에 탑승했다. 그리고 이미 임신해 있던 엘리자베스는 바로 이 해에 아콘의 아이인 아이링의 출산을 위해 메톤 행성까지 가게 되었다. 하지만 아콘은 그곳에서 엘리자베스가 아이링을 낳은 후에 건강상의 문제로 인해 그녀를 다시 지구로 되돌려 보냈던 것이다. 물론 그 이후에도 아콘은 지구의 그녀를 방문하기를 계속했다. 이처럼 엘리자베스의 이러한 아콘과의 접촉은 그후 30년 이상에 걸쳐 지속적으로 이루어졌다.

책에서 밝혔듯이 그녀는 분명히 전생(前生)에 원래는 금성에서 살던 여성으로서 아콘과는 영적으로 소위 트윈 플레임(twin flame)의 관계이거나 소울 메이트(soul mate)였음이 분명하다. 트윈 플레임이란 태초에 영혼이 창조될 때 정해진 한 쌍의 짝 영혼을 말한다. 결국 아콘은 메톤 행성에서 고령의 나이에도 불구하고 결혼하지 않은 채로 있다가 멀리 지구에 가 있는 자신의 트윈 플레임 영혼인 엘리자베스를 찾아 우주선을 타고 지구까지 온 것이다. 그리고 결국 그들은 그 머나먼 우주공간 넘나들며 서로 사랑하다가 맺어져 아들 아이링을 낳은 것이 된다.

여기서 우리가 새롭게 인식할 수 있는 것은 이 드넓은 우주 속에서는 두 영혼 사이의 이런 식의 먼 행성간의 사랑과 결합도 존재한다는 사실이다. 그리고 이처럼 아콘과 엘리자베스의 사례 말고도 서로 다른 별에 떨어져 있는 또 다른 트윈 플레임이나 소울 메이트가 얼마든지 있을 수 있는 것이다. 아울러 앞으로의 시대에는 이런 주제와 관련 사례들이 표면화되어 더 빈번하게 대중들의 관심을 끌게 될 가능성이 많다.

한편으로 이러한 아콘과 엘리자베스의 뗄 수 없는 영적인연을 고려해 볼 때, 그들의 접촉은 우연이 아니라 영적인 차원에서는 이미 어느 정도 예정돼 있던 계획이라고 할 수 있을 것이다. 또 어찌 보면 이것은 거대한 우주계획 안에서 그녀가 이런 자신의 접촉과 다른 행성으로의 여행경험을 나중에 책을 통해 이 세상에 알림으로써 우주에 대해 무지한 인간들을 자극하고 일깨우기 위한 일종의 영적인 계몽활동으로도 볼 수 있다. 이것은 〈나는 금성에서 왔다〉의 저자인 옴넥 오넥(Omnec Onec)이 금성에서 지구로 와서 자신의 겪은 경험을 토대로 책을 집필했던 것과도 유사하며, 다만 그 내용만 다소 다르다는 차이뿐이다.

하지만 엘리자베스는 아콘과 접촉했던 사건으로 인해 평생 동안 미국의 정보기관에 의해 감시와 추적을 받았다. 심지어는 책에 언급된 그대로 당시 소련의 비밀 요원들에 의해 납치당할 뻔한 적도 있었다. 즉 그들은 호시탐탐 노리며 우주선에 관한 기술과 그녀가 배속에 잉태하고 있던 우주인 아이를 원했던 것이다. 결국 이런 위험에서 벗어나기 위해서 그녀는 아콘에 의해 우리의 가장 가까운 이웃 태양계인 알파 켄타우리로 가서 우주인 아콘의 아들인 아이링을 출산했고, 4개월 동안 그곳의 메톤 행성에서 머물렀던 것이다. 그러나 불행하게도 메톤 행성에서의 자기장의 진동이 지구와는 달랐기 때문에 그 새로운 주파수의 압력에 적응하여 장기간 머무는 것은 불가능했으며, 결국 그녀는 지구로 돌아올 수밖에 없었다.

엘리자베스의 이런 독특한 우주여행 경험은 나중에 소문에 의해 점차 세상에 알려졌다. 그녀의 이야기는 많은 국가들에서 관심을 끌었으며, 특히 미국과 영국, 그리고 러시아에서 그러했다. 1975년에 엘리자베스는 독일에서 개최된 〈UFO 연구에 관한 11차 국제 학술대회〉에 초대되어 자신의 경험을 소개함으로써 기립 박수를 받았다. 또한 그녀는 그녀가 빛의 비밀들에 대해서 연설을 했던 22개 국가를 대표하는 과학자 집단에게 찬사

독일에서의 강연 전에
주최측으로부터 꽃다발
을 증정받는 엘리자베
스.

를 받은 적도 있었다. 1983년에 그녀는 영국 상원에서도 연설
했으며, 또한 그녀의 보고서는 UN에서도 읽혀졌다. 이어서
1984년에 영국의 국방부가 그녀의 경험들에 대해 특별한 관심
을 나타냈다. 그 후 그들은 "UFO가 존재한다."라고 공식적으로
발표한 바 있다.

이런 여러 가지 공개적 행보와 홍보에 따라 그녀는 스위스에
서도 초청을 받았고 TV 프로그램에도 출현했다. 그 직후 엘리
자베스는 이 책을 집필해서 세상에 냈는데, 책의 초판은 출판되
자마자 2주일 만에 모두 팔려나가 품절되었다. 그런데 책이 출
판된 후 출판업자는 어딘가로 실종되었고, 결국 그녀의 두 번째
책인 〈중력 파일(The Gravity Files)〉은 영영 출판되지 못했다.
이 책에는 중력과 우주에 관련된 대단히 중요한 정보들이 담겨
져 있을 것으로 추측되는데, 어딘가로 사라져버려 대단히 아쉽
기만 하다.

한편 생전에 그녀는 미국의 저명한 UFO 접촉자인 조지 아담

1975년에 독일에서 개최된 <UFO 연구에 관한 11차 국제 대회>에서 연설하는 저자.

스키(George Adamski)와 만났던 인연도 있었다. 조지 아담스키가 1950년대 말의 세계 순회강연 여행에서 남아프리카에 들른 적이 있었고, 이때 특별히 엘리자베스를 방문하여 그들의 우호적인 우주 형제들과의 다양한 접촉 경험들에 관한 이야기를 나눈 바가 있다. 사실 엘리자베스가 아콘과 본격적으로 접촉하게 된 과정에서 일종의 첫 자극제가 된 것은 조지 아담스키였다. 왜냐하면 그녀는 1950년대 초중반에 아담스키가 써낸 2권의 책을 읽었고, 그 책을 통해 비로소 그때 잠시 잊고 있었던 어린 시절에 자신이 겪은 UFO 소동 사건과 그 이후의 아콘과의 몇 번의 텔레파시 교신 경험을 기억해 냈기 때문이다. 그리고 그 직후 다시 아콘과의 텔레파시 접촉이 재개되었고, 그러고 나서 1956년에 최초의 물리적인 접촉으로 이어졌던 것이다. 미국과 유럽의 일부 UFO 연구가들은 그녀가 촬영한 UFO 사진

이외에 그녀의 주장에 대해서는 불신하기도 했으나, 아담스키는 그녀의 아콘과의 접촉 사실을 인정했다.

2006년 7월 17일, 엘리자베스 클래러의 고향인 남아프리카 공화국 나탈 주, 로제타에서 12km 떨어진 작은 마을에서는 흥미로운 행사가 개최되기도 하였다. 즉 그곳의 주민들에 의해 그녀와 '아콘' 사이에서 태어난 '아이링'의 50세 생일을 기념하는 잔치가 열렸고, 이것은 많은 화제가 되었다. 물론 현재 켄타우리의 메톤행성에서 살고 있는 아이링은 참석하지 못했다. 하지만, 주민들은 전 세계 각지에서 그곳을 방문한 관광객들과 함께 그곳 출신인 엘리자베스와 외계인 아콘의 혼혈아인 아이링의 생일을 축하했다. 아울러 그들은 책을 통해 남아프리카공화국과 그 지역을 전 세계에 알린 그의 어머니 엘리자베스를 추모했다.

엘리자베스가 지구로 돌아온 후에도 아콘과 아이링은 가끔씩 그녀를 방문했던 것으로 보인다. 그리고 그녀의 아들 아이링은 현재 메톤행성에서 아버지 아콘이 갔던 길을 그대로 따라 같은 천체물리학자가 되었다고 한다.

그런데 지구상의 인간과 알파 켄타우리 출신 우주인들과의 접촉 사건은 비단 엘리자베스 클래러만이 유일한 것은 아니었다. 몇몇 사례들이 알려져 있는데, 외국 자료를 토대로 그중 일부 사례를 소개하자면 다음과 같다.

미국의 할 윌콕스(Hal Wilcox)라는 UFO 접촉자는 알파 켄타우리 내의 셀로(Selo)라고 불리는 행성 출신의 젬클라(Zemkla)라는 외계존재와 여러 해 동안 접촉한 바가 있다. 할 윌콕스는 UFO 접촉이 활발하게 일어났던 1960년대에 활동했던 UFO 접촉자이다. 할 윌콕스와 젬클라와의 그 최초의 접촉은 1963년도였다. 이 뜻밖의 접촉은 원래 학교 교사인 그의 집에 어느 날 낙하산 강하복(降下服)처럼 하나로 이어진 옷을 입은 젬클라가 찾아와 그의 현관문을 노크함으로써 시작되었다. 문을 열자, 그가 처음 했던 말은 이러했다.

"나는 젬클라입니다. 우주에서 왔습니다."

그들은 30분가량 이야기를 나누었지만 할 월콕스는 그의 말을 전혀 믿을 수 없었다. 오히려 그는 도대체 웬 이상한 인간이 엉뚱하게 자신에 집에 와서 이러는가 싶었다고 한다. 결국 젬클라는 밖으로 나가자고 제의했고, 그는 마당의 잔디밭으로 걸어 나갔다. 그런데 그때 하늘에서는 UFO 1대가 내려오고 있었다. 할 월콕스는 인터뷰에서 이때 상황에 대해 이렇게 말했다.

"이 친구는 자신의 손으로 파동운동을 만들어냈고, 종형태의 우주선이 내 집 위로 하강했습니다. 나는 놀라자빠졌고 완전히 충격 받았지요."

그는 UFO를 타고 모두 여섯 번의 여행을 했는데, 그중 두 번은 셀로 행성으로 직접 갔다고 한다. 행성 셀로는 지구로부터 4.5광년 거리로 알려져 있다. 할 월콕스는 그곳에 갔던 두 번의 방문 가운데 1968년도의 여행에서는 4일 동안 거기서 머물다 온 적도 있다고 말했다. 기술적으로 그들은 우리보다 대단히 앞서 있고 이에 상응하여 영적으로도 진보돼 있으며, 훨씬 많은 나이임에도 25세 정도의 외모를 늘 유지한다고 한다.

알파 켄타우리 주변을 공전하는 행성들 중에는 셀로 이외에도 여러 개가 있다고 하는데, 메타리아(Metharia) 행성도 그 중에 하나이다. 메타리아는 알파 켄타우리 A성 주변을 돌고 있다. 이 행성 출신의 존재들은 산티니아인들(Santinians)로 불리며, 이 호칭은 "작은 성인(聖人)들"이란 의미의 이탈리아어, '산티니(Santini)'에서 유래했다고 한다. 채널링 정보에 의하면, 그들은 우리 태양계 인근에서는 기술적으로나 영적으로 가장 진보된 존재로 말해진다. 이들은 4~5차원 레벨의 자비로운 성향의 휴

머노이드(인간형) 종족으로서 시리우스인, 플레이아데스인, 금성인들과 가까운 관계를 유지하고 있고 아쉬타 사령부(Ashtar Command)와 행성간 연합의 일원이라고 한다. 그리고 이들은 원래 베가인(Vegan)들의 후손이라고 언급되고 있다.

메타리아 행성은 자연환경이나 그 크기면에서 지구와 비슷한데, 밀도와 기압만 약간 낮다고 알려졌다. 그들의 삶은 기본적으로 낮은 물질계에 구현돼 있는 것이 아니라 더 높은 에테르 내지는 아스트랄 차원에 펼쳐져 있고, 사는 방식 역시 금성에 비교될 수 있다고 한다. 그들은 진화된 다른 외계종족들과 마찬가지로 다음과 같은 몇 가지 주요 영적인 특성을 갖고 있다고 하는데, 그것은 다음과 같다.

- **지고자(창조주)에 헌신:** 이것은 그 근원에 연결돼 있고 그 신성한 의지에 봉사한다는 것을 의미한다.
- **권능:** 다른 존재들을 인도하고, 가르치고 돕는 것을 의미한다.
- **조화:** 지고자의 현존 속에서 살기 위해 조화로운 관계와 의식(意識)을 유지함을 나타낸다.

조화는 그들의 삶과 발전에서 가장 중요한 기본적인 조건이라고 한다. 조화란 어떤 관계에 있어서의 균형을 뜻하며, 이를 가족관계로 예를 든다면, 가족공동체의 구성원은 이상적으로 각각 2명씩 이루어진다는 것이다. 즉 조부모 2명, 부모 2명, 자녀 2명씩이 되는 식으로 말이다.

오랫동안 UFO와 E.T, 채널링에 대해 연구해온 권위자인 미국의 노엘 헌틀리(Noel Huntley) 박사는 자신의 저서에서 메타리아 행성의 모습과 그곳의 삶에 이렇게 설명하고 있다.

"산티니아인들은 알파 켄타우리 태양계로부터 온 또 다른 우주인 그룹이다. 알파 켄타우리 별 주변을 도는 여러 행성들 가운데 메타리아(Metharia)라는 이름의 지구와 유사한 행성이 있으며, 이들은 이곳에서 온 존재들이다. 그곳은 2개의 태양으로 이루어진 쌍성계인 까닭에 거기의 행성들은 완전한 어둠(밤)의 시기를 경험하지 않는다. … 그들은 현재 지구와 인류가 보병궁시대의 다음 진화단계로 넘어가는 것을 돕고 있다. 산티니아인들은 우리 인류를 돕기 위해 이곳에 와 있지만 인간이 받아들일 준비가 될 때만 그러하며, 그들은 간섭하지 않을 것이다."

"메타리아 행성은 하나의 거대한 대륙과 수많은 섬들로 이루어져 있고 대부분의 표면은 지구와 유사하게 바다로 덮여 있다. 그곳의 생명은 물리적 차원이 아닌 에테르 차원과 상위차원계 형태로 존재한다. 그들은 현재의 금성인들과 유사한 수준에 있으며 금성에 기지를 갖고 있다.

그곳에는 자연령들이 서식하고 있고 완전한 조화로 인해 날씨도 늘 온화한 상태이다. 지구에 알려지지 않은 식물들이 풍부하며 생산과 공급은 데바들(Devas)에 의해 제공된다. 산티니안들은 채식주의자들이고, 동물들 역시도 높은 지적 수준에 도달해 있어서 훈련이 필요 없다.

인구는 대략 35억 명 정도이고, 약 500만 명의 주민들은 우주여행에 몰두하여 그들 삶의 상당 부분을 우주선 안에서 보낸다. 그들의 주택들은 조화롭게 설계되어 전원지역에 어우러져 있으며, 지구처럼 어떤 도시들이나 붐비는 지역들은 없다.

지식과 영적인 법칙들이 행성 전역에 동일하게 받아들여져 있고, 삶과 교육에 관한 규범들이 일치한다. 그들은 근원자(창조주)의 율법을 인식하고 있어서 어떤 이기주의도 없다. 그곳은 특히 전자기적(electromagnetic)인 오염이 없는데, 왜냐하면 그것이 자연령들을 혼란스럽게 어지럽히기 때문이다.

메타리아 행성에서 전형적인 가족은 2명의 자녀가 있고 결혼식도 거행된다. 하지만 이혼은 없다. 우주선 기술은 매우 진보되어 있고, 모선은 길이가 3~4마일(5~6km) 정도인데, 물질화와 비물질화를 통해 차원간 여행이 가능하다."

(111~112p, 13장, ETs & ALIENS) (2002)

알파 켄타우리 A성과 B성, 그리고 프록시마 켄타우리는 우리의 태양과 같이 스스로 빛을 내는 항성(恒星)들이다. 그러므로 우리의 태양계와 마찬가지로 각 별들마다 그 별의 주위를 돌고 있는 다수의 행성들이 존재한다. 그렇다보니 같은 알파 켄타우리 태양계 안에서도 행성들에 따라 그곳의 환경이나 문화, 과학문명, 종족, 진화수준은 어느 정도 다를 수 있다는 점을 감안할 필요가 있다.

이어서 엘리자베스 클래러의 UFO 접촉과 메톤 행성에 관한 독자들의 이해를 돕기 위해 그녀가 언론과 인터뷰했던 기사 내용을 번역하여 소개한다. 이 인터뷰 내용을 통해 우리는 책에서 약간 미진했던 부분을 보완하여 그녀가 아콘과 접촉했던 내막과 메톤의 문명에 대해 좀 더 깊게 이해할 수 있을 것이다.

UFO 접촉자이자 우주여행자인 엘리자베스 클래러 여사와의 인터뷰

※이 인터뷰는 엘리자베스 클래러가 세상을 떠나기 전에 스튜어트 부시(Stuart Bush)에 의해 행해진 것이며, 2005년 5월에 〈UFO Experiences〉에 게재되었던 내용이다.(※스튜어트 부시는 영문 약자 S.B로, 엘리자베스 클래러는 E.K로 표기되었다.)

S.B: 당신이 탑승했던 비행접시를 설명해주실 수 있습니까?

E.K: 그것은 완전하게 둥근 형태였고 직경이 대략 60피트(약 18m)였

습니다. 그 한가운데는 매우 거대한 덮개와 돔 형태의 지붕이 있었고, 그 주변에는 여러 개의 창문들이 나 있었지요. 그 돔 전체를 빙 돌아가며 3개의 현창들이 있었으며 우주선은 은빛 나는 광택을 갖고 있었습니다. 이것은 햇빛으로부터 반사되는 것이 아니었어요. 그것은 우주선 자체에서 나는 것이었고 백열광을 발했습니다. 이런 빛은 선체의 외피에서 직접 방사되었는데, 우주선 전체에 동력이 가동되었을 때 그 주위에다 차별되는 에너지장을 조성하곤 했었죠. 물론 우주선이 이동하는 그 내부도 마찬가지였고요. 우주선의 내부는 너무 너무 아름답습니다. 단순하지만 완벽하게 멋있었으며 색채들이 그렇게 아름다울 수 없었습니다. 바닥 전체는 장미처럼 빨간 융단으로 덮여 있었는데, 걷기에는 매우 부드럽고 탄력이 있었어요. 우주선의 동력 시스템이 켜졌을 때 벽은 색을 변화시켰고, 그것은 푸른색에서 녹색으로 바뀌었습니다.

S.B: 이렇게 되는 것은 기능적인 이유 때문인가요?

E.K: 그렇습니다. 조화로운 상호작용 속에서는 오직 우주의 전자기 파장 내의 색깔만이 나타나게 되지는 않을 겁니다. 물론 그것은 우주선의 동력시스템이라는 전반적인 것에 의거한 것이지만, 색들은 또한 다른 움직임들에 의해서도 생겨나는데, 특히 우주선이 대기를 뚫고 가속할 때입니다. 이런 은하계 탐사용 우주선들은 크기 면에서 다양합니다. 모함들은 엄청나게 더 크고 지표면에 착륙하지 않습니다. 그 우주선들은 한 곳에서 다른 곳으로 즉시 이동할 수 있습니다.

S.B: 당신이 타고 여행했던 우주선에는 몇 명이나 승무원이 있었고 그들의 임무는 무엇이었습니까?

E.K.: 2명이었어요. 그리고 그들은 양쪽 다 과학자였습니다. 두 사람은 모두 천체물리학자였지만, 한 사람은 또한 매우 훌륭한 식물학자였습

인터뷰에서 질문에 대해 설명하는 엘리자베스 클래러

니다. 그것은 인간 거주를 위해 행성들을 준비하고 안전한 자기보호를 위해 동식물을 이해하는 데 필요한 능력이었죠. 이것은 지속적으로 진행되는 그들의 활동입니다.

S.B: 우주선의 외부구조에 관해 말해주십시오.

E.K: 우주선은 순수한 빛에너지를 물질로 전환시켜 우주에서 만들어집니다. 그러면 그것은 자연히 하늘의 절묘한 형태를 취하게 됩니다. 그 다음에 그들은 행성의 표면으로 우주선을 가져다가 내부를 꾸밉니다. 그러나 우주선의 외피 전체는 그 외피의 원자구조가 에너지를 주입하는 데 도움이 되기 위해 우주에서 차례로 만들어집니다.

S.B: 그 재료는 금속입니까?

E.K: 아닙니다, 그것은 전혀 금속 같은 것이 아닙니다. 그것은 자기(磁器)에 좀 더 비슷합니다. 그것은 궁극적인 입자인 순수한 빛에너지로부터 원자물질로 만들어집니다.

S.B: 이런 우주선을 만들어내는 데 얼마나 오래 걸리나요?

E.K: 그 크기에 관계없이, 완전한 선체를 만들기 위해서는 그 원주의

끝맺음말과 감수자 해제

치수와 조화롭게 상호작용을 가져야 합니다. 즉 그것은 완전히 조화 속에 있어야 합니다. 만들어내는 데는 지구의 시간으로 대략 15분정도 걸립니다. 그리고 그것은 자연적인 우주에너지로부터 창조되는 것이지 건조되는 것이 아닙니다. 그들이 내부를 완성하기 위해 행성의 표면으로 우주선을 가져올 때, 지구시간으로 2주일쯤 걸립니다.

S.B: 그것들은 무장돼 있습니까?

E.K: 아니오. 우주선이 갖추고 있는 것은 선체를 보호하기 위한 장치로서의 굴절시켜 비껴가게 하는 광선이 전부입니다. 그것이 위기에서 어떤 적대적인 우주선들을 방어할 것이고 마비시킬 것입니다. 이런 차폐 효과는 총탄, 미사일 또는 원자폭탄으로부터 완벽하게 우주선을 보호합니다. 그 자기장은 대단히 엄청납니다.

S.B: 우주선이 정지해 있을 때 공격에 취약한가요?

E.K: 그렇지 않아요. 일종의 자동 스위치가 있습니다. 어떠한 침입자가 접근할 경우, 그 에너지장이 자동으로 작동합니다.

S.B: 오래된 모선에 관해서 뭔가 말해주실 수 있습니까?

E.K: 그것은 승무원 2명이 탑승하는 약 24대의 소형 착륙선들을 탑재한 거대한 수송선입니다 .모선은 대략 1,000 마일을 높이의 우주에 떠 있고 이런 착륙선 가운데 1대를 행성의 표면에다 내려 보냅니다. 그것은 적어도 여성들과 아이들을 포함해 5,000명의 승무원들을 수용합니다. 모선은 모든 것을 풍부하게 갖추고 있어서 완전히 자급자족합니다. 그들은 그 우주선 안에서 자체의 발광(發光) 수단으로 먹을거리를 재배하며, 햇빛은 필요하지 않습니다.

S.B: 우주선의 외부는 어떻게 관측하죠?

E.K: 우주선은 완전히 밀폐돼 있긴 하지만, 열릴 수 있는 현창(舷窓)들이 있습니다. 그리고 또한 그 안에는 바깥쪽을 모든 방향으로 내다볼 수 있는 전망렌즈가 있어요. 이 장치는 건물의 지하실 속과 같은 장벽을 꿰뚫고 그 내부를 볼 수 있을 뿐만 아니라, 지상에서 사람이 착용하고 있는 목걸이의 구슬 같은 아주 세부적인 내용까지도 밝혀낼 수가 있지요. 그리고 소리에 대해서도 마찬가지고요.

S.B: 모든 승무원들이 메톤에서 왔습니까?

E.K: 그들은 7개의 행성들로 이루어진 하나의 문명에서 왔습니다. 그러나 그들은 주민들의 거주를 위해 베가(Vega) 태양계 안의 다른 행성들을 준비하고 있습니다. 베가는 팽창하고 있는 청백색의 젊은 별입니다.

S.B: 그 사람들을 지구상의 인간들과 어떻게 비교할 수 있는지 말해주시겠어요?

E.K: 그들도 (우리와 비슷한) 사람이지만, 그들은 지구상의 인간보다 키가 더 크고, 더 낮게 사물을 보며, 더 사려 깊고 온화합니다. 즉 공격적이거나 폭력적이지 않습니다. 그 사람들은 보다 단순하게 옷을 입고 먹으며 지구 시간의 햇수로 2,000세의 나이에도 여전히 젊습니다. 그들의 별은 그렇게 격렬하지 않습니다. 그러나 우리의 태양은 불안정한데다 피부나 나이든 이들에게 영향을 주는 거친 방사선을 생성하며, 위험해질 수 있습니다. 그들은 실크(Silk)로 만들어진 보다 단순하고 간편한 옷을 입습니다. 실크는 아름답고 피부에 편합니다. 모든 것은 무료이며, 실크 농장에서 자신의 옷을 얼마든지 고를 수가 있지요. 그곳에는 모든 것이 풍요롭습니다. 돈 또는 물물교환 제도는 필요 없습

니다.

S.B: 당신이 방문했던 행성 자체는 어떠했습니까?

E.K: 그것은 크기가 지구와 유사하며, 약간 더 큽니다. 거대한 바다로 덮여 있고, 육지는 대륙이 아니라 섬들입니다. 기후는 더할 나위가 없고 통제가 가능합니다. 그리고 사실상 진정한 유토피아(이상세계)입니다. 그들은 자기들이 원하는 모든 것을 소유하고 있습니다. 그들은 기술적으로 우리보다 수천 년을 앞서 있을 뿐만 아니라, 영적으로도 매우 진보돼 있습니다.

S.B: 메톤에서의 사회 제도들을 설명해 줄 수 있습니까?

E.K: 어떤 정치운동이나 법률 또는 화폐제도가 없습니다. 의학은 단지 일종의 과학적 활동이고, 그들은 모두 완전한 건강을 갖고 있기 때문에 약은 불필요합니다. 그들의 사고방식은 지구의 대부분의 사람들이 하는 방식과는 매우 다릅니다. 그들은 사랑이 깊고, 온화하며 건설적인 사람들입니다. 모든 사람들은 그들 자신이 가장 하고 싶어 하는 일을 열심히 합니다. 거기에는 법(法)에 대한 어떤 필요성도 없는데, 어떤 범죄가 없고 경찰도 없기 때문이죠. 모든 사람은 자유롭고 도덕 및 윤리의식을 갖고 있습니다. 그들은 끊임없이 주위에다 아름다움을 창조해내고 있어서 그곳에는 대체로 완전한 조화가 존재합니다. 그들의 주택들도 역시 멋집니다. 안에서 밖을 내다 볼 수도 있는데, 그 재료는 투명한 것으로서 안쪽에서만 그렇게 보입니다. 애완동물들에 관련해서 그들은 특히 새들을 좋아합니다. 그리고 그들은 그 새들과 텔레파시적인 소통이 가능합니다. 포식 동물들은 일정한 다른 행성에서 머무르게 합니다.

S.B: 그들의 교육 제도는 어떤가요?

E.K: 그들은 학교나 대학교들을 갖고 있지 않아요. 그들의 교육은 전적으로 시각적인 방법에 의해 진행되는데, 즉 모든 것이 소위 전자 신기루(입체영상장치)에 의해 이루어집니다. 그들은 대략 3인치 길이의 작은 작은 유리병 같은 것을 갖고 있어요. 그리고 그들은 그것을 그들의 집 또는 우주선 벽의 구멍에다 끼워 넣습니다. 그러면 진보된 형태의 홀로그램인 3차원 입체장면이 방을 가득 채우게 되지요.

거기에는 어떤 책들도 없습니다. 대신에 그들은 엄청나게 여행을 많이 합니다. 청소년기의 아이들은 우주선에 태워져 은하계 곳곳으로 여행을 다니며, 그럼으로써 그들은 경험으로부터 배울 수가 있지요. 또한 그들은 자기들의 역사에서 과거시대로 돌아가기 위해 전자 신기루를 이용할 수도 있습니다. 예를 들면, 그들은 공룡시대 당시의 우리 지구를 볼 수 있었어요. 그들은 아름다운 그림들을 그리기도 하고 멋진 음악을 만드는데, 이것은 조화로운 음악들이고 정신적으로 매우 고양시키는 작품들입니다, 그것은 은하계의 조화로운 음악에 관련이 있습니다.

그들은 텔레파시(정신감응)에 의해서 소통하고 교육적인 생각들은 이런 방법으로 전달될 수 있지요. 그들은 언어에 의존하지 않고 그 기본 개념들의 관점에서 생각하는 것이 가능하며, 말의 배후에 있는 감정이나 느낌을 감지합니다. 그리고 지구상의 그 어떤 언어를 배우는 데도 아무런 문제가 없습니다.

S.B: 모선은 어떤 형태였습니까?

E.K: 그것은 대부분이 빛의 작용에 따라 모서리와 귀퉁이가 모나지 않게 보이는 시가(Cigar) 형이었습니다. 어떤 각도에서는 둥근 형태로 보일 수도 있었고 길이는 5마일 정도 될 것입니다. 이런 모선들은 필요한 모든 것 - 나무들과 꽃, 호수들, 아름다운 생활지역 - 을 갖추고 있는 일종의 도시 우주선들입니다. 가족 전체가 우주선에 탑승합니다.

착륙해서 사람들에 의해 목격된 일부 우주선들은 단지 홀로그램입니다. 이것은 지구인들이 외계인의 존재에 관한 생각에 익숙해지도록 조건화시키는 과정의 일부분입니다.

S.B: 그리고 그들이 갖고 있는 고조파 수학(harmonic mathe matics)에 관한 이 시스템은 무엇이고, 이것을 설명하는 어떤 책들이 있나요?

E.K: 예, 나는 그것에 관한 책들을 가지고 있어요. 미국의 윌리엄 코너(William Conner) 교수에 의해 집필된 것이죠. 나는 그 과정 전체를 설명한 고조파 수학에 대한 그의 약정 문서들을 보유하고 있습니다. 그는 또한 나의 책에 관련해서 이것을 정립시켰습니다. 그는 고조파 수학에 대해서 다양한 수치들, 지구로부터 메톤까지의 거리, 아콘의 나이, 등등을 언급했지요. 그것은 빈틈이 없습니다.

S.B: 교육적인 측면으로 화제를 바꿔볼까요? 만약 (우주인 세계에) 어떤 책들도 없다면, 어떻게 정보들을 알릴까요?

E.K: 그것은 마음에서 마음으로 전달되는 식으로 이루어집니다. 텔레파시는 우주선에서도 작용하는데, 그것이 우주선이 우주의 동력 시스템을 이용하는 방법이죠. 당신은 그 동력체계에 대한 물리학을 이해해야 합니다. 육체는 마음은 아니지만 (텔레파시처럼 그곳에) 갈 수 있었어요. 이 지식은 아콘이 나에게 전해준 것입니다. 그는 자신의 손을 나의 이마에 대고 나에게 긴장을 풀고 생각하면서 어떻게 우주선이 우리 태양계에서 그의 태양계로 가기 위해 우주의 힘을 이용하는지를 정확히 알라고 말했죠. 내 이마 위에 댄 그의 손이 나로 하여금 어떻게 우주선이 에테르 공간을 통과하고자 우주의 매트릭스를 이용하는지를 완전히 이해할 수 있게 해주었지요. 나는 빛의 장벽을 통과하기 위해서 우주선과 완전히 하나로 조화된 관계로 있어야만 했습니다.

S.B: 메톤 행성에서 여성의 삶은 어떻습니까?

376

E.K: 거기서는 우리 여성들이 지구에서 보통 하는 것 같은 어떤 허드 렛일들도 하지 않습니다. 그것은 모두 빛의 광선으로 행해집니다. 예를 들면 광선이 쟁반에 담긴 음식을 당신에게 가져 오게 됩니다. 가족들은 대가족인데, 대부분의 가정들은 대략 7명의 아이들이 있어요. 거기에서는 고령(高齡)으로 인한 어떤 문제도 없기 때문에 수천 세를 사는 동안에 (다수의) 아이들을 가질 수 있는 것이죠. 그들은 자연적인 피임약을 사용하며, 그것은 음식에 넣는 야채 형태입니다. 또 그곳에는 어떤 결혼식이나 이혼도 없습니다. 그들은 단순히 자기들 영혼의 동반자를 발견하고 삶 동안 함께 머뭅니다. 만약 사고(事故)로 인해 생명을 잃게 되면, 그 사람은 간단히 다시 환생하여 그들의 같은 동반자에게로 돌아옵니다.

S.B: 중력 벨트(gravity belt)는 어떤 것인가요? 당신은 그것을 사용했습니까?

E.K: 예, 나는 2층에 가기 위해 하나를 사용해 보았어요. 그것에는 단지 출발, 통제, 그리고 방향을 조절하는 3개의 손잡이가 있습니다.

S.B: 당신은 7개의 행성들을 언급하셨는데요. 다른 행성들의 이름은 무엇인가요?

E.K: 그 행성들은 단지 조화로운 숫자들을 갖고 있을 뿐 명칭을 갖고 있지는 않습니다. 아콘은 단지 나에게 그 행성을 확실히 각인시켜 주려는 목적으로 메톤(Meton)이라고 알려준 것입니다.

S.B: 그들에게 시간은 얼마나 중요하고, 또 그들은 시간을 어떻게 잽니까?

E.K: 그들은 전혀 시간을 측정하지 않습니다. 어떤 경우에 시간은 너

무 많이 변화합니다. 그들은 (태양이 하나가 아닌) 3개의 삼중성(三重星)으로 돼 있는 태양계인 관계로 우리가 이곳 지구에서 하는 것처럼, 낮과 밤으로 시간을 재지 않습니다. 왜냐하면 거기는 낮과 밤이 없기 때문이죠. 가장 작은 별인 프록시마(Proxima)가 질 때, 다른 2개의 별은 뜨게 되므로 결코 그곳에는 어떤 밤도 존재하지 않습니다.

S.B: 그럼 그들의 수면 방식은 어떻습니까?

E.K: 그들은 수면을 중요시 하는데, 즉 수면은 커다란 건강회복 장치와 같은 것입니다. 그들은 지구 시간으로 9시간 정도 잠을 자곤 합니다.

S.B: 그들의 식습관에 관해서인데요. 어떻게 먹을 것인지에 대한 그들의 견해는 무엇입니까?

E.K: 그들은 요리를 하지 않습니다. 그들은 자연식품들, 야채들, 샐러드 등을 먹습니다. 그들이 전기를 사용하여 뜨겁게 한 유일한 것은 어

메톤 행성에서 바라보는 프록시마 태양의 상상도

378

떤 귀리 케이크였으며, 그것은 빵처럼 신선한 통귀리들로 만들어진 것이었어요. 그것들은 오직 함께 굳히기 위해서 잠시 열을 가합니다. 그들은 결코 식량을 성장시키기 위해 화학 비료들을 사용하지 않습니다.

S.B: 메톤에서 그들은 왜 경쟁적인 스포츠를 하지 않습니까?

E.K: 그들은 그런 스포츠에 대해서는 생각하지 않으며, 그것은 그들에게 필요하지 않습니다. 지구인들은 전쟁 등에 몰두해 있지 않을 때는 스포츠나 경쟁적인 활동을 통해 공격성을 방출하는 것이 필요하지요. 그러나 메톤 사람들은 이런 문제를 갖고 있지 않습니다.

S.B: 그들은 창조적인 공격성에 관해 인식은 합니까?

E.K: 그래요. 사람이 창조적인 일을 하기 위해서는 결심해서 추진해야 합니다. 그러나 그것이 꼭 공격적일 필요는 없습니다!

S.B: 건강 제품들에 대해서는 그들이 어떻게 받아들이나요? 지구에서는 이런 분야에 대한 인식의 개선이 점차 높아지고 있습니다.

E.K: 예, 그들은 자연식품들을 먹습니다. 그리고 건강을 위해 어떤 것이 필수 성분들을 함유하고 있는지를 알지요. 인간의 음식이 신체에 의해 적절하게 활용되기 위해서는 그 화학적인 처리과정을 균형 있게 하는 것이 필요합니다. 자라나는 자연식품들에서 중요한 것은 그것들을 키우는 토양입니다. 그리고 여러분이 이 과정에서 화학비료들을 결코 사용할 수는 없습니다. 그들은 절대로 이와 유사한 아무것도 사용하지 않아요. 그들은 단순히 흙을 원래의 상태로 되돌려 놓습니다. 그들은 전기에 의해서 흙의 생기를 회복시키며, 그것은 번개가 하는 것입니다. 번개의 작용은 흙에다 니트로겐(Nitrogen)을 가져옵니다. 이런 이유로 태양에서 오는 빛과 방사선과 더불어 번개와 뇌우(雷雨)가

매우 중요한 것이죠.

S.B: 그렇다면 그들은 날 감자를 먹는다고 하던가요?

E.K: 그들은 완두콩들을 키웁니다. 그들은 단백질 공급원이 필요합니다. 그리고 이것이 필수적이기 때문에 많은 섬유질 식품을 먹습니다. 그들은 자연적인 야채들과 과일을 재배하며, 그것은 과학적으로 개선되고 증식됩니다. 예를 들어 사과 크기만한 살구는 한 끼 식사를 위해 충분할 것입니다. 필요한 모든 비타민들을 함유한 살구는 긴요한 식품인데, 왜냐하면 엄청난 영양분이 있는 과일이고 신체에 도로 젊어지게 하는 효과가 있기 때문이죠.

S.B: 이제, 할 윌콕스(Hal Wilcox)가 접촉했던 셀로(Selo)라는 행성에 관해 이야기해주실 수 있을까요? 우리보다 대략 600년 앞서 있다고 하더군요. 그렇지만 그것은 메톤처럼 같은 켄타우루스 별자리 안의 알파 켄타우리 태양계에 속해 있습니다. 그것은 정확히 우리 지구보다 얼마나 더 앞서 있는 문명입니까?

E.K: 대략 10만년이요!

S.B: 어떻게 같은 태양계 내에 그렇게 훨씬 앞서 있는 행성이 있을까요?

E.K: 행성들은 다양합니다. 일정한 발전 단계들에 있는 여러 행성들이 있습니다, 그리고 행성 셀로는 켄타우루스 별자리의 다른 두 주요 요소들과 더 가깝습니다. 이것은 2개의 더 큰 별들이며, 이 별들은 서로 그 주변을 돕니다. 셀로 행성은 그 별들과 더 가까운 위치에 놓여 있지요. 그러므로 셀로는 이 이중성들로부터 더 강렬한 복사 에너지를 받을 것입니다. 프록시마 켄타우리 별은 훨씬 더 멀리 떨어져 있어요.

그러나 그것은 여전히 알파 켄타우리로 알려진 삼중성계(三重星界)를 형성합니다. 그리고 아콘의 고향 행성은 프록시마 켄타우리 주변의 궤도 안에 있습니다. 프록시마별의 주위에는 7개의 행성들이 함께 있으며, 그 별은 우리의 태양과 같은 크기입니다. 그래서 방사되는 다른 복사 에너지 작용이 있으며, 그것은 그 궤도를 선회하는 행성들의 문명들에게 굉장한 영향을 미치지요. 방사선은 두뇌 또는 마음에, 그리고 문명 발달에 커다란 작용을 합니다.

S.B: 내가 지금 이해하는 바로는, 셀로 행성은 2개의 태양을 가지고 있고 메톤은 3개의 태양을 갖고 있습니다. 그럼에도 그것들은 모두 같은 태양계 안에 있습니다. 이것은 이 3번째 태양이 더 높은 차원 속에 있음을 의미합니까?

E.K: 나의 고향 행성인 메톤은 오직 1개의 태양을 갖고 있고, 셀로는 2개의 태양을 가지고 있습니다. 그러므로 결국 3개의 태양으로 이루어진 삼중성계를 형성하는 것이지요.

S.B: 하지만 나는 메톤에는 어떤 밤도 없다고 들었는데요!

E.K: 그것은 맞습니다. 때문에 행성이 공전하는 가운데 프록시마별이 질 때, 2개의 더 큰 별들이 뜹니다. 그리고 그 빛이 아주 멀리까지 두루 비칠 정도로 그 별들은 매우 거대하지요. 현재 이 삼중성계 안에 있는 메톤은 자연히 이 2개의 더 큰 별들로부터 오는 빛을 받습니다만, 그 거리 때문에 강렬한 방사선을 받지는 않습니다.
　자, 2개의 더 큰 별들은 젊고 팽창하고 있는 별들입니다. 그래서 그것들은 강렬한 방사선을 내보내고 있습니다. 반면에 프록시마(3번째 별)는 더 작고 이미 중년 나이의 별입니다. 그래서 그것은 완화돼 있지만 고도로 정제된 진동의 방사선을 방출하는데, 그것은 문명의 형성과 진보면에서 매우 다른 영향을 미칩니다. 이런 에너지가 두뇌에 영향을 주기 때문이지요.

S.B: 그렇다면 메톤이 셀로보다 더 상위 단계에 있는 것으로 추정하면 되겠군요.

E.K: 예, 메톤이 더 높은 진동 속에 있고 훨씬 더 진보돼 있습니다. 그리고 그 태양계의 모든 7개의 행성들을 차지하고 있는 문명을 갖고 있습니다.(하지만 그것은 동일한 물리적 차원입니다)

S.B: 모함들 또는 도시 우주선들(시가-형태이고 5마일 길이)에 관한 이야기로 돌아가 볼까요. 이런 거대한 모선들은 공간에서 어떻게 건조된 것입니까?

E.K: 예, 공간 속에서 건조됩니다만, 그러나 우리는 건조라고 이야기하지 않습니다. 우리는 그것이 창조되었다라고 말합니다. 그것들은 행성의 대기권 내에서 만들어졌습니다. 모든 부품들은 공간에서 조립되기 위해 수송되었습니다. 이것은 6,500만년 이상 전에 이루어졌습니다. 그것은 태양계의 역사에서 금성의 (지표면이) 살아있었을 때로 거슬러 올라갑니다. (3차원에 거주할 수 있던) 그 당시에 금성의 과학자들은 태양이 불규칙적인 주파수를 가진 변광성이라는 것을 발견했습니다. 따라서 그들은 우주로 옮겨가기 위한 준비를 했습니다. 그리고 그들은 모든 사람들과 가능한 한 많은 동물군과 식물군을 그 행성에서 가장 가까운 이웃이었던 지구까지 수송하기 위해 매우 거대한 모함들을 만들었습니다.

과학자들은 태양이 최대기와 최소기의 흑점주기를 가진 활동이 두드러진 별이라는 것을 인식하게 되었습니다. 그것은 오늘날까지도 일어납니다만, 어떤 획기적인 시기에는 그것은 증대됩니다. 지금 태양은 내내 팽창했다가 수축되고 있습니다. 그것은 일종의 심장처럼 어떤 특정한 기간에는 더욱 밖으로 확장되어 매우 강렬해집니다.

자, 이것이 금성에 일어났던 것입니다. 태양에 더 가까이 근접됨에 따라 그곳의 바다들이 완전히 말라버렸습니다. 그리고 동물군과 식물군이 거의 다 파괴되었던 것이지요. 그 다음에는 물론 지구를 지배했던 공룡들 또한 강렬해진 방사선에 의해 모두 멸종되었습니다. 그래서 우리가 어머니 행성이라고 부르는 금성으로부터 위대한 문명이 떠날 수 있었고, 중간역 같은 지구와 달에 착륙했습니다.

그런데 이 지구행성에는 높은 지성의 인간 생명체들이 막 시작되고 있었는데, 왜냐하면 우리 인간은 우주에서 온 존재들에 의해 후손으로 지구상에 파종된 것이기 때문이죠. 분명히 인류는 이 지구상의 영장류로부터 유래한 후손이 아니라, 사실 발달된 인간들인 크로마뇽인으로부터 이어진 것이며, 그들은 위대한 아틀란티스 문명을 이룩했었습니다. 물론 그 문명 역시 파괴되었지만요.

그런데 금성에서 온 문명은 다시 지구를 떠나기로 결정했는데, 그 이유는 변화무쌍한 태양의 해로운 속성 때문이었습니다. 그리하여 그들의 생활방식과 생각에 좀 더 도움이 되는 가까운 태양계로 이주하기로 했던 것입니다. 그들은 프록시마 켄타우리를 발견했고, 그곳은 태양과 유사한 별이었지만 단지 더 오래되었기에 안정된 별이었습니다. 그들은 대기조건이라든지, 별로부터 떨어진 거리 등에서 자신들의 모성(母星)인 금성과 아주 비슷했기에 지금의 고향 행성인 메톤으로 옮겨갔습니다. 무엇보다 가장 중요한 것은 진동율이며, 그것이 진보된 문명과 의식에 좀 더 적합할 수가 있습니다.

그들은 달과 화성, 지구에 기지들을 가지고 있고 여전히 그곳을 방문합니다. 지구에 잠시 머물다 떠난 금성인들은 지구 행성을 돌보고 있고 발전과정에 놓여 있는 지구주민들의 지성과 의식을 촉진시켜 끌어올리려 하고 있습니다.

S.B: 그들이 레무리아(Lemuria)와 아틀란티스(Atlantis) 시대와 관계가 있습니까?

E.K: 예, 분명히 아틀란티스와 관계가 있습니다. 물론 아틀란티스는 그들의 중요한 토대였고, 또한 그들은 남미에도 기지를 갖고 있었지요. 잉카 사람들의 일부는 우주 사람들의 후손들입니다. 지금, 안데스 산맥 지역에는 매우 키가 크고 피부가 희며 풍성한 붉은 머리털을 가진 사람들이 있었습니다. 이 사람들은 금성에서 왔습니다. 그들은 아틀란티스 대륙의 대격변 때까지 거기에 남아있었습니다. 그 지각변동의 결과로 화산폭발에 의해 안데스 산맥이 융기된 것이죠. 그래서 한때 매우 비옥했던 지역이 오늘날과 같이 메마르고 산이 많은 거대한 지역이 된 것입니다.

하지만 여전히 어떤 건축물들이 남아있고 해저에도 역시 가라앉아 있습니다. 일부 피라미드들은 여전히 중앙아메리카에 남아 있으며, 이 것들은 아주 멋지고 거대하기 때문에 가장 중요한 것들이죠. 그리고 그것이 일종의 산이라고 생각했던 고고학자들에 의해 막 밝혀진 피라미드가 있습니다. 스페인 사람들은 그 꼭대기에다 대성당을 세웠습니다. 그것은 나무들과 풀에 의해 덮여 있었고, 발굴을 통해 지금 피라미드 모양이 드러나고 있지요.

S.B: 만약 지구 사람들 가운데 소수만이 금성에서 왔다면, 나머지는 어디서 온 것일까요?

E.K: 이곳 지구의 대다수 사람들은 토착 주민들이라고 봅니다. 금성에서 온 일정 비율과 함께 말이죠. 그들은 금성의 주요 문명이 금성에서 옮겨와 프록시마 켄타우리로 가기 전이었을 때 이곳에 그냥 머물렀던 이들입니다. 그들은 지구 행성을 돌보기 위해, 또한 토착 사람들에 대한 교육적인 목적을 위해 남아있었습니다. 그것은 물론 오늘날까지도 수행되고 있습니다.

그래서 우리가 사람들에게 그들의 기원에 관한 진실을 알리기 위해 이곳에 있는 것이죠. 또한 조류(藻類)를 대기에다 공급함으로써 생명을 금성 표면에다 회복시키기 위해서이지요. 그것들은 폭풍과 비와 번

384

개, 화산 폭발들, 그리고 생명을 만들어냅니다. 또한 다시 바다들을 형성하기 위해서인데, 왜냐하면 금성은 원래 메톤처럼 거대한 바다들로 덮여 있었기 때문이죠.

　메톤이 과거의 금성과 비슷했던 그런 이유로 아콘의 문명이 지구에서 메톤으로 옮겨간 것입니다. 금성에는 과거에 섬들과 바다들, 방사선을 걸러주는 짙은 대기가 있었지요. 그리고 무엇보다도 메톤에는 더 높은 문명의 발전을 위한, 특히 의식이 4차원으로 진보하기 위한 높은 진동율을 갖추고 있었습니다. 그들은 또한 달과 화성에다 기지를 만들기 위해 돌아왔습니다. 그들은 금성뿐만이 아니라 수성과 화성도 원래 상태로 되돌릴 수 있습니다. 그리고 그들이 은하계 전역에서 실행하려는 주요 계획은 인간 거주를 위한 태양계를 준비하는 것입니다.

S.B: 이것이 태양이 죽어가고 있다는 정보와 어떤 관계가 있습니까?

E.K: 태양은 죽어가고 있지만, 우리는 (태양의) 나이에 관해서는 이야기하지 않습니다. 그것은 단순히 변형입니다. 그것은 온도가 떨어져 점점 냉각되고 있으며, 그래서 그것에 대해 어떤 조치가 취해져야 합니다. 목성이 항성으로 되어가고 있기 때문에 쌍태양계가 될 것입니다. 목성은 폭발적으로 별을 형성할 것이고 그때 지구의 하늘에는 2개의 태양이 있게 될 것입니다. 태양이 냉각되는 만큼, 목성은 가열될 것입니다.

S.B: 당신은 지구 사람들이 얼마나 오랫동안 존재해 왔다고 생각하십니까?

E.K: 지구의 선주민은 공룡의 시대로까지 거슬러 올라갑니다. 공룡들의 멸종 전에 인간종의 작은 식민지가 있었고 또한 포유동물들의 매우 작은 식민지가 있었습니다. 그리고 그들은 강렬한 방사선에 의해 영향을 받지 않았는데, 그들이 동굴로 피신하거나 지하로 들어감으로써 방

끝맺음말과 감수자 해제

사선에서 벗어났기 때문이죠. 이것은 본능적인 것이었습니다. 그리고 그것은 다른 포유동물들에게도 마찬가지였지요. 그러나 거대한 동물들은 강렬해진 방사선으로부터 달아나기 위한 어떤 곳도 없었습니다.

자외선이 초목을 파괴했으므로 그 동물들은 먹을거리가 없었고, 그래서 멸종하게 되었습니다. 포유동물들은 지하로 들어갈 만큼 지적이었고 다른 삶을 살았습니다. 오늘날 우리 종족의 대부분은 금성으로부터 온 이런 사람들의 후손들입니다. 일반적으로 그들은 자신들이 지구의 토착 주민들을 발전시키고 가르치기 위해 이곳에 있다는 사실을 알고 있지는 못합니다. 그러나 많은 사람들은 특정한 사건, 예컨대 책에서 자료를 본다든가 하늘에서 우주선을 목격함으로써 활성화되는 종족기억을 갖고 있습니다. 그들은 갑자기 이것이 그들의 삶의 목적이자 삶의 전부이며 자기들이 이곳에 있는 이유에 대한 모든 것을 깨닫습니다.

S.B: 화제를 다시 아콘의 우주선으로 돌려 볼까요. 그가 당신을 방문했을 때 그의 우주선이 천둥을 동반한 일시적인 폭풍우를 만들어 냈습니까?

E.K: 늘 그렇지는 않으며 가끔 그렇습니다. 이것은 매우 흥미로운 질문입니다. 특히 내가 나의 책에서 설명했던 억수로 퍼붓는 싸락눈은 매우 자연적인 것이었습니다. 그러나 그것은 과거에 일어났던 것이고 최근에 그의 우주선은 뇌우(雷雨)를 만들어냈습니다. 과거에, 그리고 매우 최근에 이런 일이 일어났습니다. 이것은 우주선이 대기권으로 들어오게 되면, 우주선 주변의 가열된 장(場)이 공기 분자들을 모아 구름으로 응축시키고 결과적으로 중력장이 우주선 주변에 구름을 유지시키는 사실 때문입니다. 당신은 실제로 이것을 볼 수 있습니다.

그것은 우주선에 의해 만들어지기 때문에 이것은 소위 인공구름입니다. 우주선이 이동함에 따라 구름은 우주선과 함께 나아갑니다. 그리고 우리는 실제로 그 한가운데서 우주선과 함께 이 구름 효과를 사진으로 찍었습니다. 당신은 실제로 구름 속에서 우주선의 백열광을 볼 수 있습니다. 공군은 우주선의 중간에서 타오르는 듯한 빛으로 회전하는 완전한 원형의 적외선 사진들을 찍었습니다. 지금 이것은 매우 훌륭한 위장(偽裝)이고 그들(Akon)은 아주 빈번하게 그것을 이용합니다.

최근에 나는 매우 엄청난 폭풍우을 일으켰던 나탈에서 아콘의 우주선을 경험했습니다. 나는 테두리가 회색인 둥근 구름을 목격했고, 푸른 하늘 속에서 그 윤곽이 뚜렷했습니다. 그리고 그것은 완전하게 원을 이루고 있었는데, 사실상 그것은 핵폭발시의 버섯구름처럼 보였습니다. 그 구름의 가운데 높은 곳은 우주선 둥근 천장 부분이었습니다. 구름 자체는 사과 모양의 녹색 구름이었고 그 중심은 이 핑크빛의 오렌지색이었는데, 매우 아름다웠죠. 결과로서 생긴 폭풍우는 엄청난 비바람과 계속되는 번개였어요. 그것은 4번 일어났습니다. 그것은 결정하는 것에 관련된 나에 대한 경고였지요. 이것은 지난 2주 전에 일어났습니다.

S.B: 아콘은 폭풍우를 피하고 여전히 남아 당신과 교신하기 위해 보이지 않는 4차원에 머물러 있을 수는 없었습니까? 그렇게 극적인 것이 왜 필요했을까요?

E.K: 그는 다른 이들에 의해 관찰되는 그런 효과를 원했습니다. 그는 사람들이 우주선의 힘을 이해하기를 원했고, 그래서 거기서 그런 장면이 연출되었던 것이죠. 덕분에 이제 나는 아프리카 원주민들에 의해 단지 '별의 부인(star lady)'일 뿐만 아니라 '폭풍우 부인(storm lady)'으로도 알려져 있습니다.

S.B: 당신은 아콘의 '트윈 플레임(twin flame)'인가요? 다시 말하면 동일한 의식(意識)의 근원에서 왔거나, 아니면 수많은 과거 생애들에서부터 인연이 맺어졌던 '영혼 동반자(soul mate)'입니까?

끝맺음말과 감수자 해제

E.K: 우리 둘은 같은 곳에서 유래된 영혼이고, 그래서 우리는 항상 한 쌍의 트윈 플레임이었습니다. 그러나 우리는 또한 소울 메이트이기도 한데, 왜냐하면 삶 속에서 완전히 같은 의식, 깨달음, 생각을 갖고 있기 때문이죠. 나는 수많은 전생(前生)을 다 기억할 수는 없습니다. 하지만 나는 아콘과 금성에서 함께 했던 생(生)은 분명히 기억합니다. 그리고 우리들은 오랜 세월을 통해 항상 함께 있었습니다. 나는 지구에서는 오직 이 단 한 번의 생만을 살았습니다. 어떤 시대에는 우리가 따로따로 갈라져 있어야만 했는데, 왜냐하면 예를 들어 나는 이곳 지구에서 내 일을 수행하고 아콘은 외계에서 그의 일을 하기 위해서이지요. 이곳에서의 나의 목적은 이 모든 것에 관해 사람들에게 말하기 위해 세계 전역의 거대한 교육제도에 관여하고 그것에 대해 책을 쓰는 것입니다. 만약 우리가 스스로 행동하지 않을 경우, 사람들은 저 우주에는 지구에 개입하게 될 더 위대한 권능과 문명이 있음을 깨달아야 할 필요가 있습니다.

S.B: 메톤에서의 영적인 진보는 매우 탁월해서 그곳의 사람들은 물질적인 수준을 초월하여 더 높은 단계에 이동했을 거라고 생각할 수도 있습니다. 왜 그들은 우리들처럼 여전히 육체를 사용하고 있습니까?

E.K: 그래서 그들은 물리적인 다른 문명들과 더 쉽게 소통할 수가 있습니다. 거기에 어떤 물리적인 손해는 없습니다. 즉 그들은 완전한 건강을 유지하고, 어떤 손상도 없지요. 그래서 그들이 육체를 갖고 있는 것은 완벽하게 안전합니다. 게다가 그들은 그것을 즐기는 것처럼 보입니다.

앞서의 책 내용과 더불어 엘리자베스의 이런 인터뷰 내용으로 판단하건대, 메톤 행성의 사람들은 우리와 똑같은 육신을 가진 존재들임이 분명하다. 즉 그들은 흔히 우리가 금성이나 시리우스 같은 문명에 관해 알고 있듯이, 비육체적인 5차원적인 존재들은 아닌 것이다. 그런데 그들이 대단히 진보된 과학문명과 영성을 갖고 있음에도 불구하고 여전히 육신과 물질문명을 유지하고 있는 이유는 무엇일까? 엘리자베스의 말대로 단지 아직 물질차원에 머물러 있는 지구와 같은 다른 문명과 쉽게 소통하기 위해서인 것일까? 아니면 또 다른 미지의 어떤 이유가 있는 것인가? 우리가 현재로서는 그 자세한 이유를 알 수는 없다.

그러나 어쨌든 그들이 우리처럼 육체적인 존재들임에도 불구하고 평균적으로 2,000~3,000세의 수명을 산다는 것은 너무나 놀라운 일이다. 책에서 언급되고 있지는 않지만, 천체물리학자인 아콘의 나이도 현재 수천 세에 달한다고 한다. 채널링 정보에 따르면, 금성인들과 시리우스, 플레이아데스 등의 문명들 역시도 평균수명이 보통 몇 천세 정도라고 알려져 있다. 하지만 이런 우주인들은 육체적인 존재들이 아니라 이미 반(半) 에테르체나 에테르체 차원으로 진화되어 있기에 이런 수명은 자연스러운 것이며, 이들은 쉽게 늙고 쇠퇴하는 육체인들과는 질적으로 전혀 다른 상태라고 볼 수 있다.

지구상의 우리 인류는 알다시피 현재 평균수명이 겨우 70~80세 전후에 불과하다. 게다가 노년기에는 온갖 질병과 노화로 인한 고통 속에 시달리다 죽어야하는 것이 인간 누구나의 불가피한 운명이다. 그러나 우주인 아콘을 비롯한 메톤 행성의 사람들은 우리와 같은 육체인들임에도 이런 육체의 노화와 병고(病苦)에서 벗어나 있고, 따라서 그것에 관한 비밀과 해법을 이미 알고 있을 것이다. 또한 메톤은 지구와 동일한 물질차원의 문명이면서도 우리가 가진 전쟁이나 폭력, 빈부갈등, 증오, 대립, 분열, 굶주림, 빈곤, 등의 모든 문제를 초월한 이상세계 내지는 낙원을 이루고 있다. 이런 면에서 볼 때, 발전된 메톤 행성의 문명은 앞으로 지구의 우리 인류문명이 배우고 닮아가야

할 하나의 본보기 내지는 모델케이스라고 할 수 있다. 그리고 이제 지구의 과학자들이 이런 육체의 노화정지와 수명연장의 비밀들을 알아내는 것은 앞으로 해결해야 할 커다란 과제이다. 왜냐하면 메톤 행성의 사람들이 인간과 동일한 육체를 가지고 도 정말 그렇게 오랫동안 장수할 수 있다면, 지구의 우리라고 그렇게 살지 못하란 법은 없기 때문이다. 그렇기에 이제 우리는 마땅히 다음과 같은 의문을 우리 스스로에게 제기해 보아야 한 다.

"왜 메톤 행성의 그들은 육체를 가지고 수천 년을 사는데, 지 구의 우리 인간은 겨우 100살도 못살고 죽어야 하는가? 우리에 게는 과연 무슨 문제가 있는가? 그리고 우리가 그들처럼 되기 위해서는 정신적으로 육체적으로 무엇을 개선하고 해결해야 하 는가?"

어쩌면 엘리자베스와 아콘과의 접촉 사건으로 인해 세상에 나 온 이 책은 저 우주문명이 우리 지구 인류에게 바로 이런 문제 에 대한 관심을 유도하고 모종의 메시지를 던져주기 위한 것인 지도 모른다.

따라서 만약 장차 인류가 그 비밀에 대한 첫 열쇠를 얻게 된 다면, 우리 인간의 수명 역시도 최소한 200~500세 이상으로 점차 늘어나게 될 것이다. 희망컨대, 필자는 장차 지구문명이 현재와 같은 어둠의 폐쇄체제에서 벗어나 향후 언젠가는 메톤 행성과 공식적으로 접촉함으로써 그들로부터 우리가 이런 비밀 들을 전수받는 날이 올수도 있으리라고 믿는다. (※하지만 어쩌 면 노화를 멈추고 모든 질병을 없앨 수 있는 기술이 이미 지구 안 에 있을 수도 있다. 즉 프리 에너지 기술처럼 이미 개발돼 있음에 도 불구하고 어둠의 세력들에 의해 그것이 계획적으로 은폐되거 나, 또는 억압 때문에 공개되지 않고 있을 가능성도 간과할 수는 없는 것이다.)

엘리자베스 클래러는 1994년에 84세의 나이로 세상을 떠났다. 그리고 아마도 그녀의 영혼은 그때 육신을 벗음으로써 비로소 지구를 자유롭게 벗어나 아콘과 자신의 아들 아이링이 기다리고 있는 메톤 행성으로 돌아갔을 것이다.

- 감수자 光率 -

메톤 행성 방문기
....

초판 1쇄 발행: 2016년 12월 27일
저자: 엘리자베스 클래러
옮긴이: 한기로, 송몽채
발행인: 朴燦鎬
발행처: 도서출판 은하문명
등록: 2012년 7월 30일 (제22-723호)
주소: 서울시 종로구 수송동 58-332
전화: 02)737-8436
팩스: 02)6209-7238
인터넷 홈페이지: www.ufogalaxy.co.kr

파본은 서점에서 교환해 드립니다.
가격 19,000원

ISBN: 978-89-94287-15-7 (03000)